Stb

Jeanne Ruland ist Mutter von drei Kindern, Flugbegleiterin, Buchautorin mit langjähriger schamanischer und metaphysischer Ausbildung sowie anerkannte Heilerin im Dachverband Geistiges Heilen. Mittlerweile kann sie auf einen reichen Erfahrungsschatz im Umgang mit den geistigen Kräften zurückgreifen, die im Kern alle zur Einheit, zu Gott, zur Quelle führen. Weitere Informationen unter: *www.shantila.de*

Dieses Buch ist ein liebevoller und informativer Begleiter in die Reiche der Natur. Es zeigt die verschiedensten Wege und Möglichkeiten auf, wie wir mit den Wesen der Natur in Kontakt treten können.
Einst waren die Menschen, die Naturreiche und die Lichtreiche miteinander verbunden. Der Mensch ist aber auch heute noch ein Mittler zwischen den verschiedenen Welten und hat die Möglichkeit, mit den verschiedenen Reichen und Welten Verbindung aufzunehmen. Das Wissen darum kommt nun erneut hervor, denn die Zeit ist reif. Viele Menschen machen sich auf, weil sie den Herzschlag (Ruf) der Mutter Erde in sich hören. Doch sie wissen noch nicht, wie sie diese Verbindung wiederherstellen können. Diesen Menschen, aber auch allen, welche die Freunde aus der Fantasiewelt ihrer Kindheit wiedertreffen wollen, ist dieses Buch eine wertvolle Hilfe.

Inhalt

Jeanne Ruland

Feen, Elfen, Gnome

Das große Buch der Naturgeister

Stb

Die abgebildeten Fotos und Zeichnungen stammen von:

Breiner, Tobias; Dallmann-Trubarac, Sabine & Gianni; Dirford, Karin; Graulich, Ruth; Hartjenstein, Renate & Dirk; Hückel, Brigitte; Karaçay, Bülent; Karaçay, Murat; Leckler, Daniela; Leckler, Jule; Leckler, Lina; Muhn, Ursula; Ostheimer, Silva; Ruland, Jeanne; Vetters, Pauline; Zeiss, Gabriele

Als Vorlage diente die 5. Auflage, erschienen 2008
im Schirner Verlag

ISBN 978-3-8434-4697-6

2. Auflage 2011

Umschlaggestaltung: Murat Karaçay, Schirner, unter Verwendung der Bilder 2317635 und 6983176; www.fotolia.de
Satz: Elke Truckses, Schirner
Printed by: FINIDR, Czech Republic

www.schirner.com

Die Anderswelt

Die Geste

»Jede Geste ist eine Kraft, die in den verschiedenen Welten wirkt. Sie entspricht Strömen, Farben und Schwingungen und wird eine Vielzahl von Wesen in unserer Umgebung erreichen.«

Omraam Mikhael Aivanhov
(Weiser/Gelehrter, 1900–1986)

Wir sind von unzähligen Reichen und Dimensionen umgeben und durchdrungen. Wenn wir uns Tag für Tag durch unsere Welt bewegen, so tun wir das oft nur in einen ziemlich begrenzten Wahrnehmungsbereich. Wir sind in Gedanken, oft nicht ganz da, begegnen den Anforderungen des Alltags und gehen unseren Angelegenheiten nach. Dies ist dann auch der Bereich, der in unser Bewusstsein eingedrungen ist. Wir leben in der Welt der Materie mit all ihren Gesetzen, denen wir als Mensch in einer gewissen Weise zweifelsohne unterstehen. Hier gibt es Zeit, Raum, Entfernung, Anfang und Ende, Schwerkraft, Zyklen, Rhythmen, polare Strukturen wie plus und minus, Tag und Nacht, oben und unten ... In der Welt der Materie unterstehen wir den physikalischen Gesetzen; hier zählt nur das, was wir sehen, messen, anfassen, belegen usw. können.

Die geistigen Reiche haben jedoch ihre eigenen Gesetze. Dort betreten wir den Raum der Unbegrenztheit. Um diese Welten zu betreten, ist der erste Schritt, umzudenken und neue Wege zu gehen, kreativ zu werden und sich auf neue

Wahrnehmungsweisen einzulassen, welche die Tore dorthin öffnen.

In den geistigen Welten und Dimensionen sind die Wesen nicht an Zeit und Raum gebunden. Die Gesetzmäßigkeiten sind dort oft denen der physischen Welt entgegengesetzt. Entfernungen gibt es nicht. Hier existiert keine Schwerkraft. Materielle Formen stellen für die dort lebenden Wesen kein Hindernis dar. Sie können durch Materie hindurchgehen, sich darin aufhalten, sie mit der Kraft und dem Licht des Kosmos beleben, sie aufladen und wieder verlassen. Sie können sich zeigen und wieder auflösen. Oben kann für sie unten sein und dunkel hell. Sie können ihre Gestalt beliebig verändern, denn sie sind reine Energie. Energie ist nicht zerstörbar, sie wandelt sich immer nur in andere Zustände. Die Bewohner dieser Reiche unterstehen allein den göttlichen Gesetzen, den Gesetzen von Ursache und Wirkung, von Schwingung, Entsprechung, Rhythmus etc.

Naturwesen haben unterschiedliche Fähigkeiten. Elementarwesen z. B. können sich nur in dem Element aufhalten, dem sie entstammen und das sie versorgen, hüten, aufbauen, leiten und lenken. Die Naturwesen schließen die Elementarwesen mit ein, können sich jedoch in zwei oder mehreren Elementen aufhalten. Es gibt auch Wesen, die aus den Lichtströmen der Engel und den Intelligenzen der oberen Welten hervorgegangen sind, andere, die von Menschen geschaffen und/oder in allen Facetten durch sie geprägt wurden, und noch andere, die dem Dunkel anheimgefallen sind und nun versuchen, Menschen und andere Wesen mit hineinzuziehen.

Sich den Elementar- und Naturwelten zu öffnen bedeutet, einem Teil seiner Seele zu begegnen. In diesen Welten erlangen auch der Magier, der Druide und die weise Frau ihre magischen Fähigkeiten, der Held seine unglaublichen, übernatürlichen Kräfte, der Mensch auf dem Weg der Prüfung und Einweihung seine Erkenntnisse. Indem wir uns diesen Welten öffnen, werden uns neue Kräfte, neues Wissen und neue Fähigkeiten zugänglich, die unseren Alltag bereichern, erleichtern und ihn uns mit all seinen Schwierigkeiten und Hindernissen mühelos meistern lassen. Außerdem wird dadurch unsere Liebe zum Leben, zur Schöpfung und zur lebendigen Erde erweckt, wodurch sich unser Verhalten gegenüber der Natur unwiderruflich verändert. Wir können hier den großen Schatz unserer Seele, den heiligen Gral und das Wasser der Verjüngung und Unsterblichkeit finden. Doch bis dahin liegen viele Hindernisse, Aufgaben und Prüfungen vor uns.

Die Wesen der Natur führen uns ein in die geistige Dimension der Erde. Doch Vorsicht: Wer das Reich betritt, muss darauf achten, dass er auch wieder zurückkommt. Denn hier lösen sich Zeit und Raum auf, Vergessen kann einsetzen und der Traum zur Wirklichkeit werden. Wenn man erwacht, ist nichts mehr, wie es einst war.

Folge mir nun über die Seiten in die Andersreiche!

Die Andersreiche

»Die Welt in der Welt. Wir stehen vor einem Berg. Da legt sich der Wind. Es öffnet sich eine Tür. Ein fremdes Wesen schaut hervor. Es dreht sich um. Wir schauen dumm. Es gibt uns ein Zeichen für neue Weichen. Der Wind kommt auf. Da ist der Berg wieder. Nichts ist mehr zu sehen, so kann es gehen. Wir stehen stumm, schauen uns um. Was ist das gewesen? Haben wir geträumt, geschaut, wieder auf unsere Einbildung gebaut? Keiner kann es uns sagen, wir können nur unsere eigenen Schritte dazu wagen. Das kann uns führen zu neuen und zu alten Türen, wenn wir uns lassen davon berühren.«

Botschaft der Naturwesen

Die Mythologien dieser Erde beschreiben die unterschiedlichsten Weltbilder. Ein solches Bild umreißt im Allgemeinen die Räume, in denen sich eine Wirklichkeit abspielt. Hier finden sich auch die Einteilungen der Bereiche und die Zuordnung der Wesen sowie die Beschreibung sichtbarer oder unsichtbarer, stofflicher oder feinstofflicher Dimensionen. Für diese gibt es zwar die unterschiedlichsten Bezeichnungen, doch wenn man die Mythologien unter dem Gesichtspunkt übergreifender Gemeinsamkeiten betrachtet, kann man Ähnlichkeiten in vielen Kulturen, bei zahlreichen Völkern überall auf der Welt finden. Zum Beispiel die Aufteilung in die drei großen Sphären (Himmelswelt, Erdwelt, Unterwelt), die jeweils noch einmal in zwei bis sieben und manchmal noch mehr Ebenen aufgeteilt sind. Diese Ebenen und Räume bergen jede Energie und alle Kraft, die hier auf der Erde gewoben wird. Dort sind auch die Reiche der Naturwesen, Himmelswesen, Natur- und Erdgötter, Meister und Meisterinnen. Diese Welträume bestehen entweder seit Ewigkeiten, oder sie sind in der Urzeit von selbst entstanden. Die Verschiebungen der Räume jedoch, die einst eine Einheit bildeten (ebenfalls weit verbreitet ist die Vorstellung von einem Paradies), sind sämtlich durch den Fall der Menschheit entstanden, wodurch die Trennung und Abspaltung der verschiedenen Räume verursacht wurden. Die Endzeit verspricht wiederum, die Ebenen durch gewaltige und gewaltvolle Verschiebungen wieder zusammenzufügen und so eine neue, einheitliche Welt des Friedens, ein goldenes Zeitalter entstehen zu lassen.

Gemeinsam ist vielen Mythologien auch die Kenntnis von den Eingängen in die Andersreiche. Sie befinden sich überall, wenn man zu schauen weiß, und nirgendwo,

Danksagung

Ich möchte an dieser Stelle all den Menschen danken, die mich bei diesem Projekt so rege unterstützt haben.

Hier wären zu nennen Markus und Heidi Schirner, die Verleger des Projektes, die mich dazu inspirierten und dabei unterstützen. Ein großes Dankeschön an euch. Kirsten Glück, Beraterin und liebste Freundin, mit der dieses Projekt in guter Teamarbeit geschaffen, geschliffen und in Form gebracht wurde; mein Partner und liebster Freund Murat Karacay, der mit mir die Fotos gemacht, in nächtelanger Arbeit dieses Buch gestaltet und gesetzt sowie viele Bilder dazu beigesteuert hat. Von Herzen vielen Dank an dich. Weiter danke ich unseren Kindern Silva und Samy für ihre Lebendigkeit, ihre lebhafte Beteiligung und ihr Verständnis. Vielen Dank, Silva, für die Bilder, die du für dieses Buch gemalt hast. Sie sind wunderbar.

Dann wären anzuführen meine Freunde Roland Scholz und Ulla Schmidt-Scholz sowie der Eifelkreis, denen ich auf allen Ebenen danken möchte für die Naturerfahrungen der Jahreskreisfeste, Schwitzhütten, Trommelreisen etc. In diesem Zusammenhang möchte ich auch Ben Cloud und Katja erwähnen, welche die Kraft des Herzens und die Verbundenheit mit den Spirits, den Wesen und Kräften der Erde, und den Menschen wirklich leben. Dir, Roland, noch einen besonderen Dank: Du hast mir durch dein Buch »Tore zur Anderswelt« noch einige Tore mehr geöffnet. Des Weiteren möchte ich mich bei Antara Reiman, Peter Telen und Raphael bedanken. Dir, Antara, ein herzliches Dankeschön für die ersten Naturwesenseminare, die wir miteinander

ander geleitet haben und für die du mir den rechten »Kick« gegeben hast. Sie sind zu wunderbaren Erinnerungen geworden. Dank auch für die Fürsorge deiner Familie.

Ein weiteres großes Dankeschön gilt meiner Herzensfreundin Uschi Muhn und ihrer Familie. Mit der Lichtbildfotografie zeigt sie die Energie in Menschen und an Plätzen. Sie ist eins mit dem Herzen der Natur. Sie setzt sich mit ihrer ganzen Kraft und Liebe für Menschen, Tiere und ganz besonders für Bäume und Pflanzen ein und hat damit schon einiges bewirkt. Sie verbindet alles über das Herz miteinander. Es ist so gut, dass es dich gibt! Vielen Dank für deine wunderbare Unterstützung.

Bei Iris Merlino und ihrem Mann Guiseppe möchte ich mich für den regen Austausch und die Freundschaft bedanken. Auch Anja Hertwig möchte ich danken, die mich mit dem Kreis der Tiere in einer neuen Weise in Berührung gebracht hat. Danke von Herzen, Anja. Weiter möchte ich mich bei Renate Hartjenstein für die Freundschaft und den wunderbaren Austausch bedanken. Du hast mir Island nahegebracht, dazu viele Blumen, viele schöne Bilder, viel Lachen und schöne Stunden geschenkt. Von Herzen danke dafür. Bei Gabriele Zeiss möchte ich mich für die vielen wundervollen Bilder und Erkenntnisse bedanken. Danke für deine rege Beteiligung. Auch bei Margarete Winnecken möchte ich mich bedanken; sie hat mir geholfen, mich mit den Botschaften von Laurin (siehe Anhang) dem Außen zu öffnen. Vielen Dank, Margarete, dass du mit deiner Liebe den Kreis geöffnet hast, sodass dies passieren konnte. Dir, Sabrina, ein herzliches Dankeschön für die Verbindung zu Holztiger, der seine Erfahrungen im kaiserlich-königlichen Koboldbericht (siehe Anhang) hier mit eingebracht hat. Christian, auch dir vielen Dank für den beweglichen Kobold in diesem Buch. Ein großes Danke gilt meiner langjährigen Freundin Tine und ihrer Familie, welche die Natur sehr lieben. Schön, dass es euch gibt. Ein weiteres Dankeschön an Gianni und Sabine, in Freundschaft. Dir, Sabine, noch ein herzliches Dankeschön für den Platz, den du für die Naturfeste im Jahreskreis zur Verfügung gestellt hast, für deine Fürsorge, deine gute Unterstützung und aktive Mitgestaltung.

Auch allen anderen guten Freunden möchte ich hiermit danken für ihre unterstützenden Worte, ihr reges Interesse und den guten Austausch. Dazu gehören meine Schwester Daniela und ihre Familie, danke, Lina und Jule, für eure schönen Bilder, Bülent, Serpil und Turgut, Tobi und Nicole mit Felix und Jonas, Anja mit Pauline und Celia, Jens und Ilona, Ellen, Christine. Des Weiteren danke ich den Menschen, die über die Natur in mein Leben gekommen sind, wie Conny und Familie, Beate, Olivia, Michaela und Ori.

Auch möchte ich mich bei all den Menschen bedanken, die bereit waren, ihr Wissen und ihre Erfahrungen über die Natur durch Bücher in die Welt zu bringen. Sie haben damit ein Tor geöffnet und geweitet, andere ermutigt und inspiriert.

Es ist schön, Menschen der unterschiedlichsten Wesensart zu begegnen und sich auszutauschen, dabei jeden so zu nehmen, wie er ist, sich gegenseitig zu unterstützen, in der Vielfalt und Andersartigkeit die Möglichkeiten und den Reichtum zu entdecken. Denn jeder Mensch ist ein eigenes Universum, einzigartig in seinem Sein, und bringt eine besondere Energie und Kraft mit. Jede Begegnung ist ein besonderes Geschenk der Liebe und hat eine einzigartige besondere Qualität, die unnachahmlich und unersetzlich für mich ist. Vielen Dank.

Ich möchte hier all den Wesen, Plätzen und Orten der Natur danken, die wieder bereit sind, sich den Menschen zu öffnen und zu zeigen. Denn so wird Heilung geschehen. Ich möchte mich ganz besonders und aus tiefstem Herzen bei Laurin aus dem Volk der alten Zwerge vom Berge und den Wesen der Natur bedanken für die Erkenntnisse, Erfahrungen, Einweisungen, die Führung, Fügung, Leitung ... eben alles, was ich durch sie erfuhr. Hab ich Laurin in meinem Sein, wird mir gekrümmt kein Härelein. Aus tiefstem Herzen danke schön.

Im Anhang findet sich ein Quellenverzeichnis. Vielen Dank euch allen für die Fotos. Besonders möchte ich Birgit Hückel erwähnen, die mir aus Irland das wunderbare Bild mit dem Zwerg im Baum gebracht hat. Das war für mich ein wunderbares Zeichen.

Aus tiefstem Herzen danke.

Jeanne Ruland

Die heiligen Schriften der Natur

Die Anweisungen des Schöpfers
sind niedergeschrieben in unseren Herzen und Gedanken,
in den heiligen Schriften der Natur,
die jeder für sich selbst lesen kann

tagtäglich in den kleinen Geschöpfen,
in den Gräsern und Bäumen,
in den wachsenden Dingen,
im Wind, Donner und Regen,
in den Meeren, Seen, Flüssen,
in Gebirgen, Felsen und Sand,
in der gegenwärtigen Kraft der Sonne,
dem Zauber von Großmutter Mond,
in den Geheimnissen der Sterne.

All diese spirituellen Dinge sind unsere Lehrer.
Auch wir haben spirituelle Wesen in uns.
Sie können uns die Weisheit unserer Herzen lehren.

Der Schöpfer hat uns das Wissen
von Schönheit und Liebe, Freude und Frieden in unsere Herzen gegeben.
Mit diesem Schatz in uns können wir uns
den Wesen aller Dinge öffnen,
damit sie uns lehren und uns auf den wahren Pfad
des Lebens führen.

(Quelle unbekannt)

Vorwort

Bevor ich beginne, das weiterzugeben, was ich erfahren und recherchiert habe, möchte ich etwas von mir erzählen:

Die Natur

Als Kinder waren wir sehr viel draußen und uns allein überlassen. So konnte ich ungestört mein Verhältnis mit der Natur aufbauen und vertiefen. Als Jugendliche trafen wir uns oft in Cliquen und übernachteten viel und oft in Zelten draußen, verbrachten viel Zeit in der Natur. Im frühen Erwachsenenalter begann ich zu reisen: Indien, Nepal, Kanada, Australien, Neuseeland, Amerika, Afrika, Thailand ... Oft unternahm ich diese Reisen allein, manchmal mit noch einer anderen Person. Da ich/wir immer nur die Flugtickets hatten, blieb der Rest offen. So konnten sich die Ereignisse frei entfalten und gestalten und der Fluss mich/uns führen. So kam es nicht selten vor, dass ich draußen allein übernachtete, ab und zu sogar mehrere Nächte. Manchmal war ich froh, einfach die Nacht überstanden zu haben, weil mich die Angst geplagt hatte, manchmal genoss ich die Dunkelheit der Nacht in der Natur und schlief irgendwann selig ein, manchmal feierte ich die Nacht in der Natur, fühlte mich unendlich geborgen und gut aufgehoben. Ich hatte wunderbare, unglaubliche Erlebnisse, Begegnungen, Träume, machte tiefe Erfahrungen – je nach eigener Verfassung, den Umständen, dem Platz und den Wesen dort und auch den Menschen, mit denen ich mich dort aufhielt. Das, so stellte ich im Laufe der Zeit fest, hat jedoch immer etwas mit innerer Resonanz zu tun: Keiner gelangt je rein zufällig an einen bestimmten Platz und erlebt dort ganz zufällig bestimmte Dinge – immer ist es ein Spiegel des inneren Zustands.

Was ich jedoch in der Natur erlebt und gefunden habe, ist ein tiefes religiöses Gefühl. Ich fühlte, dass ich Teil von etwas viel Größerem bin. Ich fühlte mich »all-eins«. Wenn ich nachts stundenlang in den Sternenhimmel sah, begriff ich, dass die Erde in einem unendlichen Universum ein winzig kleiner Planet ist, der sich um seine eigene Achse dreht und mit anderen Planeten um die Sonne kreist, und vor allem, dass wir mit allen anderen Sternen verbunden sind. Am Äquator und in Nepal wirkten die Sterne zum Pflücken nah, in Deutschland hingegen waren sie oft so weit weg.

Ich erfuhr und begriff, dass die Natur größer und gewaltiger ist, als wir es uns vorstellen können, und dass alles seinen Platz, seine Zeit und seine spezielle Aufgabe hat. Wenn ich unter alten Bäumen lag, erkannte ich Tempel, Kathedralen und Heiligtümer in einem Ausmaß und in einer Größe, die ich in der von den Menschen geschaffenen Welt in dieser Form nicht zu finden vermochte. Manchmal packte mich eine tiefe Ehrfurcht, erfuhr ich eine Heiligkeit und erfasste mich eine Liebe zu diesem Planeten, seinen Wesen, seinen Landschaften und seiner Natur, die nicht von dieser Welt waren. Ich fühlte mich gesegnet, geschützt, reich beschenkt, verbunden, geborgen und gut aufgehoben. Viele heilige Schriften, Weisheiten und Botschaften der Meister habe ich erst durch die Natur verstehen können. Denn sie verbindet alles. Wir alle wandeln auf und in ihr.

In der Natur gibt es keine Trennung, keine Unterscheidung, keine Bewertung. Jeder kann sein Glück machen – oder auch nicht. Es wirken allein die kosmischen Gesetze. Manchmal werden wir aus der Quelle gespeist und finden uns im Paradies wieder, manchmal wandern wir durch Wüste, manchmal müssen wir nach einem Aufstieg wieder den Abstieg antreten, doch wo die Nacht zu Ende geht, wird es wieder Tag. Manchmal ist sie bitter kalt und bedrohlich, dann wieder sanft, warm und Geborgenheit schenkend. Wir können das Wasser teilen und hindurchgehen, anstatt in ihm zu versinken. Natur ist innerlich, äußerlich und überall. Die Natur ist für mich eine große Lehrmeisterin und eine lebendige heilige Schrift.

Wir gehören zum Kreis der Menschen, aber außer uns gibt es in der Natur noch viele und weit ältere Kreise. Wenn ich Kahlschläge in den Bergen sehe, wenn ich sehe, wie Menschen miteinander und mit älteren Kreisen umgehen, wenn ich Geröllwüsten sehe, wenn ich die begradigten Flüsse sehe, die Menschen in ihrem Wahn geschaffen haben, wenn ich von weltweiten Atomversuchen höre, wenn ich Edelsteinplatten sehe, die sägte man auseinander, statt sie im Tempel der Natur zu belassen, wo man sie in ihrer Reinheit aufsuchen könnte, und all das motiviert von Gier und Macht, so tut mir das weh. Es ist der Schmerz der Menschheit. Klimaveränderungen, Überflutungen, Erdrutsche, Erdbeben sind keine Racheakte von Mutter Erde, sie sind vielmehr die Folgen menschlichen Handelns. Mutter Erde versorgt und führt uns, wenn wir uns vorbereiten, mit ihr Verbindung aufnehmen, auf ihren Rat hören, ihre

Zeichen erkennen, ihre Wesen achten und in Liebe auf ihr wandeln. Das ist die Erfahrung, die ich bis jetzt machen durfte. Ich glaube an die Natur, denn sie ist größer und gewaltiger, als wir ahnen können. Ihre Selbstheilungskräfte sind unglaublich. Man kann sie verletzen, aber nicht zerstören. So ist es auch mit unserer Seele. Menschen, die in tiefer Liebe mit der Natur verbunden sind, werden immer den richtigen Weg auf allen Ebenen des Seins finden.

Soviel zu meiner bisherigen Lebenserfahrung in und mit der Natur. Märchen sind hier übrigens gute Wegweiser.

Die Wesen in der Natur

Lange bevor ich zu schreiben begann, tat sich mir ein neuer Weg tiefen Verstehens auf: Ich hatte »Wachträume«, in denen ich in einem Gletscher in Island von Naturwesen unterrichtet wurde. Ich war oft dort und erfuhr viel. Nach solchen Erlebnissen war ich immer hellwach, erfrischt und hatte das Bedürfnis, das Erlebte und Erfahrene niederzuschreiben. Was ich erlebte, unterschied sich deutlich von einem Traum, da nichts verschwommen, unklar oder vage war. Meine erste Erfahrung möchte ich hier nun beschreiben:

Ich wurde aus meinem Körper gezogen, landete auf einer Insel und wartete am Hafen, ob noch jemand für mich mit einem der Schiffe kam. Eine liebe Freundin kam kurz vorbei, doch sie war mit ihrer Familie dort und hatte keine Zeit für mich. So zogen sie an mir vorbei. Nach langem vergeblichen Warten war mir klar, dass ich hier etwas allein zu suchen hatte. Ein leicht merkwürdig aussehender Passant gab mir eine Karte. Ich studierte sie und stellte fest, dass ich mich auf Island befinden musste. In der Mitte der Karte konnte ich einen Gletscher ausmachen, der mich anblinkte. Also lief ich los.

Allmählich wurde die Gegend immer karger und einsamer, keine Menschenseele war mehr zu sehen. Ich wanderte weiter, bis ich vor einem riesigen Gletscher stand. Das Eis inmitten des Herzens von Island. Dieses tat sich plötzlich vor mir auf, und ich wurde in den Gletscher hineingesaugt. Zu meiner Verwunderung empfand ich dabei Wärme, obwohl ich Eis

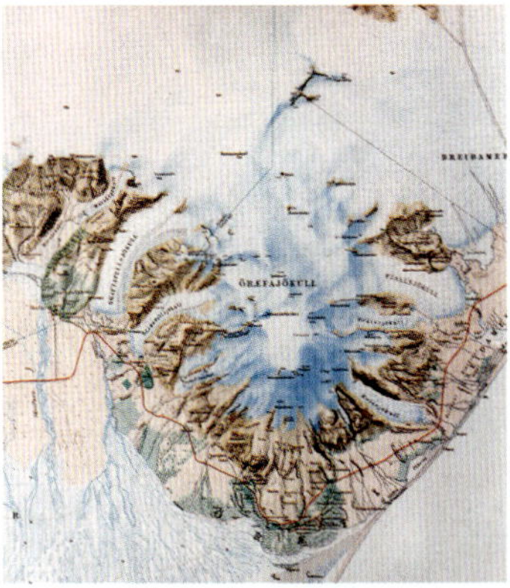

immer mit Kälte verbunden hatte. Die Räume, in die ich im Innern gelangte, waren aus bläulich schimmerndem Eis. Erstaunt wurde ich gewahr, dass hier das Leben brodelte. Wesen tummelten sich hier, die zwar wie Menschen aussahen, doch in unterschiedlichster Gestalt und in den merkwürdigsten Verteilungen von Größe und Umfang auftraten. Sie waren sehr ungewöhnlich und unterschiedlich gekleidet; manche trugen leichte Gewänder, manche mittelalterliche Trachten, einige waren in kunterbunte, aus den unterschiedlichsten Farben und Mustern zusammengestückelte Roben gehüllt ... Etwas war anders an ihnen – es waren doch keine Menschen. Ihre Augen waren wie schwarze Seen, in denen sich nichts widerspiegelte. Auch verhielten sich manche gar wundersam: Zwinkern, Kratzen, Sätze die in der Mitte beendet wurden oder keinen Sinn ergaben, plötzlicher Kleiderwechsel, Grimassen, Faxen, Gekicher hier, Glucksen da ... Eine merkwürdige Fröhlichkeit durchzog die Räume. Obwohl diese Wesen erwachsen wirkten, verhielten sie sich wie Kinder. Ich kam mir unter ihnen sehr fremd vor.

Immer noch konnte ich nicht ausmachen, womit ich es hier zu tun hatte. Ich kam in einen Raum, der voll war mit merkwürdigen Schriften, die auf Stein, Bronze, Papier und in Eis gehauen waren. Ein Wächter mit strengem Blick hütete das interessante, teils geordnete, teils ungeordnete Sammelsurium, das ich als eine Art Bibliothek erkannte. Wenn ich eine Schrift anschaute und versuchte, sie zu begreifen, wurde die Seite leer, löste sich auf unterschiedlichste Art und Weise auf, z. B. indem sie wegschmolz, oder sie ordnete sich vor meinen Augen komplett neu. Das verwirrte mich, und ich ging weiter.

Schließlich kam ich in einen heiligen Raum. Er wirkte wie eine Kirche oder eine Kathedrale. Plötzlich hatte ich ein weißes Kleid an, das wie ein Hochzeitskleid aussah. Es war jedoch kein Bräutigam zu sehen. Viele Wesen der unterschiedlichsten Gattungen waren in diesem Raum versammelt. Unruhe und diese merkwürdige Fröhlichkeit machten sich breit. Ich wusste nicht, ob ich angelacht oder ausgelacht wurde oder ob das Lachen überhaupt mir galt. Dann kam eine Art Priester auf mich zu. Er hob ein Taufbecken aus Stein mit Leichtigkeit auf und schüttete dessen gesamten Inhalt von klarem kaltem Wasser über mich. Ich war etwas verdutzt, war aber sofort wieder trocken. Der Priester schaute mich grinsend an, und plötzlich wusste ich, dass ich es mit Naturwesen zu tun hatte. Plötzlich konnte ich sie erkennen und sehen: Elfen, Feen, Zwerge, Gnomiden, Vulkanis, die Angehörigen des Kleinen Volkes. Alle lachten, winkten und kicherten mir zu. Sie haben ihre eigene unberechenbare Art, bei welcher der Sinn im Unsinn liegt.

Die Erkenntnis war wie eine kleine Erleuchtung, und ein Gefühl des Glücks erfüllte mich. Da wurde mein Blick auf eine wundervolle Rosette gezogen. Sie begann sich erst langsam und dann immer schneller zu drehen. Ich sah darin Engel, Erleuchtete, Naturwesen, Menschen und auch Dämonen. Sie drehte sich immer schneller und zersprang schließlich in tausend Teile. Ich erkannte, dass diese Teile alle Kräfte der Seele, auch meiner Seele sind. Und je mehr Teile ich in mich integrierte und je mehr ich mich wieder mit ihnen verbände, desto vollständiger würde ich werden, desto weiter mein Blick – bis ich wieder eins mit allem wäre. In diesem Augenblick verband ich mich wieder mit den Wesen der Natur, mit dem Wesen meiner wahren Natur. Genau zu diesem Zeitpunkt tat sich ein Tunnel aus Licht auf, und ehe ich‘s mich versah, wurde ich wieder zurück auf die Erdoberfläche gezogen.

Das Ganze war so lebendig, dass ich augenblicklich hellwach war. Jede Einzelheit war in mir gegenwärtig, wie in einem Tagesgeschehen; keineswegs hatte ich das Gefühl, geschlafen zu haben. Ich schrieb diese Begebenheit nieder und schloss mit der Bitte, mir ein Zeichen zu senden. Schon einen Tag später kam eine liebe Freundin vorbei, und zwar jene, welche ich am Anfang meines Erlebnisses am Hafen gesehen hatte. Sie wusste von alldem nichts, war jedoch auf das innigste mit Island verbunden.

Nach Vorlage »Hidden-World-Map« – Island

Sie brachte mir eine Karte von Island mit und meinte, ich könne sie wohl gebrauchen. Es war wirklich verblüffend: Diese Karte sah aus wie die Karte in meinem Traum! Auf ihr waren neben den Örtlichkeiten auch die Naturwesen abgebildet und beschrieben, denen ich begegnet war und die ich augenblicklich wiedererkannte. Große Freude stieg in mir auf. Dies war für mich das Zeichen, um das ich gebeten hatte. Zudem stellte ich nach diesem nächtlichen Erlebnis fest, dass sich mein Blick für die Naturgeister geweitet hatte. Ich kann sie seitdem oft mit offenen Augen sehen, ganz natürlich, in der Natur, auf Naturbildern, in den Menschen, Tieren und Pflanzen. Naturwesen haben ihre ganz eigene Art, sich zu zeigen und zu verhalten.

Seit dieser Zeit war ich viele Nächte in Wachträumen in diesem Gletscher und auch an anderen Orten der Natur. Ich habe einiges erfahren dürfen über diese wunderbaren Welten, in denen die unterschiedlichsten Wesen in der Natur leben und ihr die magische Kraft verleihen.

Zeichnungen und Fotos

Die Bilder dieses Buches haben ihre eigene Geschichte. Ich male schon sehr lange, Malen öffnet die innere Tür zum Herzen und zur Seele. In der Zeit, in der Iris Merlino unsere Trilogie zu Engeln, Meistern und Naturgeistern und das Buch zu den Legemethoden illustrierte (siehe Anhang), hatte ich anfangs keinerlei Bedürfnis zu malen. Doch als die Naturgeister an die Reihe kamen, wurde ich unruhig. Diese Unruhe konnte ich mir nicht erklären. Als ich eines Tages den Keller aufräumte, fand ich Tagebücher von mir, die ich mit 13, 14 Jahren geschrieben hatte. Darin waren kleine Tuschzeichnungen von Wesen, die ich in der Natur und aus der Natur gemalt oder in meiner Vorstellung entdeckt hatte. Viele Bilder sind auch später auf meinen Reisen entstanden. Mein Blick für die Naturwesen war also nie verschlossen, und meine Verbindung mit ihnen ist ungebrochen.

Wenn du den Bildern und den Wesen folgst, wirst du beginnen, diese Wesen überall zu sehen. Es sind die feinstofflichen, sichtbaren Abdrücke des einen Lichtes. Wir sind seine festeren, grobstofflichen Abdrücke. Alles ist Energie, und hier spiegelt sie sich in den festeren und zarteren Formen. So können wir erkennen, mit welcher Art von Energie wir es zu tun haben, und uns wieder mit ihr verbinden. Die Wesen der Natur sind Gestaltwandler. Sie können schön oder hässlich, grimmig oder freundlich, hilfreich oder hinterlistig sein. Immer jedoch spiegeln sie nur das Bild ihres Gegenübers wider. Denn auch sie sehen nicht nur die Form des Menschen, sondern die Energie dahinter, und diese kann sich auch schnell verändern.

Die praktische Arbeit hat mich gelehrt, dass auch die Gewänder, in denen sie sich zeigen, kein Zufall sind. Wenn Naturwesen durch Kleidung einem Menschen eine bestimmte Epoche zeigen, so hat diese etwas mit ihm zu tun. Vielleicht hat er in dieser Zeit den Kontakt zur Natur verloren, oder er hat aus dieser Zeit noch etwas aufzuarbeiten. Die Möglichkeiten sind vielfältig. Die Naturwesen können uns bei der Arbeit mit ihnen führen. Wir können sie wandeln oder uns von ihnen wandeln lassen, je nachdem, was uns gezeigt wird. Hier ist viel Heilung möglich. Der Zauber, die Wunder und die Magie finden sich überall, wenn das Herz offen ist und das Licht einströmen kann.

Noch eine Anmerkung zu den Tuschzeichnungen im Lexikon der Naturgeister: Sie sind nur zum Teil aus mir heraus gemalt, ein größerer Teil ist nach alten, überlieferten Vorlagen entstanden.

Bei den Fotos haben viele Menschen mitgewirkt (siehe Bildverzeichnis im Anhang). Einige Zeichnungen im Buch entstanden schrittweise, wie hier dargestellt. Farbe und Ausdruck sind eigene Interpretationen.

Einleitung

»Das natürliche religiöse Gefühl des Menschen ist das All-eins-sein mit der Natur. Hier findet er Stille, Weite und die Begegnung mit der Unendlichkeit, dem Geist, der alles durchdringt.«

Jeanne

Die Naturreiche melden sich mittlerweile stärker denn je. Wer neben dem herkömmlichen Alltag wieder mit ihnen Kontakt aufnimmt, der durchschreitet damit das Tor zur uralten magischen Seele der Natur. Er verbindet sich mit dem Bewusstsein der Erde und öffnet sein Feld für eine weitere ergänzende Ebene des Seins, die auch in der alltäglichen Realität sehr hilfreich sein kann.

Die Natur ist bereits intelligent und sich ihrer selbst bewusst. Höhere Intelligenzen, die aus der Einheit und der Verbindung mit allem heraus handeln, lenken die Vorgänge in der Natur. Die Bäume und Pflanzen werden beim Gedeihen und Wachsen von einer Intelligenz gesteuert, die wie unser Gehirn alle Vorgänge regelt. Die Tiere werden von denselben Kräften geführt und angeleitet, die das für uns tun. Die Mineralien und Steine sind der versorgende

Ton, der alles miteinander verbindet; sie stehen noch mit viel weiter entwickelten und höheren kosmischen Reichen in Verbindung. Das Wetter und seine Erscheinungsformen werden von den Wesen der Luft geleitet. Mit allen sind wir über unser kollektives Energiefeld aus Gedanken und Emotionen verbunden. So beeinflussen wir z. B. die Wesen der Luft, die wiederum uns beeinflussen, usw. Alles hängt zusammen und ist im großen Teppich des Lebens verwoben.

Die Form der Kommunikation und des Austauschs mit anderen Intelligenzen und Wesen, ist jedoch eine andere als jene, auf welche wir uns in den letzten Jahrhunderten konzentrierten. Die Intelligenzen, die Wesen, die Welten, die mit uns auf diesem Planeten existieren, verwenden die Universelle Sprache, die Sprache der Seele: Bilder, Symbole, Klänge, Farben, Formen, Licht und Schatten, Energie ... Wir können die Anwesenheit anderer Wesen spüren und wahrnehmen, indem wir uns dem Feld, in dem wir uns bewegen, mit all unseren Sinnen öffnen. Denn in Wahrheit ist alles verbunden. Alles ist eins. Nichts existiert außerhalb des einen. Wir teilen alle dieselbe Luft, dasselbe Wasser, denselben Boden, dieselbe Wärme derselben Sonne. Nichts existiert unabhängig von allem anderen. Solange wir nicht lernen, die Dimensionen und Königreiche, die zum Teil viel älter sind als die Menschheit und neben uns auf diesem wunderbaren Planeten existieren, wiederzuerkennen, wieder zu lieben und zu achten, können wir Menschen uns nicht wirklich weiterentwickeln.

Die Wesen rufen uns. Sie erinnern uns an die lebendige Natur. Sie versuchen uns auf allen Ebenen zu erreichen. Sie warten darauf, dass wir uns ihnen wieder zuwenden.

So, wie wir die Wesen der für uns oft nicht sichtbaren Welten brauchen, so brauchen sie unsere Zuwendung, die Zuwendung der menschlichen Seele. Dies ist von größerer Bedeutung, als wir erahnen können. Es hat Einfluss auf den Fortbestand, die Heilung und die gesamte Entwicklung unseres Planeten und all seiner Bewohner. Wir können die neue Zeit nur in der Einheit, der Verbundenheit – die da ist, ob wir sie annehmen oder nicht – einläuten, nur so unsere wahre Kraft entfalten, mit unserer Seele auf dem richtigen Weg bleiben und die wahre Natur in uns erwecken.

Wir können diesem Ruf folgen. Wer sich auf den Pfad seiner Seele begibt und mit den Kräften der Natur zusammen wandert, wird gut beschützt, reich belohnt und erfährt in allem die Vollkommenheit des Seins, die Einheit und die Verbundenheit, immer stärker. In jeder Prüfung, in die wir geführt werden, walten stets die Kräfte der Erde und des Himmels.

Mein größter Wunsch ist es, dass sich die Herzen der Menschen wieder für die anderen Dimensionen und Königreiche öffnen; dass sich Zugänge zeigen und viele Menschen wieder den Weg in diese Reiche finden; dass der Blick sich weitet für die vielfältigen Welten des Seins auf diesem Planeten. Die Wesen der Natur sind immer und überall da. Sie zeigen sich oft in unerwarteten und ungewöhnlichen Situationen. Ihre Antworten auf unsere Fragen sind oft sehr ungewöhnlich, entspringen jedoch der ewigen wahren Quelle.

»Betrachtet die Welt wieder mit Kinderaugen.«

Auch die Medien spiegeln die neue Entwicklung. Populäre Bücher und Filme wie »Der Herr der Ringe« oder »Harry Potter« öffnen die Herzen und lassen damit die Liebe in uns für diese anderen Welten wieder fließen, auch wenn wir noch nicht bereit sind, sie als eine andere, parallele Wirklichkeit anzuerkennen. Wenn die Liebe zu den Naturwesen entsteht, so weitet sich der Türspalt im Innern langsam wieder. Die Liebe und der Glaube sind der Schlüssel für den Kontakt und die Erfahrungen mit diesen Reichen, aus denen irgendwann Verständnis, Wissen und Weisheit erwächst.

Wer nicht lieben und nicht glauben kann, dem bleiben die Türen weitgehend verschlossen, obwohl sie immer offen stehen. Nicht weil andere Welten nicht existieren, sondern weil die eigene innere Tür zu ihnen zugestellt ist; weil der Mensch sich in einem bestimmten abgespaltenen Erfahrungsraum aufhalten möchte, da er z. B. Angst vor seinen eigenen verborgenen Schatten hat. Doch auch hier ist zu beobachten, dass nicht alles hoffnungslos ist. Viele Menschen haben in der letzten Zeit sogenannte Schlüsselerlebnisse. Das heißt, sie machen plötzliche einschlägige Erfahrungen mit anderen Realitäten, die sie nicht mehr so leicht in die Welten der Fantasie verbannen können und die ihr Leben und ihre Sicht für immer verändern. Die Welten der Seele sind groß, weit und alles ist in ihnen möglich. »Gibt's nicht, gibt's hier nicht«, würden die Angehörigen des Kleinen Volks sagen und sich dabei kichernd auf die Schenkel hauen. Zack!, und schon wären sie wieder weg, und du fragst dich: War das wahr, oder war es ein Gag? So komm und folge mir zu den Erzählungen und Beschreibungen, zu den Eingängen und Zugängen.

wenn ein Unwissender sie sucht. Höhlen, Seen und Quellen dienen häufig als Eingang, aber öfter genügt schon ein Wind, ein Nebel, eine Wasserfläche, und schon schlägt die eine in die andere Welt um. Megalithhügel, natürliche und besondere Erhebungen, vor allem wenn sie unvermittelt aus einer Ebene aufragen, Inselgruppen, Felsformierungen, besondere Baumgruppierungen, weite Ebenen, abgeschiedene Gegenden und Bergtäler sind bevorzugte Stätten der Anderswelten.

Das Wissen über die feinstofflichen Welten und Dimensionen ist sehr vielfältig. Man findet Beschreibungen der anderen Reiche in vielen Formen überall auf der Erde. Lass dich jetzt hier Schritt für Schritt einführen in eine umfassendere Sicht der Welt, der Andersreiche und parallelen Dimensionen.

Die Doppelgängernatur des Seins

Ursprung und Sinn von Glauben und Religion ist, die Kluft zwischen der verstandesregierten, eroberten und beherrschten, begrenzten Welt und der unbegrenzten, weiten, sich in die Unendlichkeit ausdehnenden Welt zu überbrücken. In früheren Zeiten war dieser Brückenschlag mühelos, denn das irdische, rationale Bild der sichtbaren Welt wurde ergänzt durch die unsichtbare, unendliche Welt, die Andersreiche, die Dimension der Geister, Wesen und Boten. Diese Ebenen waren damals nicht getrennt voneinander. Dadurch war ein breites Spektrum an Möglichkeiten für die Menschen gegeben, die sich in neue Räume wagen wollten. Das stufenweise Vorstoßen in die Unendlichkeit wird besonders deutlich, wenn man von mehreren Dimensionen, Weltschichten, über und unter der irdischen und gleichzeitig von mehreren Weltzeitaltern vor und nach dem gegenwärtigen ausgeht. Hier haben wir eine Ausdehnung in den unendlichen Raum.

Es gibt eine Wirklichkeit, die in diesem Augenblick, in dieser Epoche, in diesem Raum, mit diesen Wesen und Gegenständen existiert, und eine andere, die sich unbegrenzt und parallel in die Weite, in alte und neue, höhere und niedere Bereiche bewegen kann. Es gibt also in räumlicher und zeitlicher Hinsicht einen Doppelgänger der irdischen Welt. Doch nicht nur die Welt hat ihren Doppelgänger, sondern auch jeder Mensch, jedes Tier, jede Blume, jedes Wesen und jeder Gegenstand hat ein geistiges Abbild. Diese Doppelgängernatur ermöglicht es uns, aus der selbstgeschaffenen Isolation des rational beschränkten Weltbilds und dessen Vorstellungsrahmen herauszukommen. So können wir uns langsam und stufenweise zu dem entwickeln, was wir eigentlich schon sind – in der Verbindung mit allem.

Auch der Doppelgängergedanke findet sich in vielen alten Erzählungen und Weisheitslehren überall auf der Welt. Die Eskimos nennen diese Doppelgängernatur Inua. Die Asba am Niger glauben, dass jeder Mensch ein Gegenstück in der Geistwelt besitzt. Bei den Persern haben

Götter und Menschen einen jenseitigen Doppelgänger, der Fravashi genannt wird. Andere Lehren beschreiben zum Beispiel ein Land unter der Erde, das als Spiegelbild der oberen Erde angelegt ist. Danach wird der Mensch zuerst in der geistigen Welt geboren, wandert dann auf mühevollen Pfaden aus der Seelenheimat in die sichtbare Welt, wo er sich dann unter Irrungen und Wirrungen wieder zurück zu seiner Seelenheimat durchschlägt – und ein Kreis schließt sich. Diese Doppelgängernatur ermöglicht es uns, den begrenzten Raum zu öffnen und in den unbegrenzten einzutreten. Überall finden sich die Öffnungen von der einen in die andere Welt und die meisten in unseren Herzen. Von hier können wir das Tor in die geistige Welt öffnen.

Anderswelten – Andersreiche

Die Kelten und Germanen sahen die Anderswelt nicht von der realen Welt getrennt. Für sie war sie keine abgesonderte Sphäre unter der Erde oder in himmlischen Gefilden, sondern unmittelbar mit dem Hier und Jetzt verwoben. Tore in die Anderswelt waren bevorzugt Inseln im Meer, da das Element Wasser in diesen Kulturen heilig war. Aber auch Höhlen, Brunnen, Löcher, Hügel, Berge, weite Täler und Landschaften, Gräben, Strahlen können in die verschiedenen Dimensionen der Andersreiche führen. Der Schleier zwischen der Alltagswelt und der Anderswelt kann aber auch von einem Moment zum anderen zerrissen werden, ein Schritt zwischen die Welten, und man ist woanders.

In ihren alten Geschichten und Sagen ist die Anderswelt überall und nirgendwo. Sie entspricht der physischen Wirklichkeit bis in jede Einzelheit. Alles dort hat eine besondere Ordnung und Struktur, die sich allerdings jederzeit unvermittelt verändern kann. Sie ist eine Welt des Friedens und der Harmonie, der Künste, der schönen Wesen, aber gleichzeitig halten sich Ungeheuer, Gespenster, Hexen, grausame, verschlagene Wesen mit magischen Kräften darin auf. Diese Widersprüchlichkeiten halten sich gegenseitig in Schach. Die Anderswelt ist nicht zeitlos, doch richtet sich die Zeit dort nicht nach irdischen Maßstäben: Eine Sekunde kann eine Ewigkeit umspannen, in zwei Minuten können Jahre vergehen. In den Andersreichen finden sich die wahren Spiegel der Macht. Dort werden auch die Schicksalsweichen für das Leben der Menschen auf der materiellen Ebene gestellt, wird der Lebensfaden gesponnen und mit den Ereignissen und Umständen verwoben.

Die Menschen lebten einst völlig selbstverständlich mit den Wesen der Andersreiche, auch wenn sie diese mit ihren physischen Augen nicht wahrnehmen konnten. Es gab verschiedene Rituale und Festlichkeiten, mit denen ein Raum für alle geschaffen wurde, in dem die Wesen der verschiedenen Ebenen miteinander kommunizieren konnten. Dort erhielten die Menschen die Zeichen und Botschaften für aktuelle und kommende Zeiten. Dies geschah z. B. bei den Feiern zu den acht Jahresfesten, den Feiern der Sonne und der Erde (siehe Kapitel Jahresfeste). Doch auch bei allen anderen Gelegenheiten zu Festlichkeiten, wie Hochzeiten, Todesfälle, Geburten, Ehrungen, Ernennungen, wurden die Wesen der Andersreiche mit eingeladen. Es gab Botschafter, die zwischen den Welten vermittelten und in ständigem Kontakt und Austausch mit beiden Welten standen, die sogenannten Zauberer, Druiden, Magiere, Hexen, Heilerinnen ... Helden, Heilige und Führer der Menschen suchten die Anderswelten auf, um von ihnen eingeweiht und unterrichtet zu werden (wie das geschah, finden wir z. B. in der Artussage beschrieben). Es gibt dort die unterschiedlichsten Ebenen und Bereiche, deren Beschreibung in den unterschiedlichsten Kulturen ähnlich ist. Meist sind es neun bis zehn Reiche, die in die übergeordneten Ebenen Oberwelt, Mittelwelt, Unterwelt aufgeteilt sind und in ein unsichtbares, eigentlich nichtexistentes Reich.

Diesseits und Jenseits

In der späteren Entwicklung wurden die verschiedenen Wirklichkeiten zu Diesseits und Jenseits. Dies machte die Trennung der Reiche deutlicher. Das Diesseits ist die räumliche, feste, sichtbare Erdenwelt, die Wohnstätte der Menschen bis zu deren Tod. Es ist der Aufenthaltsort aller Natur- und Erdgötter/göttinnen, der Erd-, Elementar- und Naturgeister, die in beiden Dimensionen zu Hause sind. Einst zeigten sie sich den Menschen oft, jetzt allerdings nur noch selten. Das Leben im Diesseits ist zeitlich begrenzt, der Tod bildet die Schwelle zum Jenseits, die Grenze zwischen beiden Reichen.

Das Jenseits ist die allgemeine Bezeichnung der außer-, unter- und überirdischen Dimensionen. Es ist der Aufenthaltsort der Götter und Göttinnen, der Meister, Engel, Geister und Seelen Verstorbener. Es ist der Raum, den man nur erkennen, erfühlen, erahnen kann, wenn man seine Wahrnehmung entsprechend schult.

In den Mythen und Legenden ist das Diesseits vom Jenseits getrennt. Um zwischen ihnen zu wechseln, muss man durch einen Fluss, über einen See oder Meeresarm waten oder eine Brücke, einen Tunnel, ein Tor durchschreiten. Bei Einweihungen, Ritualen, Prüfungen berühren sich die Welten oder verschmelzen kurzzeitig miteinander.

Die große Weltenordnung

Schamanismus und die anderen Welten

Urzeit und Endzeit bestimmen den Raum, der dazwischen liegt. Die Urzeit ist die Geburtsstunde der verschiedenen Welten und Dimensionen, die Endzeit vereint diese verschiedenen Welten und Dimensionen wieder. Hinter beiden wirkt die Ewigkeit, die Nichtzeit.

Ein Schamane ist ein Mensch, der die Verbindung zwischen den verschiedenen Welten und Dimensionen herstellen kann. Er versteht die inneren und äußeren Zusammenhänge der Einheit allen Seins. Als Vermittler zwischen den verschiedenen Welten und Dimensionen übersetzt er die Botschaften von Göttern, Ahnen, Geistwesen, Tieren, Pflanzen, Steinen, Dämonen usw. Meist im Herzschlag der Trommel bereist er den Weltenbaum mit seinen verschiedenen Ebenen und kann so mit den Göttern, Naturwesen, Lichtwesen, Ahnengeistern, Tieren, Pflanzen, Steinen, Dämonen in Kontakt treten, um eine umfassendere Sicht des Ganzen zu erlangen und aus dieser erweiterten Sicht heraus zu handeln. Er kann dadurch erweiterte Zusammenhänge erklären, heilen, das Schicksal ablesen etc.

Schamanismus gibt es überall auf der Welt, in den verschiedensten Formen. Wie in den Mythologien teilen die Schamanen die Welt in drei Ebenen, die Obere Welt, die Mittlere Welt und die Untere Welt. Wenn ein Schamane die Kraft dieser Reiche verstanden hat, kann er die weiteren Räume der drei Welten betreten: die Welt der Ahnen, die Welt der Toten, die Welt der Elemente und die Welt der alten Reiche.

Nachfolgend werden die drei Begriffe Obere Welt, Mittlere Welt und Untere Welt erklärt. Die Welt der Elemente und die weiteren Reiche dieser Erde sind in diesem Buch in dem jeweiligen Kapitel beschrieben.

Die Obere Welt

Überwelt – Lichtwelten – Himmel – Sonnenstadt – Sommerland

Als Über- oder Obere Welt wird im Allgemeinen ein Raum bezeichnet, der im oberen Teil des Weltbildes eingeordnet wird. Es sind die Wohnorte und Reiche der überirdischen

Wesen, der Götter und Göttinnen, der Meister, der Engel und Lichtelfen, der Natur- und Erdgötter (z. B. Pan, Neptun, Poseidon, Frau Holle), der kosmischen Wesen und der lichtvollen Seelen der aufgestiegenen liebevollen Menschenwesen. Die Obere Welt umfasst die Licht- oder Sonnenreiche. In der Entsprechung verkörpert sie das höhere Selbst. Hier finden wir Lehren, Weisheiten, Inspiration, Anregungen und Hilfe, außerdem unsere/n Lehrer/in, unsere/n Heiler/in, unsere/n Führer/in ... Dieses Lichtreich ist mit dem Reich der Menschen meist über eine lichtgleißende Regenbogenbrücke der Hoffnung verbunden. Die Obere Welt ist grenzenlos, weit, voller Harmonie, Farben und Klang.

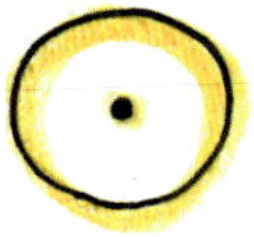   

Die Obere Welt in anderen Kulturen:

Ägyptisch: *Earu*, das bedeutet »Binsengefilde«. Es ist das ägyptische Jenseitsland am östlichen Himmel, das lichte Totenreich, das der Mensch nach positiver Beurteilung im Jenseitsgericht betreten darf. Hier kann er all seine irdischen Tätigkeiten fortsetzen.

Aztekisch: *Omeyocan*, der Ort der Zweiheit. Bei den Azteken ist dies der höchste von 13 Himmeln und Wohnort der Elterngottheiten Ometeotl (Zeugungsgott, Urschöpfer) und Omecihuatl (Ur- und Schöpfergöttin). Aus diesem Himmel

steigen die Seelen mit dem für sie bestimmten Schicksal auf die Erde herab, um als Sterbliche geboren zu werden.
Buddhistisch: *Abhirati, Jodo und Sukhavati* Abhirati ist Sanskrit und bedeutet »Reich der Freude«. Es ist ein buddhistisches Zwischenparadies, das im Osten des Universums liegt und über das Buddha Akshobhya mit der Friedensgöttin Locana herrscht. Jodo ist das Buddha-Land oder Buddha-Paradies, das Land der Erleuchteten, über das ein transzendenter Buddha herrscht. Es ist eine Vorstufe zum Nirwana, dem Endziel buddhistischer Bestrebung, der endgültigen Befreiung. Sukhavati ist das glückvolle Paradies, das erfüllt ist von unermesslichem Lichterglanz, und alle nur erdenklichen spirituellen Wonnen bietet. Es gilt als »Reines Land« und liegt im Westen des Universums, sein Herrscher ist Buddha Amitabha. Durch das von tiefem Glauben erfüllte Wiederholen seines Namens kann jeder dort wiedergeboren werden und bis zum endgültigen Eintritt ins Nirwana ein glückliches Leben führen.
Chinesisch: *Ch'ung-Ming und K'un-lun* Ch'ung-Ming sind die Inseln der Seligen, der Unsterblichen. Sie liegen im ostchinesischen Meer, gegenüber der Mündung des Jangtsekiang, des Gelben Flusses. Sie können von keinem Lebenden erreicht werden, denn jedes Schiff, das es versucht, wird durch Wind abgetrieben, kentert, oder die Inseln versinken vor den Augen der Schiffsbesatzung. K'un-lun ist das im Westen gelegene chinesische Weltengebirge. Es gilt als Stätte des Glücks und als Aufenthaltsort der Unsterblichen. Es ist drei bis neun Stockwerke hoch und hat ebenso viele Stockwerke unter der Erde. Laotse entschwand zum Beispiel im K'un-lun, als er gegen Ende seines Lebens nach Westen ritt. Die Herrscherin über dieses Reich ist Hsi

Wang-Mu, die Göttin der Unsterblichkeit. Sie bewohnt einen neunstöckigen Palast aus Jade, der von einer Mauer aus purem Gold umgeben ist. Die männlichen Hsien (Unsterblichen, jene Heiligen und Weisen, die in den Himmel aufgefahren sind, z. B. Laotse und Konfuzius) wohnen im rechten Flügel des Palastes und die weiblichen Hsien im linken. Überall erklingt zauberhafte Musik, und im Palastgarten wächst ein Baum, an dem alle 6000 Jahre ein Pfirsich reift, der Unsterblichkeit verleiht.

Germanisch: siehe Kapitel Yggdrasil

Griechisch: *Olympos/Olymp und Elysion/Elysium* Das Elysium ist ein paradiesisches Gefilde, eine Insel der Seligen, auf der ewiger Frühling herrscht. Dieser Ort befindet sich im äußersten Westen der Erde und wird vom Fluss des Vergessens umflossen. Dort halten sich die Seligen auf, die durch die Gunst der Götter die Unsterblichkeit erlangt haben. Er ist ein Teil des Olymps, des Wohnorts der Götter und Göttinnen.

Hinduistisch: *Loka, Glolka* Die hinduistischen Himmelswelten sind der Wohnort der Gottheiten. Im Triloka, den drei großen Sphären Himmel, Erde, Unterwelt, gibt es acht Himmelsregionen: Bhurloka, Bhuvarloka, Svarloka, Maharloka, Janarloka, Tapoloka, Satyaloka, die unter dem Oberbegriff Loka zusammengefasst werden, sowie Glolka, welche die höchste von ihnen ist. Sie ist Wohnsitz des hinduistischen Gottes Krishna, der mit Radha auf ewig vereint hier lebt, und von Vishnu, dem Licht- und Sonnengott und Erhalter der kosmischen Ordnung.

Inka: *Hanan Pacha und Tlalocan* Paradiesischer Jenseitsbereich der Inka, in den die verstorbenen Seelen über eine aus Haaren geflochtene Brücke gelangen, sofern sie nicht in die Unterwelt (Ucu Pacha) müssen.

Islam: *Djanna* (arab. für »Garten«, »Paradies«) Nach dem letzten Gericht ist es der Aufenthaltsort der Auserwählten und Guten. Man stellt ihn sich als Pyramide oder Kegel mit acht Stockwerken und acht Türen vor. Im obersten Stockwerk wächst der Grenzlotus, dessen Zweige alles überschatten. Der Garten ist ein Land, in dem Wein und Honig, Milch und Wasser fließen. Kostbare Teppiche und Sessel bedecken den Boden. Die Seligen werden von Huris, weisen Jungfrauen, bedient. Von ihnen gibt es zwei Arten, menschenartige und djinnartige (siehe Lexikon, Djinn), sie sind aus Ambra, Kampfer, Safran und Moschus geschaffen und so zart und durchsichtig, dass das Mark ihrer Beine selbst durch siebzig seidene Gewänder scheint. Sie heißen jeden, der in das Paradies eintritt, willkommen und verwöhnen ihn für seine guten Taten.
Jüdisch: *Shamajim* (hebr. für »Himmel«) Am zweiten Tag seines sechstägigen Schöpfungswerkes schuf Gott das Firmament, den sichtbaren Teil des Himmels, als Gewölbe und Scheidewand zwischen dem Regenwasser und dem Wasser der Meere, der Flüsse und des Grundes. Von dort wird er kommen, zu richten die Toten und die Lebenden. Der Himmel ist die Wohnstätte der Frommen und Seligen und der Aufenthaltsort der Engel, die Gott schauen.
Keltisch: *Annwyn* (irisch/keltisch: *Emain ablach*) Die walisische Nichtwelt. Das Feenreich, die jenseitige Welt, die Insel der Seligen. Hier werden die Verstorbenen von Licht und Farben, Tanz und Musik, Essen und Trinken und den Armen einer/eines Liebsten empfangen.
Litauisch: *Dausos* Das Land der Seligen. Dorthin gelangen die Seelen der Verstorbenen, indem sie immer der Milchstraße folgen – sofern sie nicht in Bäumen fortleben müssen, um dort zu büßen.

Polynesisch/hawaiisch: *Rumia, Hawaiki Rumia* Himmelswelt. Der Himmel ist aus der äußeren Schale des Kosmos geschaffen. Seine Stützen kommen von der Erdenwelt, und der Zwischenraum wird von der Göttin Atea (Göttin der Himmelsweite, des Lichtes) durchdrungen.
Shintoistisch (Japan): *Takama-ga-hara* Hohes Himmelsgefilde. Man stellt es sich vor als weite Ebene mit Bergen und Flüssen, Bäumen und Pflanzen, vierfüßigen Tieren und Vögeln. Es ist der Wohnsitz der Gottheiten, die in einem meist trockenen Flussbett auf Steinen sitzend Rat abhalten. Mit der Erdenwelt ist Takama-ga-hara durch eine Brücke (Ama-no-uki-hashi) verbunden.
Ungarisch: *Kacsalabon forgo var* Eine Himmelsburg. Sie wird von einem fest auf der Erde ruhenden Entenfuß getragen und dreht sich um den Weltenbaum (Tetejetlen nagy fa), durch den mehrere Welten- und Himmelsschichten bis zur Spitze des Himmelsgewölbes reichen. Der Hügel unter Tetejetlen nagy fa ist die Spitze des Weltberges. Das Erklettern des Baumes gehört zu den Prüfungsaufgaben eines Schamanen (Talos). Im obersten Stockwerk von Kacsalabon wohnen die Isten (Schöpfer- und Hochgötter), Dämonen, Geistwesen, Heronen (Wetterdämonen) und Sarkany (Riesendrache).

Mittlere Welt

Hier und Jetzt – Wirklichkeit – Diesseits – Mittelerde

Die Mittlere Welt ist der Raum, der zwischen der Oberen und der Unteren liegt. Hier werden die Weichen gestellt und der Lebensteppich gewoben. Im Netz von Wyrd (kosmische Energie) verbinden sich die Dimensionen miteinander, das Sonnenreich mit der lebendigen Erde in der alltäglichen Wirklichkeit, die Kräfte der Oberen Welt mit denen der Unteren Welt, das Reich der Ahnen und der Toten mit dem der Lebenden. Hier werden heimliche Zeichen und Symbole, die jemand, der die inneren Welten nicht kennt, nur schwer entschlüsseln kann, auf den Weg zu den Trägern der Energie gebracht. Ein Mensch, der Erfahrung mit den anderen Welten hat, wird zum mystischen Spurenleser seiner Seele, ebenso der Orte und Wesen um ihn herum. Nichts ist Zufall, doch oft können wir die feinen Zeichen und Spuren noch nicht lesen, die sich im Netz von Wyrd miteinander verweben und den nächsten großen Schritt ankündigen, da wir nicht mehr bewusst mit den anderen Reichen verbunden sind und uns oft selbst noch nicht genug kennen.

Die Mittlere Welt in anderen Kulturen

Buddhismus: *Chakravada* Die Erdenwelt, in der die Menschen und Tiere leben. In ihrer Mitte liegt der in sieben Stufen aufsteigende Weltenberg Meru, und sie wird vom Ozean umflossen. Sie liegt oberhalb der Narakas (Höllenwelt) und unterhalb von Devaloka (Himmelswelt). Nur auf ihr ist endgültige Erlösung von Samsara, dem Kreislauf von Tod und Wiedergeburt, möglich.

Germanisch: siehe Kapitel Yggdrasil

Inka: *Huri Pache* Bei den Inkas die Bezeichnung für die Mittlere Welt.

Hinduistisch: *Jambudvipa* ist die Mittelwelt bzw. die Erdenwelt der Menschen. Jambudvipa ist Sanskrit und bedeutet »Rosenapfelbaumkontinent«. Damit ist der ringförmige Zentralkontinent des hinduistischen Weltbildes gemeint. Jambudvipa wird als eine Scheibe mit sieben kreis- bzw. ringförmigen Kontinenten, ebenso vielen Ringmeeren und 6 parallel verlaufende Gebirgsstreifen dargestellt. Der in der Mitte gelegene Landstreifen wird durch zwei Gebirgszüge in drei Zonen geteilt. Die südlichste von insgesamt neun Landschaften nennt sich Bharata-varsha. Sie ist nach dem ersten Herrscher Bharata benannt. In dieser Welt lösen die vier Yugas (Weltzeitalter, die periodisch wiederkehren) einander ab. Hier wirkt das Karma (das kosmische Gesetz von Ursache und Wirkung der Handlungen über den Tod hinaus) und führt die Menschen in die Himmels- oder Unterwelt.

Jüdisch: *Eres* (hebr. für »Erde«, »Erdboden«) Nach dem jüdischen Weltbild ist die Erde eine runde Scheibe (Erdkreis). Sie besteht aus dem roten Ackerboden und dem weißgrauen Kalkboden der Wüstengegenden. Aus dem Ackerboden ging das Leben hervor. Die Erde ruht auf dem großen Urmeer (Tehom) und wird vom salzigen Meer umspült. Dieses ist mit dem Süßwasser unter der Erde verbunden, aus der die Quellen entspringen. Die Erde ist die Wohnstätte der Menschheit. Anfangs war sie wüst und leer, bevor sie von Jahwe-Elohim (Name des Einzigen Gottes) in seinem sechstägigen Schöpfungswerk ausgestattet wurde. Er schuf die Gestirne, die Elemente, die Pflanzen, Tiere und letztlich die Menschen. Der Himmel bildet Gottes Thron, und die Erde ist sein Schemel. Sie ist unvollkommen und vorläufig. Was auf der Erde geschieht, ist wertlos, wenn es nicht vom Himmel bestätigt wird. Am Ende der Tage wird eine neue Erde erschaffen, ohne Alter, Schmerzen und Ungerechtigkeit.

Polynesisch: *Ta Taron* Die Erdenwelt wurde von dem Schöpfergott Ta Taron erschaffen. Er lebte ganz allein in der Finsternis einer Schale, bis er dem Ei einen Stoß gab, sodass es zerbrach, und er ausschlüpfte. Er besann sich und machte den mittleren Teil der Schale zur Erde und den äußeren zum Himmel. Zunächst erschuf er die Götter, dann schüttelte er seine Federn, woraus die Pflanzen, Tiere und weitere Geschöpfe entstanden. Die Erdenwelt besteht aus Te Tumu (der Quelle) und Te Papa (Felsen), geschaffen aus der inneren Schale.

Untere Welt

Unterwelt – Hölle – Jenseits – Totenreich

Im Schamanismus ist die Untere Welt die Ebene der Erdreiche. Wie der Name sagt, liegt sie unter der Erdoberfläche. Der Eingang zu ihr ist meist im Westen gelegen, wo die Sonne untergeht. Sie teilt sich in viele Welten auf, darunter das Steinreich, Mineralreich, Feuerreich, Wasserreich, Erdreich, Luftreich, Metallreich, Pflanzenreich, Tierreich, weitere sind die Totenreiche, die Naturgeisterreiche und die Ahnenreiche, die später als Hölle bezeichnet wurden.

Für die Schamanen ist es die Heimat der Kräfte, der Medizin und der Heilung. Sie ist die Welt der Wurzeln, der Nebel, der wandelbaren Energien, des Unterbewussten, auch der eigenen Schatten und der verdrängten Taten, die nicht nach göttlichen Gesetzen begangen wurden. Auf dieser Ebene ist alles möglich, auch das Unmögliche. Dort werden Tapferkeit, Mut, Herzenskraft und die wahren Absichten eines Menschen geprüft. Aus Sicht eines Schamanen ist die Untere Welt auf keinen Fall düster und tot. Dort kann er Kontakt zu den Geistern aufnehmen, zu den Hütern der Tiere, Bäume und Pflanzen ... Denn die Untere Welt ist mit der Oberen auf geheimnisvolle Weise verbunden. Der Mensch kann dort die Energien wandeln und erlösen, seinen Schatten begegnen und seine Kraft entdecken. Auch die Medizin für die verschiedensten Arten der Heilung lässt sich auf dieser Ebene finden; so kann z.B. ein Tier Medizin für uns sein.

Da der Höllenbereich den Menschen am schwerwiegendsten und am meisten betrifft, wurde er oft zum Schwerpunkt der Betrachtung. Er stellt jedoch nur einen Teil der Unteren Welt dar. Es ist die Heimat der »Spiegel unserer Schatten«, des Karma, des Totengerichts und dessen, was erlöst werden will, bevor man die diesseitige Welt wieder verlässt. Hier kann der Mensch seinen Auftrag erfüllen und wandeln statt zu leugnen.

Die Untere Welt in anderen Kulturen

Ägyptisch: *Duat* Bezeichnung für die Unterwelt, das Jenseitsland, das dunkle Totenreich westlich des Nils. Die unterirdische und die himmlische Duat berühren sich im Osten und im Westen. Im unteren Teil der Duat findet das Totengericht statt, bei dem die Herzen gewogen werden. Wer die Prüfung besteht, kann seine Reise nach Earu, der Oberen Welt, fortsetzen. In der Unteren Welt werden die Grundelemente Himmel, Erde, Wasser und Berg genannt. In die Duat versinkt das Tagesgestirn der Sonne, um sie des Nachts zu durchwandern. Die Hieroglyphe für die Duat ist ein Stern.

Akkadisch: *Aralu* Dort herrscht Nergal (Kriegsgott, der in seiner Erscheinung als Gott der Oberwelt die glühende Sonnenhitze verkörpert und die Schilfbrände verursacht) zusammen mit seiner Gattin Allatu (Königin der Unterwelt). Der Aufenthaltsort der Toten ist eine weite, von sieben Mauern umgebene, dunkle Höhle inmitten der Erde.
Aztekisch: *Mictlan* Reich der Toten, das im Norden liegt, es entspricht dem Mitnal bei den Maya. In Mictlan herrschen Mictlecacihuatl (Herrin des Totenreichs, die mit schwarzer Körperbemalung, Totenschädel und Knochen dargestellt wird) und Mictlancihuatl (Herr des Totenreichs, der als Kalender- und Zeitgott gilt; er wird als Skelett mit heraussteheden Zähnen und einem Steinmesser als Nase abgebildet; die ihm zugeordneten Tiere sind die Fledermaus, die Eule und die Spinne). Alle Toten müssen in dieses Reich hinabsteigen, ausgenommen die im Krieg gefallenen und die im Kindbett gestorbenen. Sie haben hier einen neunarmigen Fluss zu überqueren. Da bei den Azteken ein Hund als Totenbegleiter fungiert, wurde ein solcher als Grabbeigabe mitgegeben.
Buddhistisch: *Naraka* (Sanskrit für Höllenwelt) Eine Ebene bestehend aus 7 bis 8 Haupthöllen und ca. 16 bis 128 Nebenhöllen, in denen die Menschen aufgrund böser Taten in früheren Existenzen je nach Art ihrer Vergehen unterschiedliche Qualen erleiden.
Chinesisch: *Huang-ch'üan* (chin. für »gelbe Quelle«) Dorthin kehren alle Seelen der Menschen zurück, die nicht Hsien (Heilige, Meister, Weise) geworden sind, und werden gewandelt und gereinigt. Die »Gelbe Quelle« liegt im Norden, deswegen werden die Toten im Norden einer Stadt und mit dem Kopf nach Norden bestattet. Huang Fei-hu,

der gelbe fliegende Tiger, ist der Totenrichter der Seelen, die sich in seinem Berg einfinden. Er wird auch oft als einäugiger Bulle mit einem Schlangenschwanz dargestellt.

Germanisch: siehe Kapitel Yggdrasil

Griechisch: *Hades* Unterwelt im Westen der Erdscheibe und nahe dem Ozean gelegen. Sie ist ein finsteres Reich gleich unter der Erdoberfläche, über das der gleichnamige Gott und seine Gattin Persephone (Unterweltsgöttin und Göttin der Fruchtbarkeit, die im Frühling erblüht und im Winter wieder stirbt) herrschen. Die Eingänge zum Hades sind im Peloponnes, am Schwarzen Meer und im Avernersee zu finden. Hermes, der griechische Götterbote, geleitet die Seelen der Toten durch die eherne Pforte. Der Fährmann Charon setzt sie über den Totenfluss. Dahinter wacht der Hund Kerberos, der jeden einlässt, aber keinen hinaus. Je nach Ausgang des Totengerichts dürfen die Gerechten nach Elysion, die anderen müssen in den Tartaros, welcher der Hölle gleicht.

Inka: *Ucu Pacha* Im Mittelpunkt der Erde gelegen und ein Ort der Kälte und des Hungers.

Jüdisch: *Abaddon* 4. Abteilung der Unterwelt neben *She ol* und *Ge Hinnom*. Sie wird beschrieben als ein Ort des Verderbens, der Vertilgung und des Untergangs, an dem die Totengeister wirken.

Lappländisch: *Pohjola* (entspricht Nordheim, dem finnischen Totenreich) Es ist ein Ort der Dunkelheit und der Kälte, der im äußersten Norden liegt, wo das Himmelsgewölbe den Erdhorizont berührt. Die Herrscherin dort ist Louhi. Die Toten müssen einen breiten Strom mit einem feurigen Strudel überqueren und den eisglatten Weltberg mithilfe ihrer im Leben abgeschnittenen Fingernägel erklimmen, bevor sie in dieses Reich gelangen können.

Maya: *Mitnal, Xibalba* Totenreiche. Mitual ist eine dunkle und freudlose Welt, in das die Seelen der Menschen eingehen, die böse und dunkel waren. Hunahau, der Totengott, herrscht über dieses Reich. Xibalba ist ein anderes Totenreich, über das Came (Held der Maya) herrscht. Zu ihm gelangt man über sehr steile Stufen, reißende Flüsse, durch enge Schluchten mit zahllosen Stachelbäumen. Hier kreuzen sich vier Wege, ein roter, ein schwarzer, ein weißer und ein gelber.

Polynesisch: *Po* Land der Finsternis, in das die Seelen zurückkehren, wenn sie nicht nach Hawaiki (Insel der Seligen) gelangen können. Po wird beschrieben als sehr weit, schwarz, düster und niemals endend. Dort herrscht Miru, der Gott der Unterwelt. Er fängt die Seelen der einfachen Menschen, der Verbrecher, der Übeltäter und aller Unglücklichen in seinem Netz ein und wirft sie dann in seine Öfen, deren Feuer nicht quälen, sondern auslöschen.

Römisch: *Orcus* Toten- und Schattenreich. Orcus ist auch der Gott der Unterwelt und Herr des Totenreichs, der das Leben dahinrafft und verderben lässt. Orcus entspricht dem griechischen Hades.

Shintoistisch: *Yomi-no-kuni* Wird in Japan als Land der Nacht bezeichnet. Es ist das Land der Toten, das unter der Erdenwelt gelegen ist. Dort herrscht die Göttin Izanagi als Erste unter den Verstorbenen.

Yggdrasil

Die neun Andersreiche der germanisch-nordischen Mythologie

Die Weltenesche Yggdrasil ist der Weltenbaum der Germanen. Er steht im Zentrum von Midgard, der Welt der Menschen, und beherbergt neun »Anderswelten«: drei Obere Welten, drei Mittlere Welten und drei Untere Welten. Die Krone der Esche überragt den Himmel mit der Oberen Welt von Asgard, Vanaheim und Ljossalfheim, auch erste Ebene genannt. Ihre Zweige breiten sich in der Mittleren Welt aus, welche zweite Ebene genannt wird und Jötunheim, Utgard und Svartalfheim umfasst. Hier befindet sich auch Midgard, das Zentrum, in dem alle Welten und Reiche ineinanderfließen. Die Weltenesche zieht ihre Kraft aus den Wurzeln und den drei Unteren Welten, Muspelheim, Niflheim, und Hel(heim), auch dritte Ebene genannt. Die Wurzeln werden hier von den drei Quellen genährt: (1) Urdar brunnr (no Urds Brunnen), der Schicksalsbrunnen, an dem die Götter ihre Beratungen abhalten und in dessen Nähe die Nornen wohnen, welche die Schicksalsfäden hüten; (2) Mimir brunnr (Mimirs Brunnen), der Brunnen der Weisheit und Erkenntnis; er wird von Mimir bewacht, einem Orakel und weisen Wasserriesen, auch Erinnerer genannt, bei dem sich auch die Götter Rat holen; und (3) Hvergelmir (brodelnder Kessel), ein Brunnen und rauschendes Wasserbecken, das von dem Drachen Nidhöggr bewacht wird; hier entspringen alle Flüsse der Welt. Zwischen den verschiedenen Welten entstehen Spannung und Ausgewogenheit durch die Gegensätze, Kampf und

Harmonie, Kälte und Wärme, Schöpfung und Zerstörung. In Midgard treffen alle aufeinander, folglich ist hier alles möglich. Hier finden sich die Obere, Mittlere und Untere Welt, die Innenwelt und die Außenwelt.

Die Weltenesche ist ein Schicksalsbaum, der immer grünt, solange die Welten bestehen, doch wenn er erzittert, kündigt dies den Weltuntergang, die Götterdämmerung, an. Dann lösen sich die Welten in Chaos auf, alles gerät aus dem Gleichgewicht, bricht zusammen und wird zerstört. Nur ein Menschenpaar überlebt. Dann wird eine neue Welt des Friedens und Glücks entstehen, in der die Kräfte einträchtig herrschen.

Asgard: Obere Welt, Reich der ersten Ebene – Himmel, Heimat der Götter. In dieser Welt befinden sich die Hallen der verschiedenen Götter wie z. B. Walhalla (Halle der Gefallenen, Wohnsitz des Gottes Odin) und Folkwang (Halle oder Feld des Volkes, Wohnsitz der Göttin Freyja). Weitere Obere Welten sind Vanaheim und Ljossalfheim, auch Alfheim genannt.

Vanaheim: Obere Welt, Reich der ersten Ebene – Frieden, Heimat der Vanen (Wanen) genannt. Es soll sich im Erdinneren befinden und ist der Wohnsitz der alten Erd- und Fruchtbarkeitsgötter und -göttinnen, die den Erdzauber beherrschen.

Ljossalfheim: Obere Welt, Reich der ersten Ebene – Licht, Heimat der Lichtalfen (Alfen = Elfen, Elben). Dort herrscht der Wanengott (Zaubergott) Frey. Die gutartigen weisen Lichtalfen stehen den Göttern sehr nahe und arbeiten mit ihnen zusammen. Sie sind geisterhaft schöne Lichtwesen, die große Weisheit in sich tragen. Als Mittler zwischen Göttern und Menschen, die das Licht der oberen Welt nach Midgard bringen, sind sie stets freundlich und hilfsbereit (vergleichbar mit Engeln).

Jötunheim: Mittlere Welt, Reich der zweiten Ebene – Versuchung, Heimat der Riesen im Osten. Dieses Reich wird auch als Außenwelt bezeichnet. Der weise Jötunriese Utgardloki ist Herrscher über diese lebensfeindliche, feindselige und unwirtliche Welt.

Utgard: Mittlere Welt, Reich der zweiten Ebene – Zerstörung, Heimat der Dämonen. Wie Jötunheim liegt sie außerhalb der befriedeten Welt. Es ist eine fast unbewohnte Randzone und ein Aufenthaltsort der dämonischen Wesen.

Midgard: Mittelwelt, das Zentrum aller Reiche – Heimat der Menschen, die im Zentrum aller anderen Welten leben, welche hier zusammenströmen und wirken. Sie wurde vor Urzeiten von den Göttern geschaffen, die den Urriesen Ymir töteten und aus seinem Körper die Erde formten. Es ist das Reich der unbegrenzten Möglichkeiten.

Svartalfheim: Mittlere Welt, Reich der zweiten Ebene – Dunkelheit, Heimat der Dunkelalfen und der Zwerge. Dunkelelfen sind pechschwarz, leben unter der Erde und sind eher bösartig gesinnt. Sie tragen die Schattenweisheit in ihren dunklen Umhängen, das verhüllte Licht.

Muspelheim: Untere Welt, Reich der dritten Ebene – Feuer, Heimat der Feuerriesen. Herrscher dieser Welt der Hitze ist der Feuerriese Surtur, die Verkörperung der Naturgewalten. Er wird im Endkampf zwischen Göttern und Riesen das Heer der Riesen und Dämonen anführen und den Weltenbrand auslösen. Er wird im Zweikampf den Wanengott Frey töten.

Niflheim: Untere Welt, Reich der dritten Ebene – Eis, Heimat der Erdgeister. Es ist die Nebelwelt, der Raum des Nebels und des Eises, der Finsternis und Kälte aus der Urzeit der Schöpfung. Nach Niflheim, in dessen Zentrum die drei Quellen Urdar brunnr, Mimir brunnr und Hvergelmir liegen, erstreckt sich eine der Wurzeln der Weltenesche Yggdrasil. Hier leben zahlreiche Naturgeister. Seit der Christianisierung ist das Totenreich der Hel dorthin verlegt worden, wodurch es zum Reich der Ahnen wurde.

Nifhel: Hel(-heim), Untere Welt, Reich der dritten Ebene – Hölle, auch »dunkle Hel«, Reich der Toten. Dort herrscht die Totengöttin Hel, die Tochter des hinterlistigen Feuergotts Loki. Nifhel ist im Gegensatz zur christlichen Hölle

kein Ort der ewigen Qualen, sondern ein unterirdischer Raum ewigen Stillstands und ewiger Ruhe.
Ginnungagap: Die Welt des Nichts, aus dem alles entstanden ist. Es ist eine mit Kräften erfüllte Schlucht des gähnenden Nichts, wo absolute Windstille herrscht. Hier wurden die Eisströme von Niflheim durch die Luftströme aus Muspelheim zum Schmelzen gebracht, sodass Leben entstehen konnte.
Bifröst: Schwankende Himmelsstraße, der Regenbogen, die Himmelsbrücke, welche die Himmelswelt Asgard mit der Erdenwelt Midgard verbindet.

Die Welt der Kelten und Druiden

In der Weltsicht der Kelten und ihrer Priester, der Druiden, setzt sich die Anderswelt ebenfalls aus mehreren Reichen zusammen, deren Führer die Wesen der Anderswelt sind, die Feen und das Kleine Volk. Meist werden die Reiche als verschiedene Inseln beschrieben, die auf dem Meer an verschiedenen Stellen auftauchen. Die Angaben darüber sind in Märchen versteckt, blumig ausgeschmückt und sehr ungenau. So wechseln Lage und Unterscheidungsmerkmale der einzelnen Inseln je nach Quelle ständig. Wurde ein Verstorbener beerdigt, war es Brauch, ihm ein kleines Schiffchen mitzugeben, damit er die Anderswelten sicher und unbeschadet erreichen konnte.
Tir nam Ban: Land der Frauen. Es ist das Reich der Feen, der Göttin, der Jungfrauen, Mütter und der Alten, die den Tod bringt. Wenn Frauen in den Mythen und in den Volks-

sagen Haselnussruten, Apfelblüten, Apfelzweige, Äpfel überreichen, so sind sie gewiss aus diesem Reich gekommen, um den Menschen zu prüfen, ihn in die weiblichen Mysterien einzuführen, ihm Lektionen zu erteilen und ihm die Schicksalsfäden, die in diesen Reichen gesponnen werden, zu zeigen. Der Apfel steht u.a. für Unsterblichkeit, Einweihung in die weiblichen Wege, Wunder.

Tir nam Beo: Land des ewigen Lebens. Beschrieben als eine paradiesische Insel fernab von dieser Welt.

Tir nan Og: Land der ewigen Jugend; dieses Reich wurde am Westrand des Atlantiks vermutet, denn es ist der Ort des Sonnenuntergangs, der mit dem Totenreich in Verbindung gebracht wird.

Tir sorcha: Land der Helligkeit und Fröhlichkeit. Es ist angeblich eine Insel, die in südlicher Richtung gesichtet wurde. Dort wird gefeiert und gelacht, Zeit und Raum lösen sich auf, sodass ein Tag in diesem Land eine Ewigkeit im Reich der Lebenden sein kann.

Tir Tairngire: Land der Verheißung oder auch Land des Versprechens.

Mag da Cheo: »Ebene der zwei Nebel«, poetische Bezeichnung für das Andersweltreich, Heimat der Naturgeister.

Mag Mell: »Ebene der Freuden« oder »herrliche Ebene«. Gebiet, das zeitweilig von einem Andersweltfürsten benutzt wird.

Tir fa Thon: Land unter (hinter) den Wellen. Dies ist ein weiteres Land, das nach dem Übergang vom Leben zum Tod betreten werden kann. Es leitet von der Vorstellung her, dass die Totengöttin lange Haare aus Wellen hat, die zwischen den Reichen Brücken bilden.

Die Anderswelt in anderen Kulturen

Annwyn: Die Anderswelt der Waliser. Sie wird auch als »Nichtwelt« bezeichnet. Arawn ist der Herr von Annwyn, der Fürst der Anderswelt. Die Geographie von Annwyn ist von Fall zu Fall unterschiedlich. Mal muss eine Meerfahrt unternommen werden, bis man die Unterwasserfestung Caer Siddi erreicht, mal ist sie in sagenumwobenen Hügeln und Gräbern zu finden. Die Bewohner von Annwyn tauchen ebenso plötzlich vor den Menschen auf, wie sie wieder verschwinden. Sie hüten allerlei magische Gegenstände.

Arcadia, Arkadien: Landschaft und Ort der Feen in der griechische Mythologie

Eden, Garten Eden, Gad Eden: Das Wort Eden stammt aus dem Hebräischen und bedeutet »Wonne«. Einst war es der Aufenthaltsort der ersten Menschen, der Engel und Naturwesen, der Einhörner, Paradiesvögel, Lichtelfen, Feen etc. In ihm stehen der Baum des Lebens, dessen Frucht Unsterblichkeit verleiht, und der Baum der Erkenntnis des Bösen und des Guten. Eden ist der jenseitige Wohnort der Gerechten sowie der zeitweilige Aufenthaltsort der guten Seelen Verstorbener. Wer in seinem Leben dorthin gelangt, findet Wahrheit und Erkenntnis sowie die Offenbarungen des Lebens und des Sterbens.

Elbenland, Elbenreich: Alte Bezeichnungen für das Andersreich. Es liegt unter der Erde, in und auf Bergen, unter Wasser und im Himmel, wo Glasberge oder Glaspaläste in wunderbaren zarten Farben und prächtigem Glanz schimmern. Dort herrscht Fülle, gepaart mit unendlicher Schönheit, und sagenhaftem Reichtum. Märchen wie »Die Schwanenprinzessin« erzählen von diesem Reich.

Em Hain: Der heilige Hain ist ein heiliger Ort inmitten von Bäumen, oft Eichen, wo man mit der Anderswelt in Kontakt treten kann. Hier treffen die Welten und Dimensionen aufeinander. Dem Eingeweihten steht es zu, von hier aus mit den verschiedenen feinstofflichen Welten und Dimensionen zu kommunizieren.

Hawaiki, Pulotu, Kahiki: Auf den polynesischen Inseln die Bezeichnung für das Land der Geister und die Heimat der Ahnen. Hawaiki ist entweder im Himmel oder in der Tiefe des Meeres gelegen oder wird als Insel verstanden. Man kann diese zuweilen vor der Küste treiben sehen, doch wenn man auf sie zeigt, verschwindet sie. Der Herrscher dieses Reichs ist Roma-Tane, der Gott der Geisterwesen.

Hesperides, Hesperidengarten: Bei den alten Griechen der Garten der Götter, weit im Westen und jenseits des Okeanos gelegen. Er wird von den Hesperiden (Nymphenart), auch die »hell singenden Göttinnen der Natur« genannt, zusammen mit dem Drachen Ladon bewacht, der die goldenen Äpfel hütete. Er wurde von Herakles getötet, der die Äpfel als Teil seiner zwölf Aufgaben gewinnen musste.

Land lifanda manna: In der isländischen und norwegischen Mythologie und Folklore das »Land der ewig lebenden Wesen«, das Land des Kleinen Volkes.

Mittelerde, Middle Earth, Netz von Wyrd: »Alle Dinge sind wie durch die allerfeinsten Fäden eines Spinnennetzes miteinander verbunden. Die leiseste Bewegung eines jeden Fadens kann an jedem Ort des Netzes wahrgenommen werden, denn alles ist von jeher mit allem verbunden. Dieses Netz ist die Schöpfung der wirkenden Kräfte, und seine machtgeladenen schimmernden Fäden durchziehen alle Welten, die oberen, die mittleren und die unteren. Beginnst du, dieses Netz der Kraft wahrzunehmen, so betrittst du Mittelerde.« (Brian Bates) Mittelerde ist ein Raum, den Tausende von Kerzen erhellen. Es ist die unmittelbare Wahrnehmung der gegenwärtig waltenden Kräfte, aus welchen Reichen sie auch kommen mögen. Mit unseren Worten können wir nur die Schatten der Wirklichkeit erfassen, während unsere Seele fähig ist, Mittelerde unmittelbar zu begegnen. Mittelerde ist zu komplex, als dass wir es begreifen könnten. Außerdem sind wir selbst ein Teil von Mittelerde und können nicht zurücktreten und es beobachten, als ob es eine besondere Kraft wäre. Doch wir können lernen, die Botschaften zu empfangen, die Muster zu deuten, die Zeichen zu erkennen, die auf unserem Weg liegen. Sie geben uns Nahrung und führen uns auf dem inneren Weg. Die Kräfte von Mittelerde sind für uns das, was die Winde und Gezeiten für einen Fischer sind. So er sie kennt, kann er seine Segel entsprechend ausrichten, mit den Kräften im Einklang wirken. Die Kräfte von Mittelerde schützen, raten, helfen und warnen uns. Wenn wir ihnen folgen, werden wir sicher geführt.

Niemandsland, Niemalsland, Nimmerland: Das Land, das überall und nirgendwo ist. Eine früher gebräuchliche Umgangsbezeichnung für die Anderswelten. Die Bezeichnung Nimmerland wurde später durch die Geschichte von »Peter Pan« berühmt.

Nirgendtag, Nirgendwagen: Bezeichnungen für das Andersreich bzw. seine Wesen. Damit ist gemeint, dass sie zwar nicht existieren, aber dennoch da sind.

O Brasil: Ein Land, das alle sieben Jahre aus der azurblauen See auftaucht. Nur Auserwählte können es erreichen, und es verheißt Paradiesisches.

Oberland: Bezeichnung für die Himmelsregionen.

Odainsakr: In der isländischen und norwegischen Mythologie und Folklore Bezeichnung für das »Feld der Nichttoten«.

Paradies: Das Wort bedeutet »Umwandlung«, »Baumgarten«. Es ist die unbegrenzte Welt des Jenseits im oberen Bereich, im Himmel. In vollendeter Form lebt hier alles in Frieden. Durch eine stufenweise Entwicklung kann man die Pforten des Paradieses wieder erreichen.

Peng-lai: Chinesische Insel der Unsterblichen im ostchinesischen Meer. Inbegriff der Glückseligkeit. Hier wächst der Pilz der Unsterblichkeit.

Sommerland: Heimat des ewigen Lichts. Dort ist alles möglich, es herrschen schlaraffenlandähnliche Zustände.

Spiegelland: Dort finden wir den Spiegel unserer Seele auf eine besondere Weise.

Tlalocan: Bei den Azteken der unterste von drei Himmeln sowie das Reich des Regengottes Tlaloc und seiner Gehilfen, der unzähligen Geistwesen. Es ist das Land des Wassers und Nebels. Es liegt auf einem hohen Berg. Dorthin zu gelangen bleibt jenen vorbehalten, welche auf ungewöhnliche Weise ums Leben kommen. Es ist ein Paradies, in dem Mais, Kürbis, Tomaten, Pfeffer, Bohnen und Blumen in Überfluss wachsen und wo die Menschenseele heilen und sich vergnügen kann, bis sie nach 4 Jahren Verweildauer wieder in das irdische Leben zurückkehrt.

Traumzeit, Dreamtime: Bezeichnung der australischen Ureinwohner für die Anderswelt. Die Legende besagt, dass einst die Traumzeit und die alltägliche Wirklichkeit eins waren. Doch durch den Fall der Menschheit aus der Einheit wurden die Welten voneinander getrennt. Die Wesen der Anderswelt gaben den Menschen Gegenstände und Rituale mit, mit denen sie sich zu bestimmten Zeiten mit den Geistern und Wesen der Anderswelt wieder verbinden konnten, um so in Verbindung zu bleiben, bis die Welten wieder zusammengefügt werden. Man kann die Reiche und Lichttempel über reale Eingänge in der Natur oder durch Meditation und Konzentration auf die Orte erreichen, um von den dort lebenden Wesen unterrichtet zu werden. Oft wirken die verschiedenen Reiche und Dimensionen über die Traumebene.

Bekannte Orte der Anderswelt

Es folgt eine Auswahl von geographischen Plätzen, über bzw. parallel zu denen wichtige Orte der Anderswelten liegen. Alle zu nennen, würde den Rahmen des Buches sprengen, und zudem gibt es unzählige Orte in der Natur, die Einweihungs- und Erkenntnisstätten sein könnten. Hier kann der Mensch in Kontakt mit den geistigen Welten, anderen Dimensionen und Wirklichkeiten in Verbindung treten. Meistens sind es Hügel, Haine, Plätze, die verzaubert oder verwunschen wirken und eine besondere Ausstrahlung haben. Überall gibt es neben der sichtbaren Dimension noch unzählige unsichtbare Dimensionen. Die Tore in die anderen Welten können sich überall und unvermittelt auftun. Sei da im Hier und Jetzt, mit dem Innen und Außen verbunden, wachsam und aufmerksam. Halte deine Augen offen, beobachte deine Umgebung, und du wirst sie wahrnehmen.

Ägypten: Das Tal der Könige und die Pyramiden sind Eingänge in die Ober- und Unterwelten der Andersreiche. Die Pyramiden sind Einweihungswege in die Feuer- sowie in die Lichtwelten, und das Tal der Könige führt zu den Ahnen- und Totenwelten im Licht und im Schatten. Aufstiegstempel: Luxor, Oberägypten, Meister: Serapis Bey.

Al-Muzdalifa: Heiligtum von Quzah bei Mekka, dem arabischen Gewittergott und seinem Gefolge geweiht.

Anden, Südamerika: Gebirgskette, die Gott und Göttin

Meru zugeordnet ist. Lichtstättenbrennpunkt über der Erde und heiliger Versammlungsort geistiger Wesenheiten aller Gattungen und Klassen.

Atlantis: Versunkener Kontinent im Atlantischen Ozean. Im Ätherreich noch existent; mystische Stätte, wo in vielen Licht-, Glas- und Kristallpalästen viel altes Wissen gehütet wird, Heimat vieler Wesen der geistigen Dimensionen.

Avalon, Apfelinsel, Ynys Avallach, Insula Pomorus: Avalon ist eine der vielen Inseln der keltischen Anderswelten, die gen Sonnenuntergang im Westen zu finden ist. Sie soll angeblich in Glastonbury, England, liegen und ist ein Tor zur Anderswelt. Ihre genaue geographische Lage ist jedoch nicht wirklich bekannt. Die Gleichsetzung von Glastonbury mit Avalon kommt allerdings nicht von ungefähr: Die drei Hügel südlich und südwestlich vom Stadtkern formen tatsächlich eine Insel inmitten einer ausgedehnten Seen- und Sumpflandschaft, die bekannt ist für die Nebel, die dort aufsteigen und dem ganzen Gebiet etwas Unwirkliches geben. Unter der Obhut von Morgane le Fay (Fee), der Dame vom See, und ihrer Schwesternschaft, werden Menschen auf Avalon bei voller Gesundheit über hundert Jahre alt, von ihnen soll auch der tödlich verwundete Artus geheilt worden sein.

Banff in Alberta, Kanada: Lichttempel des Glaubens. Erzengel Michael und Lady Faith zugeordnet, denen die Engel und Naturwesen des blauen Strahls unterstehen, Wächter und Hüter der Kräfte.

Berg Kashmir, Indien: Tempel der Weisheit und des Verständnisses, Meister Kuthumi zugeordnet.

Berg Kosiusco, Südaustralien: Tor zum Reich von Lemuel. Brennpunkt der Naturdevas dieser Erde. Dort werden die Elemente in ihrer reinen Form gehütet.

Pyramide Uxmal in Yucatan, Mexiko: Tempel der Sonne und des Lichtes. Tempel des Friedens, dem Meister Kenich Ahau, dem Sonnengott, zugeordnet, dem die Sonnenengel und der Engel der Natur dienen.

Bergwelten des Himalayas: Dort liegen unzählig viele Höhlen und Stätten, wo man mit den geistigen Reichen in Kontakt treten kann. Meistens trifft man dort auf Meister aus den Oberen Welten, doch auch Begegnungen mit Wesen aus den Unteren sind hier möglich.

Bermudadreieck, Karibik: Tor, durch das man in andere Dimensionen und Zeiten gelangen kann. Viele Schiffe und Flugzeuge verschwanden in der Gegend auf unerklärliche Weise und wurden nie mehr gesehen.

Black Mesas, Arizona: Im Reservat der Hopi-Indianer gelegene heilige Kraftpunkte, wo man mit den Ahnen, Geistern, und anderen Welten Kontakt aufnehmen kann.

Carnac, Bretagne: Menhirgesäumte Alleen und Kultplätze (Menhir = Hinkelstein).

Fujijama, Japan: Berg und Sitz der Göttin Amaterasu, der aufgehenden Sonne, und ihrer Gefolgschaft.

Island: Hier finden sich unzählige Eingänge in die Welt der Naturgeister. Die unzugänglichen Gletscher inmitten von Island sind oft Einweihungsstätten. Dort kann die Anderswelt am deutlichsten erfahren werden. Hier finden wir außerdem die Schauplätze der germanisch-nordischen Mythologie: Asgard, Sitz der Götter, ist der Tafelbergvulkan Herdubreid in Odadahraun, das nebelverhüllte Reich der germanischen Totengöttin Hel liegt im Hekla-Massiv, die Eisriesenwelt befindet sich im Bergkessel Thorsmörk, die Welt der Schwarzalben ist im Askja-Kessel, die Felsenburg Griottunagard, die zur Welt der Steinriesen gehört, liegt im Bergmassiv Dyngjufjalladalur, das Tor in die Unterwelt befindet sich in den östlichen Ausläufern des Hekla-Vulkans und soll außerdem die Höhle Landmannahellir sein – usw.

Jerusalem, Israel: Tempel der Auferstehung, Jesus und Maria zugeordnet.

Kailash, Tibet: Heiliger Berg und höchste Einweihungsstätte der Meister, Sitz des Herrn des Himalayas und seiner Frau, der Nymphe Mana.

Kilauea-Vulkan, Hawaii: Sitz der Göttin Pele, Verkörperung des vulkanischen Feuers und der flammenden Blitze, und ihrer Gefolgschaft.

Kilimandscharo, Kenia: Einweihungsstätte der Andersreiche.

Kreta: Tempel der Wahrheit und der Heilung, Meister Hilarion zugeordnet.

Kuba: Erzengel Zadkiel und Archaii Amethyst hüten dort mit ihren lichtvollen Helfern den Lichttempel der Umwandlung.

Labyrinthe: Sie sind Türen und symbolische Wege in die Anderswelt. Man findet sie weltweit, u.a. als Felszeichnung in Tintagel und Rockcliffe Marsh, England.

Lemuria: Sagenumwobenes Inselland, das weit älter ist als Atlantis und ebenfalls unterging. Die Osterinseln sollen noch ein kleines Stück davon sein. Dort sollen die Naturwesen in ihrer reinen Form einst Hand in Hand mit den

Menschen zusammengewirkt haben. Auf der Traumebene kann man sie noch erreichen.

Loch Ness, Schottland: Heimat des Ungeheuers von Loch Ness.

Meru, Indien: Ein Berg, auf dem es heilige Haine, Tempel und Paläste gibt sowie eine große Zahl von Wesen aus anderen Dimensionen in höchster, höherer und dienender Form.

Mona/Mon, Anglesey, Großbritannien: Insel am Nordwestzipfel von Wales. Sie wird als die »Mutter von Wales« bezeichnet und ist eine der vielen Inseln der keltischen Anderswelten. Dort befand sich einst ein großes druidisches Zentrum mit Kultstätte, heiligen Hainen und Seen. Hier wurden archaische Rituale abgehalten und die Kräfte der Anderswelt heraufbeschworen.

Mount Shasta, Kalifornien: Einer der höchsten Gipfel der USA. Dort soll sich laut der Legende der alten Indianerstämme Autira, Edohwe und Iruwai eine unsichtbare Götterstadt erheben, von der aus das Wetter und die Naturkräfte gelenkt werden. Auch befindet sich dort eine Tempelstätte der Weißen Bruderschaft und ein Lichtelfenbrennpunkt.

Nazca, Peru: Nördlich der kleinen Stadt Nazca finden sich Felszeichnungen, die ein Tor in die andere Welten darstellen.

New York: Einst heiliger Platz der dort lebenden Indianer, wo sie mit den verschiedenen Welten in Verbindung traten und ihre Visionen empfingen. Heute bezeichnet man die Stadt als Schmelztiegel der Menschheit, in dem Welten zusammengeführt werden. Der Boden ist aus Granit; hier sind Kräfte der Wandlung und der Feuerwelten zu spüren.

Olymp, Griechenland: Einst heiliger Berg und Sitz der Gottheiten.

Osterinseln, Südpazifik: Tor in das alte lemurische Reich, den reinen, vollkommenen Lichtbrennpunkt der Naturwesen.

Puto Shang, Peking, China: Insel der Quan Yin (buddhistische Verkörperung des Mitgefühls).

Shambalah: Ätherisches Reich über der Wüste Gobi, Lichtbrennpunkt, der Gautama Buddha zugeordnet ist.

Sri Lanka: Tempel des Trostes, Meister Maha Chohan und der Göttin Amaryllis zugeordnet.

Stonehenge, England: Alter Steinkreis. Einstige Kult- und Einweihungsstätte. Hier konnten/können die Menschen mit Sternenwesen, den Gottheiten und Meistern kommunizieren.

Teamhair na Riogh: Das Tara der Könige (der Ortsname Tara taucht in Irland mehrfach auf, deswegen der Zusatz »der Könige«). An der Straße von Dublin nach Navan liegen zwei Hügel. Der westliche, der 155 Meter hoch ist, ist »das Tara der Könige«. Auf dem östlichen steht eine mittelalterliche Kirche. Diese Gegend ist ein Versammlungsort des Kleinen Volkes. Hier ist die Anderswelt besonders stark zu spüren. Die Zahl 5 ist in der keltischen Überlieferung wichtig, deshalb spielt Tara in Meath (Mide = Mitte), im

Schnittpunkt der vier Provinzen Ulster, Leinster, Connach und Munster gelegen, als magische Mitte eine besondere Rolle.

Tomor, Albanien: Baba Tomor ist ein Berg bei Berat. Er gilt als Sitz der Götter, deren Diener dort die Winde und die Wesen der Lüfte sind.

Uluru, Australien: Roter Sandsteinberg in der Mitte von Australien. Das Herz der Erde, wo sich die Traumzeit mit der alltäglichen Wirklichkeit verbindet. Dort kann man mit den Wesen der Traumzeit in Verbindung treten.

Zürich: Tempel des Schutzes und der Macht, der Stabilität und Kraft, den Meistern Herkules und Amazone zugeordnet.

Nachklang zu den Anderswelten

»Was ist Zeit und was der Raum? Was ist real und was der Traum? Erwachet, erwachet, ihr schlafenden Formen, verlasst eure eng gesteckten Normen. Macht die Augen auf innen und außen, entzündet das Licht drinnen und draußen. Schreitet mutig mit Liebe voran in der Nacht, bis die Nacht zum Tag erwacht.«

Botschaft der Naturwesen

Erlebnisse in den Andersreichen oder mit der Seelenwelt werden oft als Fantasterei, Spinnerei, Tagträumerei abgetan, ihre Macht und Größe oft verkannt. Wenn wir diese Welten jedoch wieder betreten, finden wir dort Hilfe, Führung, Schutz, Trost, Weisheit, Heilung, Lösungsmöglichkeiten, Aufgaben, Prüfungen, welche uns helfen, uns weiterzuentwickeln, Trauerprozesse und schwere Zeiten zu überstehen, uns zu finden, unser Licht zu entzünden und Übermenschliches zu leisten.

Die Welten sind miteinander verknüpft und verwoben, ob wir das nun anerkennen, abwerten oder nicht beachten, spielt keine Rolle. Wenn wir jedoch bewusst damit leben, dann erweitern sich unsere Möglichkeiten um ein Unendliches. Hierzu ein kleines Beispiel: Auf Reisen gelangte ich nach Bangalore, einer Stadt in Südindien. Ich lief durch die Gassen, Parks und Straßen, um mir diese Stadt anzuschauen. Nach längerer Zeit bemerkte ich, dass ich mich verlaufen hatte. Auch stellte ich fest, dass mir der Name meiner Unterkunft entfallen war. Was tun?, fragte ich mich. Ich setzte mich auf eine Bank, um über die Situation nachzudenken. Da kam mir der Gedanke: Richte die Frage doch nach innen, frag deine innere Führung! Ich schloss die Augen und ging in meiner Vorstellung in die Oberen Reiche. Dort fragte ich meine Führung, was ich tun solle. Sie öffnete ihre Hand, darauf saß ein schöner, großer, leuchtender Schmetterling. Die Antwort war: Ich schicke dir einen Schmetterling, folge ihm. Als ich die Augen wieder öffnete, sah ich den Schmetterling tatsächlich. Ich stand auf und folgte ihm in die Richtung, in die er flog. Und siehe da, nach einiger Zeit kam ich an eine große Straße, und von dort aus fand ich meine Unterkunft. Ich fühlte mich gut geführt und beschützt. So kann »Spinnerei« im Alltag hilfreich wirken.

Wenn wir unsere Angelegenheiten auf der inneren Ebene gründlich erledigen, das tun, was uns geheißen wird, dann können wir im Außen in Ruhe eine Tasse Tee trinken mit dem Gefühl, es ist getan, und abwarten, bis sich die Früchte unserer Arbeit zeigen.

Jeder Impuls, den wir in unsere Seele geben, hat seine Wirkung.

Liebe die Hoffnung mehr als die Wahrheit, dann besteht noch Hoffnung, und irgendwann ist die Hoffnung nicht mehr wahr, weil sie wahr geworden ist.

Die Elemente

Gebet an die Elemente

Liebes Element Wasser:
Mit der Kraft des universellen Wassers
wasche aus meiner Aura und löse auf
alle negativen Energien und Ängste,
die mein Heute belasten.
Danke, liebes Element Wasser.

Liebes Element Feuer:
Mit der Kraft des universellen Feuers
reinige und wandle um
alle falschen Programmierungen meiner selbst,
die heute nach Umwandlung und Reinigung rufen.
Danke, liebes Element Feuer.

Liebes Element Luft:
Kraft des universellen Geistes stärke
und nähre ich mein Selbst
mit der ewig pulsierenden Lebensenergie,
durchströme meinen ganzen Körper, jede Zelle,
bewirke, dass alle Zellen, die heute sich erneuern,
meiner Vollkommenheit entsprechen,
verhindere, dass falsche Programme kopiert werden.
Danke, liebes Element Luft.

Liebes Element Erde:
Mit der Kraft der universellen Energie der Atome
verwirkliche meine Form als würdigen Tempel
für das Ich-Bin.

Danke, liebes Element Erde.

Liebes Element Äther:
Du universelle, alles durchdringende Kraft,
lass mich fühlen, lass mich denken, lass mich handeln,
lass mich das Ich-Bin verwirklichen.
Leite du mein Fühlen, Denken, Handeln in allem
auf den liebenden, den göttlichen Weg.
Danke, liebes Element Äther.

Ich danke euch, liebe Elemente.

(Maya-Gebet, Quelle unbekannt, Element Äther ergänzt)

Die Elementarwesen

Rätsel der Elemente

Erst zu begegnen dem Tier,
braucht ich den Spruch der Vier.
Salamander sollen glühen, Undinen sich winden,
Sylphen verschwinden, Kobolde sich mühen.
Wer sie nicht kennt, die Elemente,
ihre Kraft und Eigenschaft,
wäre kein Meister über die Geister.

Johann Wolfgang von Goethe: Faust

Elementargeister sind, wie der Name schon sagt, die Wesen, welche die Elemente bewohnen. Sie haben die verschiedensten Aufgaben: Es gibt sie von den kleinsten Formbauern bis zu den großen Hütern. Unsere Erde und unser Körper sind aus den vier Grundelementen aufgebaut, aus Feuer, Wasser, Erde und Luft. Als fünftes Element kommt noch der allem übergeordnete Äther hinzu, er durchdringt alles und beseelt es. Jedes Elementarwesen baut bestimmte Energiemuster und Eigenschaften auf, die seinem Element eigen sind.

Elementargeister stellen eine Untergruppe der Naturgeister dar. Es sind die Naturwesen, die sich nur in einem der vier Elemente und im übergeordneten Element Äther bewegen können. Hierzu gehören z.B. Gnome, Sylphen, Nymphen, Undinen, Salamander (vgl. entsprechende Kapitel). Hier eine Übersicht über die Elemente und die ihnen zugeordneten Naturwesen.

Elemente/ Richtung	Vorsteher der Elemente/ Könige der Reiche	Welten/ Erzengel	Grundsätzliche Ausrichtung/ Sternzeichen	Zeit/ Vokal
Äther/ Mitte	Devas/ Erzengel	Geisterwelt, Lichtwelt/ Michael	Schöpferkraft/ gesamter Tierkreis	Immer/ A
Luft/ Osten	Sylphen/ Paralda	Mentalwelt, Verstandeswelt/ Jophiel	Raum, Geistestätigkeiten/ Zwillinge, Waage, Wassermann	Frühling/ E
Wasser/ Westen	Undinen/ Niksa	Emotionalwelt, Seelenwelt/ Gabriel	Lebensqualität/ Fische, Krebs, Skorpion	Herbst/ O
Erde/ Norden	Zwerge, Gnome/ Ghob	Sichtbare Welt, physische Welt/ Raphael	Materielle Verwirklichung/ Stier, Jungfrau, Steinbock	Winter/ U
Feuer/ Süden	Salamander/ Djinn	Energiewelt/ Uriel	Wandlung/ Widder, Schütze, Löwe	Sommer/ I

Die Elementargeister wurden erschaffen, um dem Menschen in Liebe zu dienen. Sie stehen in Verbindung mit unseren Elementarkräften und -fähigkeiten. Sie helfen uns zu erkennen, mit welchen Elementen wir im Einklang sind, bei welchen etwas ins Gleichgewicht gebracht werden muss und welche unter- oder überentwickelt sind.

Die Arbeit mit den Elementen und Elementargeistern ist Grundlagenarbeit. Jeder Mensch, der sich auf den Pfad der Einweihung begibt, stößt früher oder später auf diesen Urgrund. Im Laufe seiner Einweihung in höhere Welten wird durch die Elemente und ihre Wesen geprüft, inwieweit er ihre Kräfte beherrscht und ob er bereit ist, weitere Stufen in seiner Entwicklung aufzusteigen. Wenn ein Mensch z. B. geprüft wird, indem seine Gefühle auf die Probe gestellt werden, so sind die Undinen und Wesen des Wassers beteiligt. In Erdeinweihungen, bei denen der Mensch lernt, sich von den irdischen Fesseln zu befreien, begleiten ihn die Gnome. Die Sylphen, die Luftgeister, prüfen seinen Geist, seine Gedanken und seine Glaubenskraft, die feurigen Salamander senden Lektionen der Liebe in jeder Schwingung und in vielen Formen. Wenn die Seele lernen will, sich vom Willen der niederen Natur und den Fesseln der Materie zu befreien, um sich in ihre wahre Kraft zu erheben, so sind die Elementargeister eine große Hilfe und Prüfstein zugleich.

Das Feuerreich

Feuer und Licht sind die
Kräfte
der niedrigsten und
höchsten Sicht.
Wandelbar, unnahbar,
nicht zu fassen sind sie ja.

Sind mal hier und mal dort,
gleichmäßig unsichtbar
an jedem Ort.
Wärmend, strahlend,
liebend, hell,
lodernd, unbändig,
handelnd, schnell.

Heiliges Feuer,
wir hüten dich nun,
schöpferische Kraft,
schöpferisches Tun.
Im höchsten Lichte
angewandt,
sind all die niedrigen Kräfte
gebannt.

In höhere Formen sie sich
wandeln, hier erkennt man
das wahre Handeln.

Aus Blei wird Gold,
aus Feuer wird Licht,
die Kraft, die das Leben
ernährt und in Vielfalt
erschafft.

Bleibt das Feuer ein
Feuerschein, verzehrt es sich
selbst im ewigen Sein.

Ja, die guten Feuerwelten
sind die Wege der wahren
Lichterhelden.

Denn hier wird gewandelt
und gehandelt.
Das Licht wird gewogen
und zurückgezogen.
Hier erkennt man dich
an deinen Taten,
hier bezahlst du deine Saat
in kleinen Raten.

Hier werden die
Schattenweisen gelöst,
hier die verdrängte Seite
döst.
Schau dir den Schatten in
dir an,
lass das Feuer einfach ran.

Opfere dein Feuergesicht,
damit erstrahle das göttliche
Licht.
Denn Licht und Feuer
erlösen das alte dunkle
Gemäuer.

Einführung in das Feuerreich

»Wenn wir das Feuer betrachten, sollten wir dies immer mit dem Wunsch verbinden, die Peripherie des Lebens zu verlassen, um uns dem Mittelpunkt zu nähern, wo sich das göttliche Feuer befindet, jenes Feuer, das Liebe ist, das Geist ist. In dem Moment ergreift das Feuer unsere Gedanken und Gefühle und trägt sie nach oben. All diese schwarzen, krummen Äste verwandeln sich in Energie, in Licht, in Wärme. Solange man das Opfer als Entsagung, als Entbehrung, ansieht, hat man nicht begriffen, worum es geht. Das wahre Opfer besteht darin, Verbrauchtes, Überaltertes und Unreines in Licht und Wärme umzuwandeln, das heißt in Weisheit und Liebe.«

Omraam Mikhael Aivanhov,
Weisheitslehrer (1900–1989)

Die Wesen des Feuers stammen aus dem Inneren der Erde und aus dem Elektronengürtel, der die Sonne umgibt. Sie arbeiten auf den inneren Sphären, wo sich die Lebensströme zwischen ihren Verkörperungen aufhalten.

Früher lebten die Menschen in Achtung vor dem Element Feuer. Man sagt, die ersten Menschen tranken Licht und aßen Feuer. Während vieler Zeitalter wurde das heilige Feuer von den Priestern und Priesterinnen eines Volkes geliebt, gehütet, gesegnet und aufbauend eingesetzt. Eingeweihte wissen, wie die Ströme des Feuers das Licht der Erleuchtung hervorbringen. Sie kennen die geheime Alchimie des Feuerelementes. Bei der Vertreibung aus dem Paradies war dem Menschen das Feuer gegeben worden und damit auch die Möglichkeit zu entscheiden, wofür er dessen heilige, machtvolle und schöpferische Energie einsetzt.

Das Feuer, das auch die Antriebskraft im Menschen verkörpert, wurde allerdings weniger zu heiligen Zwecken eingesetzt, sondern vielmehr zur Verwirklichung eigennütziger, selbstsüchtiger Ziele. Motive, diese Antriebskraft einzusetzen, waren seltener von der Liebe bestimmt, sondern von Macht, Gier, Angst, Neid, Zorn, Rache, Wut, Eitelkeit etc. So wurde und wird diese mächtige Kraft auf vielen Ebenen nicht im göttlichen Sinne eingesetzt und vielfach missbraucht. Viele Menschen, besonders jene, die in früheren Inkarnationen verbrannt wurden, tragen die Verwundungen und Narben aus dem Missbrauch des Feuers in ihrem Seelenkleid. Aufgrund des jahrtausendelangen Missbrauchs des Feuerelementes fürchten viele Lebensströme, Seelen, das Feuer.

Eine der Aufgaben der Feuerwesen ist die Reinigung und Wandlung der schöpferischen Energie. Die Elementarwesen des Feuers dienen dieser Kraft auf jeder Ebene und jedem, der sie ruft. Der Mensch ist die »Krone der Schöpfung«, ihm ist es gegeben, diese

Wesenheiten anzuleiten und zu lenken. Doch so wie die Feuerenergie im Menschen aus dem Gleichgewicht geraten ist, so herrscht auch in der Natur nicht mehr in die heilige Ordnung.

Wir sind ein Teil dieser Feuerenergie, und sie ist ein Teil von uns. Wir können uns ihr nicht entziehen. Sie ist die heilige schöpferische Energie, die durch unseren Körper fließt und die Lebensprozesse aufrechterhält. Sie wärmt uns und durch uns auch andere. Sie beflügelt uns und entfacht unsere Schöpferkraft, unsere Fantasie und unsere Ausdrucksfähigkeit. Sie kann aber auch zerstören, wenn wir sie nicht beherrschen, wie z. B. in Wutausbrüchen, bei Gewaltanwendung, im Zorn.

Bei jedem Kontakt mit dem Feuer sind die Wesen des Feuers zugegen. Wenn wir uns mit ihnen verbinden, ihre Energie durch Selbstdisziplin und Selbstbeherrschung immer mehr verfeinern, kann sie immer höher in uns schwingen und immer stärker durch uns fließen, bis sie sich mit dem Licht des Äthers vereint. Dieser Zustand wird Erleuchtung, Christusbewusstsein, mystische Vereinigung etc. genannt. Die Einweihung in das Feuer ist das Opfer. Ein Teil der Energie im Menschen muss sich dem höheren Licht beugen, geopfert werden, damit höhere Lichtkräfte sich reinigen und sich selbst verwirklichen können.

Die Wesen des Feuerreichs

Die Wesen des Feuerreichs verkörpern alle Eigenschaften des Feuers und sind weit vielfältiger, als wir vielleicht annehmen: Vulkani züngeln in den Flammen, zucken in Bränden, wohnen in Vulkanen und unterirdischen Feuerwelten; Rauchgeister reiten durch die Luft; Salamander, Feuerkobolde, Druden u. a. wärmen und beseelen den Feuerschein in Öfen, Kaminen und im Lagerfeuer. In den Kerzenflammen drehen sich Feuerfeen im Tanz. Kleine Feuerdevas zeigen uns in der Dunkelheit mit ihrem Licht den Weg.

Die Feuerwesen hüten eine unzerstörbare dynamische, mächtige Energie. Diese kann je nach Intensität und Kraft einerseits höchste Liebe, Vereinigung, Erleuchtung, Ekstase, tiefe Freude, andererseits Gewalt, Wut, Rache, Zorn etc. hervorbringen. Feuer und Licht gehören zusammen, dementsprechend fließend ist der Übergang von den Feuer- zu den Lichtreichen ebenso wie zwischen den Feuer- und den Lichtwesen. Die Feuerenergie hat dynamische, wandelnde und reinigende Eigenschaften; auch Zerstörung ist eine Transformation der Energie.

Feuerwesen weisen folgende Hauptmerkmale auf: Sie sind mächtig, dynamisch, lichtvoll, strahlend oder lodernd. Sie halten nie still, sind ständig in Wandlung begriffen und lieben es auch, alles um sie herum in Bewegung zu halten. Sie sind intelligent und schätzen ihre Freiheit und Unabhängigkeit mehr als andere Naturwesen. Ihre Erscheinungsformen sind oft eckig, zackig, sie bewegen sich blitzschnell, unruhig, und sie verändern ständig ihre Gestalt, die eher männliche als weibliche Form annimmt. Sie sind beständig unbeständig, folgen der Energie, sind da zu Hause, wo das Feuer glimmt. Sie lieben heiße Rhythmen, und ihre Verständigung ist oft sehr schnell und gedrängt.

Die Wesen des Feuers folgen den kosmischen Strömungen und eigenen Gesetzen. Je mehr sich das Feuer in Licht verwandelt, umso ruhiger, höher, andächtiger und stiller sind die Wesen, umso heiliger die Bereiche, über die sie wachen. An den Übergängen vom Feuer zum Licht hüten meist mächtige Drachen die Schwelle. Die größeren Feuerkräfte ruhen oft lange unterirdisch, doch wenn sie in Bewegung geraten, dann sind sie sehr massiv und bewegen viel Energie. Den Menschen begleiten die Feuergeister in seiner Energie, seinen Trieben, seiner Antriebskraft, seinem Willen und seiner Stärke. Magische Geschenke der Feuergeister sind der Stab der Wandlung (Zauberstab, Stab der eigenen Kraft), der Dreizack, das magische Horn (Wille), die Keule, die sowohl belebt als auch tötet, der Kessel der Fülle und der Schmelztiegel, in dem alte Energien gewandelt und neu gestaltet werden.

Ordnung des Feuerreichs

1. Hüter: Helios und Vesta
2. Vorsteher: Salamander; Herrscher: Djinn
3. Erste Entfaltungsstufe: Formbauer des Feuers, Feuerelementarwesen bei Tier und Mensch, Feuerpünktchen, sämtliche Dämonenarten, Schwarzalben, Vulkani, Druden, Rauchgeister
4. Zweite Entfaltungsstufe: Salamander, Drachen, Flamin (kleine Funkenwesen des Erleuchtungsfeuers)
5. Dritte Entfaltungsstufe: Musen, Sonnenwesen
6. Kosmische Ebene: Engel im Dienste des Christuslichtes (z. B. die Erzengel Uriel und Michael), Engel der Sonnen- und der Marssphäre (z. B. Samael und Anael)
7. Götter und Göttinnen: Kali (indische Göttin der Zerstörung), Da Derga (keltischer »Roter Gott«), Typhon (griechisch-sizilianisches Ungeheuer), Agni (hinduistischer Gott des Feuers und Hüter des Menschen), Ra (ägyptischer Sonnengott), Brigid (keltische Göttin und Lichtbringerin), Surya (hinduistischer strahlender Sonnengott), Tu-Njami (sibirische Mutter des Feuers), Apollo (griechischer Sonnengott), Latiaran (irische Göttin, welche die Saat des Feuers trägt) u. a.

Weitere Zuordnungen

Tattwa: Feuer-Tattwa – rotes Dreieck, das sich in ein grünes verwandelt
Planeten: Pluto (unberechenbare, sprunghafte Veränderung), Mars (Kampf) und Sonne (Bewusstsein)
Metall: Eisen und Gold

Mineralien, Steine, Edelsteine: Feueropal, Hämatit, Rubin
Farben: kräftig und strahlend wie das Feuer, strahlendes Rot, leuchtendes Gelb, knalliges Orange, aber auch Schwarz, helles Gelb und bläuliche bis violette Töne
Instrumente: Rasseln, alle Arten von Zisch- und Knalllauten
Räucherwerke und Düfte: Kampfer, Schellharz, Weihrauch und gern auch Schwefel, freilich nur ganz wenig
Symbol: Drache, Löwe

Zeichen für Feuer

Feuer-Tattwa

Spirituelle Ebene des Feuers

Erkennungsmerkmale der Feuerwesen

Feuergeister können sich in sämtlichen Reptilien- und Raubtierarten zeigen. Wenn Wesen des Feuers sich melden, merkt man dies an Wärme oder Hitze auf der Haut, was auch nur für einen Moment auftreten kann, außerdem wenn einen etwas zwickt, pikst, beißt, brennt oder sticht, an einem leichten Brennen, an Schärfe, an im Augenwinkel aufblitzenden Funken etc. Der Kontakt mit ihnen hat oftmals etwas angenehm Wärmendes bis leicht scharf Bissiges, Spitzes, je nachdem, welche Gattung Feuerwesen sich meldet.

Wege ins Feuerreich

Tore in die Welt des Feuers sind je nach Grad seiner Umwandlung in Licht unterschiedlich: Wo die Sonne die Erde berührt, geht es in die oberen Welten; wo das Feuer aus der Erde kommt, geht es in die unteren Welten; wo Feuer auf der Erde entfacht wird, geht es in die mittleren Energiewelten. Einstiege in das Element Feuer sind Vulkankrater, getrockneter aufgerissener Boden, Wüste, heiße und trockene Gegenden, zwischen den Flammen im Feuer, Dornenhecken, trockenes, sprödes Unterholz usw. Überall wo wir diese Naturerscheinungen finden, sind die Feuerkräfte und die Kräfte der Wandlung zu finden.

Das Feuerwesen im Menschen

Wir sind ein Teil des Feuers, und das Feuer ist ein Teil von uns. Es ist unsere Körperwärme, unsere Energie, unser Mut, unsere Bewegung, unser Ausdruck, unser Handeln, unsere Verdauung, unser Keim und unsere Saat, unsere Kraft, zu wandeln und zu handeln, unsere Inspiration, unsere Erleuchtung, unsere Erkenntnis, aber auch unsere Wut, unser Zorn, unsere Gier, unsere Macht, unsere Zügellosigkeit, unsere Gewalt. Es hat zu tun mit unseren Lebensthemen, mit den Kräften, mit denen wir immer wieder ringen müssen, mit unserem Unterbewusstsein und unserem göttlichen Bewusstsein, mit unserem Licht und unseren Schatten.

• *Kleine Übung mit dem Feuerwesen* •

Nimm dir Zeit und Raum. Konzentriere dich auf das Feuer in dir. Wie ist deine Körperwärme? Wie fühlt sich deine Energie an? Was sind deine Handlungen? Welche Kräfte lenken dich? Konzentriere dich auf das Feuerwesen in dir. Wie sieht es aus? Ist es groß? Ist es klein? Ist es freundlich, aggressiv, getrieben, gesund oder krank? Ist es in ständiger Bewegung? Ist es aktiv oder eher passiv? Was ist seine Nahrung? Was heizt es an? Was schwächt es? Wie kannst du es ins Gleichgewicht bringen? Wie müsste dieses Feuerwesen in dir sein, damit du dich richtig kraftvoll und gut damit fühlst? Beschäftige dich eine Zeitlang mit deinem inneren Feuerwesen.

Das Wasserreich

Die Wasserreiche dieser Welt
unter diesem Himmelszelt
sind zur Freude hier
gemacht
und zur Reinigung gedacht.

Wasser ist Herzblut der
Natur,
es ist Lebenselixier pur.
Es fließt und strömt zu allen
Zeiten,
versorgt die unendlich
großen Weiten.

Es verdunstet in Billionen
Blättern,
beginnt zu steigen
und zu klettern,
durchzieht sodann das
Himmelsfeld,
fällt hernieder wieder,
wo es ihm gefällt.
Als Nebel steigt es auf
und folgt dem freien
Himmelslauf.

Es ist die Quelle aller Teiche,
Flüsse, aller Tümpel,
fließt über Steine
und Gerümpel,
fließt in wilder Herrlichkeit
es gibt uns allzeit hier
Geleit.

Es ist tosend, brodelnd,
schäumend,
manchmal gar auch wild
aufbäumend.
Es ist sprudelnd, frisch und
klar,

ruhig und heiter,
unscheinbar.
Es kann sein in
Friedensstille,
ein Spiegel dann von Gottes
Wille.

Es ist wandelbar im Sein,
mal groß, mal hart, mal
winzig klein,
mal schwer, mal leicht,
es der Sonne entweicht.

Dampf, Wasser, Schnee und
Eis,
das ist sein göttliches
Geheiß.
Unendliche Tiefen
verbergen sich hier,
schau hinein, sie sind auch
in dir.

Es die Welt immer neu
verwandelt,
das Erdenkleid immer neu
bemantelt.
Im Rhythmus der Gezeiten
lässt sich das Lebenswasser
leiten.

In der mystischen, ewigen
Einheit
eröffnest du uns den Spiegel
aller Zeit,
trägst das zauberhafte
Lebenskleid.
Du trägst alles Leben hier
in dir
und heilst mit deinem
Lebenselixier.
Wasser, wir danken dir heute
hier.

Einführung in das Wasserreich

»Die Botschaft des Wassers ist, nach innen zu schauen.«

Masaru Emoto

Wasser bedeckt den größten Teil unseres Planeten. Es leitet die magnetischen und elektrischen Ströme. Mit seiner Kraft versorgt es die Natur und schafft fruchtbaren Boden, in dem alles gedeihen kann. Es verleiht Erfrischung, Belebung, Heilung und Erleichterung. Einst wurde es den Menschen zur Freude geschenkt, und nach dem Fall aus der Einheit mit dem Göttlichen fiel dem Menschen die Aufgabe zu, das Wasser und seine Wesen zu hüten und zu achten. Ihm ist zugedacht, es im höheren Sinne zu verwenden, z. B. zur Reinigung, zur Weihung, zur Segnung und zur Einweihung in andere Welten. Die Wassergeister beleben das Wasserelement und geben ihm seine positive Spannung. Doch durch dunkle Kräfte und Machenschaften wurden viele Gewässer verschmutzt. Dort, wo sich tote Gewässer befinden, haben sich die Elementarwesen des Wassers zurückgezogen, verunreinigte werden von ihnen gemieden.

Unsere Erde und unser Körper bestehen zum größten Teil aus Wasser. Dieses Element ist ein Teil von uns, und wir sind ein Teil von ihm. Es steht in Verbindung mit unseren Gefühlen, mit unserer Seele und mit unserem Blut. Wasser schenkt unserem Emotionalkörper die Fähigkeit des Fühlens, des Mitfühlens, des tiefen Empfindens. Im Wasser finden wir einen Spiegel unserer Seele, und in Träumen spiegeln uns Bilder unsere emotionalen Zustände wider. Das Wasser verbindet uns mit den astralen Reichen, den Zimmern unserer Seele, die den Widerschein des göttlichen Lichtes zurückwerfen. Wir können am äußeren Trugbild hängenbleiben oder hinter dem Spiegel in die Tiefen unserer Seele schauen.

Wasser ist eng verbunden mit dem Mond, der durch die verschiedenen Gezeiten den Rhythmus auf der Erde vorgibt. Für alles gibt es eine Zeit. Der Einweihungsweg des Wassers ist die Taufe, sie gab es schon lange vor der Christianisierung. Durch sie wird ein Mensch symbolisch ein zweites Mal geboren und kann eine neue Dimension in sich entfalten, das Christuslicht, die spirituelle Ebene, die Buddha-Natur. Für den Eingeweihten verbindet das Wasser zwei Welten miteinander, das eine Ufer mit dem anderen, für den Uneingeweihten trennt es sie.

Die Wesen des Wasserreichs

Das Element Wasser hat ein eigenes Leben. Es ist voll mit Geschöpfen, welche die Eigenheiten des Wassers verkörpern. Wo immer es Wasser gibt, gibt es auch Wasserwesen. Es gibt Hüter und Hüterinnen der Quellen, Undinen, die in den Wasserbewegungen wohnen, Sirenen, die auf Felsen locken, Nixe, unzählige Nymphenarten, Nereiden, die das Wasser rein halten, es aufladen und die Strömungen lenken, Wassermänner, die ihre Bewunderer in wahrhaft mitreißenden Tänzen in die Tiefe ziehen, Strömkarl, der unter den Wasserfällen wohnt, Wasserelfen, Wasserfeen, Wasserdrachen ...

Die Wasserwesen sind ein übersprudelnder Born heilender, fruchtbarer und reinigender Energie. Oftmals wecken sie die Liebe zur Freude und Schönheit im Menschen, ebenso seine Liebe zu sich selbst sowie die Liebe zur Welt. Sie veredeln wahre Gefühle und wandeln z. B. Tränen des Schmerzes zu Meeresperlen. Sie senden Inspiration, schöpferische Eingebungen, über die Intuition, unsere innere Stimme. Sie können den Menschen aber auch im Strudel erfassen und in die Tiefen reißen, ihn in stinkende Sümpfe zerren und derlei gefahrvolle Situationen mehr bringen.

Wasserwesen weisen folgende Hauptmerkmale auf: Sie sind überwiegend weiblich und sehr schön, zart, anmutig, reizvoll, anziehend, sinnlich, romantisch, verspielt, manchmal auch verlockend, verführend. Sie sind einfühlend, oft hilfsbereit, empfindsam und großzügig. Sie singen gerne, lieben die Musik und den Klang. Sie bewegen sich im Wasser, unter Wasser und zum Teil auch in energetischen Formen des Wassers. Oftmals können sie das Wasser für eine gewisse Zeit verlassen, sind aber an das Gewässer, für das sie zuständig sind, gebunden.

Die Aufgabe der Wassergeister ist es, das Wasser mit all seinen Geheimnissen zu behüten, zu erhalten, es energetisch anzureichern, zu reinigen, neu zu beleben und alle anderen Lebensformen damit zu versorgen. Sie geben dem Wasser seine spezifischen Eigenheiten.

Ein magisches Geschenk der Wasserwesen ist der Spiegel, in den sie uns blicken lassen, nachdem sie eine unruhige Wasseroberfläche beruhigt und geglättet haben. In diesem Spiegel können wir Vergangenheit, Gegenwart und Zukunft schauen sowie uns selbst entdecken. Weitere ihrer Gaben sind der Kelch der Heilung, darin sie uns heilende Tränke, das Lebenswasser, das Wasser der ewigen Jugend reichen, oder sie beschenken uns mit den Schätzen der Wasserreiche, wie Perlen, Korallen, Gold aus gesunkenen Schiffen o. Ä.

Ordnung des Wasserreichs

1. Hüter: Neptun und Lunara sind göttliche Intelligenzen, die über das Wasserreich wachen. Neptun ist der römische Gott der Quellen und des Wassers, nach ihm ist der gleichnamige Planet benannt. Er ist Hüter und Beschützer des Wasserreichs. Lunara ist die Göttin des Mondes, die in vielen großen Göttinnen, wie z. B. in Isis, Ishtar oder Demeter, verehrt wurde. Sie bestimmt die Gezeiten, die magnetischen Kräfte und Strömungen und übt großen Einfluss auf das Element Wasser in allem Lebendigen aus.
2. Vorsteher: Die Undinen; Herrscher: Nicksa; Symbol: Frosch/Delfin
3. Erste Entfaltungsstufe: Formbauer des Wassers, Wasserelementarwesen bei Tier und Mensch, Nixen, Sirenen, Wassermänner, Wasserfrauen, Selkie (Wassergeister in Seehundgestalt), Flussfrauen
4. Zweite Entfaltungsstufe: Verschiedene Nymphenarten, Undinen
5. Dritte Entfaltungsstufe: Undinenkönige und -königinnen, Nereiden, Nixen und Nymphenvorsteher/innen
6. Kosmische Ebene: Devarajahs, Devas, Wasserfeen und Engel (z. B. Erzengel Gabriel), die aus dem Kosmos über das Wasserelement wachen
7. Götter und Göttinnen: Poseidon (griechischer Gott der Meere), Oceanos (griechischer Gott des Weltenstroms), Ningyo (japanische Fischgöttin), Aphrodite (griechische Göttin der Liebe und Schönheit), Ea (babylonischer Gott der See und der Künste), Aryong-Jong (koreanische Göttin des Regenfalls), Doda (serbische Regengöttin), Ix Chel (Maya-Schlangengöttin des Wassers)

Weitere Zuordnungen

Tattwa: Wasser-Tattwa – silberner Halbmond, der sich in einen grauen wandelt
Planeten: Mond (Gefühl) und Venus (Liebe, Schönheit)
Metall: Silber
Mineralien, Steine, Edelsteine: Korallen, Perlmutt, Perlen
Farben: alle Töne von Blau und Türkis bis Grün sowie auch Rosa und Magenta bis Violett
Instrumente: Singstimmen, Saiteninstrumente (Geige, Gitarre, Zither), Regenmacher, Schilfrohrflöte
Räucherwerke und Düfte: Wasserlilie, Meersalz, Amber
Symbol: Mond

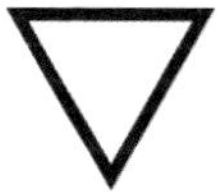

Zeichen für Wasser

Wasser-Tattwa

Spirituelle Ebene des Wassers

Erkennungsmerkmale bei den Wesen des Wassers

Sie können sich in Form sämtlicher Wassertiere zeigen. Wenn die Wesen des Wassers sich melden, wirst du das als Feuchtigkeit auf der Haut spüren, als eine Träne im Augenwinkel, als Tröpfchen, Spritzer, kleine Nebelfetzen ...

Wege in die Welt der Wesen des Wassers

Die Tore in die Reiche der Wasserwelten sind oft da, wo zwei Gewässer zusammenfließen oder wo Wasser und Land aufeinanderstoßen, wie in einer Grotte an einem See. Weitere Eingänge sind Pfützen oder Wasser, das sich z. B. in einem hohlen Baum gesammelt hat. Außerdem finden sie sich hinter einem Wasserfall, dort, wo das Wasser, das über die Steine fließt, eine Lücke lässt, in Brunnen, Seen, Teichen, Tümpeln, wo Wasserpflanzen zwischen sich und dem Wasser Hohlräume entstehen lassen.

Das Wasserelementarwesen im Menschen

Wir sind ein Teil des Wassers, und das Wasser ist ein Teil von uns. Blutbahnen durchziehen unsere Haut, unser Gewebe und unserer Organe. Durch sie finden Versorgung, Reinigung und Austausch statt. Urin, Schleim, Schweiß, Spucke oder Magensäfte sind weitere Körperflüssigkeiten, die helfen, den Körper zu versorgen, seine Funktionen aufrechtzuerhalten, ihn zu reinigen. Das Wasser steht in Verbindung mit unserem Fühlen, mit unserem Emotionalkörper, der von allen Energiekörpern, die uns umgeben, am weitesten ausgedehnt ist. Er spürt etwas, schon lange bevor unser Verstand mit der Analyse beginnt.

• *Kleine Übung mit dem Wasser* •

Konzentriere dich auf das Wasser in dir. Spüre in dich hinein. Wie sieht dein Wasserelementarwesen aus? Ist es groß oder klein? Besteht es aus vielen Teilen, oder ist es aus einem Stück? Ist es sauber und klar oder verschmutzt oder dreckig? Welche Farbe hat es? Ist es dunkel oder hell? Staut es sich irgendwo und kann nicht fließen? Wenn ja, was sitzt da für eine Blockade? Ist das Wasser in dir in Bewegung? Fließt es, strömt es, zirkuliert es in dir? Ist es in allen Bereichen deines Körpers zu finden, oder gibt es Stellen, die stärker oder weniger stark versorgt sind? Verbinde dich mit dem Wasserelementarwesen in dir. Schaue nach, was es braucht, damit es gesund und wohltuend für dich ist.

Das Erdreich

Das Erdenreich, es ist ganz
weich.
Die Erde ist eine heilige
Kraft,
welche den sichtbaren
Abdruck schafft.
Sie ist die Form
und die göttliche Norm.

Das Leben auf seiner
Wanderschaft
aus Mutter Erde gebiert,
auf der Erde erwächst
und in der Erde stirbt,
sich dann wieder verliert
und dann wiederfindet,
im neuen Zyklus
spiralförmig windet.

Viel kommt aus ihr
und kehrt zu ihr zurück
im ewigen Kreislauf
zu weiterem Glück.
Hier kann man gestalten,
das Lebendige entfalten.

In Menge und Maß,
in Raum und Zeit,
in Begrenzung und
Wandlung
zeigt sie des Lichtes
Handlung.
So gestaltet sich das
Erdengesicht
aus dem bisher entwickelten
Licht.
Sie bietet ein wunderbares
Heim,
sie ist liebevoll in ihrem
Sein.
Sie versorgt uns mit allem
in ihren heiligen Hallen.

Die Wesen der Steine,
der Pflanzen, der Tier',
Menschenkinder
und andres Geschöpf allhier
finden Geborgenheit bei ihr.

Der Geist der Erde
das Leben durchdringt,
Mutter Erde uns in den
Schlaf singt.
Erwachen wir in ihrem Sein,
so kehren wir zurück
ins Seelenheim.

Erkennt den Tempel der
Lichtnatur,
macht auf die Augen,
das Herzenstor.
Tretet ein in die wahre Welt,
die mit ihrem Licht alles
erhellt.

Einführung in das Erdreich

»Die Erde zu kennen und zu lieben bedeutet, Wurzeln zu haben und dem Kreislauf des Lebens anzugehören.«

Anne Wilson Schaef:
Botschaften der Urvölker

Die Ursubstanz der Erde war einst kristallin, rein und klar – und auf einer anderen Ebene, in einer anderen Dimension ist sie dies immer noch. Die Natur leuchtete damals in einem irisierenden Licht in all ihrer klaren Farbenpracht, die unterschiedlichsten Wesen arbeiteten Hand in Hand an der stetig weiteren Erhöhung der Energie. Den Kreislauf von Fressen und Gefressenwerden gab es noch nicht, denn alle wurden durch das göttliche Licht versorgt. Diese Ursubstanz war der sichtbare Abdruck des reinen Geistes.

Dadurch, dass sich der Mensch vom Göttlichen abwandte und das Bewusstsein von der Einheit alles Seins immer weiter zerstörte, verdichtete sich die Energie immer mehr zu dem, was sie heute ist. Der daraus folgende Energieverlust ließ Mangel entstehen, wodurch sich aus den ursprünglich reinen Formen auch dunkle Gestalten entwickelten. Es bildete sich eine Welt der Polaritäten, der

Gegensätze: Tag und Nacht, hell und dunkel, gut und böse etc. Die Wesen, die Erde in jeder Form aufbauen, hüten und erhalten, nahmen diese zwei Seiten an, die sich in den unterschiedlichsten Schattierungen im Bewusstsein des Menschen entfalteten.

Die Elementarwesen der Erde tragen in ihren reinen, ursprünglichen Zügen die göttlichen Eigenschaften der Erhaltung, der Versorgung, des Schutzes, des Reichtums, des Überflusses, der Ausdauer, der Stabilität, der Arbeit, des Fleißes, der Liebe, der Hingabe, der Gestaltung, der Formung, der Rituale, der Tradition etc. Sie errichten und erhalten mit ihrer Liebe das Paradies auf Erden. Durch die dunkle Seite der Macht, die der Mensch in sich trägt, wurde ihr Äußeres teilweise entstellt zu erbärmlicher und hässlicher Gestalt. So formte sich ein Teil von ihnen nach dem Mangelbewusstsein und der Gier des Menschen und übernahm negative Eigenschaften jeder Art, wie Zerstörungswut, Gemeinheit, Rache, Faulheit, Trägheit, Hass, Gewalttätigkeit. So tragen die Elementarwesen der Erde heute alle Kräfte, ob dunkel oder hell, in sich.

Das Element Erde ist ein Teil von uns, und wir sind ein Teil von ihm. Wir können uns der Erde nicht entziehen. Unser Körper ist unser Erdengewand, er ist der Tempel unseres Seelenlichtes. Je nachdem, wie wir unser Licht, unsere Kraft und unsere Macht gebrauchen, zeigen sich Erdelementarwesen in unserem Umfeld, wir formen sie und machen die Erfahrungen, die unserem Charakter entsprechen. Haben wir Mangel, erleben wir Mangel. Wenn wir in die Welt schauen, so schauen wir in den Spiegel unserer Seele. Wir können erkennen, worauf unser Blick, unser Fokus, ruht. Wir können heilen und umwandeln oder töten und zerstören. Auf jeden Fall tragen wir in der einen oder anderen Form zum Gesamtzustand der Erde bei, die ihn uns im Mikrokosmos wie im Makrokosmos widerspiegelt.

Wir können die Wesen der Erde bitten, uns zu helfen und uns beizustehen, wenn wir das Element Erde in uns ins Gleichgewicht bringen wollen. Die Einweihung in die Erde ist der rituelle Tod; der Eingeweihte erfährt hier die Kraft des wahren Lebens und die Unsterblichkeit seiner Energie. Für den Eingeweihten ist der Tod ein Übergang in einen anderen Zyklus, für den Uneingeweihten ist der Tod ein schmerzvoller Abschied für immer.

Die Wesen des Erdreichs

Die Erdgeister, die das Element Erde hüten, es bewohnen und lenken, sind vielfältig in Gestalt und Form und betreuen die unterschiedlichsten Aufgabengebiete. Zu ihnen gehören neben den Baum-, Wald- und Wiesengeistern, alle Zwergenarten, Gnome, Gnomiden (die Alte Weise aus dem Volk der Zwerge, das Liebende Mütterchen), ebenso die Riesen, die über die mächtigen rohen Kräfte der Erde wachen, die Erdfeen und Erdengel, welche die Kräfte der Erde erneuern und bewahren, die Lichtelfen, welche die Medizin der Pflanzen hüten, die Dunkelelfen/Schwarzalben, welche die Schätze in der Tiefe von Mutter Erde bewachen, die Edelsteinhüter, die Wächter, die Richter des Schicksals, die magischen Drei etc.

Das Hauptmerkmal der Erdgeister ist, dass ihre Arbeit in irgendeiner Weise mit dem Element Erde zu tun hat. Die Erdwesen können sich in allen Formen und Gestalten des Erdelementes zeigen und spiegeln dem Menschen das wider, was er in sich trägt. Die Erdwesen verfügen über eine starke Verbindung zur Erde und haben ein tiefgehendes Verständnis für deren Urkräfte. Sie versorgen die Erde und verfügen über allerlei magische Zauberkräfte: Sie kennen die Kräfte der Manifestation (die Kraft, durch die eine Idee langsam und beständig sichtbare Formen annimmt) und der Materialisation (die Kraft, durch die aus dem Nichts plötzlich eine Form entsteht). Sie kennen die Kräfte des Werdens und Vergehens, der ewigen Zyklen. Sie hüten uralte Erdrituale, die Traditionen sowie die Weisheit und verfügen über große Reichtümer und Schätze.

Erdwesen, von denen es gleichermaßen männliche und weibliche gibt, weisen folgende Hauptmerkmale auf: Sie sind stets unverhältnismäßig klein oder groß, wobei ihr Körper eher füllig ist – allerdings können sie ihre Gestalt nach Belieben verändern. Ihre Gesichter sehen oft aus wie die Haut der Erde: zerfurcht, knubbelig, in Falten gelegt, wie in Stein oder Fels gehauen. Sie sind meist vergnügt und froh, haben viel Humor und treiben gerne ihren Schabernack mit den Menschen. Sie leben vor allem in Gebirgsgegenden und dort in den steilen, felsigen Hängen und Schluchten, in knorrigen Wurzeln, mächtigen Bäumen usw. Sie dichten und reimen gerne und lieben es, diese Reime in einem gleichförmigen Singsang zu wiederholen. Sie sind fleißig und unermüdlich am Arbeiten, sodass die meisten von ihnen Handwerker sind, die ordentlich zupacken können.

Da die Erdgeister ihr Element vollkommen beherrschen, können sie sich in vielen Erscheinungsformen materialisieren, z. B. in Form sämtlicher Tiere der Erde. Sie können blitzschnell unsichtbar werden und wieder auftauchen, ebenso wie sie Dinge verschwinden und wieder sichtbar werden lassen können. Ihre Aufgabe ist es, die Erde und deren Kräfte zu schützen, sie zu hegen und zu pflegen sowie sich um andere Lebensformen zu kümmern. Die Erdgeister geben der Erde ihr lebendiges Gesicht. Teile der Erde, die nicht von ihnen bevölkert sind, sind tot und unfruchtbar. Geschenke und Gaben der Erdwesen sind magische Gegenstände wie Tarnkappen oder Tarnmäntel, die dem Träger die Kraft verleihen, sich unsichtbar zu machen, oder Amulette oder Münzen, die Reichtum und Überfluss schenken, oder aber greifbarere Schätze wie Edelsteine, Gold, Silber und andere Schätze der Erde.

Die Erdgeister bringen uns inneren Frieden und eine höheres Verständnis vom Wesen der Erde. Sie führen uns zu unseren inneren Schätzen und wahren Reichtümern. Dafür müssen wir jedoch die entsprechenden Tugenden in unseren Herzen ausgebildet haben, nämlich Geduld, Achtsamkeit, Hilfsbereitschaft, Mitgefühl, Fleiß, Vergebung,

Treue, Hingabe etc., deren Entwicklungsstand sie an uns in bestimmten Abständen auch immer wieder überprüfen.

Ordnung des Erdreichs

1. Hüter: Virgo und Pelleur. Virgo ist der Geist der Erde und Pelleur seine göttliche Ergänzung. Beide halfen bei der Erschaffung des Planeten Erde und hüten nun deren heilige Kraft.
2. Vorsteher: Gnome; Herrscher: Gob; König: Urinaphton; Symbol: Schildkröte/Stier
3. Erste Entfaltungsstufe: Formbauer des Erdelementes, Erdelementarwesen bei Tier und Mensch, Körperelementarwesen, alle Zwerge, Wichtel, Kobolde, Satyrn, Pixys, Puck, Brownys, Trolle, Riesen, Erdelfen, Alben, Schwarzalben
4. Zweite Entfaltungsstufe: Gnome; der Weise Alte; das Liebende Mütterchen; Faune; die Alten der Trolle
5. Dritte Entfaltungsstufe: Pan; Erdmütter wie Tanna und Stanna; Erdhüter und Vorsteher
6. Kosmische Stufe: Lenkerin der Kristalle, Erdfeen, Devas und Engel (z. B. Buriel sowie die Erzengel Zadkiel und Jophiel), die dem Erdelement mit all seinen Entfaltungsebenen und Eigenschaften aus dem Kosmos beistehen und es lenken und leiten
7. Götter und Göttinnen: Gaea/Gaia (griechische/römische Göttin der Erde), Mawu (afrikanische Schöpfergöttin), Geb (ägyptische Göttin der Erde), Changing Woman (Göttin der Erde der Apachen), Demeter (griechische Göttin des Wachstums), Hou Tu (chinesische Erdgöttin

und Urmutter), Ceres (römische Göttin der Fruchtbarkeit), Spinnenfrau/Spiderwoman (Urmutter der Hopi) u. a.

Weitere Zuordnungen

Tattwa: Erd-Tattwa – gelbes Quadrat, das sich in ein violettes verwandelt
Planeten: Saturn (Ernsthaftigkeit, Pflichtbewusstsein) und Jupiter (Erfolg, Macht)
Metall: Zinn und Blei
Mineralien, Steine, Edelsteine: Bernstein, Saphir, Kristalle, alle Quarze, Jaspis
Farben: alle Erdfarben wie Braun, viele Grüntöne, Rottöne in allen Schattierungen, Ocker u. a. gelbliche Töne
Instrumente: Trommeln, Rhythmuselemente, Didgeridoos, tiefe Gongs
Räucherwerke und Düfte: verschiedene Baumhölzer, Styrax, Sandelholz oder Copalharz
Symbol: Runen, Tiere, Pflanzen, Amulette

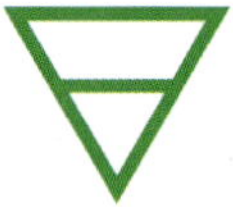

Zeichen für Erde

Erd-Tattwa

Spirituelle Ebene der Erde

Erkennungsmerkmale der Erdgeister

Wenn sich Erdgeister bei dir melden, so merkst du das an Gaben der Erde (Schneckenhäuser, Steine, Wurzeln, Blumen etc.) oder daran, dass dich etwas an den Füßen oder an den Beinen berührt oder daran zupft, dass Dinge plötzlich verschwinden und wieder auftauchen, dass dein Weg sich plötzlich für einen Moment verändert, dass dir Dinge in Reimform durch den Kopf schießen, dass du Grenzen, Ordnungen, Lektionen erfährst, dass du Aufgaben zu erfüllen hast, die sich in Rhythmen und Zyklen immer wiederholen.

Wege ins Erdreich

Eingänge in die Erde bieten alle Formationen, welche die Erde öffnen: Höhlen, Grotten, Steine, Wurzeln, Baumlöcher in Wurzelnähe, Brunnen, Tore, die nach unten führen, z. B. in Felsen, Berge oder Hügel.

Das Erdelementarwesen im Menschen

Wir sind ein Teil der Erde, und die Erde ist ein Teil von uns. Wenn du dich mit der Erde in dir beschäftigen möchtest, dann konzentriere dich auf deine Knochen, auf deine Substanz, auf deine Grundlage, auf deine Wurzeln und auf deinen Stand. Erdthemen sind dein Ursprung, deine Familie, deine Ahnen, die Kraft deines Blutes, deine Gemeinschaft, dein Volk, dein Herkunftsland. Weitere Erdthemen sind die Versorgung, die Lebensgrundlage, das Heim u. Ä.

• Kleine Übung mit der Erde •

Stelle dich gerade hin. Konzentriere dich auf deinen Stand. Hast du guten Bodenkontakt? Stelle dir nun vor, dass du Wurzeln hast. Wie sehen diese aus? Sind sie tief, lang, flach, fest verankert ...? Auf welchem Boden stehst du? Ist er sandig, schlammig, wässrig? Ist es gesunde Erde, trockener Boden, fruchtbares Land ...? Konzentriere dich eine ganze Zeit lang auf deine Wurzeln.

Tipp: Wenn du etwas verloren oder verlegt hast, ist es immer ganz gut, die Wesen der Erde danach zu fragen, die Zwerge und Wichtel. Rufe sie und bitte sie, dir den Gegenstand zu zeigen oder ihn dir zu bringen, ihn wiederzufinden. Sie sind dafür zuständig. Von Zeit zu Zeit lassen sie gerne Dinge verschwinden, um sie zu reinigen und mit neuer Energie aufzuladen oder weil sie uns schaden könnten oder weil die Zeit mit dieser Energie, diesem Gegenstand vorbei ist. Wenn du dich dem ungewöhnlichen Weg öffnen kannst und sie fragst, wirst du mit Sicherheit eine Antwort bekommen.

Das Luftreich

Luftwesen im mächtigen
Wolkenreiche,
sie stellen hier die spürbare
Weiche.
Die mächtigen Hüter der vier
Winde
tanzen manchmal unter der
Linde.

Die Kälte, die Wärme,
der Donner, die Stürme,
die Wolkenheere,
mächtige Blitze sind ihre
Speere.

Hier wird die Atmosphäre
gehandelt und gewogen,
vorgeschoben und rückwärts
gezogen.
Das, was der Mensch denkt,
wird vom Wetter gelenkt.
Hier braut sich die feine
Energie,
getragen vom Winde wird
sie.

Erneuerung, Austausch der
Energie
ist die kosmische
Symphonie.
Einatmen, Ausatmen im
Rhythmus
ist der Takt, bei dem jeder
mitmuss.

Sturm, Unwetter,
Erfrischung, die Luft
tragen den
irdisch-kosmischen Duft.

Hier wird der Lebensatem
gehütet,
auch wenn der Sturmgeist
manchmal wütet.

Die Schöpfung,
sie tanzt mit dem Wind,
weht hier, wispert dort,
huscht weiter geschwind,
bleibt niemals stehen,
muss mit der Bewegung
gehen.

Sie zeigt sich
in Formen und Gestalten.
Mächt'ge feine Kräfte hier
walten,
werden geleitet, gehütet,
geweitet.
Die Luft, sie trägt die
Gedanken,
bringt manches ab und zu
ins Wanken.

In der Stille der klaren
Unterscheidung
erkennst du die Verengung
oder Weitung. Zähme die
Sylphen,
bis sie verschwinden,
dann kannst du
die Hindernisse überwinden.

Einführung in das Luftreich

»Lausche dem Gesang der Natur. Sie singt das göttliche Lied. Die Stimme, die auf den Schwingen des Windes schwebt, singt für alle, die sie zu hören vermögen, das himmlische Lied der Lieder, das alle Ängste vertreibt. Der Wind erinnert uns in all seinen Formen daran, dass wir nicht allein auf dieser Welt sind. Er verbindet alles mit allem.«

Anne Wilson Schaef:
Botschaften der Urvölker

Luft ist eine heilige Kraft. Ursprünglich diente sie dem kraftvollen Austausch von Energien, außerdem war sie geistiger Informationsträger, barg die Spannkraft, die für ewige Jugend und Schönheit sorgte, und verband alles Leben. Sie enthielt die feinstoffliche Nahrung, die ausreichte, alles Leben bis in das kleinste Atom zu nähren. Einst wussten die Menschen, wie sie sich mit den Wesen der Luft verständigen mussten und einen fruchtbaren Austausch mit ihnen pflegen konnten. Mithilfe der Wesen der Luft konnten alle Lebensströme lichtvoll, segenbringend und heilend gelenkt und zum Wohle aller eingesetzt werden.

Doch die Energie begann sich durch den Fall der Menschheit zu verdichten und verdunkeln. Die wahre Leistung der Luft, die Träger vieler geistiger Kräfte ist, wird seither vom Durchschnittsmenschen überhaupt nicht mehr angewendet, geschweige denn genutzt. Meist schenkt er dem Atem keinerlei Aufmerksamkeit, atmet hastig, kurz und oberflächlich. Atmen hilft ihm zwar, das Leben im stofflichen Körper zu beleben, jedoch oftmals nicht mehr, den geistigen, geschweige denn den Lichtkörper aufzubauen und mit Energie zu versorgen. Ein Mensch kann bis zu vierzig Tage ohne Essen, bis zu zwölf Tage ohne Wasser, aber nur ca. drei Minuten ohne Atem sein. Ausgenommen davon sind die Eingeweihten, welche die Kunst des Atemanhaltens und des Aufnehmens von Licht über den Körper mit ihren Geisteskräften beherrschen. Das wahre Wissen um diese Kraft ist verschüttet.

Die Elementarwesen im Reich der Luft beherrschen das Luftelement, hüten es und sind Träger der Information. Je höher sie entwickelt sind, desto reiner, leuchtender und feiner ist ihr bezauberndes Aussehen. Sie reinigen

und klären die Atmosphäre und den Geist, reichern sie mit Licht und Liebe an. Menschen, welche die klare Luft tief, rhythmisch und bewusst ein- und ausatmen, erfahren augenblicklich einen reinigenden Energieaustausch und können wieder klar denken und handeln, erhalten neue Inspirationen. Durch die Umweltverschmutzung und die vielen negativen Informationen in der Luft sind die Luftwesen heute oft geschwächt, verzerrt und entstellt. Sie orientieren sich an den Menschen und tragen die empfangenen Gedanken und Gefühle weiter, die jene beständig aussenden. Jeder von uns kann bestätigen, welchen Unterschied es macht, die Luft der Städte oder die Luft der einsamen Bergwelten zu atmen.

Wir sind ein Teil der Luftenergie und sie ist ein Teil von uns. Luft steht in Verbindung mit unserer geistigen Ebene und deren Kraft. Kollektive, allen Menschen gemeinsame Gedankenströme können sich durch das Gesetz von Ursache und Wirkung im Kleinen wie auch im Großen z. B. atmosphärisch auswirken, also auf das Wetter, auf die Umgebung, das Umfeld. Unsere Gedanken bilden dunkle oder helle Felder, je nachdem, mit welcher Kraft wir sie geladen haben. Die Luft ist der Träger der Information, wie immer diese auch sein mag. Wenn wir wieder beginnen, positive, lichtvolle Gedanken zu hegen, und bewusst und tief den Austausch durch rhythmisches gleichmäßiges Atmen suchen, kann die Luft unsere Körper versorgen und mit klarer Energie anreichern. Luft schafft Klarheit.

Die Einweihung in das Element Luft ist die rituelle Zerstückelung. Der Körper wurde auf der geistigen Ebene zerstückelt, gereinigt und wieder neu zusammengesetzt. Danach war der Mensch mit den Gaben des geistigen Reichs gesegnet. Der Uneingeweihte urteilt, wertet, trennt, spaltet, schafft Abgründe. Der Eingeweihte schlägt Brücken, verbindet, wertet und urteilt nicht und fügt zusammen, er kennt die Kraft und Macht der Gedanken und der Stille.

Die Wesen des Luftreichs

Vom sanften Windhauch bis zu Orkanen, überall sind die Luftgeister zugegen: Die Hüter der vier Winde tragen die Windmutter, die Windsbräute reiten den Sturm, die Sylphen schwirren in der Leichtigkeit der Luft umher, Sturmgeister, die Boreas, blasen und wehen, Luftfeen leiten die Luftströme an. Die Wesen der Luft bewegen die Tiere in der Luft und tragen die Samen von Ort zu Ort. Sie sorgen für den ständigen Austausch der Energie und verfügen über die heilige Kraft der Verbindung, Erneuerung und Übertragung und Verbreitung sowie die Sendung von Informationen. Sie regen die Tätigkeit des Geistes an und tragen ihn in die höchsten und tiefsten Bereiche, damit er sich erfahren kann. Die Wesen der Luft zeigen die Bewegung der Energie.

Luftgeister weisen folgende Hauptmerkmale auf: Sie sind zarter, lichter, weniger dicht als andere Naturwesen. Ihr Wesen ist geprägt von Schönheit, Zartheit, Sanftmut und Weisheit. Sie sind an allem interessiert, lieben das

Licht des Geistes und tragen es überallhin, wo es gerufen wird. Sie wachen über die Atmosphäre, die sich aus verschiedenen Strömungen aufbaut, und geben der Luft ihre spezifischen Eigenschaften. Ihre Aufgabe ist es, die Luft mit Energie anzureichern, Austausch in jeder Beziehung zu ermöglichen und neue Impulse zu senden. Sie zeigen sich vorwiegend in den kleineren Tieren der Lüfte, in Schmetterlingen, Libellen, Glühwürmchen, Bienen, Käfern, eben allen fliegenden Insekten.

Einsame Berggipfel, hohe Baumwipfel, stille Wälder und Waldlichtungen, Haine, weite Fluren, schöne Gärten und Parkanlagen sind ihre bevorzugten Aufenthaltsorte. Ihre magischen Geschenke sind das Schwert der klaren Unterscheidung, der Sternenstaub, jenes Pulver, das uns Flüge in andere Welten und Dimensionen ermöglicht, der Zauberstab aus Licht, der die heilenden Lichtströme zu uns lenkt, die Kunst des Denkens und Redens, das Licht der Eingebung und Inspiration. Die Tore in die Luftwelten liegen im Ostwind, aber auch in besonderen Windströmungen, Wirbeln und Spiralen jeglicher Art und Form, in einem plötzlich heranwehenden Duft, Wolkenformationen ...

Ordnung des Luftreichs

1. Hüter: Thor und Aries. Thor ist der germanische Donner-, Gewitter- und Fruchtbarkeitsgott und Aries seine göttliche Ergänzung. Sie hüten und lenken das Element Luft.
2. Vorsteher: Sylphen; Sylphenherrscher: Paralda; Symbol: Schmetterling/Adler
3. Erste Entfaltungsebene: Formbauer der Luft, Körperelementarwesen der Luft bei Tier und Mensch, Vila (slawische Sturmgeisterart), Dialen, Elfen, Boreas
4. Zweite Entfaltungsebene: Feen, Sylphen, Elfenkönige/-königinnen
5. Dritte Entfaltungsebene: Feenvorsteher, Sylphenvorsteher/innen, Hüter der mächtigen vier Winde, Windmutter, Windsbräute
6. Kosmische Entfaltungsebene: Devas, alle Erzengel und mächtigen Engelwesen, die aus dem Kosmos das Element Luft versorgen, Erzengel Michael ist der Hüter der Luft, die Musen, die Kräfte der Inspiration, der Künste und der Schönheit, Pegasus
7. Götter und Göttinnen: Feng-Po (chinesischer Windgott), Feng Po-Po (chinesische Göttin des Windes, die auf Tigern durch die Wolken reitet), Odin (nordisch-germanischer Himmelsgott und Schöpfer), Brahma (hinduistischer Schöpfergott des Himmels und der Erde), Lilith (hebräische geflügelte Königin der Luft) u. a.

Weitere Zuordnungen

Tattwa: Luft-Tattwa – blauer Kreis, der sich in einen orangefarbenen verwandelt
Planeten: Merkur (Beweglichkeit)
Metall: Quecksilber
Mineralien, Steine, Edelsteine: Chalcedon
Farben: alle Pastelltöne, vorwiegend jedoch Gelb, helle Blautöne, Weiß, aber auch Grau
Instrumente: Windspiele, Glocken, zartere Blasinstrumente wie z. B. Flöten. Sie mögen Pfeiftöne aller Art
Räucherwerke und Düfte: Sandelholz, Thymian, Safran, Kampfer, Pfefferminze
Symbol: Schwert, Adler, Feder, Rauch

Zeichen für Luft

Luft-Tattwa

Spirituelle Ebene der Luft

Wege ins Luftreich

Wenn Luftgeister mit dir Verbindung aufnehmen, spürst du das an einem Windhauch an den Wangen oder wenn dir der Wind durch das Haar fegt und es verstrubbelt, an Kühle auf der Haut, einem Kitzeln an Ohren und Nase, anhand von Dingen, die durch die Luft schweben (Blätter, Federn, Blüten ...), an einem Surren, Summen. Hohe Töne und Klänge sind Zeichen der Luftwesen.

Das Luftelementarwesen im Menschen

Wir sind ein Teil der Luft, und die Luft ist ein Teil von uns. Durch das Einatmen und Ausatmen erneuern wir die Energie und lassen sie zirkulieren. Unsere Atmung, unsere Lungen, unsere Gedanken und unser Austausch auf allen Ebenen steht mit dem Luftelementarwesen in Verbindung.

• *Kleine Übung mit der Luft* •

Manchmal sind unsere Gedanken wie flitzende kleine Wesen, die in uns umherspringen, uns verwirren und uns damit in die Enge treiben. Konzentriere dich auf das Luftelementarwesen in dir. Achte auf deine Atmung. Wie ist sie? Ist sie flach, oberflächlich, regelmäßig, tief, unregelmäßig? Wie sind deine Gedanken? Bist du ruhig oder unruhig? Was beschäftigt dich? Woher kommen deine Gedanken? Sind es wirklich Gedanken, die aus dir entspringen, oder hast du die Gedanken anderer aufgeschnappt? Wie sieht dein Luftelementarwesen aus? Besteht es aus vielen kleinen Teilen? Ist es groß oder klein, hell oder dunkel? Ist es bewegt und lässt sich hin und her wehen wie Blätter im Winde, oder ist es ruhig und in sich stabil? Hat es viel eigene Kraft, oder lässt es sich von der Kraft anderer leicht beugen, wie ein Grashalm im Wind? Beschäftige dich eine Zeit lang mit deinem Luftelementarwesen. Schau, was dein eigen ist, was von anderen kommt und wie du es gesund machen und gut versorgen kannst. Lass dich von deinem Luftelementarwesen inspirieren.

Das Ätherreich

Im Ätherreich der Lichterklänge
strömen hernieder die harmonischen Gesänge.
Sie den Kosmos in allem durchdringen,
der Ton, er kann in allem klingen.

Licht schwingt hier in jedem Atom, in jeder Zelle.
Der Regenbogen ist die göttliche Quelle.
Keiner kann sich diesem Licht entziehen,
auch niedrige Formen schwingen in ihm,
das noch so Dunkle wird ihm nicht entfliehen.

Alles kommt dorther und kehrt dorthin zurück –
aus dieser Welt winkt das ewige Lebensglück.
Es ist das Reich der Herrlichkeit,
in dem Engel und Naturwesen sind nie weit.

Götter und Göttinnen walten von hier,
verteilen das göttliche Elixier.
Meister und Meisterinnen wirken zugleichen,
stellen die kosmischen Weichen.

Denn jenseits von Raum und Zeit
ist alles auf ewig vereint.
Alles ist nichts, und nichts ist alles.
Die göttliche Offenbarung eröffnet sich hier.
Du kannst sie finden – auch in dir.

Einführung in das Ätherreich

»Je höher der Mensch auf seinen inneren Berg hinaufsteigt, desto mehr Stille ist um ihn, und in dieser Stille entdeckt er den Ursprung der Dinge. Er wird eins mit der Urschöpfung und taucht ein in den Ozean göttlichen Lichts. Wenn man einem Weisen die Frage nach Gott stellt, so antwortet er mit Schweigen, denn allein die Stille kann die Essenz des Göttlichen zum Ausdruck bringen.«

Omraam Mikhael Aivanhov

Äther ist das göttliche Licht, das durch alles strömt. Es ist die feine Substanz, aus der sich alles aufbaut. Neben der Luft gibt es noch eine ätherische Luft, neben dem Wasser noch ein ätherisches Wasser, neben dem Feuer noch ein ätherisches Feuer und neben der Erde noch eine ätherische Erde. Die ätherischen Formen der Elemente bieten die Blaupausen, die Urmatrix, nach denen die stofflichen Entsprechungen angelegt sind. Die Lichtwelten sind ein vollkommener Abdruck des Göttlichen.

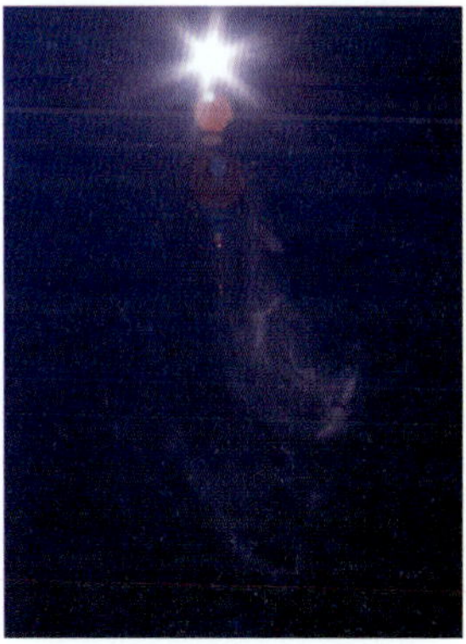

Ursprünglich war die Welt rein ätherisch. Durch den Fall der Menschheit aus der Einheit mit dem Göttlichen verdichtete und veränderte sie ihre Schwingung immer mehr. Nach und nach entstanden viele Ebenen und Dimensionen des Seins. In den himmlischen Regionen finden wir die Welten der Götter, Göttinnen, Meister, Meisterinnen, Erd- und Naturgottheiten, Lichtelfen und Engelwesen. In den irdischen Regionen finden wir die Innen- und die Außenwelten, die Brücken nach unten und nach oben, die Naturgewalten und Reiche der Dämonen und Schatten, die hilfreichen Wesen. In den unteren Welten finden wir die Nebel- und Feuerwelten, die Totenreiche der verstrickten Seelen, die Welten der Wandlung und Reinigung, die Welten der Kraft und der Stärke u.a. All diese Dimensionen sind vom Ätherreich durchdrungen.

Der unvollkommene Abdruck der vollkommenen Lichtreiche, die auf höheren Ebenen nach wie vor existieren, sind die astralen Welten. Ein weiterer Abdruck ist die stoffliche, sichtbare Welt, ebenso die Geisteswelten, die Emotionalwelten, die Elementarwelten u.v.a.m. Im Äther gibt es viele Ebenen und Dimensionen in den unterschiedlichsten Schwingungs- und Energiebereichen. Wir Menschen sind durch unseren Geist fähig, die höchsten Stufen zu erreichen, aber wir können auch in den niedrigsten Ebenen und Welten umherirren. Menschen, welche die höchste Stufe des Entfaltung auf der Erde verwirklicht haben, wirken zusammen mit Engeln, Natur- und Elementarwesen als Meister und Meisterinnen aus den Lichtreichen der anderen Dimensionen.

Im Äther relativieren sich Zeit und Raum, verlieren ihr Maß, und ein Augenblick kann eine Ewigkeit, ein ganzes Zeitalter, dauern. Die Lichtwelt folgt anderen Gesetzen als die Welt der Materie, dort nehmen die Elementar-, Natur- und Engelwesen ihre sichtbare Form an. Menschen, die ihre Sinne entsprechend weit verfeinert haben, können diese Ebene wahrnehmen und die Tätigkeiten der Elementar-, Natur- und Engelwesen beobachten, sie fühlen und hören. Diese Menschen können die unsichtbare Energie der sichtbaren Formen hinter allem Lebendigen sehen, und sie können wahrnehmen, welche Kräfte tatsächlich am Walten sind. Für denjenigen, der seine Sinne nicht geschult hat, bleiben diese Wesen unsichtbar.

In der ätherischen Welt sind Licht, Klang, Farbe und Form zu Hause, die eine bestimmte Schwingung und Geschwindigkeit haben. Diese bildeten ursprünglich auch die universelle Sprache, mit der sich alles Leben verständigte. Alles, was seit der Schöpfung passierte, alles, was je geschehen ist, jede Sekunde von allem Leben ist damit im

Licht des Äthers aufgezeichnet. Durch diese haargenaue Aufzeichnung werden die mächtigen Energieströme im Äther gelenkt. Der unvollkommene Mensch erlebt diese Energie als Schicksal, obwohl sie genau mit dem übereinstimmt, was er selbst, in diesem oder einem anderen Leben, erzeugte.

Das Ätherreich durchdringt jede Zelle und jedes Atom unseres Seins. Wenn wir unsere Energie wahrnehmen können, sehen wir, in welcher Farbe, in welcher Geschwindigkeit und in welcher Dichte sie schwingt. Wir können eine Quelle des Lichtes sein, aber wir können anderen auch das Licht absaugen, weil wir nicht gelernt haben, uns an den nie versiegenden Hauptstrom der göttlichen Quelle anzuschließen. Indem wir vergeben, können wir das missbrauchte göttliche Licht in uns durch das violette Feuer reinigen und umwandeln. Auf diese Weise können wir nach und nach die Frequenz unseres inneren Lichtes erhöhen und zu unserer ursprünglichen und sehr hoch schwingenden Form in die lichten Reiche zurückkehren.

Die Einweihung in die Ätherwelt ist der Aufstieg, die Auferstehung. Die Selbstverwirklichung, die Erleuchtung, in der sich der menschliche mit dem universellen Geist vereint, ist die höchste Stufe, die ein Mensch erreichen kann. Der Mittelpunkt des Universums ist überall. Für den Eingeweihten ist alles Licht und Liebe, und er ist in der Mitte. Für den Uneingeweihten gibt es Licht und Schatten. Er pendelt zwischen den Welten.

Die Wesen des Ätherreichs

Die Wesen des Ätherreichs weisen folgende Hauptmerkmale auf: Sie sind »ätherisch« (durchgeistigt), zart und schimmern in den unterschiedlichsten Farben und Frequenzen, die von der Lichtkraft, die sie leiten, bestimmt werden. Die Farben zeigen auch an, aus welcher Planetensphäre dieses Wesen die Kräfte zur Erde lenkt. Je höher, feiner und durchscheinender die Wesen des Äthers leuchten und strahlen, desto höher sind ihr Wesen und ihre Schwingung. Das Licht, das sie senden, ist bei einigen so hochfrequent, dass seine Kraft für einen Menschen nicht auszuhalten ist. Das liegt daran, dass der normalsterbliche Körper für diese hohen Schwingungen nicht gebaut und nicht darauf ausgerichtet ist. In diesem Licht bleibt nichts als die reine, ewige Wahrheit.

Die Wesen des Äthers sind die Lenker und Hüter der vier anderen Elemente. Sie leiten die Naturwesen an, die größtenteils aus ihrem Licht hervorgegangen sind und unter ihrer Obhut stehen. Ihre Gabe ist das Licht in seiner reinsten, der göttlichen Form. Sie führen die Menschen, die sich diesem Licht geöffnet haben.

Den Wesen des Äthers sind alle Planeten dieses Sonnensystems zugeordnet. Sie sind in Gestalt, Farbe, Form, Klang und Schwingung unendlich vielfältig. Ihre Farben sind alle kosmischen Farben, die Farben des Regenbogens. Sie können sich in sämtlichen Formen der Erde zeigen, in Menschen, Tieren, Pflanzen, Mineralien, Steinen, Bächen, im ruhigen Feuer, in Naturerscheinungen wie dem Nordlicht, der Morgenröte, dem Regenbogen etc. Sie bewegen sich mit Lichtgeschwindigkeit und können so schnell den Ort wechseln wie wir unsere Gedanken.

Die ätherischen Wesen arbeiten mit unermüdlichem Fleiß daran, die Natur mit ihren Lichtkräften zu durchdringen und zu beleben. Zu den Wesen des Äthers gehören unzählige Scharen von Devas, Engeln und höheren Lichtintelligenzen, und zwar von jenen, die in der Natur noch wirken, bis zu jenen aus den höheren bis höchsten Lichtreichen, die für den Planeten Erde zuständig sind. Ihr Hauptmerkmal ist, dass sie nur im Ätherreich, im Reich der Engel, zu Hause sind, das alle anderen Reiche durchdringt, und sie damit in allen anderen Elementen arbeiten können. Sie verbinden die Elemente miteinander, die gebraucht werden, um eine bestimmte Form aufzubauen, und leiten die kosmischen Ströme und den reinen Bauplan der sichtbaren Formen. Sie hüten, leiten und führen die reinen Lichtkräfte aller Dinge und wachen über den vorbestimmten Bauplan. Im wechselnden Orchester der Epochen dirigieren sie die Eigenarten der jeweiligen Zeit. Sie lenken die göttlich segnenden Ströme in alles Lebendige.

Ordnung des Ätherreichs

1. Hüter: Akasha und Devos. Sie sind mächtige Lichtintelligenzen, Hüter des Ätherreichs und damit des Elementes, das alle anderen durchdringt.
2. Vorsteher: Devas, Lichtelfen, Feen
3. Erste Entfaltungsstufe: Formbauer des Lichtes, Lichtfunken
4. Zweite Entfaltungsstufe: Devas und Feen, die den Tieren und Menschen beistehen
5. Dritte Entfaltungsstufe: Devameisterinnen, Ritualdevas, Devas des Ortes, Einhörner, Pegasus, höhere Engelwesen
6. Kosmische Ebene: Engelhierarchien, die dem gesamten Leben des Planeten Erde dienen und das Licht in alles senden und alles beleben (Erzengel, Seraphim, Cherubim etc.). Im Ätherreich sind die mächtigen Engelwesen zu Hause. Sie hüten diese Reiche und senden immer wieder das vollkommene, reine Licht der göttlichen Quelle auf die Erde, um es hier nach und nach im ewigen Zeitenlauf zu seinem Schöpfer zurückzuführen.
7. Meister und Meisterinnen: Jesus Christus, Kuan Yin, Buddha, Weiße Universelle Bruderschaft des Lichts, Götter und Göttinnen aus allen Kulturen und Völkern

Weitere Zuordnungen

Tattwa: Äther-Tattwa – Violettes Ei, das sich in ein goldgelbes verwandelt
Planeten: Alle
Farben: Regenbogenfarben, alle kosmischen Farben
Instrumente: Harfe, Blasinstrumente, Posaunen, Trompeten, der Chor, das Orchester, die in Symphonie und Harmonie zusammenklingenden verschiedenen Instrumente
Räucherwerke und Düfte: Lotos, Rose, Jasmin, Veilchen, Weihrauch, Lavendel
Symbol: alle kosmischen Symbole, Kreis mit Punkt in der Mitte, Sonnensymbole, Merkaba, Regenbogen

Zeichen für Äther

Äther-Tattwa

Spirituelle Ebene des Äther

Erkennungsmerkmale der Ätherwesen

Wenn die Wesen des Äthers sich melden, fühlst du das an einer inneren Wärme, einem besonderen Licht, einer gewissen Heiligkeit, welche die Luft zum Leuchten bringt, an der Harmonie, die sich über den Augenblick legt, an sanften Klängen, strahlenden Farben ... Du empfindest eine innere Erhebung, Erhöhung, gewinnst Überblick, umfassende Schau, tiefen Einblick, erlebst einen Erleuchtungsmoment, ein überirdisches Glücksgefühl, Ekstase, Weisheitseingebung, tiefes Verstehen.

Wege ins Ätherreich

Eingänge in die Ätherwelt sind Lichtstrahlen, Regenbogen, die Sonne, Baumkronen, Bergspitzen, weise Tiere, Tiere mit Flügeln, Wind, Wolken, goldene Tore, Farbe und Klang.

Das Ätherwesen im Menschen

Über den Äther wirken Licht, Energie, Farbe und Ton. Wir Menschen sind ein Teil des Äthers. Wir haben unser eigenes Seelenlicht, das zum Beispiel über die Aurafotografie sichtbar gemacht werden kann.

• *Kleine Übung für den Äther* •

Konzentriere dich eine Zeit lang nur auf Licht, Farbe und Klang. Was ist dein Seelenton? Was sind deine Seelenfarben? In welchen Farben hast du dich schon immer wohlgefühlt? Welche Farben magst du nicht so gern? Welches Licht strahlt ein Platz, ein Ort, ein Tier, eine Pflanze, ein Stein ... aus. Welchen Ton? Welche Energie kommt bei dir an? Schließ die Augen, stell dich auf Empfang, und schau, was als Erstes an Farbe, Ton, Energie zu dir kommt. Welche Botschaft senden dir die Wesen des Äthers?

Die Reiche unserer Erde

Anmerkung

Dieses Kapitel beschreibt die Königreiche unserer Erde. Jedem Reich ist eine Liste von Naturwesen hinzugefügt, die ihm zugeordnet werden können. Diese Zuordnung ist jedoch nur eine mögliche Form innerhalb der unbegrenzten Weite – denn überall kann von Engeln bis Naturwesen und Dämonen alles vorhanden sein. So dienen diese Listen lediglich als Orientierungshilfe und sollen eine mögliche Idee vermitteln. Wenn wir in die Natur gehen, sollte unser Geist jedoch schöpferisch, lebendig und frei im tatsächlichen Empfinden des Augenblicks bleiben – und kommen lassen, was kommen will.

Die Wesen der Erde

Wenn ihr etwas habt,
eine Frage zum Sein
zu Pflanze, Tier, Hof oder
Heim,
fragt die Wesen der Erde,
sie sind die Kenner,
die wahren Benenner.

Die kosmischen Wesen,
sie können euch leiten,
euch schützen
und euch allzeit begleiten.

Doch die Wesen der Erde,
sie sind verbunden
mit oben, hinten, vorne und
unten.
Sie wissen, was ist gewesen,
können die Erdenspuren
lesen.

Wendet euch an sie,
sie können's euch sagen,
manchmal lassen sie euch
raten.
Doch sind sie richtig,
sie kennen ihre Erde.
Sie sind hier die rechten
Gefährten.

Öffnet euch, ruft sie
mit Engeln ins Heim,
all die guten Erdgeisterlein.
Ihr werdet erleben
so manches Wunder,
denn sie flitzen hoch und
runter,
sie in allen Dimensionen
wohnen.
Der Kontakt mit ihnen
kann sich lohnen.

Sie sind die Beherrscher
der materiellen Formen,
sie kennen alles, von Maß,
Inhalt bis Normen.

Für Angelegenheiten der
Erde,
dem Prinzip von Stirb und
Werde
fragt sie – die Meister
der irdischen Energie.

Ruft sie, seht selbst,
was sie alles wissen,
ihr möchtet sie dann
nicht mehr missen.
Sie bringen die Veränderung
der Norm, in die gute lichte
Form.

Wenn wir die Geister der
Erde rufen,
wandeln sie mit uns die
Feuerstufen.
Im Schutz der kosmischen
Begleiter
erklimmen wir so
die goldene Leiter,
können erfüllen den Auftrag
im Sein,
wandeln zurück in das
Seelenheim.

Scheut die Erde nicht,
denn sie bringt das
Gleichgewicht.

Das Stein- und Mineralreich

Steine sind die Knochen der Erde,
sie sind die stabile Kraft im Vergehen und Werden.
Sie speichern in ihren Zellen Information pur,
sind das Gedächtnis der Natur.

Nimm dir Zeit, und nimm dir Ruh',
höre ihnen in der Stille zu.
Lausche ihrem Ton, ihrem tiefen Brummen,
ihrem mal hohen und mal niederen Summen.

Ihr Klang erhält die Welt,
verbindet ferne Zeiten und unbekannte Weiten.
Sie sind weise, sie sind die Kraft,
welche die Stabilität hier schafft.
Bei ihnen lösen sich auf Raum und Zeit,
und du tauchst ein in die Ewigkeit.

Sie verbinden dich mit allem,
du hörst auf zu hadern, zu zittern und zu krallen.
Du erfährst: Vergänglichkeit
gibt es nur in Raum und Zeit.
Hier eröffnet sich eine weise Sicht,
die zu allem und jedem spricht.

Höre ihnen zu, und du kommst zur Ruh.
Unterschätze nicht ihre Macht,
sie wurde ihnen vom Göttlichen gebracht.
Achte sie auf deiner Reise, sie beraten dich gar weise.

Einführung in das Stein- und Mineralreich

»Felsen und Steine haben ein archaisches Bewusstsein, denn bei ihnen handelt es sich meist um uralte Wesenheiten. Sie sind Hüter und Wächter, Träger von Energie, von Zeit und Raum. Indem wir die Felsen und Steine begrüßen, bereiten wir manch wahrhaft steinaltem Wesen große Freude. Wenn wir ihr moosiges Fell kraulen, uns an sie lehnen, ihre rauhe Schale berühren und streicheln, können wir zwischen den Räumen den schnurrenden brummenden Ton hören, den sie von sich geben. Manchmal zeigen sie uns auch ihr greises in Stein gehauenes Gesicht, das uns für eine Sekunde freundlich zuzwinkert. Felsen und Steinhöhlen sind heilige Tempel und Einweihungsorte in der Natur, die uns mit dem Bauch von Mutter Erde und dem gesamten Kosmos verbinden.«

Jeanne

Wer mit den alten Fels- und Steinwesen Kontakt hatte, wird sich an ein Gefühl der Stille und Stabilität, das von ihnen ausstrahlt, erinnern. Auch wenn sich die Welt um sie herum täglich verändert und sie sich mit ihr verändern, so ruht ihr Wesenskern doch still. Wer sich bewusst mit ihnen verbindet, der kann ihre zeitlose Ruhe zu einem Teil seiner selbst werden lassen.

Am Anfang erschuf Gott Himmel und Erde. Das Stein- und Mineralreich ist damit eines der ältesten und unabhängigsten Reiche dieser Erde. Alles in ihm entsteht und vergeht zu seiner Zeit, in für uns kaum vorstellbaren Äonen. Von Anfang an, lange bevor der Mensch die Erde besiedelte, trug und versorgte es alles Leben – Pflanzen, Tiere und, viel später, auch Menschen – und schuf ein Gleichgewicht zwischen den Organen der Erde.

Die Erde besteht aus den fünf Elementen (Feuer, Erde, Wasser, Luft, Äther), aus denen u. a. allmählich die Felsen, Steine, Edelsteine, Spurenelemente entstanden. An dieser Stelle begegnen wir dem Ursprung der Engel- und der Naturreiche: Die Engel, hohe Lichtintelligenzen, senden die kosmischen Strahlungen der göttlichen Quelle. Das Naturreich ist aus den lichtvollen Gedanken der Engel hervorgegangen, und die Aufgabe der Elementar- und Naturwesen ist es, aus den Urelementen die Ursubstanz aufzubauen, die alle Reiche und Elemente nährt, jene Grundlage, aus der alles, wirklich alles Leben erschaffen ist. Vereint wirken die Engelwelten mit den Naturwelten, ihre mächtigen Kräfte und Energien treffen hier aufeinander und wirken zusammen. Sie kristallisieren sich zu den herrlichsten Formen, erschaffen die prachtvollsten Farben, Klänge, Strahlungen und Symbole.

In diesem felsigen Reich beginnen die Legenden, die Märchen und Mythen, von hier strömt der zauberhafte Duft der fernsten Reiche. Einst war es ein Reich der Einheit allen Lebens, dann entstanden dort die verschiedensten Räume und Dimensionen, und schufen Freiraum für die Entfaltung des Menschen. Aus seinen Hallen strömen Magie, Alchimie und Mystik in die Welt. In vielen Steinen und Felsen wohnen Feen, Elfen, Zwerge, ja ganze Völker und Königreiche der unterschiedlichsten Wesen. Sie alle hüten die kosmische Kraft der Erde und bringen sie auf die wundervollste Weise in die Materie. Sie hüten und versorgen die innersten heiligsten Plätze und Tempel der Mutter Erde, deren Lichtkanäle und Ursubstanz, deren goldene und kristalline Strukturen, deren dunkle verborgene Seen, unterirdische Erdströmungen und strahlende Erzadern.

Über Edelsteinhöhlen und Goldadern sowie besonderem mineralischem Gestein sind oft mächtige Lichtbrennpunkte und Lichttempel verankert, Kraftplätze und heilige Orte, an denen die machtvollen Kräfte von unten und oben wirken. Nicht selten wurden solche Stätten Drachenplätze genannt. Licht und Feuer treffen hier in reiner Form zusammen und bilden ein Tor in die raumlose Ewigkeit jenseits der Zeit. Diese Energieknoten künden von der Verbindung zu fernsten Dimensionen, zu Sternen und Planeten, zu den mächtigen Hütern des Lichtes, sie sind Licht und Energiereflektionen des höheren Seins. Aus den dort erkennbaren Kräften und Mächten ist alles geschaffen, auch der Mensch. Hier wird er, wenn er in seiner Entwicklung weit genug vorangeschritten ist, eingeweiht in seine höhere göttliche und unsterbliche Natur. In diesem Licht ist die Geschichte der Erde mit jedem Detail aufgezeichnet und abrufbar; es ist das Gedächtnis der Natur.

Menschen aller Epochen wurden und werden von den Schätzen der Mutter Erde magisch angezogen. Diese Schätze sind sichtbarer Abdruck der höheren Natur. Steine, Mineralien, Juwelen können einfach alle erdenklichen Kräfte verstärken, u. a. Glück, Schutz, Weisheit, Frieden, Veredelung, Reichtum, Kreativität. Kraftplätze können Energien machtvoll konzentrieren und ausrichten. Je nachdem, wie der Mensch diese Kräfte nutzt und lenkt, kann er damit Segen oder großes Unheil bringen.

Die Schätze und Reichtümer dieser Erde sind für alle Wesen da. Sie dienen der Erhaltung des gesamten Lebenssystems. Sie halten die Kräfte im Gleichgewicht und sorgen für eine ständige Erneuerung der Lebensenergie, sie beeinflussen Leib und Seele aller Lebewesen. Unser Planet birgt noch viele Reichtümer und Schätze, doch sie werden sich erst offenbaren, wenn der Mensch gelernt hat, mit den Kräften umzugehen. In dieser Dimension findet sich auch das sogenannte Jüngste Gericht, das jeder durchläuft, der die Schwelle vom Leben zum Tod oder vom Tod zum Leben passiert. Hier kann er die Abdrücke seiner Energie noch einmal erleben und aus einer höheren Perspektive begreifen.

Die Wesen des Stein- und Mineralreichs

»Der Mensch ist wie ein roher Stein, der geschliffen und gefeilt werden muss, damit das göttliche Licht aus ihm strahlen kann.«

Jeanne

Hier wirken himmlische und irdische Wesen aus allen Dimensionen und Reichen. Zu den Wesen des Stein- und Mineralreichs gehören mächtige Engel und Planetenintelligenzen, Meister und Meisterinnen, Götter und Göttinnen, der Karmische Rat, die Hüter der Steine, die Lenkerin der Kristalle, die Schwarzalben, die Drachen, die Torwächter aus dem Zwergenvolk, lichte und dunkle Gestalten. So gehören z. B. die Gorgonen zu ihnen, darunter Medusa; jeder, der ihr Antlitz erblickte, wurde zu Stein.

Die Wesen, welche mit dem Mineralreich in Verbindung stehen – und deren gibt es viele –, weben, hüten, reinigen und versorgen die Felsen, Mineralien und Edelsteine. Sie sind es auch, welche die magischen Gegenstände schmieden, die den Göttern und Göttinnen, Meistern und Meisterinnen Macht und Kraft verleihen. Aus diesem Reich stammen auch die magischen Steine, welche den Menschen noch heute Kraft verleihen, ebenso Kristallkugeln oder Kristallspiegel, mit denen man Macht über die Elemente und Naturreiche erlangt, sowie geheimnisvolle Zauberpulver.

Im Licht der Steine wird alles aufgezeichnet und ist über sie auch wieder abrufbar. Man kann über die Verbindung mit dem Stein und über das Mineralreich die göttliche Strahlung in sich ausrichten, verstärken und lenken. Doch sollte man die dunkle Macht dieses Reichs nicht unterschätzen. Sie kann u. a. auch süchtig, gierig, neidisch, geizig oder ängstlich machen und hat schon viele Menschen zu Taten gegen die göttlichen Gesetze verleitet.

»In jeder geschliffenen Edelsteinfacette wohnt ein Engel.«

Volksmund

Ordnung des Stein- und Mineralreichs

1. Hüter: Weiße Bruder- und Schwesternschaft, Sternenwesen
2. Vorsteher: Hüter des Karma; Symbol: blauer Kristall, Regenbogenzepter
3. Erste Entfaltungsstufe: Formbauer der Mineralien, Steine und Erze; Elementarwesen der Ursubstanz; Körperelementarwesen, das in Mutter Erde sowie in Menschen, Tieren und Pflanzen alle mineralischen und chemischen Vorgänge regelt; Elementarwesen, welche die Kraft und Qualität der Schätze aufbauen und erhalten; bestimmte Zwergenarten, welche die Bodenschätze pflegen, bewachen und schützen; bestimmte Trollarten, welche die Eingänge in dies Reich bewachen; Schwarzalben, die alle Bodenschätze hüten; bestimmte Naturgeister wie z. B. der Tatzelwurm in den Alpen (siehe Lexikon); Feen und Devas der Steine, Mineralien, Edelsteine und Metalle
4. Zweite Entfaltungsstufe: Riesen der Felsen und Gebirgszüge; Erdmütter wie Tanna und Stanna, welche die

kosmische Energie in die Dinge weben; Erdhüter und Vorsteher; Feenvorsteherinnen, welche die Schätze der Erde kennen, deren Macht hüten und die Schätze an jene weitergeben, welche dafür bereit sind; Engel, die das Licht in den Steinen halten; Engelwächter

5. Götter und Göttinnen: Gaia/Gaea (Göttin der Erde), Mawu (afrikanische Schöpfergöttin), Isis (ägyptische Göttin), Iris (Göttin des Regenbogens und der Farben), Sharrumma (churritischer Berg- und Schutzgott), Himalaya (Gott und Meister des Himalayagebirges)

• *Praktische Übung mit den Wesen des Stein- und Mineralreichs* •

Geh in die Natur. Such dir einen Platz in der Nähe von Felsen, Steinen oder Edelsteinen. Lehn dich mit der Stirn dagegen, und leg deine Handflächen darauf. Fühl den Ton, den Puls, die Kraft des Steins. Wenn es sich für dich gut anfühlt, so verbinde dich mit seinem Energiefeld. Stell dir vor, du wirst von dem Stein und von dessen Farbe und Struktur eingehüllt. Wenn du ganz in dem Feld bist, so stell dir vor, dass sich im Stein eine Tür öffnet. Wo liegt sie? Schreite hindurch. Dahinter sitzt das Wesen des Steins (manchmal sind es auch mehrere). Du kannst es einfach betrachten oder ihm eine Frage stellen. Nimm mit ihm auf deine Weise Kontakt auf. Du kannst um ein Zeichen in deiner Realität bitten. Wenn deine Zeit um ist, das Wesen verblasst, deine Vorstellung sich auflöst, so verabschiede dich, bedanke dich, und kehre ganz zu dir zurück. Wenn du in der Realität ein Zeichen bekommen hast, so schau nach, was es für dich bedeutet.

Naturwesen und ihre Verbindung zu Steinen und Mineralien

Dämonen, unerlöste Wesen, Vampire: Allen Steinen, Schätzen und Mineralien, die jemals auf irgendeine Weise energetisch missbraucht oder gegen die göttlichen Gesetze eingesetzt wurden, können solche Wesen anhaften.
Drachen: Uran
Elfen: Fluorit in allen Farben; Selenit; kleine Kieselsteine, Steine und Muscheln, die ein Naturloch haben und besonders geformt sind
Engel: alle klaren durchscheinenden Edelsteine
Engel der Natur: Aquamarin, Turmalin, Topas, Sternensaphir, Sternrubin, Ulexit
Erdwesen: unterirdische Bodenschätze; alles, was tief unter der Erde erschaffen und gehütet wird. Gestein der Erdwesen ist oft massiv, kompakt, tief in der Erde verankert.
Faun: Bernstein, versteinertes Holz, Baumquarz
Feen, Tiere der Feenreiche: Quarze, Kunzit, Mondstein, Sonnenstein, Herkimar, Larimar; sechseckig geschliffene Steine, weiße Felsen und Steine, große gelochte Steine, besondere Einschüsse in Steinen
Feuerwesen: Feueropal, Carneol, Sarder, Peridot, Malachit, Schwefel; Gesteine und Felsen, die mit den Feuerwesen in Verbindung stehen, sind oft durch große Hitze im Schmelztiegel von Mutter Erde entstanden. Sie können stark riechend sein, außergewöhnlich helle und grelle Farben haben und spitze, eckige, zackige Formen, z.B. Vulkangestein, Lavafelder, Gestein in Wüstengegenden.
Gnome, höher entwickelte Zwerge: Ametrin, Bergkristall, Gold, Smaragd, uralte Felsen, Steine, Berge, Findlinge

Götter/Göttinnen: Jade, Rubin, Smaragd, edle, seltene Steine, geschliffen und kunstfertig gefasst zu Zeptern, Kronen

Hexen, Alte Weise, Zauberer, Dimensionswechsler, Helferwesen (z. B. Liebendes Mütterchen, die Nornen): Amethyst, Bergkristall, Salz, Onyx, Obsidian, Sugilith; Knochen, Muscheln, Kalk, Findlinge, Stein- und Felshöhlen; Steine und Edelsteine, die einen für eine Zeit lang in heftige Wandlungsprozesse bringen, oft aufgeladen mit einer besonderen Macht und Stärke, damit man diese Prozesse auch durchschreiten und die Aufgaben erfüllen kann

Hüter der Mittleren Welt: Achat, Findlinge, Grenzsteine

Kobolde: Buntkupfer, Baumachat, Flintstein, Glimmer, Pyrit, Silberauge; Flusskiesel mit Zeichen, Gesichtern, Löchern oder besonderen Formen

Luftwesen: Selenit (Marienglas), Spodumen; Steine, Edelsteine und Mineralien, die mit den Luftwesen in Verbindung stehen, sind oft recht dünn, durchscheinend, glitzernd, leicht, mit fragiler, poröser Struktur

Meister/innen: Gold, Diamant, Lapislazuli, Saphir, Rubin, Türkis; Stein der Weisen; gefertigte besondere Gegenstände wie Krone, Zepter, Kelch besetzt mit Juwelen und seltenen Steinen

Nixen und Nereiden: Wassersaphir, Perlen, Korallen, Perlmutt, Seeopal, Riffs, Klippen, Küstenfelsen

Nymphen: Silber, Mondstein, Labradorit; Steine und Felsen in der Nähe von Quellen, Gewässern, Bäumen; Steine, die wie Spiegel wirken

Riesen, Erd- und Felswesen: Gebirgszüge, große Felsen, Schluchten, Klippen, Steilwände

Schwarzalben/Dunkelelfen: Diamant, Gold; schwarzes,

dunkles Gestein, Bodenschätze der Erde (Öl, Kohle, Erdgas)
Trolle: Gold und goldglitzernde Steine
Vulkani: kleinere Steine und Edelsteine mit scharfen Kanten, Spitzen und Ecken
Wächter an den Toren zur Oberen Welt, Tempelwächter: Citrin, Bergkristall, Türkis; Tropfsteine
Wächter an den Toren zur Unteren Welt, der Welt der Kraft: Obsidian; Vulkangestein, Höhlen mit Gestein aller Art
Wächter, Hüter der Ahnenwelt: Hämatit, Obsidian; Hinkelsteine, Grabsteine
Wasserwesen: Opal; Flusssteine, Edelsteine, Mineralien; Felsen und Gesteine, die mit den Wasserwesen in Verbindung stehen, sind oft fließend, schön, harmonisch, versteckt leuchtend, rund und wohlgeformt, manchmal mit Wassereinschüssen und grün, grau, braun, silberfarben.
Wildes Volk der Wälder, Felder, Berge und Hügel: Achat; Steine und Felsen auf Feldern, Wiesen und in Wäldern
Zwerge: alle Bodenschätze und edlen Steine, Felsen, Gesteinsbrocken, Höhlen

Das Erz- und Metallreich

Das Metallreich ist nicht
weich,
es ist hart, fordert seinen
Part.
Hier gibt es oft nur entwe-
der/oder,
erhebe dich, mach was,
stirb oder loder.

Es ist ein unabhängiges
Reich,
wird nur in Feuer richtig
weich.
Es zeigt hier die Kraft der
Tat
und damit der Energien
Saat.

Nicht hell und auch nicht
dunkel,
lenkt es das Energiegefunkel.
Sein Gesetz offenbart sich
hier,
in der Welt und auch in dir.
Das Reich der Macht,
hier irdisch lacht.
Von hier kommen Gold und
Geld,
die regieren für viele die
Welt.

Lass dich nicht trügen
vom äußeren Schein,
schau in die Seele
des Menschen hinein:
Leuchtet sie golden,
silbern oder in Kupfer?
Ist sie zerlöchert,
voll dunkler Tupfer?
Veredelt der Mensch
sein inneres Sein,
oder lässt er sich leiten
vom äußeren Schein?

Trägt er das Schwert
in der richtigen Hand?
Setzt er den Schatz nicht in
den Sand?
Kann er nutzen
das Werkzeug der Macht,
das ihm vom Göttlichen
überbracht?

Kann er heilen, helfen,
wirken, teilen,
oder will er in Gier, Hass
und Neid verweilen?
Handelt er im Guten oder
Schlechten,
im Verächtlichen oder
Gerechten?

Was sind die Grenzen,
wo die Möglichkeiten,
hier die Metallwelten uns
anleiten.
Schau dir das Mittelalter an,
dann siehst du, was Metall
so kann.

Sieh dir Meister und Götter
an,
dann weißt du, was ist
wirklich dran.
Geh mit Bedacht
in der Metalle Welten,
denn sie sind das Heim der
Helden.
Und gib gut acht, hör genau
hin,
dann erkennst du den
richtigen Sinn.

Einführung in das Erz- und Metallreich

»Du siehst, durch wie viele Körper, durch wie viele Dämonenscharen, durch wie viele Ketten und Umdrehungen von Sternen wir gehen müssen, um zu dem einen, ungeteilten Gott zu gelangen.«

Corpus Hermeticum VII, 26

»Nur wer sich in des Feuers Hitze wandelt, kann das reine Gold des Geistes gewinnen.«

Jeanne

Das Erz- und Metallreich entspringt dem Stein- und Mineralreich. Sie sind eng miteinander verwoben. Hier finden sich die verschiedensten Erze mit Gold, Silber, Kupfer, Bronze, Eisen, Zink, Nickel, aber auch Granit, Uran, Erdöl (schwarzes Gold), Erdgas. Es ist ein hartes, unbeugsames, unbestechliches Reich, das in Verbindung steht mit Macht, Karma, dem Gesetz von Ursache und Wirkung. Für die Menschheit ist es das Reich der Prüfung, der Initiation, der Einweihung, der tiefen Erkenntnisse und des unerbittlichen tiefen Falles. Hier erfährt der Mensch seine Grenzen und seine Möglichkeiten. Hier bekommt er alles zur Verfügung gestellt, um sich zu vollenden und zu veredeln oder um sich selbst und andere zu vernichten. Aus Metall werden hilfreiche und tödliche Gerätschaften gefertigt: Werkzeuge, Waffen, Panzer, Maschinen, Computer, Raketen, Satelliten, Flugzeuge, Autos, Leitungen, Zäune, Schlüssel, Schmuck, Instrumente, Geld ... Auch viele rituelle, magische und spirituelle Gegenstände stammen von hier.

Das Erz- und Metallreich bietet die Möglichkeit, neue Dinge zu erschaffen – im Guten wie im Schlechten. Hier bekommt der Held seine magische Waffe, Zauberer, Schamanen, Heiler, Hexen bekommen ihren Zauberkessel, Zauberring, Zauberstab, Könige und Königinnen ihre Macht (Krone, Zepter, Reichsapfel, Schmuck), Meister und Meisterinnen ihren göttlichen Ausdruck. Menschen auf dem Weg in die Einweihung erhalten hier ihre Prüfungen und Aufgaben, z. B. Stroh in Gold zu verwandeln, den Stein der Weisen herzustellen, den Heiligen Gral zu finden ... Menschen, die den Weg der Helden gehen, werden hier erhöht zu Rittern, Prinzen, Königen, die über große Reiche herrschen. Menschen, die ihre Macht und ihren Willen ausüben wollen, finden hier Folterinstrumente und Waffen ... Aus diesem Reich entspringen das Gold und das Geld, mit dem in der äußeren Welt alles aufgewogen wird.

Hier werden die Menschen in reich und arm geschieden. Hier erhält oder erlangt der Mensch Macht oder Ohnmacht. Er beutet aus oder wird ausgebeutet. Hier kann der Mensch seine Möglichkeiten und Grenzen in der Welt erfahren, seine Blockaden, wenn er das Metall als Abgrenzung benutzt, und seine Weiten, wenn er es nutzt, um seine höheren göttlichen Fähigkeiten zu entwickeln.

Das Wesen der Metalle ist grau. Es ist weder gut noch böse, noch ist es warm oder kalt. Es passt sich der Energie an, die es leitet. Diese Energie verstärkt und vervielfacht es, richtet sie aus. Es kann auch selbst zielgerichtet gelenkt und geleitet und von allen Seiten belebt werden. So wie es zu glänzendem Gold oder zu rostigem Eisen werden kann, kann es Gier, Hass, Neid, Macht, Missgunst, Falschheit, Wut, Zorn, Gewalt oder Hilfsbereitschaft, Liebesfähigkeit, Edelmut, Großzügigkeit, Gerechtigkeit, Reichtum, Fülle, Heilung, Gleichgewicht erzeugen.

Dieses mächtige Reich liegt tief unter der Erde. Es wird von den Wesen der Natur gehütet, die fernab vom Menschenreich leben, und ist eng mit dem Stein- und Mineralreich, dem kosmischen Reich (Energiereich) und dem Elementarreich verwoben. Wir Menschen stehen mit dem Metallreich in Verbindung, denn in geringem Maße haben wir Metallanteile in uns, z. B. Eisen im Blut. Der alchimistische Ausdruck »Metall ablegen« meint soviel wie »eigensüchtige Verhaltensweisen und Eigenschaften ablegen«. Jemand, der selbstsüchtig denkt und handelt, wird als jemand bezeichnet, »der die Metalle noch nicht abgelegt und den Sinn der tiefen Bedeutung des Lebens noch nicht erfasst hat«. Götter und Göttinnen, Meister und Meisterinnen sind frei von Metall und können somit die Kraft dieser Reiche in Glanz und Licht führen, und sie leiten, sie beherrschen den Umgang mit diesen Reichen in Vollendung.

Die Wesen des Erz- und Metallreichs

»Die Sterne kämpfen auf ihren Bahnen für den gerechten Menschen.«

Chinesisches Sprichwort

Zu den Wesen der Erz- und Metallreiche gehören alle unterirdischen Wesen, u. a. Schwarzalben (auch: Dunkelelfen), Zwerge aller Art, vor allem unterirdisch lebende Zwergenvölker wie Stanna und Truppa, Riesen, die Gegenden mit großen Metallvorkommen hüten, Drachen, Feen, Wächter, Feuerwesen, Wesen unseres Schattens, die wir während unserer Erdenlaufbahn geschaffen haben und die uns so lange begegnen, bis wir sie gewandelt haben, außerdem gefallene Engel, Dämonen, Teufel – Satan und Luzifer, Lilith (die Engel der Prüfung). Die Höllenwesen werden ohnehin gerne mit ihnen in Verbindung gebracht, denn um Metalle zu formen, werden sie mit Feuer und Hitze geschmolzen und gewandelt. Zu den Wesen des Erz- und Metallreichs gehören, wie zum Stein- und Mineralreich, mächtige Planetenintelligenzen und hohe Engelwesen:

Sonne – Gold *(Erzengel Michael)*	Mond – Silber *(Erzengel Gabriel)*
Venus – Kupfer *(Erzengel Chamuel)*	Mars – Eisen *(Erzengel Uriel)*
Merkur – Quecksilber *(Erzengel Raphael)*	Jupiter – Zinn *(Jophiel)*
Saturn – Blei *(Zadkiel)*	

Metalle werden symbolisch für magische Zwecke benutzt. Aus Gold sind meist die magischen Ringe, die Krone u. Ä.; Zinn dient zum Schutz und wird oft für Amulette und Talismane genommen; Eisen ist das Metall des Schwertes; Kupfer wird beispielsweise für den magischen Stab genutzt, da es gute leitende Funktionen hat; aus Silber wird oft der Kelch der Heilung gefertigt; Blei dient meist als Lot, Pendel und Maß, um die Wahrheit zu prüfen ... Die Metalle werden nicht zufällig gewählt, da sie mit bestimmten Wesen und Kräften in Verbindung stehen. Ein magischer Gegenstand ist z. B. Gleipnir, norwegisch für »die Offene«; es ist eine metallene Schlinge und Fessel aus der germanischen Mythologie. Sie wurde von dem Zwerg Dvergr aus dem Geräusch einer Katze, dem Bart einer Frau, den Wurzeln eines Bergs, dem Atem eines Fisches und der Spucke eines Vogels angefertigt. Des weiteren kennen wir aus der Mythologie Thors Hammer, Arthurs Schwert, den Kessel der Heilung und viele andere aus zahlreichen Sagen und Legenden.

Ordnung des Erz- und Metallreichs

1. Hüter: Logos ist der göttliche Geist, aus dem alle anderen Gottheiten entstanden sind. Er durchwirkt die Denkkraft und bringt alles hervor. Er ist Wort, Vernunft und unbestechliches Gesetz.
2. Vorsteher: Melchizedek. Etwa 2000 v. Chr. regierte er als »König von Salem« und Priester Gottes in Jerusalem (Hebr. 7,1–2). Er beherrscht die Materie vollkommen; sein Orden hütet heilige magische Gegenstände wie den Heiligen Gral oder den Ring Salomons.

3. Erste Entfaltungsstufe: Formbauer der Metalle, Dämonen, Schwarzalben/Dunkelelfen, Feuerwesen, Elementale (von den Menschen geschaffene Wesen), vielerlei Zwergenarten, Wesen des Kleinen Volkes, die unterirdisch leben, Feen, Riesen
4. Zweite Entfaltungsstufe: Zwergenvorsteher und Feenvorsteherinnen, Riesen, Walküren
5. Götter und Göttinnen: Triglav (dreiköpfiger Gott und Kriegsgott der Ostseeslawen); Tyr (»der Leuchtende«, »der Glänzende«, germanischer Himmels- und Kriegsgott; sein Speer ist Waffe und Rechtssymbol), Teljawelik (litauischer Schmiedegott), Gaya-maretan (persischer androgyner Urmensch, von dem alle Menschenrassen abstammen; als er starb, fiel sein Samen auf die Erde und befruchtete sie, daraus entstanden Frau und Mann, sein Körper löste sich in die sieben Metalle auf), Girra (akkadischer Feuer- und Lichtgott, Patron der Schmiedekünste; sein Symbol ist die Fackel), Goibniu (keltischer Gott des Schmiedehandwerks), Konjin (shintoistischer Metallgott)

• *Kleine Übung im Umgang mit den Wesen des Metallreichs* •

Schau dich bei dir um. Welche Metalle findest du bei dir, welche trägst du überwiegend und in welchem Zusammenhang?
Nimm dir nun ein Metall in die Hand, das du gern hast. Werde still. Konzentriere dich darauf. Wie fühlt es sich an? Wie verändert es sich nach einiger Zeit in deiner Hand? Wie fühlst du dich damit? Was verbindest du persönlich

damit? Du kannst dich fragen: Bin ich bereit für dieses Metall? Welche Kräfte verstärkt es in mir? Wann ist es gut zu tragen und wann eher nicht ...

Wenn du bereit bist, so atme tief ein und aus, bis du dich in dir ruhig fühlst. Ruf dann auf deine Weise deine Schutzgeister. Stell dir nun vor, wie dich die Farbe des Metalls in deiner Hand umhüllt. Wenn du ganz in den Glanz und den Schein des Metalls eingehüllt bist, öffnet sich ein Tor. Schreite durch das Tor. Du stehst in der Landschaft deines Metalls. Was siehst du? Begegnen dir Wesen? Erhältst du eine Botschaft? Lasse das, was du dort siehst, einfach auf dich wirken. Folge deiner inneren Stimme. Was will dir dein Lieblingsmetall sagen? Wenn du zurückmöchtest, wackele mit deinem großen Fußzeh. Recke und strecke dich, und sei wieder ganz da.

Schreibe dir deine Erfahrung auf. Wenn du wieder einmal dorthin reist, kannst du etwas völlig anderes erleben. Du kannst diese Übung auch mit einem Metall machen, das du ablehnst. Wenn dir ein Wesen begegnet, kannst du immer um ein Zeichen in der Realität bitten. Wenn du Anweisungen bekommst, so führe sie aus, und überprüfe sie.

Naturwesen und ihre Verbindung zu Metallen und Erzen

Dämonen, unerlöste Wesen, Vampire: Ketten, Rasseln, Eisen, Halsringe, Fesseln, Nägel, Metallkreuze, Leitungen, Folterinstrumente aller Art ... Sie alle sind sowohl Werkzeuge der Dämonen wie auch Bannmittel für sie.
Deva: goldenes Licht
Drachen: Gold, Schätze von unschätzbarem Wert, magische Gegenstände mit besonderen Kräften

Elfen: silbernes Flugpulver
Elementale, vom Menschen geschaffene Wesenskräfte: Leitungen, Kabel, metallische Schnüre, Metallwanzen, Drähte. Die Elementale sind oft metallisch-graue Wesen mit Zacken oder Saugnäpfen, metallenen Schlangen- oder Dämonenköpfen, Metallkrallen, metallenen Fangarmen, Kugeln, Nadeln ...
Engel: die Lichter der Metalle, Gold, Silber, Kupfer, Bronze; das goldene und silberne Kreuz. Sie segnen und weihen die heiligen Gegenstände und versehen sie mit Zeichen aus der Oberen Welt. Weiter gehören zu den Engeln die Blechinstrumente: Trompeten, Flöten, Posaunen, Glocken.
Engel der Natur: verschiedene Instrumente wie Saiteninstrumente und Glöckchen. Sie überreichen die magischen Gegenstände oder lassen sie verschwinden.
Erdwesen: Münzen, Goldmünzen, Taler, Gulden, Säcke voll Gold, Schutzschilde, Schutzamulette, Schalen oder Teller aus Bronze, Silber oder Kupfer; Gongs, Werkzeuge aus Eisen oder Stahl aller Art zum Buddeln und Suchen wie Hacke, Spaten, Schaufel, magische Gegenstände wie Schwert, Schild, Schmuck etc.
Faun: Holz für den magischen Stab
Feen: Goldpulver, Kupferschalen, magische Schutzgegenstände, z. B. Ringe. Sie überreichen magische Gegenstände oder lassen sie verschwinden.
Feuerwesen: magischer Stab, mit dem man die Energie ausrichten, leiten und lenken kann; Dreizack aus Eisen, Hammer (z. B. Thors Hammer), Knüppel, Waffen, goldener Blitz, Speer, Pfeile, Kessel der Wandlung, vergoldetes Horn, Blechtrommel, Rassel

Gnome, höher entwickelte Zwerge: goldenes Buch, goldener Schlüssel
Götter/Göttinnen: Symbole, aus Metallen geschmiedet und mit Edelsteinen verziert, wie Krone oder Zepter; goldener Apfel, goldener Umhang, goldene Schale
Hexen, alte Weise, Zauberer, Dimensionswechsler, Helferwesen (z. B. Liebendes Mütterchen, die Nornen): Kupferkessel, Kupferräucherschalen, Silberbecher, Silbertaler, Amulette aus den verschiedensten Metallen mit den verschiedensten Symbolen für die verschiedensten Angelegenheiten, Pentagramm aus Gold, magische Waffe
Hüter der Mittleren Welt: Silbertor, Bronzetor
Hüter der Sippe/des Clans: Wappenzeichen
Kobolde: Scheingold, d.h. Taler und Gold, die zu Staub zerfallen; metallhaltiges Gestein, Buntkupfer, Pyrit, goldenes Nies- und Lachpulver
Luftwesen: Schwert der Könige, Querflöte, metallene Windspiele, Glocken und Glöckchen, Dolch
Meister/innen: Stein der Weisen, der Heilige Gral, goldenes Licht, goldene Sichel, goldenes Kreuz, goldener sechszackiger Stern, goldener Ring, goldener Schlüssel, z. B. das ägyptische Ankh, u. a. hohe Symbole aus Gold
Nixen und Nereiden: silberne Ringe und Armbänder, mit Perlen und Korallen verziert; Muschelkelche aus Gold und Silber, vergoldete Spiegel, goldene Kugel, goldener Ball
Nymphen: goldene und silberne Becher
Riesen, Erd- und Felsenwesen: Hüter und Wächter der Metallreiche
Schwarzalben/Dunkelelfen: Erdöl, Erdgas, Uran, Granit, Gold, Silber
Trolle: Gold, alles was glitzert und glänzt

Vulkani: silberne Nadeln, Scheren, spitze, piksende Gegenstände aus Metall

Wächter an den Eingängen zur Oberen Welt, Tempelwächter: goldene Tore, Sonnentore

Wächter an den Eingängen zur Unteren Welt: eiserne Tore

Wächter der Ahnenwelt: bleierne Tore

Wasserelfen: silbernes Zauberpulver

Wasserwesen: der goldene Kelch der Heilung, der silberne Kelch der Medizin; Bleikristall, goldener Spiegel mit Bleikristall

Wildes Volk der Wälder, Felder, Berge und Hügel: alle metallhaltigen Steinchen und Steine

Zwerge: Werkzeuge, Schmiedewerkzeuge, Schwerter, Rüstungen, Schutzschilde, Amulette, Schätze mit besonderen Werten

Das Pflanzenreich

Flora wacht über diese Welt,
die allen Wesen hier gefällt.
Sie ist die Herrin
der Blumen und Blüten
und wird diese Welt
immer gut behüten.

Die zarten Düfte, die feinen
Wesen,
kaum sind sie da,
sind sie wieder gewesen.
Sie erhalten mit Liebe die
Natur,
die entspringt dem
Göttlichen pur.

Hier erkennt man
die wirkenden Weisen
auf ihren zarten
Seelenreisen.

Bedingungslos sind sie da,
blühen zu ihrer Zeit
wunderbar.

Sie erfüllen die Erde
mit ihrem Tanz,
tauchen die Atmosphäre
in Lichterglanz,
erfreuen die Herzen,
heilen die Schmerzen,
ernähren mit ihrem Sein,

bringen den reinen
Liebeswein,
machen weit, geben Geleit,
drücken aus, was nur
Blumen sagen können,
wollen alle hier verwöhnen.

Durch sie wirkt
das Göttliche in der Welt,
wild, unbändig, reich,
bunt unter dem Himmelszelt.
Auch unbezähmbar
und wild in ihrer Natur
überstehen sie das
Widrigste mit Bravour.

Was wäre die Welt ohne
Wiesen, Wälder, Felder,
Blumen und Bäume?
Wer erhellt denn dann
der Menschen Träume?
Wer hilft, die Atmosphäre
zu reinigen, zu erneuern,
und ruft auf
zu neuen Seelenabenteuern?

Eine eigene Welt sind die
Pflanzen,
sie lieben, sie geben,
sie singen, sie tanzen,
sie freuen sich am Sein.
Das Licht spiegelt
sich vielfältig in ihrem Heim.

Einführung in das Pflanzenreich

»Wer das Pflanzenreich betritt, der verbindet sich mit dem Atem des Göttlichen. Er begibt sich in die mächtigen Tempel und Naturkathedralen der Schöpfung, wo er mit allem in lebendige Verbindung treten kann. Hier findet er in Hülle und Fülle das, was er zum Leben braucht.«

Jeanne

Wer die Pflanzenwelt betritt, begibt sich in ein mächtiges Reich voller Intelligenz, darin Zartheit, Buntheit, Vielfalt, Schönheit und unbändige Wildheit herrschen. Diese Welt ist mit allen Reichen verbunden und versorgt alle Reiche mit Licht, Sauerstoff, Nahrung, Energie, Medizin, Fröhlichkeit, Hoffnung, Heilung, Nahrung, Schutz, Reinigung, Regeneration. Es ist die Lunge der Erde. Hier findet der Austausch zwischen den Energien statt, denn die Pflanzen leiten, speichern und nutzen die Sonnenenergie. So kann sich alles erneuern und regenerieren. Das Pflanzenreich existiert oberirdisch und unterirdisch, es ist tief in der Erde verwurzelt, und zwar so tief, dass es sich immer wieder erneuern kann und geschützt ist.

Pflanzen sind Überlebens- und Lebenskünstler. So zart und zerbrechlich sie auch aussehen mögen, sie lugen zwischen den Betonsteinen hervor, leben an kahlen Felswänden und kommen immer wieder an den ungewöhnlichsten Stellen zum Vorschein. Sie können über die Wurzeln und die Luft miteinander kommunizieren. Das Pflanzenreich baut die Aura, das Energiefeld, einer Landschaft auf und macht die wirkenden Kräfte in Farbe und Form in der geschaffenen Gegend sichtbar. Alles, was dort geschieht, spüren die Pflanzen, schon lange bevor es ausgeführt wird. Sie speichern jede Information in ihrem Feld und reagieren darauf. Wer eine Landschaft genau beobachtet, kann erkennen, was in ihr geschah, ob sie gesund ist oder ob ihr Energiefeld geschwächt ist, welche Kräfte in ihr vorherrschend sind und wie die Energiebahnen in ihr verlaufen, ob ein Platz hundert Prozent Lebensenergie hat oder seine Energie geschwächt ist.

Flora, das Pflanzenreich, besteht aus einer vielfältigen Vegetation: Bäume, Büsche, Landstriche, Felder, Wälder, Wiesen, Blumen, Blüten, Früchte, Wurzeln, Gewürze, Getreide und noch vieles mehr. Die Pflanzenwelt ist die Basis, die Grundlage des Lebens für die weiterentwickelten Lebensformen. Oftmals bilden Bäume die Tore und Eingänge in die verschiedenen Welten. In alten Zeiten waren diese Tempel und heiligen Orte in der Natur gekennzeichnet von wunderbaren Baumformationen oder wunderschön und besonders gelegenen Plätzen in einer Landschaft.

Pflanzen spenden uns Schatten, Nahrung, Sauerstoff, Medizin, Kraft, Erneuerung, Liebe, Geborgenheit, Schutz ... Aus ihrem Material bauen wir Häuser, weben wir unsere Kleidung, bauen wir Instrumente, Gefäße, färben mit ihren Farben, ernähren uns von ihrer Substanz. Wir sind untrennbar mit der Pflanzenwelt verbunden.

Die Wesen des Pflanzenreichs

»Der Geist muss leer werden, um sich den Pflanzenwesen zu öffnen.«

Wolf-Dieter Storl,
Ethnobotaniker

Die Wesen, die mit dem Pflanzenreich in Verbindung stehen, sind vielfältig. Die Bäume gehören zu den ältesten Wesen dieser Erde. Weiter finden wir hier mächtige Engel und Devas, hohe und große Devas der Landschaften und Landstriche, Devas des Ortes, Devas der einzelnen Pflanzen. Sie halten die Lichtsubstanz und den Plan der Landschaft und der Pflanze aufrecht und zeichnen alles in ihrem Licht auf, was geschehen ist und geschieht. Sie sind sozusagen die Architekten der Pflanzen, die den Bauplan hüten und das Licht der Sonne in die Pflanzen leiten und sie sind ein fester Teil der Pflanze.

Des Weiteren finden wir hier ganze Elfenwelten, die sich um die Pflanzen kümmern. Sie passen auf, dass die Farben richtig sind. Sie versorgen die Pflanzen mit Medizin, Substanz und Bewegung. Sie leiten die Funktionen der Pflanzen und sorgen somit für ihr Fortbestehen. Sie verleihen den Pflanzen ihre spezifischen Heilkräfte. Elfen baden und tanzen in den Energien der Pflanzen und beleben sie damit. Kleine Feenelfenwesen, Tinkerbells genannt, eine Mischung aus Feen und Elfen, helfen, den Duft, der ein direkter göttlicher Ausdruck ist, hervorzubringen und zu transportieren. Die Heinzelmännchen und Wichtel

kümmern sich um die Wurzeln und die Versorgung der Basis; sie leiten die Wurzeln zu unterirdischen Wasseradern und versorgen sie mit den nötigen Mineralien.

In größeren Pflanzen und Bäumen finden sich noch weitere Wesen. Hier findet man die Faune, die Wesen der Bäume, die Nymphen, die den Wasserhaushalt regeln, die Blattwesen, Feen höherer Ordnungen, welche die Lichtströme leiten und verankern, ganze Naturwesenbrennpunkte, Gnome und Gnomiden, die ältesten aus dem Volk der Zwerge, das Wilde Volk, verschiedene Dämonenarten, die Wesen der Elementarreiche ... Auch Pan und das Volk der Fruchtbarkeitsdämonen gehören zu den Pflanzenwelten.

Ordnung des Pflanzenreichs

1. Hüter: Flora und Fauna
2. Vorsteher: Pan, der Gott der Natur, und Nanna, germ. Göttin der Blumen und der Blütenwelt, die sich mit Baldur, dem germ. Lichtgott, vermählte
3. Erste Entfaltungsstufe: Formbauer der Pflanzen, Devas, Elfen, Wichtel, Zwerge, Dämonen, Fruchtbarkeitsdämonen
4. Zweite Entfaltungsstufe: Nymphen, Faune, der Wilde Mann, Elfenkönigin und Elfenkönig (Oberon und Titania), Feenkönigin, Landschaftsdevas, Devas der Orte, Engel der Bäume

5. Götter und Göttinnen: Haoma (persischer Gott der Heilpflanzen und Verkörperung des Presstranks und der Presspflanzen, aus deren Saft ein Opfer- und Rauschtrank gewonnen wird), Soma (hinduistischer Schutzgott der nordöstlichen Himmelsrichtung, Attribute: Lotos und Keule), Heumi (polynesische Schutzgöttin auf Hawaii, Herrin der Wild- und Nahrungspflanzen), Haumia (polynesischer Schutzgott der Wildpflanzen), Helena (griech. Vegetations- und Baumgöttin), Xochiquetzal (Mayagöttin, ihr Name bedeutet »aufrecht stehende Blume«; sie ist die Göttin der Blumen und der Liebe), Xochipilli (Mayagott und Blumenprinz, Gott der Blumen, des Tanzes und des Gesangs), Uneg (ägyptischer Pflanzengott)

• *Kleine Übung im Umgang mit dem Pflanzenreich* •

Schaffe eine Atmosphäre, in der du ungestört sein kannst. Werde ruhig. Suche dir eine Pflanze deiner Wahl. Das kann in der Natur, in deinem Garten oder auch in deinen Räumen sein. Betrachte die Pflanze eine Zeit lang von allen Seiten. Sprich mit ihr, und bitte sie darum, dass sie dir ihre verschiedenen Seiten bzw. ihr Wesen zeigen möge. Stimme dich auf das Energiefeld der Pflanze ein.

Wenn du bereit bist, so schließe deine Augen. Stelle dir die Pflanze, mit der du dich eben beschäftigt hast, vor deinem inneren Auge vor. Wie sieht sie da aus? Ist sie fröhlich, traurig, hell, dunkel, lichtvoll, strahlend ...? Versuche, das Bild von ihr in dir aufrechtzuerhalten.

Wenn du den Kontakt mit ihr aufgenommen hast, so bitte sie, dir ihr Wesen zu zeigen. Schau, was kommt. Frage, wo es sitzt. Erst wenn du es innerlich ganz deutlich siehst, dann öffne deine Augen. Gehe zu der Pflanze hin, und schau an der Stelle, die du in deinem inneren Feld gesehen hast. Es kann eine Zeit dauern, bis die Verbindung hergestellt ist, denn die Pflanzen brauchen auch ihre Zeit, sich auf die neue Situation mit dir einzustellen. Rede mit ihr. Nimm dir jeden Tag etwas Zeit für sie. Du wirst sehen, dass sie sich zu öffnen und zu zeigen beginnt.

Naturwesen und ihre Verbindung mit dem Pflanzenreich

Dämonen, unerlöste Wesen, Vampire: alle missbrauchten Plätze, Pflanzen und Blumenwesen in der Natur, wo gegen das göttliche Gesetz gehandelt wurde

Devas: Sie erhalten das Licht in allen Pflanzen und Landschaften aufrecht, in ihrem Licht sind alle Informationen gespeichert.

Drachen: Drachenbaum, Dornbusch, besondere kraftvolle Naturplätze

Elfen: Blumen und Gräser aller Sorten, Wiesenblumen, Feldblumen, Bachblumen, Winden, Efeu, Klee, aber auch Heilpflanzen wie Ringelblumen, Unkräuter und Heilkräuter wie Thymian, Melisse, Salbei, Oregano ... Es gibt auch Strauch-, Baum- und Heckenelfen. Überall da, wo es blüht, sind die Elfen zu Hause, denn sie wachen über die Pflanzen und deren Kräfte.

Engel: Sie stehen mit allen Bäumen und Pflanzen in Verbindung. In ihren kleinen Formen werden sie Devas genannt.

Engel der Natur: Magnolien, Lilien, Orchideen; rosa, gelbe, weiße, lachsfarbene Rosen; Weihnachtssterne, Angelikawurzel, Gladiolen, edle, erhabene Pflanzen und Bäume, welche ihre Energie verteilen.

Erdwesen: Kastanie, Eiche, Olive. Pflanzen der Erdgeister sind fest verwurzelt, werden sehr alt, können niedrig, buschig, knollig, verknorpelt sein, sind Frucht- und Nahrungsspender. Erdfrüchte, z. B. Kartoffeln, Wurzeln, Karotten, Ginseng, Ingwer, Bohnen, Tomaten, Kürbisse, Moose, Farne, Efeu

Faune: Lianen und alle Bäume, Sträucher und Wälder, da der Faun das Wesen des Baumes ist.

Feen, Tiere der Feenreiche: Haselnussstrauch, Apfelbaum, Nussbäume, Mandelbäume, Linde, Buche, Jasmin, Flieder, Gänseblümchen, Margeriten, vierblättriger Klee, Veilchen, Heckenröschen, blühende Büsche und Sträucher, Edelweiß, Mohn, blaue Rosen

Fruchtbarkeits- und Vegetationsdämonen: Birke, Apfelbaum, Getreide

Feuerwesen: Faulbaum. Pflanzen der Feuerwesen sind dornig, spitz, stachelig, piksend, brennend, zackig, trocken bis dürr, sperrig, splitterig, oft stark riechend, mit roten, orangefarbenen, gelben, grellfarbigen Blüten und Früchten, z. B. Brennessel, Löwenzahn, Zwiebeln, Knoblauch, Dornbüsche, Quitten, Hagebutten, Kakteen.

Gnome, höher entwickelte Zwerge: Eichen, alte Bäume, Büsche, Sträucher

Götter/Göttinnen: Pfirsichbaum, Apfelbaum, Kirschbaum, Aprikosenbäume, Mandelbäume, Feigenbäume, Olivenhaine

Hexen, alte Weise, Zauberer, Dimensionswechsler, Helferwesen (z. B. Liebendes Mütterchen, die Nornen): Holunder, Eibe, Esche, Eberesche, Mistel, Kirschbaum, Weißdorn,

Schlehendorn, Quittenbaum, Wacholder, Weide, Brombeere, Johanniskraut, Fliegenpilz, Pilze überhaupt, Harze, Kräuter, Gewürzpflanzen, z. B. Liebstöckl, Zimtrinde, Tabakpflanze, Hanf, Pflanzen, die bewusstseinsverändernde Zustände hervorrufen, Stechapfel, Hopfen und Malz

Hüter der Mittleren Welt: Esche

Hüter der Sippe/des Clans: Birnbaum und Apfelbaum

Kobolde: Springkraut, Farn, Efeu, Pfeffer, Hagebutte, Chili, Paprikaschoten

Luftwesen: Ahorn, Lerche, Birke, Pappel, Linde, Winde ... Pflanzen der Luftwesen sind oft schlank, groß, hochgewachsen, biegsam wie Bambus.

Meister/innen: Lotos, Rose, Bodhibaum

Nixen und Nereiden: Meerespflanzen, Korallenriffe

Nymphen: Erle, Schilf ... Sie stehen mit allen Bäumen und Sträuchern in Verbindung, da sie den Wasserhaushalt regeln.

Schwarzalben/Dunkelelfen: Schling-, Würge- und Schmarotzerpflanzen

Sylphen: Birken, Pappeln; leichte, sich ständig bewegende Pflanzen

Vulkani: alle kleineren stechenden, beißenden, schneidenden Pflanzen wie Berberitzen, Disteln

Wächter an den Toren zur Oberen Welt: Pfirsichbäume, Rosensträucher

Wächter an den Eingängen in die Untere Welt, die Welt der Kraft: Dornenhecken, Efeu

Wächter, Hüter der Ahnenwelt: Binsen, Schilf

Wasserwesen: Bachblüten, Weide, Esche; Pflanzen, die nah am Wasser wohnen, im Wasser wachsen oder im Wasser gezogen werden, z. B. Reis. Pflanzen der Wasserwesen

sind oft wellig, mittelgroß, eher rund, schön geformt, fließend, beweglich, z. B. Seerosen, Wasserorchideen, Algen
Wildes Volk der Wälder, Felder, Berge und Hügel: alles wild wuchernde Dickicht; unbezähmbare und hartnäckige Pflanzen, die gemeinhin als Unkraut bezeichnet werden
Zwerge: Farne, Pilze, Moose, Wurzeln, Tannen- und andere Nadelbäume

Das Tierreich

Göttin Fauna, die Herrin der Tiere,
kennt ganz genau ihr heiliges Revier.
Die Tiere, sie beleben die Natur,
sind der Ausdruck
der Kräfte hier pur.

In allen Arten, in vielen Gestalten
hier die göttlichen Kräfte walten.

Sie können sich zeigen,
tanzen ihren Reigen,
legen ihre Spuren, zeigen die Naturen.

Ihre Sinne sind sehr weit,
sind verbunden mit der Einheit.
Sie leben in und mit der Göttin hier,
denn das ist die göttliche Natur.

Sie sind Lichtboten,
drohen aber auch mit ihren Pfoten.
Sie sind mal laut, mal leise,
belehren die Menschen
auf ihre Weise.

Lerne ihre Kräfte kennen,
lerne, ihre Wege zu
benennen.
Hier kannst du viel lernen
über die Kraft,
welche in der Natur,
auch in dir hier schafft.

Hier findest du das
göttliche Wirken
in den verschiedensten
Bezirken.

Sind Ausdruck vieler
Kraftformen hier.
Berühren sie dich,
kreuzen sie dein Revier?

So hör ihnen zu, sei leise.
Sie senden dir Bewusstsein
auf ihre Weise.
Hier finden sich die Welten
ein, zeigen die Kräfte im
Lichterschein.
Sie sind der Trieb, die Kraft,
die Tat,
sie sind der Schatten, der
ruft:
Halt an und wart!

Sie sind Boten der höheren
Natur,
geben bedingungslos ihre
Liebe nur.

Sie halten hier das
Gleichgewicht,
werden ab und zu gesendet
vom höchsten Gericht.
Die wunderbaren Boten,
sind hier, um auszuloten.
Sie setzen die Grenzen
in den unmäßigen Tänzen

Achte und ehre sie,
denn woher sie kommen,
das weißt du nie.
Dich zu führen, dich zu
belehren,
dich dazu zu bringen, das
Göttliche zu verehren.
Auf ihre Art,
mit ihrer Kraft,
wecken sie auf
den Lebenssaft.

Einführung in das Tierreich

»Das Tierreich ist ein weiteres Königreich auf dieser Erde. Es zeigt die Kraft und die Herrlichkeit des Göttlichen in vielerlei Ausdrucksformen. Tiere sind die Boten des Göttlichen, sie bringen Kraft, Botschaften, Medizin und Prüfungen.«

Jeanne

Das Tierreich ist ein weiterer Ausdruck des Schöpfers. Es verkörpert seine Kräfte, Triebe und Instinkte sowie seine Herrlichkeit und seine Möglichkeiten. Wenn wir die Tierwelt in ihren vielfältigen Erscheinungsformen betrachten, so zeigt sich uns eine der höheren Entfaltungsebenen. Tiere sind Ausdruck der Kräfte und Möglichkeiten einer Gegend und der dort herrschenden Energie.

Von Tieren wird oft gesagt, dass sie von einer Gruppenseele angeleitet würden und kein eigenes Bewusstsein hätten. Alle Schöpfergattungen, auch wir Menschen, haben eine Gruppen- oder Gemeinschaftsseele. Wir können uns das vorstellen wie lauter Seelenkugeln (Zellen, Atome), die alle von einem höchsten einheitlichen Sein umspannt werden, in dem es weder Anfang noch Ende, noch Raum und Zeit gibt. Aus diesem einheitlichen Sein bilden sich am Anfang Seelenkugeln, um verschiedene Ausdrucksebenen zu ermöglichen: die Seelenkugel des Stein- und Mineralreichs, die des Pflanzenreichs, die des Tierreichs, die des Menschenreichs ... Diese Kugeln teilen sich wieder; um beim Tierreich zu bleiben: Hier teilt sich die Seelenkugel in die Seelenkugeln der verschiedenen Tiergattungen, die der Vögel, die der Fische, die der Säugetiere etc. und diese wiederum in die der einzelnen Tierarten usw. Diese Seelenkugeln erhalten über das kosmische Licht die jeweilige Ausdrucksform aufrecht. Tiere haben also, genau wie Menschen, eine eigene Seele, die verbunden mit ihrer Gruppenseele wirkt. Wer viel mit Tieren zusammen ist, weiß, dass kein Tier dem anderen gleicht. Jedes hat seine eigene Kraft. Manche sind wie Engel, manche wie Kobolde. Einige sind wie Meister, die uns führen und belehren, und durch einige wirken Dämonen und dunkle Kräfte, die gehört, gesehen und erlöst werden wollen. Die Tiere bringen die Kraft und das Licht, die mit dem jeweiligen Menschen in Beziehung (Resonanz) stehen. So können die kosmischen Kräfte, die durch alles wirken, in und durch den Tierkörper ihren Ausdruck finden.

Wer es versteht, mit Tieren zu kommunizieren, der kann die Botschaften und Weisheiten entziffern, die sie verschlüsselt für denjenigen bereithalten, der mit ihnen in einer besonderen Weise in Verbindung steht. Tiere bringen die Medizin der Seele (»Medizin« ist hier in indianischem Sinne verwendet: alles, was zu einer Vergrößerung der Harmonie beiträgt). Ihre Liebe ist bedingungslos. Sie lassen das göttliche Licht in all seinen Facetten durch sich tanzen und wirken. So senden sie es direkt, ehrlich und unvermittelt in das Energiefeld des Menschen. Sie sind eingebunden in die verschiedenen Energiefelder und können über ihre Antennen weit mehr mitbekommen, als wir Menschen es mit unserem normalen Bewusstsein jemals könnten. Tiere sind die Kraft, der Antrieb, die Boten, die Tröster, die Beschützer, die Richter, die Lehrer der Andersreiche, die den Menschen dabei unterstützen, sein wahres Licht zu entwickeln – auch wenn ihre Botschaften manchmal eine heftige Wirkung entfalten. Durch die Tiere wirken alle Kräfte des Kosmos. Sie helfen dem Menschen, bei sich zu bleiben und seine eigenen Kräfte zu erfahren, sich zu schulen, zu heilen und neu auszurichten.

In den alten Mythen, Sagen, Überlieferungen findet man die Tiere häufig als Boten der Andersreiche. Mal kommen sie aus der Oberen Welt, mal aus der Unteren, mal aus der Mittleren. Unsere Vorfahren wussten um die Kraft der Tiere. Sie verehrten und heiligten sie als Gottheiten, die deshalb in allerlei Tiergestalten auftraten, sahen sie als Abgesandte der Andersreiche, der göttlichen herrlichen Welten, der Wesen der Natur, Feenreiche, als Mittler der Schatten- und Dämonenwelten der Ahnen- und Totenreiche.

Die Aufgaben der Tiere sind vielfältig. So dienen sie als Nahrung, als Medizin, und früher (und auch heute noch) fertigten Menschen sich ihre Unterkünfte, ihre Kleidung, ihre Werkzeuge, ihre heiligen Gegenstände aus dem, was die Tiere ihnen gaben. Tiere erhalten das biologische Gleichgewicht und zeigen Störungen in den Energiefeldern der Erde an. Anhand des Verhaltens und der Art der

Tiere kann der Mensch erkennen, mit welchen Kräften er es zu tun bekommt.

Das Wesen der Tiere

Das Tierreich wirkt auf allen Ebenen und Dimensionen. In unserer Alltagswirklichkeit können die Tiere unsere treuen Freunde und Begleiter sein. Oder sie wirken über die Traumebene. Manchmal tauchen sie ganz plötzlich auf, überbringen uns eine Botschaft und verschwinden wieder. Es gibt auch Tiere, die uns plagen und quälen, andere wiederum schützen, erfreuen, erwärmen, heilen, lehren uns. Tiere bewegen sich in den Energiefeldern. Sie spüren die Kraft, die mit ihnen ist. Sie können aber auch eine offenbarte Ausdruckskraft der Energie des jeweiligen Ortes sein.

Die Naturreiche und Kosmischen Reiche sind mit den Tierwelten eng verwoben. So zeigen sich Elementar- und Naturwesen oder Naturgeister der Orte gerne in Tiergestalt, um die in ihnen wirkende Energie sichtbar zu machen. Dabei stehen die verschiedenen Naturwesengattungen mit den unterschiedlichsten Tierarten in Verbindung.

Ordnung des Tierreichs

1. Hüterin: Fauna, die römische Feld- und Waldgöttin
2. Symbole: alles, was mit Tieren in Verbindung steht – Federn, Felle, Hörner etc.
3. Vorsteher: Cernunnos, der keltische Herr der Tiere
4. Erste Entfaltungsstufe: Formbauer der Tiere; Körperelementarwesen der Tiere; Mineralwesen der Tiere; kleinere Tierwesen, die Teil eines viel größeren sind
5. Zweite Entfaltungsstufe: Tierhüter der Naturreiche; Wald- und Wiesentiere; Feen, Zwerge, Trolle; Engel der Natur, welche die Tiere behüten; Engel, die sich durch den Tiergeist offenbaren; Dämonen und Kräfte der Unteren Welt, die sich durch Tiere zeigen können; Meister/innen sowie Götter/Göttinnen, die sich durch Tiere ausdrücken
6. Götter und Göttinnen: Hanuman (hinduistischer Affengott, Mischwesen aus Affe und Mensch, Schutzgott der Dörfer, sein Symbol ist der Pavian; er wird mit roter Hautfarbe und Keule dargestellt.), Tomam (sibirische Vogelgöttin und Herrin der Zugvögel), Hemen (ägyptischer Himmelsgott mit Falkenkopf, erscheint auch als Falke), Anubis (ägyptischer Totengott mit Hundekopf, erscheint auch als Hund), Bastet (ägyptische Göttin der Freude und Liebe mit Katzenkopf, erscheint auch als Katze), Sachmet (ägyptische Kriegsgöttin mit Löwenkopf, erscheint auch als Löwin), Ipet (Geburtsgöttin in Nilpferdgestalt), Hinkon (sibirischer Jagdgott und Herr der Tiere; er lebt in den Wurzelknollen.), Kurma (sanskrit für »Schildkröte«, Verkörperung der universellen Lebensenergie, Kutchu (sibirisch für »Rabe«, in

Sibirien: Heilsbringer), Lachar (sumerische Göttin und Verkörperung des Mutterschafs)

• *Die Medizin der Tiere* •

Tiere tragen oft eine große Medizin für uns in sich. Es gibt Krafttiere, die uns ein Leben lang begleiten, Tiere, die für eine bestimmte Zeit bei uns sind und uns bei bestimmten Aufgaben begleiten, und Tiere, die nur einen kurzen Augenblick oder nur in bestimmten Situationen in unserem Leben auftauchen. Dies kann auf der äußeren Ebene geschehen, aber auch auf der inneren. Durch Tiere können Dämonen, Engel, Naturwesen und Meisterwesen wirken. Jedes Tier bringt eine Botschaft, der zu lauschen sich lohnt.

So nimm dir Zeit und Ruhe. Tue das, was du brauchst, um ungestört nach innen hören zu können. Du kannst dir eine ruhige Musik anstellen oder auch einen Trommelrhythmus suchen, der den Herzschlag symbolisiert.

Atme ein paarmal tief ein und aus. Stell dir einen Regenbogen vor. Daraus lösen sich Farben. Es sind die, die für dich gerade richtig sind. Sie hüllen dich ganz und gar ein. Wenn du dich warm und geborgen fühlst, so öffnet sich vor dir ein Tor. Dahinter wartet ein Tier auf dich. Es kann auch ein Mischwesen oder ein Fabeltier sein. Nimm das an, was auf dich wartet. Lasse dich von ihm führen und dir von ihm die Medizin für dich zeigen. Wenn du fertig bist, so verabschiede dich von dem Tier, bedanke dich bei ihm, und kehre wieder ganz zu dir zurück. Achte auch im Außen auf die Begegnung mit Tieren. Sie können hilfreiche Boten sein.

Dämonen, unerlöste Wesen, Vampire: Viren, Parasiten, Krankheitserreger, die sich in ein zu schwaches Energiefeld einnisten. Des Weiteren zeigen sie sich als merkwürdig zusammengesetzte rote, schwarze, giftgrüne Mischwesen mit gelb, rot, grün funkelnden Augen, auch dunkler, nebelartiger, unheimlicher, beängstigender Gestalt mit scharfen Zähnen, langen Krallen, klebrigen Tentakeln, spitzen Stacheln, in großen Horden, als Plage ... Spinnen, Heuschrecken, Schlangen und Würmer können auf Dämonen hinweisen, ebenso Tiere, die in irgendeiner Weise von ihnen befallen sind. Wer gegen sie im Energiefeld angeht, der muss sie nicht als Krankheit austragen.

Devas: Seidenraupen, Vögel aller Arten, Schmetterlinge ... Die Devas erhalten das Licht, die Aura, das Seelenlicht, aufrecht, in dem alle Informationen über die Energie der Tiere gespeichert sind.

Drachen: Reptilien, Schlangen, Würmer, Libellen. Drachen können lichtvoll, aber auch düster sein, auf alle Fälle sind sie sehr mächtig.

Elementale, vom Menschen geschaffene Wesen und Energien: Kraken, Mischwesen mit Tentakeln, die uns zurückziehen, festhalten, gefangen halten. Elementale treten auch als unheimliche kleine Dämonen auf, die aus den verschiedensten Tierkörpern zusammengesetzt sind. So könnte ein geschaffenes Wesen der Gier z. B. ein Wesen mit Geierkopf und Adlerklauen sein, das in seinen Krallen alles festhält, ein Wesen des Zorns einen rotglühenden Stierkopf mit funkensprühenden Augen haben, ein Wesen der wirren Gedanken klein und fledermausartig sein mit spitzen Zähnen und roten Augen ... Mit etwas Übung kann man solche und ähnlich erschaffene Wesen manchmal im Energiefeld eines Menschen sehen. Oftmals haben sie etwas Metallartiges an sich, das nicht natürlich wirkt.

Engel der Natur: Vögel wie Taube, Kranich, Storch, Lerche; Pferd, Schaf, Delfin, Lachs, Giraffe; helle Tiere. Grundsätzlich können sich die Engel der Natur jedoch in allen Tieren zeigen.

Erdwesen: Schildkröte, Bär, Elefant, Mohrhuhn, Schnecke, Maulwurf, Erdhörnchen, bestimmte Käfersorten, z. B. Marienkäfer, Maikäfer. Erdwesentiere sind bodengebunden, bewegen sich langsam, bedächtig, träge in und auf der Erde, sie sind oft groß und faul, ihre Farben sind die Erdtöne Braun, Grau, Rötlich.

Faun: Hirsch, Hahn, Hecht, Wildschwein, große Schlange, Waldtiere

Feen: Hase, Reh, Schwan, Gans, Antilope, Käuzchen, Biene, Pferd (Einhorn), Seehund; kleine Vögel, z. B. Kolibris

Feuerwesen: Reptilien, Echsen, Eidechsen, Geier, Raubtiere, Raubkatzen, Hyänen, Haifische, Muränen. Feuerwesentiere sind meist Tiere mit scharfen Krallen, scharfen Schnäbeln, spitzen Zähnen. Sie erscheinen in den Farben Rot, Orange, Grün, Schwarz, die oft grell, leuchtend, funkelnd sind. Außerdem beißen, stechen, brennen sie und sind aggressiv und angriffslustig, dabei schnell und wendig. Häufig sind sie extrem unabhängig und leben allein.

Gnome, höher entwickelte Zwerge: Eulen, Elche, Pinguine

Götter/Göttinnen: Wale, Adler, Drachen, Kühe, Kraniche, Bisons (Büffel), Stiere, Paradiesvögel, Bärinnen (oft für die große Göttin). Wenn wir in die indische, ägyptische, keltische und griechische Mythologie schauen, zeigen Götter sich in sehr vielen Tiergestalten.

Hexen, Alte Weise, Zauberer, Dimensionswechsler, Helferwesen (z. B. Liebendes Mütterchen, die Nornen): Katze, Rabe, Krähe, Schlange, Spinne, Fledermaus, Kröte, Chamäleon, Hahn, Kojote, Falke

Hüter der Mittleren Welt: Spinnen, Schlangen, Kröten, Ameisen, Frösche (Amphibien allgemein = Tiere, die in allen Elementen zu Hause und überall zu finden sind), aber auch Bären, Wölfe, Kojoten

Hüter der Sippe/des Clans: Wölfe

Kobolde: Kuckuck, Spatz, Fink, Möwe, Papagei, Fuchs, Luchs, Wiesel, Biber, Otter, Elster, Spottdrossel, Dachs, Esel, Stinktier, Waschbär, Marder; Tiere, welche die Grenze zwischen gut und böse durch ihre drollige Art durchbrechen

Lichtelfen: Goldfink, Schwalbe, Rotkehlchen, Star, Eichhörnchen; Insekten wie Falter und Schmetterlinge

Luftwesen: Vögel, Insekten (Schmetterlinge). Luftwesentiere haben Flügel, sind leicht, beschwingt, zart, bunt, flatterhaft, neugierig, schwatzhaft, beweglich, unbeständig.

Meister/innen: Falke, Drache, Pegasus, Adler, Phönix; Tiere in weiser Gestalt, z. B. Eule

Nixen und Nereiden: Delfine, kleine Fische, Muscheltiere

Nymphen: Gänse, Enten, Ziegen, Kühe, Hühner, Reiher, Schwäne

Pan: Ziegenbock, Hahn, Pfau

Riesen, Erd- und Felswesen: Steinbock, Gämse, Murmeltier

Schwarzalben/Dunkelelfen: Ungeziefer wie Motten, Mücken, Flöhe, Läuse

Vulkani: Stachelschwein, Seeigel, Igel
Wächter an den Toren zur Oberen Welt, Tempelwächter: Katzen
Wächter an den Eingängen zur Unteren Welt, der Welt der Kraft: Hunde
Wächter, Hüter der Ahnenwelt: Krokodil, Alligator
Wasserelfen: Wasserinsekten, Enten
Wasserwesen: Frosch, Schlange, Reiher, Fische, Krebs, Delfin, Wal. Wasserwesentiere sind schuppig, glitschig, sanft, verlockend, verführerisch, lieblich, schleichend und zeigen sich in den silbrig schillernden Farben Grün, Blau, Rosa, Violett.
Wildes Volk der Wälder, Felder, Berge und Hügel: Mäuse, Ratten, Präriehunde, Dingos, in größeren Gruppen umherstreunende Tiere
Zwerge: Käfer, Floh, Schnecke, Mäuschen, Würmer aller Art

Das Reich der Naturwesen

In diesem Reich ist alles
gleich,
nichts geht verloren,
alles bleibt bestehen,
wird neu geboren,
kann bleiben oder gehen.

Hier zeigt die Natur
in allem ihr Gesicht,
gibt den Formen ihr lichtes
Gedicht
im Gleichgewicht.
Sie tanzen im Sein,
wirken auch in uns
Menschen hinein.

Devas erhalten alles mit
ihrem Licht,
halten die Form im
Gleichgewicht.
Das kosmische Licht wird
getragen,
wie, kann man die Engel
fragen.
Feen tanzen in seinem
Schein,
halten die Energie zart,
bunt und rein.
Sylphen fliegen durch die
Luft,
erneuern sie, bringen den
Duft.

Die Natur der Pflanzen
bringt viele Wesen zum
Tanzen,
zum Musizieren und
Dirigieren,
zur Freude an der herrlichen
Pracht,
die hier das göttliche Licht
gemacht.

Im Wasser springen
Nixen munter
mit Undinen in den
Wellen rauf und runter.
Sie bringen Heilung und
Liebeswein,
halten das Wasser klar und
rein.

Auf Mutter Erdens großem
Heim
hüten sie dort die Saat und
den Keim.
Mit und durch die
Tiernaturen
wandeln sie auf kraftvollen
Spuren.

Es gibt vielerlei Arten
an bekannten und geheimen
Orten.

Mal dunkel, mal hell,
mal feurig, mal schnell sind
sie da,
wissen, was kommt, ist und
war.

In den Feuerreichen,
finden sich die Schatten
und die Toten. Sie warten,
ihre Rechnungen zu
begleichen.
Ja, hier wird gewandelt,
was der Mensch hat
ausgehandelt.

Licht und Schatten spiegeln
sich hier,
zeigen die Energien in dir
und mir.
Engel und Bengel
und Dämonen hier wohnen,
werden dich belohnen oder
entthronen,
je nachdem, was du hast zu
lernen,
werden sie dich
leiten vom
Nahen und vom
Fernen.

Einführung in das Reich der Naturwesen

»Die Natur ist lebendig. Mit einem Augenzwinkern kann man hier ganze Welten und Reiche entdecken und seine Sicht auf immer verändern. Wiesen sind nicht einfach nur Gräser und Blumen, Berge nicht einfach nur Felsen, Wasser nicht einfach nur Seen und Flüsse. Alles ist beseelt, überall vibriert und flimmert das Leben. Hier, zwischen den Welten und jenseits der Zeit, halten sich die Wesen der großen Königreiche neben den Menschen auf.«

Jeanne

Ein weiteres Königreich ist das Reich der Naturwesen, das in all seinen Facetten in diesem Buch eingehendst beschrieben wird. Es ist ein großes Reich, das sich über den ganzen Erdball spannt. Die Naturgeister sind überall und nirgendwo. Es gibt große Naturwesenbrennpunkte wie Island, Australien, Alaska, besondere Naturregionen, große Lichttempel, von denen die Wesen gelenkt und angeleitet werden.

Ihre Aufgaben sind vielfältig: Sie beleben und erneuern die Kräfte in der Natur, die sie auch auf- und abbauen (z. B. Jahreszeiten). Naturgeister nehmen die Energie aus dem Kosmos auf, verarbeiten sie und leiten damit die erdmagnetischen und kosmischen Strömungen, den Duft, aber auch Gedanken und Gefühlsströmungen der Menschen. Die Hauptaufgabe der Naturwesen ist die Entwicklung der grobstofflichen Materie zu feinstofflicher Lichtmaterie. Die Naturgeister sind im wahrsten Sinne des Wortes die Energiezentren, der Ton des lebendigen Lichtes. Besonders stark sollen sie in Ländern mit hochentwickelten Kulturen wirken, dort bauen sie die Energie in besonderem Maße auf.

Die Naturwesen geben der Natur den magisch-mystischen Zauber. Sie beleben die uralte Seele von Mutter Erde. Auch wirkten sie seit Anbeginn der Zeit mit den Menschen zusammen. Von allen Reichen wurde der Schicksalsfaden gewoben. Viele alte Geschichten, fragmentartige Rituale und Tänze zeugen heute noch von diesem Austausch zwischen den Welten und jenseits der Zeit. Diese werden jetzt langsam auf neue Weise wieder belebt.

Da das Weibliche in seiner wahren Kraft während der letzten zwei Jahrtausende unterdrückt und geknechtet wurde, musste auch die Kraft von Mutter Erde, der großen Göttin, und ihren Wesen gebannt, geschwächt und geleugnet werden. Denn ab jetzt herrschte ein Gott ohne eine Göttin. So wurden die Naturgeister dämonisiert, gebannt, exorziert und zu Dienern des Bösen abgestempelt. Der Mythos kam auf, dass die Wesen der Natur gefallene und unerlöste Engel seien, die, weil sie sich nicht an Gottes Gebote gehalten hatten, jetzt in der Erde schmachten mussten. Auf diese Weise ist die Welt der Naturwesen geschichtlich eng mit der Welt der Menschen verknüpft. So, wie sich die Menschen aus dem lebendigen Kosmos zurückgezogen haben, so haben sich die Naturwesen von der Welt der Menschen abgekapselt. Doch seit Beginn des Wassermannzeitalters im 20. Jahrhundert, in dem sich das Männliche und das Weibliche langsam wieder nebeneinander aufstellen, kehren die Wesen der Natur langsam zurück. Viele hellsichtige Menschen haben mittlerweile ihre Erfahrungen mit ihnen gemacht und darüber berichtet. Wer die Welt der Naturwesen betritt, kommt in ein Reich, in dem andere Gesetze gelten als in der Welt der Menschen. Naturwesen sind nicht an Raum und Zeit gebunden. Für sie existiert keine Schwerkraft. Alle materiellen Gegenstände der physischen Welt sind für sie kein Hindernis. Sie können hindurchgehen, sich darin aufhalten, sie mit dem kosmischen Licht beleben, sie aufladen und wieder verlassen. Die Naturwesen sehen nicht nur unsere körperliche Erscheinungsform, sie sehen auch die Energie eines Menschen, eines Tieres und der Natur. Wir können ihnen nichts vormachen. Sie sehen und erkennen unsere Energie und unsere wahren Absichten. Sie können uns in allen Formen und Gestalten erscheinen und in Kostümen und

Kleidung aller Epochen. Jedoch hat die Art, wie sie sich uns zeigen, immer etwas mit uns zu tun. Naturwesen bestehen aus feinstofflicherer, reinerer Energie, schwingen in einer höheren Frequenz als wir, sind weniger dicht gewebt. Sie haben keinen physischen Körper, können sich jedoch in einer dichteren Form zeigen, wobei sie jede Gestalt annehmen und diese fortlaufend wechseln und verändern können. Dennoch verhalten sie sich auch wie wir: Sie essen, trinken, verrichten ihre Arbeit und gleichen so mehr uns Menschen als den Tieren. Sie lieben es zu feiern, schätzen Musik, Tanz und Gesang.

Die Naturwesen

Das Naturreich ist beseelt von Wesen, den Naturgeistern. Diese können sich aus mehreren Elementen zusammensetzen und sich in verschiedenen Gestalten und Ebenen bewegen. So gibt es Feuerkobolde, Wasserelfen, Steingnome, Windsbräute u.v.a.m. Sie wohnen in den unterschiedlichsten Erscheinungen der lebendigen Erde: Ihre Königreiche und Wohnstätten finden sich in Felsen, Höhlen, Bergen, Bäumen, Hügeln, Steinen, am Grund der Seen und Meere, in Grotten, an Klippen, überirdisch und unterirdisch in Vulkanen, tief in der Erde, aber auch in Menschen, Tieren, Pflanzen, unter Treppen, in Häusern, manchmal sogar in elektrischen Geräten, Computern ... Man bemerkt ihre Anwesenheit z. B. dadurch, dass ein Gegenstand plötzlich ein unberechenbares, ungewöhnliches Eigenleben führt.

Die Naturgeister leiten die Energieströme und geben der Natur ihr lebendiges, immer ganz eigenes Gesicht. Es gibt sie von strahlend hell über kunterbunt nach dunkelbunt bis abgrundschwarz. Sie beherrschen die ganze Bandbreite des Seins und können böse, gierig, lieb, zart, humorvoll, witzig, gemein, frech, laut, leise, gefährlich, lichtvoll, wütend, schelmisch, zwielichtig, hilfsbereit, kindisch usw. sein.

Es ist nicht gerade ungefährlich, mit ihnen zu verhandeln, denn mancherorts können wir auch auf bösartige Vertreter ihrer Spezies treffen. Hier ist es gut, wenn man einen Schutzkreis um sich zieht und die Spirits, die kosmischen Helfer, hinzuruft. Sie sorgen für Schutz und bringen die Kraft, die man braucht, um mit diesen Wesen in Kontakt zu treten, mit ihnen zu ringen, sie zu erlösen, aufzulösen, zu wandeln, zu erkennen, zu würdigen oder einfach nur unbeschadet an ihnen vorbeizukommen. Auch diese Geschöpfe haben sinnvolle Aufgaben, selbst wenn es für uns auf den ersten Blick nicht so scheinen mag.

Die Naturgeister sind niemals zufällig da, wo wir sie antreffen. Sie sind äußerst wandlungsfähig und verfügen über vielerlei Kenntnisse und Fertigkeiten. Manchmal erscheinen sie uns erst als Schreckensdämon und dann als Lichtgestalt, manchmal umgekehrt. Hier hilft der Satz: »Zeige mir dein wahres Gesicht!« Oder: »Im Namen von (Jesus Christus/Gott/der Heiligen Mutter/der Großen Göttin ...), zeige mir dein wahres Gesicht!« Dann müssen sie sich offenbaren, denn das ist ein geistiges Gesetz. Manchmal versuchen sie, uns hinters Licht zu führen, uns zu täuschen. Sie tun das, um zu prüfen, ob wir bereit sind für die Aufgabe, die an diesem Ort auf uns wartet. Wenn wir uns darauf einlassen, gibt es sehr viele gute und hilfreiche Geister, treue Gefährten und Freunde unter ihnen, die uns wiederum helfen, wenn wir mit den dunklen Kräften ringen. Mit ihnen zusammen kann sich unser Handlungsspielraum um ein Unendliches ausdehnen.

Ordnung des Naturwesenreichs

1. Hüter: Meister Lemuel
2. Vorsteher: Devarajas, Akasha und Devos, Thor und Aries, Neptun und Luna, Pelleur und Virgo, Helios und Vesta
3. Erste Entfaltungsebene: Elementarwesen, Formbauer, Strukturgeber, Nixen, Nereiden, Sirenen, Zwerge, Elfen, Trolle, unterschiedliche Wesen des Kleinen Volks
4. Zweite Entfaltungsebene: Herrscher und Herrscherinnen der Elementarwesen und Naturwesen; Feuerherrscher: Djinn (Feuer/Salamander), Zwergenkönig: Gob (Erde/Zwerge), Sylphenkönigin: Smeralda (Luft/Sylphen), Undinenkönig: Nixa (Wasser/Undinen); Zwergen-, Feen-, Efenkönige und -königinnen; Trollkönige, Gnome, Gnomiden, Faune, der Grüne Mann
5. Götter/Göttinnen: Naturgottheiten gibt es überall in unzähliger Fülle, z. B. Ganga, die hinduistische Flussgöttin des heiligen Flusses Ganges in Indien. Juras mate, lettische Göttin des Meeres und des Heilzaubers, Kamikaze japanisch shintoistischer Wind- und Schutzgott.

Poseidon/Neptun, Gott des Meeres. Aray, armenischer Vegetationsgott der wiederauflebenden Natur im Frühjahr. Sein Symbol ist der Storch. Makamake polynesischer Meeresgott der Osterinseln und Schutzherr der Seeschwalben. Manasa, brahmanisch hinduistische Schlangen- und Fruchtbarkeitsgöttin, die auch vor Schlangenbissen schützt. Notos, griechischer Windgott. Pan, griechischer Gott des Waldes. P'eng-lai, chinesischer Gewitter-, Donner- und Regengott ...

• *Kleine Übung zu den Naturwesen* •

Mach einen Spaziergang durch die Natur. Wenn du durch die Wälder, Wiesen, Berge gehst, dann öffne dich zuerst mit der Vorstellung, dass alles beseelt und belebt ist, auch wenn du noch nichts weiter erkennen kannst. Bück dich zur Erde, leg deine Handflächen auf sie, und mach dir einfach klar, dass du ein Lebewesen, etwas Lebendiges, berührst.

Versuche, so bewusst wie möglich und so viel wie möglich wahrzunehmen: den Geruch einer Gegend, das Licht, die Bewegung, die Tiere, Besonderheiten an einem Platz, Tiere, die dir über den Weg laufen, Geräusche, Luftzüge. Mache deinen Blick so weit wie möglich.

(Weitere Übungen siehe Praktischer Teil)

Verbindung von Naturwesen und bestimmten Orten

Dämonen, unerlöste Wesen, Vampire: verunreinigte, missbrauchte Plätze, Gebiete und Orte mit niedriger Schwingung

Devas: gebunden an die Form, an den Ort und die Landschaft, meist auf einem besonderen Platz, Hügel, bei einem besonderen Baum oder Strauch, der an einem Ort hervorsticht

Drachen: machtvolle energetische Plätze, an denen man etwas Größeres außerhalb seiner selbst spürt. Plätze, die einen tief herunterziehen oder in höchste Höhen katapultieren, mit besonderen Phänomenen, z. B. einer schönen Aussicht, viel Dampf, Tropfsteinen etc.

Elfen: überall, wo Pflanzen stehen und Blumen blühen

Elementale, vom Menschen geschaffene Wesen und Energien: überall, wo Menschen sich aufhalten oder in vergangener Zeit aufgehalten haben und ihre Kräfte hingeschickt haben

Engel: Erde, Himmel, Sterne, Kosmos; überall, wo Licht ist und Licht geleitet wird

Engel der Natur: in allen Erscheinungsformen der Erde

Erdwesen: überall, wo es wurzelig, knollig, knorrig, erdig ist und nach Erde riecht

Faune: in allen Bäumen, in Wäldern und größeren Sträuchern

Feen: an allen sanft, märchenhaft, verzaubert wirkenden Plätzen, in Hügeln und Steinen, Seen, auf Inseln, besonderen Baumgruppen und kleineren Steinformationen, in blühenden Büschen

Feuerwesen: in der Sonne und im Innern der Erde, in allen feurig wirkenden Gegenden – Wüsten, Vulkaninseln, Sandstränden –, in Dornbüschen; überall, wo es piekst, unwegsam ist, sticht, quält, knistert, trocken und heiß ist, wo Elektrizität in der Luft ist – in Blitzen, Leitungen, besonders geladenen Atmosphären, Gewittern

Gnome, höher entwickelte Zwerge: in alten Bäumen, an heiligen Plätzen

Götter/Göttinnen: in den erhabensten Naturerscheinungen, in den edelsten Eigenschaften der Menschen

Hexen, Alte Weise, Zauberer, Dimensionswechsler, Helferwesen (z. B. Liebendes Mütterchen, die Nornen): in alten Hütten mitten im Wald, in einsamen Gegenden; überall, wo man nichts und niemanden vermutet; in den Zwischenwelten, wo eine Welt in eine andere übergeht

Kobolde: In der Natur und im Haus; überall dort, wo Schabernack und Humor zu Hause sind. Wenn z. B. ein Knopf, den man zugemacht hat, immer wieder aufspringt, oder die Schnürsenkel partout nicht halten wollen, Dinge verschwinden ... dann hat man es mit Sicherheit mit Kobolden zu tun.

Luftwesen: da, wo es weht und rauscht, wo die Luft klar ist und flimmert, wo es durchlässig und erfrischend ist, wo die Luftwesen uneingeschränkt walten können

Meister/innen: im Sonnenreich, in Lichttempeln, in ätherischer Form über den Kraftpunkten/Lichtbrennpunkten der Erde

Nymphen: in Bäumen, Sträuchern, Schilf, Quellen, Bächen, Tümpeln, Teichen, feuchten Grotten, Feuchtbiotopen

Nixen und Nereiden: im Meer, in tieferen Gewässern und tiefen Seen

Riesen, Erd- und Felswesen: überall, wo die Natur rauh, grob, unbezähmbar, weit und nicht berechenbar ist; in starken Winden, großen Bergmassiven, unbewohnbaren Tälern, Schluchten, der wilden See

Schwarzalben/Dunkelelfen: in dunklen Gegenden, wohin kein Licht fällt; im Unterholz, in der Erde, in Höhlen, dunklen Ecken; nachts überall, wohin es sie zieht

Vulkani: überall, wo das Feuer tanzt; in Öfen, Kaminen, Feuerstellen, bei Bränden, Explosionen

Wächter, Hüter: in Bäumen, Felsen, Steinen; an Eingängen von Naturtoren in Andersreiche

Wasserwesen: in allen Gewässern, in den Unterwasserfelsen, Riffen, Klippen, am Wassergrund, in Korallenriffen, in den Wassertieren, in Muscheln

Wildes Volk der Wälder, Felder, Berge und Hügel: überall, wo viel »Unkraut« ist; im Dickicht, im Unterholz, im Gestrüpp

Zwerge: in Steinen, unter Pilzen, Baumwurzeln, Erdlöchern, Felsen, Hügeln, Wurzeln

Das Menschenreich

Das Reich der zehnten
Hierarchie
ist die Welt der tanzenden
Energie.
das neue Bewusstsein
wird hier gewoben,
nach vorn geschoben
und zurückgezogen.
Der freie Wille, er herrscht
hier,
das macht es schwer für
Pflanze,
Mensch und Tier.

Hier kann der Mensch
entscheiden,
kann die Welt
auseinanderschneiden,
isolieren die Verbindung,
es ist der Weg der
Gottesfindung;
er kann spielen mit den
Mächten
und das Göttliche verachten;
kann unterscheiden
das Gute vom Schlechten;

kann verdrehen die Energien,
kann sie auseinanderziehen,
kann sie neu
zusammensetzen;
kann austesten, Schwerter
wetzen;

kann schalten und walten
im Warmen und im Kalten;
kann die Mitte verlassen;
kann lieben oder hassen.

So wird verhandelt
und die Energie neu
gewandelt
im Rad der wiedergeborenen
Zeit,
das sich dreht in Ewigkeit.

Sterben und Werden,
Vergehen und Sein,
dadurch wird die
Menschenseele rein.

Das Göttliche hat alle Zeit,
denn es ruht in Ewigkeit.
Doch in jedem ist der
Götterfunken,
und so munkeln hier die
Unken,

dass er erwachen wird zu
seiner Zeit.
Dann ist der Frieden
nicht mehr weit.

Und so helfen dem Menschen
alle Wesen
– egal was kommt, was ist
gewesen –,
zu finden auf dem Weg
zurück
in das bewusste göttliche
Glück.
So wird der Gottmensch
hier erkoren
und die goldene Zeit
geboren.

Einführung in das Menschenreich

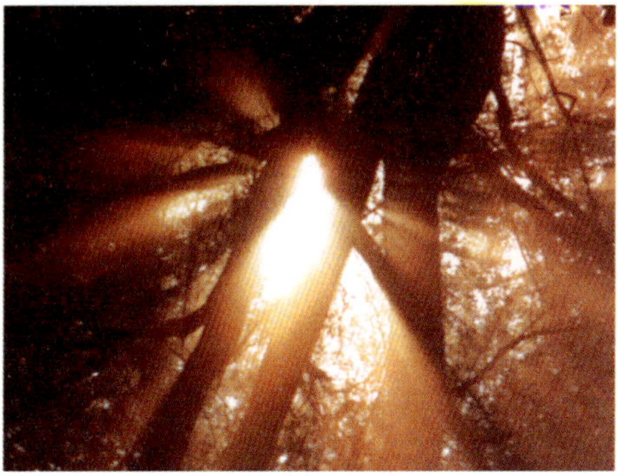

»Und Gott schuf den Menschen ihm zum Bilde, zum Bilde Gottes schuf er ihn.« »Und er forderte die Menschen auf: Macht euch die Erde untertan!«

Genesis 1,27 und 1,28

Einst gab es eine Zeit, in der die göttliche Hierarchien und die Menschen miteinander Hand in Hand im Lichte des Einen wirkten. Die Welt war eine einheitliche schöpferische Kraft des Guten. Alle Wesen, auch der Mensch, standen uneingeschränkt in einem vom Licht geprägten Verhältnis zur göttlichen Quelle. Es war ein Zustand, der in alten Schriften als »Paradies«, »Reich des Lichtes«, »Urzeit«, »Traumzeit« o.ä. bezeichnet wird. Auch die Legenden berichten von alten Welten und Kontinenten wie Kasskara, Lemuria, Ozeanien, Atlantis, in denen der Mensch in der Einheit mit der Schöpfung wirkte. So schön das war: Wenn er in diesem paradiesischen Zustand verharrt hätte, wäre es dem Menschen nicht möglich geworden, sich der Kräfte von Gut und Böse bewusst zu werden und »göttliches Bewusstsein« zu erlangen, ebenso wenig, selbstständig und frei zu sein und aus freiem Willen im Licht des Einen zu wirken. Der göttliche Plan war jedoch, dass der Mensch eine neue Hierarchie von Wesen bilden soll, die schöpferische Freiheit und »Gottesbewusstsein« erreichen, sprich das »Königreich auf Erden errichten« können.

Doch wie sollte das geschehen? Wohin sollte der Mensch sich wenden, wo doch überall das Göttliche waltete? Es musste ein Freiraum geschaffen werden für den Prozess der Erkenntnis. So zog sich das göttliche Bewusstsein in die Himmelssphäre zurück. Die Erschaffung dieses Freiraums wird als »Fall Luzifers«, »Sturz der Menschheit«, »Untergang von Atlantis«, »Vertreibung aus dem Paradies«, in der Kabbalah als »Tsimtsoum« als Kontraktion, Rückzug vom Göttlichen zur Ermöglichung der Offenbarung, bezeichnet. In vielen Legenden, Mythen und Märchen wird die Spaltung des Einen, die Aufteilung der Einheit in verschiedene Ebenen und Dimensionen, beschrieben (siehe Kapitel Anderswelten).

Ein Teil der Engel fiel damals mit in die Tiefe, und dieser Fall war im weitesten Sinne ein Liebesdienst an der Menschheit. Da diese kosmischen Wesen nun nicht mehr vom göttlichen Licht durchdrungen waren, blieb ihnen nichts anderes übrig, als um sich selbst zu kreisen, sodass sie schließlich der Verdunkelung des Bewusstseins anheimfielen. In den Überlieferungen wird das als der »Stolz« und die »Empörung« der Engel bezeichnet. Durch die äonenlange Abspaltung des Bewusstseins der gefallenen Engel vom Göttlichen entwickelten sich die Gegenkräfte in verschiedenen Abstufungen: Selbstbezogenheit, Verneinung, Neid, Hass, Zerstörung, Eifersucht, Missgunst, Betrug, Gier, Leid, Schmerz, Mangel ... Da den gefallenen Engeln das Licht des Himmels verschlossen blieb, wandten sie sich mit ihren Kräften den Menschen und der Erde zu, um durch sie die Himmelsenergie und das Licht der Sphären einfangen und die Menschen so auf ihre Seite ziehen zu können. So ringen die Kräfte des Guten und des Bösen im Menschen miteinander, fordern ihn auf, sein eigentliches göttliches Wesen zu entwickeln.

Gerade beim Ringen mit den Kräften der Dunkelheit, in Zeiten der Not und des Leids, der Schicksalsschläge, wird der Mensch auf sich zurückgeworfen, stellt sich die Frage nach dem Sinn, dem Daseinszweck. Das höchste Ziel des Menschen ist die Meisterung seiner selbst und dadurch den Weg zurück in die Einheit zu finden. Menschen, die das Leben mit seinen Aufgaben gemeistert haben, haben göttliches Bewusstsein erlangt, beherrschen ihre Kräfte und können wandeln. Meister und Meisterinnen (Buddha, Jesus, Maria ...) haben eine höhere Lebensform verwirklicht, eine Auferstehung im Geistigen bewirkt, ein erkennendes Gottesbewusstsein entfaltet, eine höhere moralische Macht über die wirkenden Kräfte entwickelt, welche die der Engel weit übersteigt und zur Entwicklung zu weiteren Stufen im geistigen Bereich beiträgt.

Elementarwesen, Naturgeister und der Mensch

Gerade für den Menschen und seine Entwicklung sind die kosmischen Wesen und die Naturgeister eine besondere Hilfe. Jeder von uns hat genau diesen Planeten, dieses Leben, diese Umstände, diesen Ort, diese Zeit etc. gewählt, weil sie unserem Entwicklungsstand entsprechen und uns vorantreiben. Sie zeigen uns die Stellen, an denen wir noch zu arbeiten haben, und unsere Fähigkeiten sowie unsere Aufgabe. Alles ist bereits in uns.

Wir bestehen aus den fünf Elementen. Äther ist unsere gesamte Energie, unsere Ausstrahlung, Luft ist unser Geist, unsere Gedankenkräfte, Wasser ist unser Fühlen, unsere Gefühlskräfte, Erde ist unser Körper, Feuer ist unsere Kraft, zu handeln und zu wandeln. Wir sind mehr als unser Körper. Wir sind Energie auf vielen Ebenen. Doch oft schränken wir uns in jeder Beziehung mit engen Vorstellungen ein und bewegen uns in vorgegebenen Bahnen. Mithilfe der Elementarwesen z. B. können wir unsere Energie vollkommen erneuern. Wenn wir uns nun ausdehnen wollen zu dem, was wir schon immer sind, waren und wieder sein werden, so müssen wir die vorgegebenen Bahnen irgendwann verlassen und uns auf Wanderschaft ins Unbekannte begeben. Das kann durch Schicksalsschläge geschehen, durch Krankheit, Tod, Leid, durch äußere Umstände und/oder durch innere Erlebnisse.

Wir bestehen aus Innen und Außen. Das, was innen ist, beeinflusst das, was außen ist, und umgekehrt. Wenn wir nun beginnen, uns in der lebendigen Energie zu bewegen, so sind Elementarwesen und Naturgeister in jeder Hinsicht gute Ratgeber, denn sie spiegeln uns unseren Zustand wider. Wenn wir Dinge auf der inneren Ebene wandeln, so verändern sie sich auch im Außen, das ist Gesetz. So können wir mithilfe der Elementarwesen die Elemente in uns kennenlernen, sie heilen und neu ausrichten (siehe Praktischer Teil, Tattwa-Reise). Mithilfe der Naturgeister erkennen wir unsere wahre Persönlichkeit und können sie veredeln. Sie helfen uns, uns selbst zu meistern. Auch in der Natur selbst sind sie der richtige Ratgeber, zeigen uns die Qualität der Energie. Sie sind zuständig für Fragen zu Körper, Krankheiten, Haus und Hof, Garten, Feld, auf Wanderungen in unwegsamen Gebieten, ja für alle Fragen zur Erde und Materie, die eine Spiegelung unserer Energie ist.

Wir sind hier, um Himmel und Erde miteinander zu vereinen, und dafür brauchen wir die Kräfte von Himmel und Erde. So gelangen wir zur Mitte, und von dort können wir auferstehen. Viele Meister und Meisterinnen dieser Erde wurden von Naturwesen unterrichtet, von Engeln angeleitet und von beiden geprüft, bis sie die Materie verstanden und beherrschten. Werfen wir hier einen Blick in die Märchen: sie veranschaulichen, was uns auf der Wanderschaft durch unsere Seelenlandschaft so alles geschehen kann. Sie zeigen die Hilfe, die wir erhalten, wenn wir mit Liebe und reinem Herzen an die Dinge gehen.

Der Entwicklung der Menschheit dienende geistige Hierarchie

1. Kosmische Hierarchie
   Zentralsonne: Alpha und Omega
   Kosmische stille Wächterin: Infinita
   Kosmischer Heiliger Geist: Heiliger Äolus
   Kosmischer Christus: Maitreya (Divino)
2. Sonnenhierarchie
   Sonnensystem: Vater-/Mutter-Prinzip
   Solarische stille Wächterin: Circulata
3. Planetare Hierarchie
   Planetarische stille Wächterin: Immaculata
   Karmischer Rat: Bestehend aus vielen Lichtwesen und aufgestiegenen Meistern und Meisterinnen, z. B. Mutter Maria, Pallas Athene, Kuan Yin
   Herrscherpaar der Welt: Sanat Kumara und Venus
   Der kosmische Buddha: Maitreya
   Buddha: Gautama Buddha
4. Weltenlehrer
   Jesus Christus, Zarathustra, Kuthumi, Djwal Khul, Hermes Trismegistos Thot, Lanton, Maha Choan: Lenker der sieben kosmischen Strahlungen
   Die sieben Pfade der Einweihung des Menschen
   Der durchschnittliche Mensch
   Der unbewusste, triebgesteuerte Mensch
   Die Entwicklung des Menschen ist die vom Tiermenschen zum Menschmenschen, in der Vollendung zum Gottmenschen/selbstverwirklichten Menschen über den Pfad der Einweihung durch die geistigen Hierarchien und göttlichen Wesen in die Einheit.

• Kleine Übung zum Menschenreich •

Übernimm heute einmal ganz bewusst die Verantwortung für alles, was in deinem Leben geschieht. Stelle dich auf die Position des Beobachters. Beobachte deine Gedanken, deine Gefühle, dein Handeln ... Betrachte für einige Zeit die Welt als Spiegel deiner selbst, deiner Energie.

Eigenschaften und Gefühle, an denen wir Naturgeister erkennen

Dämonen, unerlöste Wesen, Vampire: Gier, Suchtverhalten, Missbrauch, Neid, Hass, Zorn, große Ängstlichkeit, Schmarotzertum, Mangelzustand, nervenzerrend, kraftraubend, erniedrigend, fesselnd, triebhaft, furchteinflößend, immer wiederkehrend, krankmachend

Devas: lichtvoll, rein, klar, hell, erhöhend, bereinigend

Drachen: beherrschend, dominierend, kontrollierend, diktatorisch, machtvoll, charismatisch, bedrohlich, stark einflussnehmend; man kann sich ihnen nur mit großem Kraftaufwand entziehen

Elfen: wirken durch und mit Heilern/Schamanen; die Medizin ihrer Pflanzen ist sanft, kraftvoll, wirkungsvoll, natürlich, kann aber auch verwirren und andere Zustände hervorrufen

Elementale, vom Menschen geschaffene Wesen und Energien: – in positiver Form: einladend, freundlich, geborgen, gemütlich, wohnlich, gesellig, lebendig, liebevoll; – in negativer Form: wirr, irr, unklar, abhängig, Wortverdreher, keine Grenzen, energieraubend; große Gedanken- und Gefühlssprünge; vor sich hin brabbeln; undifferenzierte, unvermittelte, zusammenhanglose Äußerungen

Engel der Natur: Mitgefühl, Toleranz, Liebe, Hingabe, Freundschaft, Teilen, Freude, Aufmunterung, Achtsamkeit, Einfühlungsvermögen, Loyalität, Treue, Hilfsbereitschaft, Offenheit, liebevolle Gesten

Erdwesen, Erdelementarwesen: – in positiver Form: Beständigkeit, Ausdauer, Disziplin, Ordnung, Durchhaltevermögen, Substanz, Standfestigkeit, Fülle, Versorgung, sammelnd, pflegend und hegend, tragen, aufbauen, treu; – in negativer Form: träge, faul, unbeweglich, pedantisch, haarspalterisch, detailverliebt, an Vorgaben klebend, gesetzestreu, unterkühlt, haltlos, instabil, substanzlos, von Mangel erfüllt, wurzellos, unbeständig; Probleme mit den Knochen, dem Blut, den Genen, dem Herzen, den Beinen, den Füßen, dem Unterleib, dem Steißbein

Faun: Unabhängigkeit, Wildheit, Freiheit, Großzügigkeit, aber auch Machismo, Stolz, Eigensinnigkeit

Feen: zart, unbemerkt, weich, magisch, märchenhaft, abwesend, verträumt, kein Zeitgefühl, hohe ethische Werte

Kobolde: lachen, tricksen, gaunern, andere hereinlegen, Streiche spielen, Schabernack treiben, Humor, Schadenfreude

Riesen, Erd- und Felswesen: grob, rauh, unüberlegt

Vulkani: explosiv, gereizt, genervt, piesackt andere gerne, stichelnd, provozierend

Feuerwesen, Feuerelementarwesen: – in positiver Form: Kraft, Energie, Wärme, Offenheit, Optimismus, Eingebung, Handlung, Tatkraft, Mut, macht- und kraftvoll ... – in negativer Form: launisch, unzufrieden, nörglerisch, stichelnd, provozierend, zornig, wütend, explosiv, zerstörend, gewalttätig, lautstark, streitsüchtig, kämpferisch, antriebslos, keine Eigeninitiative, Handlungsunfähigkeit;

Störungen von Verdauung, Magen, Magensäften, Leber, Wärmeversorgung, Blutdruck, Immunsystem, Nerven, sowie Wucherungen, wilde aggressive Krankheiten

Gnome, höher entwickelte Zwerge: Weisheit, Einfachheit, Klarheit

Götter/Göttinnen: – in positiver Form: Autorität, Charisma, Führernatur; – in negativer Form: herrisch, befehlend, dünkelhaft

Hexen, alte Weise, Zauberer, Dimensionswechsler, Helferwesen (z. B. Liebendes Mütterchen, die Nornen): – in positiver Form: prüfend, abwartend, beobachtend, ganzheitlich, zusammenhängend, größeres Wahrnehmungsfeld, größere Informationswelle; kann in der einen Ebene etwas tun, was auf alle anderen Ebenen Auswirkungen hat; – in negativer Form: zwielichtig, misstrauisch

Hüter der Sippe/des Clans: – nur in positiver Form: moralisch, erinnernd, hält die Angehörigen in den vorgezeichneten Bahnen

Luftwesen, Luftelementarwesen: – in positiver Form: Kontaktfreudigkeit, Verbundenheit, Austausch von Energien und Kräften, Inspiration, Zirkulation, Eingebung, Klarheit, Bewusstheit, Unterscheidungsvermögen – in negativer Form: abwesend, zerstreut, verwirrt, sprunghaft, flatterhaft, nicht verbunden, bekommen zu viel oder nichts mit, dumm, unverständig, interesselos; Störungen von Lungen, Hals, Kopf, Sinnesorganen, Kreislauf sowie Blindheit, Taubheit, nicht nur an den Ohren, sondern auch im Körper

Meister/innen: – nur in positiver Form: still, weit, diszipliniert, achtsam, umsichtig, handelt in göttlicher Liebe, bedingungslos, gegenwärtig

Nymphen: verlockend, schön, betörend, regelnd, mit den eigenen Reizen spielend, in ständigem Austausch mit der Umgebung; aber auch eingebildet, zickig

Nixen und Nereiden: Fröhlichkeit, Schönheit, Leichtigkeit, reinigend, erfrischend; aber auch eigen, launisch, wechselhaft, unbeständig

Schwarzalben/Dunkelelfen: – nur in negativer Form: Albträume, Druckgefühle, Plagen, Sorgen, plötzliche Ängste, Schlaflosigkeit, Ruhelosigkeit, innere Qualen, Selbstzermarterung

Wächter, Hüter: still, unauffällig, beobachtend; wenn es sein muss, einlenkend oder handelnd

Wasserelfen: Freude, Heilkraft

Wasserwesen, Wasserelementarwesen: – in positiver Form: fließen lassen, zulassen, geschehen lassen, Vertrauen, Intuition, Hingabe, Heiligkeit, Seligkeit, Fröhlichkeit, Träume, Mitgefühl, Liebe, Schönheit, Anziehung – in negativer Form: Trägheit, Schwere, Antriebslosigkeit, zwielichtig, suchtanfällig, hemmungslos, eitel, narzisstisch, gefühllos, kalt, hart, misstrauisch, nicht in der Gegenwart sein, ständiger Gefühlsumschwung, sich nicht abgrenzen können, seine Grenzen nicht fühlen, sich nicht festlegend, um sich selbst drehend, nach unten ziehend, unverhältnismäßig streng, kein Selbstwertgefühl; Störungen von Blut, Blutfluss, Nieren, Blase, Galle, Magensäften, Gehirnflüssigkeiten, Schleimhäuten, Haut, Drüsen sowie Bläschen, Trockenheit, Pusteln, Hautkrankheiten

Wildes Volk der Wälder, Felder, Berge und Hügel: chaotisch, durcheinander, kunterbunt, unberechenbar, nicht einschätzbar, kann nicht zugeordnet werden

Zwerge: detailverliebt, akkurat, gründlich, pedantisch,

penibel, pflegend, kontrollierend, versorgend; alles sammelnd, nichts hergebend; Liebe für das Kochen und Essen, Gerechtigkeit, Genauigkeit, Wahrhaftigkeit, Treue

Das Energiereich

Dies ist das Reich der
Energie.
die sich hier vermengt wie
nie.
Schattenlichter, hohe Richter,
Engel- und Dämonenzeiten
die Welt im Großen
und im Kleinen leiten.

Alles kommt aus dem
großen Einen;
einer ist keiner, und alles ist
nichts.
Etwas entsteht, zeigt sich
und geht,
nimmt Form an und Gestalt,
ist mal warm und mal kalt.

Man kann es nicht erfassen,
nicht lieben und nicht
hassen.
Hier gibt es kein Hell oder
Dunkel,
nur das göttliche Gemunkel.

Das Energiefeld, gewebt
aus der Kraft der Welt,
wird betreten vom
Lichterheld.
Dieser erkennt das Netz aus
allem,
bewegt sich in dem,
was Licht ist und was
gefallen,
hört dem Feld zu, tut was er
soll,
bezahlt in seiner Weise hier
den Zoll.

Das Dunkel will prüfen, der
Schatten zeigt das Licht,
und das ist wichtig für
die göttliche Sicht.

Es zeigt sich die Energie
am Himmelszelt,
als Erscheinung auf dem
Feld,
als Licht, das die Erde
erhellt,
als Wesen mit dem Besen
oder als Welle darin eine
Schwelle.

Der Energien lichtdunklen
Tanz
sieht man in diesem Reich
ganz.
Vielfältig sind der Energie
Formen, sie zeigt sich in
vielerlei Normen.

Haben wir ihn erkannt,
gewandelt und gebannt,
dann wird der Schatten zu
Licht,
und das mehrt das
Energiegewicht.

So wandern wir auf unserer
Reise
durch den Traum der
Ewigkeit,
geführt von einer leisen
Weise.
Schatten und Licht sind
unser Geleit.
Treiben es die Wesen
mit uns mal zu toll,
scheint uns das Maß dann
gar zu voll,
so bleiben wir doch auf
unserer Spur
und folgen der göttlichen
Natur.

Einführung in das Energiereich

»Das kosmische Spiel, der kosmische Tanz, hoch und runter, hell und bunter, dunkel und licht, Frau und Mann, Tag und Nacht, das Leben in seiner Vielfalt und Pracht. Sieh nicht nur Schwarz und Weiß, Liebe ist das göttliche Geheiß, sieh die Räume und Lücken dazwischen, die Möglichkeiten, sie können dir nicht entwischen. Die vielen Wege, Dinge zu sehen, dann kann es auf deinem Weg weitergehen. Denn der Schatten, er kommt vom Licht, so wahr ich hier spreche, ich alter Wicht.«

Botschaft von Laurin

Es gibt ein weiteres Reich, aus dem alles kommt, in dem nichts existiert, und doch wirkt es und zeigt sich dir. Es ist das Schatten- und das Lichtreich mit den verschiedensten Aspekten, Ebenen und Facetten. Dort finden wir die Außen- und die Innenseiten, die chaotischen und berechnenden Kräfte, das Oben und das Unten, Weiblich und Männlich. Es ist das Reich der polaren, gegensätzlichen Kräfte, die das Licht mit ihrer Schwingung färben. In diesem Reich bewegen wir uns in dem Feld, dem Energiegewebe, dem kosmischen Netz, das alle Erscheinungsformen durchzieht. Nichts ist vom anderen getrennt. Alles ist stets mit allem verbunden und existiert gleichzeitig in den verschiedensten Parallelwelten. In diesem Reich finden wir das Wirken des Kosmos, der Gestirne, der kosmischen Gesetze. Eins ist alles, und alles ist eins. Wie oben, so unten; wie unten, so oben. Nichts ist in Ruhe, alles ist ständig in Bewegung. Alles hat zwei Pole, doch die Gegensätze sind identisch. Alles schwingt. Jede Ursache hat eine Wirkung, und jede Wirkung hat eine Ursache. Geist offenbart sich in allem und auf allen Ebenen.

Wer verstanden hat, dass alles Energie ist und nichts außer Energie existiert, der kann die Spuren und Abdrücke des kosmischen Netzes lesen und sich in ihm bewegen. Er kann die Symbole und Zeichen verstehen und deuten, sich im Feld bewegen, wie ein Fischer, der die Zeichen der See, der Wolken und Gestirne lesen kann und weiß, wann er seine Segel zu hissen hat und wann er besser zu Hause bleiben sollte. Wir können uns der kosmischen Energie nicht entziehen, da wir aus ihr bestehen und mit ihr in Beziehung (Resonanz) stehen. So ziehen wir das in unser Leben, was mit unserer Energie in Einklang ist. Es gibt niedrig schwingende Energiefelder und höher schwingende, die sich jedoch durch die verschiedensten Strömungen und Einflüsse jederzeit verändern können. Wir selbst sind ebenfalls ein schwingendes Energiefeld mit einer bestimmten Ausstrahlung.

In diesem Reich finden wir die verschiedensten Energiewesen und Energieformen, doch auch die Einheit und das Sein in allem. Es ist so groß und unfassbar, dass man es nicht in Worten fassen kann. In diesem Reich ist alles möglich. Hier erfährt der Mensch die Einweihung in seine Bestimmung, in seine höhere Natur. Er erhält seine Prüfungen, um sein Licht zu schulen und auszurichten. Er bekommt Lektionen, Grenzen, Erfahrungen, welche Bewusstsein und damit Licht schaffen.

Ordnung des Energiereichs

1. Hüter: Ruhanija (Planetengeister)
2. Vorsteher: Akasha und Devos
3. Erste Entfaltungsstufe: Dämonen und Engel, Naturlausebengel
4. Zweite Entfaltungsstufe: Naturgottheiten, Lichtelfen, Vorsteher der Elemente, Unterweltsvorsteher, Karmischer Rat, Kosmischer Rat
5. Götter und Göttinnen: Tzitzimime (Sterngöttin der Azteken, später wurde sie zur Dämonin der Dunkelheit); Teharonhiawagon und Tawiskaron (gegensätzliche Zwillingsbrüder bei den Irokesen, der eine das Licht und der andere der Schatten, der eine der Tag und der andere die Nacht)

• *Kleine Übung mit dem Energiereich* •

Nimm dir Zeit, Räume und Landschaften auf Licht und Schatten zu untersuchen. Lass dich dabei nicht von äußeren Lichtverhältnissen beeinflussen. Denn im Licht können manche Stellen trotzdem dunkel wirken, und im Schatten können manche Stellen lichtvoll wirken. Am besten kannst du das innere Licht und den inneren Schatten der Dinge in der Dämmerung erfahren. Du musst aber nicht in die Natur gehen, um Schatten und Licht zu erkennen. Dazu kannst du dich auch in der Dunkelheit vor einen Spiegel setzen. Dann schau dich darin an. Ja, starre dich regelrecht an. Du wirst sehen, so dunkel ist die Dunkelheit nicht. Manchmal kann es geschehen, dass sich dein Spiegelbild zu verändern beginnt, dass seine Umrisse heller werden, Gesichtszüge hervortreten, Teile dunkler werden ... Lass zu, was geschehen will. Mach diese Übung öfter, bis du eine Veränderung in deiner Wahrnehmung bemerkst.

Erkennungsmerkmale der energetischen Formen

Dämonen, unerlöste Wesen, Vampire: dunkle Wolken, Gestank, üble Gerüche, wütende Winde, schattenhafte Umrisse, dunkles Funkeln, Gelb, Orange, rotglühend, Blitze, zackige Lichterscheinungen

Drachen: mächtige magnetische Kraftfelder, denen man sich nicht oder nur sehr schwer entziehen kann

Elfen: Lichtpunkte, Blütenblätter, Pflanzendüfte, Kitzeln, bunte Lichtnebel

Elementale, vom Menschen geschaffene Wesen und Energien: Widerhaken, dunkle Wölkchen, flatternde Geräusche, fremde Stimmen, schmerzhafte Punkte, Stiche, wie wenn man angegriffen wird

Engel: brennender Dornbusch, Regenbogen, Morgen- und Abendröte, strahlende Plätze; besondere Licht- und Himmelsfärbungen, z. B. Nordlichter, Sterne und Sternenfunkeln; übernatürliche Lichterscheinungen, denen wir nicht gewachsen sind und die strahlen wie tausend Sonnen

Engel der Natur: Licht, Weite, Öffnung, Lichtpunkte, Strahlenpunkte, Glanzpunkte

Erdwesen: tapsende Geräusche; plötzlicher Tabaks-, Pfeifengeruch; wenn die Füße wie gelähmt und unendlich schwer zu bewegen sind

Faune: starker, harziger Geruch, Blätterrascheln, dumpfes Geräusch; plötzlich aufkommender Wind; Schlag von einem Ast, obwohl kein Baum in der Nähe ist

Feen, Tiere der Feenreiche: Glitzern, sanfte Strahlungen, pastellfarbene Tönungen, weiches Licht, blühende Bäume und Sträucher; märchenhafte, verzauberte Ausstrahlungen, die einen anziehen; irrende Seelen, dunkle Nebelfetzen, Schatten, Poltern, Klopfen, Hufgetrappel; störende Tiergeräusche, obwohl keine Tiere in der Nähe sind; Kindergeschrei, obwohl kein Kind in der Nähe ist

Feuerwesen: Blitz und Donner, Vulkanausbruch, Geysire, Rauchwolken; Hitze wie aus lodernden, sich bewegende Flammen, obwohl kein Feuer zu sehen ist

Gnome, höher entwickelte Zwerge: Stille, Ruhe, Einkehr, Gedankenblitze, Lichtblitze, gelblich-goldenes Licht, kurz aufleuchtende Strahlen oder helle Punkte

Götter/Göttinnen: Morgen- und Abendröte, Nordlichter, besonderes Sternenleuchten; Donner, obwohl kein Gewitter ist; ehrfürchtiges Gefühl, obwohl niemand in der Nähe ist; goldenes, hell strahlendes übernatürliches Licht

Hexen, alte Weise, Zauberer, Dimensionswechsler, Helferwesen (z. B. Liebendes Mütterchen, die Nornen): Bewegung, Anforderung, wechselnde Lichtverhältnisse, Zwielicht, Aufgaben, der rote Faden; Felder, in denen man nicht mehr weiß, was nun gut und was böse ist; immer wiederkehrende Erlebnisse, bewegliche und wandelbare Energiefelder

Kobolde: Niesen, Jucken, Kratzen, Reiben, Zucken; wenn Dinge passieren, die uns an unserem Gefühl und unserer Wahrnehmung zweifeln lassen
Luftwesen: Luft- und Windhauch, ein Aufleuchten in Augenhöhe, ein besonderer Geruch, Huschen in der Luft, sausende Lichtfetzen; klare Luftzüge am Gesicht, in den Haaren, auf der Haut; plötzlich vorbeiziehender Geruch, für den es keine Erklärung gibt, z. B. Rosenduft, obwohl keine Rosen in der Nähe sind
Meister/innen: Licht; große und weit über ihren Umriss hinaus strahlende Lichtgestalten
Nixen und Nereiden: Wasserspritzer, Salzflecken, Lichtveränderungen im Wasser, betörendes Gefühl, Strudel, kühle klare Strömungen; Unterwasserbewegungen, obwohl nichts da ist
Nymphen: liebliche Ausstrahlung, Reize, leicht erotische Ausstrahlung einer Gegend
Riesen, Erd- und Felswesen: Erdbeben, Erdzittern, Wackeln, Stürzen von Fels- und Gesteinsbrocken; Steine, die rollen
Schwarzalben/Dunkelelfen: Dreck, Staubwolken, graue Wolken, dunkel erscheinende Winkel, Stechen, Piksen
Vulkani: Hitze, Hitzeflimmern, Brennen, Stechen; Funken, die einen verbrennen
Wasserwesen: Spritzer, Tropfen, Feuchtigkeit, Nebelwolken, silbernes Licht; grünlich, bläulich, weißlich schimmernde Lichter
Wildes Volk der Wälder, Felder, Berge und Hügel: raue wilde Energien, kleine Wirbelwinde, Strudel, flimmernde unruhige Lichter
Zwerge: Rascheln; Gefühl, als ob man stolperte; rote, grüne, braune huschende Punkte; Energien auf der Erde

Die verwobenen Welten

Ich bin das Feuer, die Sonne des Himmels und der Erde.
Ich bin das Wasser, das Vergehen, Stirb und Werde.
Ich bin die Erde, die Ruhe und Stille.
Ich bin die Luft, der Austausch und das Zirpen der Grille.
Ich bin der Äther, die Farbe, der Ton, der heilige Gesang.
Ich bin der Fels, der leuchtende Stein,
das Mineral und der Basisklang.
Ich bin die Pflanze, der Baum und die Blüten.
Ich bin die Tiere, die manchmal in mir wüten
und in mir die göttlichen Kräfte behüten.
Ich bin der Mensch mit dem göttlichen Funken.
Ich bin Licht und Schatten,
mal erhellt und mal dunkel versunken.

Ich bin alles, alles bin ich,
nichts existiert außerhalb von mir,
denn alles, das ist bereits ewig im Jetzt und Hier.
Die goldene Zeit, sie kann beginnen,
wenn wir uns auf die Einheit von allem besinnen.
So beachtet die Natur, denn sie spiegelt uns hier nur.
Viele Botschaften kann sie uns bringen
und mit uns den Lichtfaden spinnen.
Heim in die Heimat, heim in das Licht,
heim in das innere Gleichgewicht.

Jeanne

Alles ist eins

All die Reiche, das Reich der Elemente, das der Steine, der Mineralien und Bodenschätze, das Reich der Pflanzen, das der Tiere, das der Naturwesen, das der Menschen, das Reich von Licht und Schatten, sie sind miteinander verwoben und wirken zusammen. Wenn wir die Einheit in allem erkennen können, dann sind wir im Reich der Meister und Meisterinnen angelangt, in dem Reich der Götter, in dem die Energie wieder verschmilzt.

Gottheiten werden oft mit bestimmten Symbolen versehen dargestellt: im Wasser, umgeben von Feuer oder mit Licht in der Hand (Elementarreich); mit Gegenständen, die mit Edelsteinen verziert sind, z. B. Schwert, Krone, Zepter, Schmuck (Mineralreich); mit Blüten, auf einem Baum sitzend oder von Pflanzen umgeben, in Leinen und Seide gehüllt (Pflanzenreich); in Mensch-Tier-Mischgestalt, mit Tierfellen behängt oder umgeben von Tieren (Tierreich); mit niederen und höheren Wesen zu Füßen oder um sie herumschwebend (Naturwesenreich); in bestimmte Lichter und Farben getaucht, z. B. mit blauer Haut, Heiligenschein, wehendem Tuch, als Mann, als Frau, als Paar, als Vater, Mutter, Kind (Energiereich).

Nichts ist getrennt. Alles ist verbunden. Gott wirkt in allem, durch alles, und alles gehört und wirkt zusammen. Alles ist eins. Alles ist die eine Energie, die sich durch die verschiedenen Reiche in unterschiedlichen Formen offenbart. Das Göttliche, ausgedrückt durch die Erscheinungsform einer Gottheit, verkörpert die verschiedenen Facetten der einen Kraft, die durch alles wirkt und alles verbindet. Das ist es, was wir anstreben sollten: die Einheit mit allem. Dann können sich die verschiedenen Ebenen wieder zur Einheit verbinden, und das goldene Zeitalter kann anbrechen, die Ära des Friedens oder, wie es in der keltischen Mythologie beschrieben wird: Es wird ein Paar in dieser Zeit der Einheit leben.

Dies bedeutet, dass wir, wenn wir die Natur beachten, von der wir uns oft so erfolgreich abgewandt und die wir in uns in ein sehr dunkles Licht getaucht haben, uns selbst erkennen können. Alles, was uns begegnet, ist ein Spiegel unserer Energie. Alle Reiche, außer dem des Menschen, wirken im Sinne des göttlichen Willens. Der Mensch hat den Freiraum des freien Willens und kann entscheiden. Doch wird er alles, was er sät, auch zu angemessener Zeit wieder ernten, und zwar im Großen, wie im Kleinen: Warum wird ein Mensch in die Familie, mit dieser Geschichte, unter diesen Umständen, in diesem Ort, gehörend zu diesem Bezirk, in diesem Land, als Angehöriger dieses Volkes, zur Gruppe der Menschheit, in dieser Zeit, auf diesem Planeten? Wer diese Fragen beantworten kann, hat schon viel vom Geheimnis seiner Energie gelüftet. Alles, was uns begegnet, dient unserem Wachstum, das wir voranbringen können oder dem wir uns verweigern können. Das bleibt unsere Entscheidung, bis das Schicksal wieder eingreift, um uns an unsere Aufgabe zu erinnern.

Wir können über die Arbeit mit den Elementen, mit Steinen, Mineralien, Basisstoffen, Pflanzen, Tieren, Naturwesen, Licht und Schatten ... wieder Zugang zur wahren Natur bekommen. All das sind Puzzlestückchen, die uns zurück in die Einheit führen. In der Arbeit mit der Natur können wir Bewusstsein und Wachstum erfahren. Die Erde trägt uns, und sie hält alles für uns bereit, worauf wir unser Bewusstsein richten sollten. Wenn wir uns den Wesenheiten der Andersreiche öffnen, so können wir sehr viel über die Kräfte in der Natur und über Gott, über das Göttliche in und um uns erfahren, über die Kraft unserer Seele und ihre unbegrenzten Möglichkeiten im Tanz der Energie.

Gesang der Stille

Vernimmst du den Gesang der Stille,
der die Luft erfüllt, die du atmest?
Hörst du das Lied des Seins,
welches das Meer ans Ufer spült,
den lautlosen Flügelschlag
weiter Schwingen begleitend?
Lausche diesem sanften Lied,
das die Erde tönt,
der Wind trägt,
das Wasser singt,
das Feuer atmet,
diese Töne, die dich erinnern,
wer du wirklich bist.

Gabriele Zeiss

Meister Lemuel

Meister Lemuel ist ein Meister der Geistigen Hierarchie oder der Weißen Bruderschaft, die seit Anbeginn der Zeit besteht und in allen Epochen mit und durch den Menschen wirkt. Meister Lemuel ist der große Mystiker, Lehrer und Hohepriester der Mysterien der Vergangenheit und der antiken Weisheit. Lemuel ist der Meister des Naturreichs und der Elemente. Er ist der Hüter und Bewahrer der göttlichen Kräfte in Tätigkeit. Sein Wirken bestand schon lange vor Entstehung der Erde.

Lemuels Reich war Lemuria, ein Reich, das schon vor Atlantis bestand, aber etwa zur gleichen Zeit unterging. In diesem Reich gingen göttliche Kräfte, Naturkräfte und Menschenkräfte Hand in Hand. Die Menschen waren dort noch mehr Lichtkörper als Materie und kommunizierten direkt mit den Kräften und Wesen der Natur, von denen sie sich unterrichten ließen. Alles wirkte zusammen.

Lemuel arbeitet gemeinsam mit den Naturdevas und Elementarwesen daran, das Gleichgewicht und den Ausgleich in den Naturwelten wiederherzustellen. Je mehr wir sie durch unser unachtsames Wirken ins Ungleichgewicht bringen, desto mehr wird Lemuel mit seinem Gefolge wirken. Je stärker das Pendel in die eine Richtung schwingt, desto stärker schwingt es auch in die andere Richtung.

Wer mit diesem Meister arbeitet, der wird mit der Macht uralter Wesenheiten vertraut gemacht: den Mächten der vier Winde, den Mächten des Wetters, den Mächten der Elemente, den Mächten der großen Gewässer und der Feuer im Inneren der Erde, den Mächten der Pflanzen und Mineralien u.v.a.m. Diese Kräfte sind nicht wirklich von uns getrennt – wir haben uns von ihnen getrennt. Indem wir mit ihnen in Verbindung treten und die Zusammenarbeit wiederaufnehmen, werden uns wieder göttliche Kräfte zugänglich, mit denen wir dann arbeiten können. Indem wir mit den Kräften der Natur, von denen wir ein Teil sind, zusammenarbeiten, entfalten wir wieder unsere höheren Fähigkeiten. Dazu gehören Hellsehen, Seelenreisen, Telepathie usw. Das Ätherreich von Lemuel, der Tempel der Naturdevas, die Lichtstätte der Kraft und Ausgeglichenheit, liegt über dem Berg Kosciusco im Süden Australiens. Das gesamte Farbenspektrum der Schöpfung pulsiert durch den Tempel der Naturdevas. Seine Farben variieren den Klang der Schöpfung, mal sind sie Rosa, Gold und Blau, mal Weiß, tiefes Grün und Gold, mal wirken sie im Bereich von Rot, Orange und Sonnengelb, mal in den Frequenzen von Indigo, Türkis und Lila. Lemuels Erkennungsmelodie ist Tschaikowskis Klavierkonzert Nr. 1 in b-Moll.

Aufgabe und Botschaft von Lemuel

Meister Lemuel bringt dich in Kontakt mit den mächtigen Naturdevas und Elementarwesen. Sie sind bei der Entwicklung der Seelenkräfte besonders wichtig. Erinnere dich an all die Mythen und Märchen deiner Kindertage. Waren es nicht oft Wesen der Natur, die den Menschen prüften, führten und ihm halfen, die wahren Schätze der Seele zu finden? Missachtete der Mensch diese Wesen und ihre Bitte an den Menschen, so war er nicht in der Lage, die letzten Prüfungen zu bestehen. Hörte der Mensch jedoch das Anliegen und beachtete er diese Wesen, so wurde er später reich belohnt.

Viele Meister und Meisterinnen sind auf ihrem Weg von den Kräften der Natur eingeweiht worden. Sie führten den Menschen an die Tore seiner Einweihung, auf den Weg zu seinem Glück und seinem Erfolg. Sie halfen ihm, sich in Prüfungen zu bewähren, die zu bestehen ihm in seiner menschlichen Begrenztheit nicht möglich gewesen wäre.

Wenn Lemuel in dein Leben kommt, macht er dich darauf aufmerksam, dass du den Wesen der Natur mehr Aufmerksamkeit schenken sollst, dass du das Reich der Naturdevas und Elementarwesen genauer in Augenschein nehmen und achten sollst. Sie können den Schlüssel zu deinem Glück in der Hand halten. Auch wenn sie erst prüfen, ob du von deinen Seelenqualitäten her so weit entwickelt bist, mit diesem Schlüssel umzugehen. Die Elementarwesen helfen dir, z. B. die Elemente in dir auszugleichen (Feuer, Wasser, Erde, Äther und Luft). Wer sich intensiv um Schulung durch und Zusammenarbeit mit diesen Wesen bemüht, wird merken, dass sich Ausgeglichenheit und

Wohlbefinden in ihm stärken und Weisheit sich in ihm entfaltet.

Botschaft von Lemuel: »Aus bloßer Vernunft ist nie Vernünftiges gekommen. Aus bloßem Verstand ist nie Verständiges gekommen. Nicht ›entweder – oder‹, sondern ›sowohl als auch‹ verbindet dich mit dem Sein. Ehrfurcht, Andacht, Liebe zum Leben verbinden dich mit den Kräften der Natur. In der Verbindung findest du alles, was du brauchst, und jede Antwort auf deine Fragen.«

Auszüge einer Durchgabe von Meister Lemuel

Die Wesen der Elemente und ihre großen Lenker spüren die Liebe wohl, die euch mit den Naturwelten verbindet. Sie sind dankbar dafür. Die Zeit der innigen Zusammenarbeit rückt näher und wird auch noch Ungläubige von den Welten der Naturwesen überzeugen.

Der Veränderung der materiellen Formen liegt das Gesetz der Vollendung zugrunde, der Vollendung all dessen, was da im ganzen Universum lebt. Jede physische Hülle, die ihr jemals getragen habt, hat sich aufgelöst, die elektromagnetische Substanz wurde verbessert und erneuert. Nach und nach vervollkommnet sie sich, auch eure jetzige physische Form tut das, wenn ihr es zulasst. Die reine Lichtsubstanz, aus der auch euer physischer Körper besteht, hat das Bestreben, immer höhere Verbindungen einzugehen, die Zellen zu verjüngen und alles Verbrauchte zu erneuern. Doch ihr Menschen behindert diesen Erneuerungsprozess durch eure negativen Gedanken und Gefühle, die sich der Körpersubstanz sofort aufprägen.

Alle Möglichkeiten zur Reinigung und Erneuerung eurer niederen Körper liegen in eurer Reichweite. Wenn es euch für einige Zeit gelänge, nur reine vollkommene Ideen und Gefühle aufrechtzuerhalten, wäre es möglich, euren Körper in allen Teilen zu verjüngen. Praktiziert Reinheit und Klarheit in eurem Denken und Fühlen, und ihr werdet einen reinen und schönen Seelentempel erhalten. Lernt, die Kräfte der Elemente auszudehnen und zu lenken.

Ich helfe euch und hülle euch in meine Liebesstrahlung ein, damit sie euch kräftigt und euer inneres Licht anregt, damit es euch durchdringt und die Reinheit und Schönheit offenbart, die in eurem göttlichen Plan liegt.

Lemuel,
im Dienste des Lichts

Was die Weiße Bruderschaft zu den Andersreichen sagt

Die Elemente sind die Grundbausteine allen materiellen Seins. Sie wurden erschaffen, um für die Menschheit zu wirken. Naturgeister sind Wesen, deren Lebensströme Ähnlichkeiten mit denen der Menschen haben. Ihr Körper ist allerdings viel zarter, leuchtender und durchsichtiger. Je mehr sie sich veredeln, umso vollkommener wird ihre Gestalt.

Die Astralwelt ist eine energetische Spiegelwelt des Seins. Sie besteht aus einer feinen dehnbaren Substanz, und die Wesen darin können ihre Gestalt in rascher Folge verändern. So ist diese Welt von einem ungeheuren Formenreichtum erfüllt. Es gibt drei Arten von Bewohnern der

Astralwelt: menschliche, nichtmenschliche und künstlich erzeugte Wesen, menschliche Geister und Seelen, Elementar- und Naturwesen und Elementale und Dämonen. Wir Menschen wirken in der Astralsphäre meist unbewusst oder in unseren Träumen, da unser Astralkörper (Emotional- und Gefühlskörper) zu dieser Ebene gehört.

In der Astralwelt gibt es sieben verschiedene Schwingungsstufen, die sich durchdringen. Je mehr ein Mensch sein Bewusstsein auf das Licht ausrichtet, desto höher wird die Schwingung seines Astralkörpers. Die Natur- und Elementargeister sind die Träger der Elementarkraft unserer Erde und allen Seins. Das Naturreich ist ein wichtiger Teil des irdischen Lebens. Eine unendlich große Zahl von Wesen belebt dieses Reich und wird, wenn erst einmal für den Menschen sichtbar, zum wichtigsten Bindeglied zwischen dem Kosmos und dem Erdenleben.

Die Naturgeister schleusen die Lichtkräfte in die Erdatmosphäre, die zum Aufbau und Wachstum des vielfältigen Lebens dienen, das dann dem Menschen zugute kommt. Es ist ein fein abgestimmter Kreislauf, der schon seit Langem den Störungen durch uneinsichtige Menschen ausgesetzt ist. Immer wieder müssen die Lenker der Natur versuchen, Eingriffe zu neutralisieren. Dadurch wird viel wertvolle Kraft von ihrer eigentlichen Aufgabe, der Erhöhung und Vermehrung des Lichtes, abgezogen. Liebe und Erwachen in und mit der Natur und seinen Wesen kann hier eine Umkehr bewirken. (Auszüge der Durchgaben von Lemuel, von der Brücke zur Freiheit)

Bezieht die Wesen der Natur, das unsichtbare Leben, das in Fülle vorhanden ist, mit in euer Bewusstsein ein. Auf diese Weise könnt ihr die Verbindung zu ihnen aufbauen, und eines Tages wird sich euer Auge dafür öffnen.

Praktischer Teil

Mystische Zeiten

An einem heißen Tag,
rat ich dir, halt an und wart.
Sei etwas schläfrig, nicht zu sehr,
dann kommen wir ganz nah zu dir her.
Fühl dich verzaubert, feengleich,
dann führen wir dich ins Märchenreich.
Deine Stimmung, sie muss stimmen,
mit uns ein gemeinsames Lied hier zu singen.

Lass dich fallen in dein Sein,
dann öffnest du die Tore und lässt uns hinein.
Es gibt viele Momente bei dir,
zu erleben den Kontakt zwischen euch und hier.

Wenn keine Grillen zirpen mehr,
die Zeit sich hier jetzt auflöst sehr.
Ja, sie beginnt sich anders zu drehen,
das ist ein günstiger Moment, uns zu sehen.
Zeiten zum Wundern, Zeiten zum Staunen,
Zeiten des wahren Feenraunens,
dazu gibt es wirklich viele Gelegenheiten,
lass dich von deinem siebten Sinn hier leiten.

Wir sind da, das ist klar.
Es liegt an dir ... Nimmst du uns wahr?
Öffnest du die Zeitenrunde,
um zu vernehmen unsere Kunde?

Eins, zwei, drei – und schon sind wir weg!
Du weißt nicht: War es ein Traum,
oder wahr es ein Gag?
Nein, dein Raum hat sich gedehnt,
deine Sinne, die innre Stimme sich verfeinert,
dein Verstand sich verkleinert.
Du hast gespürt das Wesen der Natur,
das ist der Zauber, der den Moment umgibt nur.

Der richtige Zeitpunkt

Es gibt viele Gelegenheiten, die Wesen anderer Welten zu sehen. Die Anderswelt findet sich in den Zwischenräumen, den Bruchstellen, den Übergängen und an den Rändern der irdischen Zeit. So existiert sie z. B. in dem Sekundenbruchteil zwischen zwei Augenblicken oder in dem Winkel knapp außerhalb unseres Gesichtsfelds, an den Schnittstellen unserer Sinnesgrenzen.

Eine Begegnung mit der Anderswelt ist ein besonderer Augenblick, Seelenzeit. Es sind Momente der absoluten Wahrnehmung; Momente, in denen wir in einen anderen Bewusstseinszustand rutschen, in dem das Ticken der Uhr außer Kraft gesetzt ist. Wenn sich die Zeit ins Unendliche ausdehnt, in den Bereich, in dem Zeit überhaupt nicht existiert. In diesen Augenblicken begreift und erfährt man das Wesen der Dinge auf eine andere intensive Art.

Diese Verzerrung erklärt auch die Beschreibungen der Anderszeit, die wir in Märchen, Mythen und Sagen finden. Hier heißt es zum Beispiel, der Mensch, der einen Feenring betritt, wird genau nach einem Jahr und einem Tag wieder in die Welt der Sterblichen entlassen. Er selbst hat jedoch das Gefühl, es seien nur ein paar Minuten vergangen. Ein Augenblick im Feenland kann also in der irdischen Zeit einen großen Zeitraum abdecken. Die Gesetze von Raum und Zeit existieren hier nicht. Feenzeiten werden oft auch wie folgt beschrieben: ein Jahr und ein Tag; sieben Jahre und dreizehn Tage; drei Tage und drei Nächte ... Die Beschreibungen haben meist etwas Magisches, Mystisches, das die Zeit zu etwas Unwirklichem macht. – So ist der erste Schritt, um mit der Anderswelt in Kontakt zu kommen, wenn auch nur für einen Moment, das Gefühl von Zeit und Raum zu verlieren.

Weitere Zeiträume der Anderswelten ergeben sich aus den Rhythmen und Zyklen der Gestirne und der Natur: Tag und Nacht, Vollmond und Neumond, der Wechsel der Jahreszeiten, besondere Sternenkonstellationen und besondere zeitliche Zwischenräume.

Wochentage

Für das Kleine Volk haben die Wochentage eine andere Bedeutung:

- Wer die Bewohner des Kleinen Volkes trifft, sollte nie das Wort Sonntag erwähnen.
- Der Freitag ist der Sonntag des Kleinen Volkes. Das ist auch der Tag, an dem sie die meiste Macht haben.
- Donnerstags, in manchen Gegenden auch montags, kann das Kleine Volk nichts von dem hören, was die Sterblichen über es reden.
- Mittwoch ist ein Tag, an dem sich ein Sterblicher vorsehen muss, dass er nicht in die Anderswelten gerät.
- Dienstag ist ein Tag der Harmonie zwischen dem Kleinen Volk und den Sterblichen.
- Mon(d)tag ist der Tag der großen Göttin, an dem das Kleine Volk über die Traumebene und die Eingebung mit dem Menschen in Verbindung treten kann.
- Samstag ist der Montag des Kleinen Volkes.

Diese Zuordnung sollte jedoch nicht so verstanden werden, wie es sich nach unserem Alltagsverständnis aufdrängt, sondern im Sinne der Andersweltzeit. D.h., wenn man sagt: »Heute ist Donnerstag, da kann uns das Kleine Volk nicht hören«, so gilt diese Aussage unabhängig davon, ob tatsächlich Donnerstag ist. Von Region zu Region finden sich übrigens andere Zuordnungen zwischen den Wochentagen und dem Wirken des Kleinen Volkes.

Morgen- und Abenddämmerung, Mitternacht oder die heißen Mittagsstunden des Sommers sind z. B. Zeiten des Kleinen Volkes. Außerdem ist im Verlauf des Tages Kontakt mit dem Kleinen Volk möglich, und zwar jedesmal, wenn die Zeit zwischen den Stunden wechselt, sowie während bestimmter Stunden: zwischen 6 und 7 Uhr, zwischen 12 und 13 Uhr, zwischen 16 und 17 Uhr, 18 Uhr, 24.00/0.00 Uhr sowieso, und um 3 Uhr morgens.

Der Abend ist eine besonders günstige Zeit für eine Begegnung. Zu Sonnenuntergang sind die Geister sehr aktiv. Zu dieser Zeit kommt es zu einem Wechsel zwischen den Welten. Die einen ziehen sich zurück, die anderen kommen hervor, wieder andere verwandeln sich. Am Abend zeigen sich schon fast all jene Geister, denen die Nacht gehört und deren Macht um Mitternacht am größten ist (Mitternacht = Geisterstunde).

In der Dunkelheit kommen die Unterirdischen heraus und tanzen im Mondenschein. Derjenige der ihnen zusieht, wird meist mit Erblindung bestraft. Auch das Bergmännlein zeigt sich. Die Zwerge verplaudern die Abendstunde bei den Menschen. Wichtel und Hausgeister beginnen mit ihrer Arbeit in Haus und Hof. Im Volksmund heißt es: Wenn sich der Hausgeist am Abend mit traurigem Gesicht zeigt oder das Klageweiblein erbärmlich zu jammern beginnt, steht ein Todesfall bevor.

Am Abend steigen in Tirol die Fanggen und die Wilden Leute von den Bergen herab und machen die Nacht für die Menschen gefährlich. Der Wilde Mann beginnt mit seiner Jagd auf die schönen Salingen. Wassermänner, die sich am Mittag sonnen, zeigen am Abend ihr dämonisches Gesicht und beginnen Opfer zu suchen ...

Die Rauhnächte

Die Rauhnächte werden auch Rauchnächte, Raubnächte, Schwarze Nächte, Klöpfelnächte, Losnächte genannt; es sind die zwölf Nächte zwischen der Christnacht (24./25. Dezember) und dem Dreikönigstag (5./6. Januar), bzw. Wintersonnenwende (21. Dezember) und Neujahr. Zu den Rauhnächten gehören außerdem noch Nikolaus (5./6. Dezember), Luziennacht (12./13. Dezember), St. Thomas oder Julnacht (20./21. Dezember), Fastnacht (Termin wandert), Walpurgis (30. April/1. Mai), Halloween (31. Oktober/1. November), St. Andreas (1. Sonntag im Advent), Hubertusnacht (3. November) und St. Ruprecht (Nacht vom 5. auf den 6. Dezember). In anderen Gebieten gehören noch die drei Donnerstage vor Weihnachten dazu.

Mit Rauhnächten sind jedoch hauptsächlich die Nächte vom 24. Dezember bis zum 6. Januar gemeint. In diesen ist das Kleine Volk in all seinen Schattierungen sehr aktiv. Man beschreibt die Unruhe in diesen langen, dunklen Nächten, indem man sagt, Odins Wilde Jagd sei unterwegs, oder damit, dass die Percht (Frau Holle,) mit ihrer Gefolgschaft umgehe. In dieser Zeit feiert und jubelt das Kleine Volk, denn Mutter Erde hat ein neues Licht geboren – ab der Julnacht, der Wintersonnenwende, werden die Tage allmählich wieder länger. Damit erneuert sich die gesamte Lebensenergie auf und in der Erde. Es ist in den Reichen der Natur das größte Erdfest, das zwölf Tage und zwölf Nächte lang gefeiert wird.

Die zwölf Tage und Nächte stehen symbolisch für die zwölf Monate des neuen Jahres. In dieser Zeit müssen sie gesponnen, neu ausgerichtet und eingeleitet werden. Die Lebensfäden werden in diesen Nächten geprüft, gewogen und weitergesponnen. So ziehen die Wilde Jagd und Frau Percht durch diese Nächte, bestrafen die Bösen, belohnen die Guten, wiegen die Taten der Menschen, schauen ihre Seelen, stellen die Schicksalsweichen neu, spinnen die Schicksalsfäden für Kommendes, nehmen dort und verteilen an anderer Stelle großzügig. Während dieser Phase kann man viel über sein zukünftiges Schicksal erfahren. Die Naturwesen raunen einem in dieser Zeit im Traum, in Gedanken und in Taten das Kommende zu. Man kann dessen Kraft in sich erspüren oder von ihnen erfragen.

Früher wurde in diesen Nächten viel geräuchert, damit man Altes loslassen und Platz für Neues im Leben machen konnte, daher auch die Bezeichnung Rauchnächte. Die Naturgeister wurden mit Gaben friedlich gestimmt, indem man ihnen Milch und Brot und Gaben der Ernte vor die Tür stellte. Damit wurden sie um ihren Segen für reiche Ernte, für Glück und Liebe ... und um weitere gute Zusammenarbeit gebeten. Früher war es eine Zeit, in der man vor dem Herdfeuer saß und mit den Wesen der Natur in das neue Jahr schaute. Wegen der jahreszeitlichen Wetterbedingungen und der Dunkelheit bewegte man sich wenig im äußeren Bereich, sondern man zog sich eher besinnlich ins Heim zurück, Mädchen und Frauen machten Handarbeiten, Jungen und Männer reparierten Werkzeug – und die Alten spannen Garn: Sie erzählten die von Generation zu Generation überlieferten Geschichten.

Durch die Christianisierung wurden immer mehr Wesen der Natur in die Höllenwelten verbannt. Dort wurden sie zu Schreckensgestalten, die man austreiben musste. So kam es, dass schließlich die katholischen Priester zu diesen bestimmten Zeiten die Räucherungen in den Häusern übernahmen, um die Dämonen auszutreiben.

Es gibt unzählige Bräuche rund um die Rauhnächte. Einige, die noch allgemein erhalten sind, sind: der Christbaum, der symbolisch für die immerwährende Kraft der Naturreiche steht und die Wiedergeburt des Lichts, ebenso die Kerzen und das Feuer; der Nikolaus, der die Gaben bringt, und Knecht Ruprecht, der mit seiner Rute Altes austreibt, um für Neues Platz zu machen; Silvester, wo die Lichtraketen und Knallerei die alten Geister verscheuchen, um das Jahr für das Neue frei zu machen.

Der Kreis mit dem Punkt in der Mitte ist das Symbol des Universums, das der kosmische Geist lenkt und belebt. Zwischen diesem Kreismittelpunkt und der Peripherie findet ununterbrochen ein Austausch statt, und durch diesen Austausch entsteht das Leben. Es ist die Öffnung des lebendige Buchs, das begeistert, mitreißt und zutiefst erschüttert und aus dem alles schöpfen kann.

Omraam Mikhael Aivanhov

Im Kreis des Jahres gibt es acht Feste in Abständen von ca. sechs Wochen. Vier Feste richten sich nach der Sonne, und vier Feste richten sich nach Mond und Erde. So feiert man mit den Zyklen der Gestirne das, was gerade Thema in der Natur ist. An diesen Festen öffnet sich ein Fenster, die Tore in die Anderswelt stehen offen. Während der Feier kann sich für jeden Einzelnen das Motiv der nächsten sechs Wochen herauskristallisieren. Die Kreise und Zyklen der Natur und der Menschen können sich so erneut wieder miteinander verbinden, sich austauschen und gemeinsam feiern. Aus der nachfolgenden Tabelle wird auch ersichtlich, welche Wesen zu welcher Jahreszeit am aktivsten sind.

Möchte mich heut' wieder verbinden,
den Weg zurück in die
Naturreiche finden,
treu und mutig mit euch gehen,
bis wir alle im Lichte stehen.

Menschen, Naturwesen und kosmische Kräfte im Kreis der acht Jahresfeste

Jahresfest	Zeitqualität	Was passiert in dieser Zeit?	Fragen
21. März: Ostara; Sonnenfest Frühlingstagund-nachtgleiche	Zeit des Aufbruchs, des Neuanfangs, des Schaffens. Du bist aufgefordert, zur Aktion, zum Aufbruch, zur Tat zu schreiten.	Die Sonne weckt die Kinder der Erde. Es ist der sichtbare Beginn eines neuen Zyklus.	Wohin habe ich mein Licht gesendet? Was sind meine Pläne? Was ist jetzt konkret zu tun?
1. Mai: Beltane/ Walpurga Erdfest Vereinigung der Göttin mit dem Gott, um den neuen Jahreszyklus mit Fruchtbarkeit und Kraft zu segnen.	Zeit der Verbindung und Vereinigung. Zeit der Sinnlichkeit und des Lockens. Die Aufgabe ist jetzt, Verbindungen zu vertiefen, zu stärken und zu fördern.	Zeit von Pan und den Nymphen, auch Wasser- und Feuerwesen wirken verstärkt. Aufgabe der Naturwesen ist jetzt, alles zueinander zu locken, damit die Natur reiche Früchte trägt.	Welche Verbindungen möchte ich vertiefen, verstärken und fördern? Was soll Früchte tragen? Was möchte ich in der nächsten Zeit hüten, hegen und pflegen?
21. Juni: Mittsommernacht Sommersonnenwende. Der Sonnenhöchststand ist erreicht. Die Tage werden wieder kürzer.	Zeit des Pflegens und des Hegens. Das, was gereift ist, beginnt jetzt, Früchte zu tragen, und wird im gleichmäßigen aktiven Rhythmus gepflegt und gehegt.	Die Pläne haben Form angenommen und sind gereift. Naturwesen wirken aktiv und gleichmäßig.	Welche Kraft ist zu halten und dauerhaft zu stabilisieren? Was ist jetzt zu Ende zu bringen? Was habe ich bisher getan? Wo habe ich klargesehen, wo nicht?

1. August: Lamas Erdfest Fest der Fülle der ersten Ernte und der Kräuterweihe	Zeit der beginnenden Ernte und des Feierns. Die Zeit des Wachstums ist beendet.	Die Naturwesen beginnen, die abbauenden Prozesse einzuleiten. Die Sonnen- und Feuergeister werden gewürdigt.	Was ist in meinem Füllhorn? Welche Angelegenheiten haben sich als fruchtbringend erwiesen? Was gibt es zu feiern und zu würdigen?
21. September: Erntedank Sonnenfest Herbsttagundnachtgleiche Fest der Segnung des Dankes	Zeit der Freude, des Nachdenkens und des Abwägens. Es wird gesegnet und gepriesen, was das Jahr gebracht hat, und reflektiert.	Alles beginnt, sich verstärkt zurückzuziehen und sich auf die dunkle Jahreszeit vorzubereiten. Vorräte werden gesammelt und angelegt.	Wofür bin ich dankbar? Was war gut? Was hätte besser laufen können? Was hat mich begleitet? Wie bereite ich mich auf die dunkle Zeit vor?
1. November: Samhain Erdfest Beginn des unsichtbaren neuen Jahres. Die Nächte sind länger als die Tage.	Zeit von Tod und Geburt, Abschied und Neubeginn. Berührung mit den versteckten, inneren, unerledigten Dingen und dem Totenreich.	Die astralen Welten sind aktiv. Dämonen, Geister, Verstorbene und hohe Engelwesen wandeln unter uns.	Welche Schatten berühren mich? Was ist noch zu klären? Welche Ahnenkraft ist bei mir? Was soll sterben? Was soll neugeboren werden?

Jahresfest	Zeitqualität	Was passiert in dieser Zeit?	Fragen
21. Dezember: Julfest Sonnenfest Wintersonnenwende Wiedergeburt des Lichts. Die Tage werden ab jetzt wieder länger.	Zei der Innenschau. Zeit, Ideen zu entwickeln und Kräfte aufzunehmen. Zeit, Orakel zu befragen.	Die Engelchöre jubeln. In den 12 Rauhnächten lassen uns Naturwesen aller Arten mit magischen Kräften in das neue Jahr schauen.	Was lasse ich alten Jahr? W unterstützt m im neuen Jal Welche Qualitä kündigen sich das neue Jahr a
1. Februar: Imbolg Erdfest Das Licht nimmt spürbar wieder zu. Die ersten Regungen im Bauch der Natur.	Zeit der stillen persönlichen Planung für das neue Jahr. Aufgabe ist nun, die Kraft mit dem geistigen Licht zu rufen und zu wecken.	Feen, Devas und Engel helfen, das Licht in der Erde zu verankern und die Naturkräfte sanft zu wecken.	Welche Kraft mö te ich in mein ben rufen? Wo möchte ich me Energie einsetz Was möchte ich diesem Jahr m tern?

Auszeit: Raum für Entspannung und Wohlbefinden.

» Es ist nicht zu wenig Zeit, die wir haben, sondern zu wenig Zeit, die wir nutzen! «

Qi-Lax

4 Std. Entspannungs(auszeit)
für Dich

25.11.17
9.12.17 14⁰⁰ - 18⁰⁰

Im alten Pastorat in Drove

Drovestraße, 52372 Kreuzau-Drove

25 €

Weitere Info:
entspannung-auszeit@web.de
Silke Hain 0177 3383 953
Edith Wirthmann 02427 901537

Begrenzte Teilnehmerzahl
Anmeldung erwünscht.

Günstige Bedingungen

Prinzipiell kann eine Begegnung mit den Wesen der Natur jederzeit zustande kommen, und das kann unmittelbar und ganz unerwartet geschehen. Alles ist in den Naturreichen möglich. Doch wenn wir uns bewusst darin üben wollen, sind die nachfolgend aufgeführten Voraussetzungen günstig, um in das Feld der Natur einzutauchen. Es ist das, was wir von unserer Seite aus beitragen können, um den Kontakt herzustellen.

Liebe und Wahrheit: Wer in der Liebe ist, der ist im Göttlichen, und das Göttliche ist in ihm. Wer in der Wahrheit lebt, hat nichts zu verbergen und nichts zu fürchten – er kann sein.

Reine Absichten: Hier gibt es kein Mogeln, kein Verstecken, keine Masken, keine Strategien. Die Wesen der Natur sehen, was ist, sie sehen unsere Energie, und in dieser ist nichts verborgen. Das heißt, Ehrlichkeit sich selbst gegenüber ist wichtig.

Achtsamkeit: Wir sind aufgefordert, mit Bedacht durch die Natur zu gehen. Das bedeutet, z. B. nicht einfach Äste und Blumen achtlos abzuknicken oder gar Müll in die Landschaft zu schmeißen. Wenn wir etwas nehmen, ist es gut, auch etwas dafür zu geben – ein Lied, eine Melodie, ein liebes Wort ...

Akzeptanz: Es gilt zu akzeptieren, dass es auf diesem Planeten noch andere Reiche, Dimensionen und Intelligenzen gibt außer uns Menschen.

Mitgefühl und Hilfsbereitschaft: Gerade in den Naturreichen gibt es so manche Aufnahmeprüfung. Wer kennt nicht das Mütterchen am Wegesrand, das nach dem Weg fragt oder um ein Stück Brot bittet. Teilen wir das, was wir bei uns haben, so sind wir aufgenommen. Wenn wir etwas essen, so können wir auch etwas davon für die Wesen hinlegen.

Stille: Innerlich zur Ruhe kommen ist wichtig. Gedanken und Gefühle in sich vorbeiziehen lassen, wie die Wolken am Himmel. Sich auf seine Atmung konzentrieren. Auf seine Schritte, auf den Kontakt mit dem Boden achten, um schließlich und allmählich anzukommen, in sich, in der Natur, in der inneren Ruhe, im Raum der Stille.

Offenheit: Sich weit und offen machen für die Natur. »Ich bin in ihr und sie ist in mir.«

Eintauchen: Im Hier und Jetzt ganz da sein. Alles bewusst wahrnehmen. Die Zeit und die Dinge, die man so im Alltag zu erledigen hat, für einen Moment vergessen.

Freude: Sich einspüren, Freude empfinden an dem, was die Natur uns von sich aus darbietet. Eintauchen in die Fülle und die Vielfalt. In die Einzelheiten und Kleinigkeiten, in die Verbindungen, in die kleinen Wunder am Rande des Weges.

Innere Führung: Sich führen lassen, sich anziehen lassen – von einem Platz, von einem Baum, von Pflanzen, von einem Weg. Diesen Eingebungen nachgeben.

Sich einlassen: Sich von der Natur bezaubern lassen. Die Fragen laut stellen, die einen bewegen. Sich mitteilen, andere teilhaben lassen. Den Antworten und Zeichen lauschen.

Wiederkehren: Eine Beziehung zu einem Baum, einem Platz, einer Gegend aufbauen. Dies geschieht, indem man in regelmäßigen Abständen wiederkehrt. Dann den Platz

begrüßt, sich Zeit nimmt, ihn kennenzulernen, lernt, sich an ihm wohl und geborgen zu fühlen. Die Kommunikation mit ihm beginnt. So kann es passieren, dass man eines Tages als Freund erkannt und begrüßt wird.
Sich selbst vertrauen: Sich neu entdecken. Neue Möglichkeiten ausprobieren. Kreativ sein. Dinge tun, die man als Eingebung erhält, die für unseren Verstand oftmals jedoch keinen Sinn machen. Die Wirkung kann wunderbar sein.
Einladungen aussprechen: Die Wesen bitten, sich zu melden. Hat man eine Erfahrung mit ihnen gemacht – mag sie traumähnlich oder fast wahr gewesen sein –, so kann man immer um ein Zeichen in der Alltagswelt bitten. Es kommt.
Umweltbewusstsein: Hier gibt es vielerlei Dinge, auf die man achten kann.

Beispiel einer Anrufung

Erzengel Michael und Archaii des Glaubens,
ihr mächtigen Hüter der Luft, Thor und Aries,
ihr Wesen des Ostens, ihr Reiter auf den vier Winden,
Boreas, Windmutter, ihr Sylphen
Paralda, du Herrscher über die Reiche,
kommt, schützt und begleitet ...
[das Fest, den Kreis, die Arbeit],
und verleiht mir die Kraft der klaren Unterscheidung.

Erzengel Uriel und Donna Grazia,
ihr mächtigen Hüter des Feuers, Helios und Vesta,
ihr Wesen des Südens, ihr Hüter der Flammen,
Feuerfeen, Feuerwesen, ihr Salamander,
Djinn, du Herrscher über die Reiche,
kommt, schützt und begleitet ...
[das Fest, den Kreis, die Arbeit],
und verleiht mir den Stab der Kraft,
um ihn lichtvoll zu leiten.

Erzengel Gabriel und Archaii der Hoffnung,
ihr mächtigen Hüter des Wassers, Neptun und Lunara,
ihr Wesen des Westens, ihr Hüterinnen der Quellen,
Teiche, Seen, Bäche und Meere, ihr Undinen,
Nicksa, du Herrscher über die Reiche,
kommt, schützt und begleitet …
[das Fest, den Kreis, die Arbeit],
und verleiht mir den Kelch der Heilung und Segnung.

Erzengel Raphael und Mutter Maria,
ihr mächtigen Hüter der Erde, Pelleur und Virgo,
ihr Wesen des Nordens, ihr Hüter der Steine,
Mineralien, Erze, Metalle, Hügel und Landschaften,
ihr Zwerge,
Gob, du Herrscher über die Reiche,
kommt, schützt und begleitet …
[das Fest, den Kreis, die Arbeit],
und verleiht mir die Kraft der ehrenden Ruhe und heiligen Stille.

Metatron und Immaculata,
ihr mächtigen Hüter des Äthers, Akasha und Devos,
ihr Wesen der Mitte, ihr Engel der kosmischen Reiche,
kommt, schützt und begleitet …
[das Fest, den Kreis, die Arbeit],
lasst mich zu einem mächtigen Kanal der Kraft werden,
und führt mich an, das zu tun, was jetzt zu tun ist
im Sinne der Höchsten Quelle.

Ihr Wesen der Elemente und Natur, ich rufe euch,
steht mir bei, unterstützt mich bei … [Situation].

Du kannst auch ein Gebet deines Herzens sprechen, um die Wesen der Erde und des Himmels oder ganz gezielt bestimmte Naturgeister – Zwerge, Feen, Elfen etc. – zu rufen, dich zu unterstützen.

Zum Ende einer Arbeit

Wenn die Arbeit beendet ist, solltest du das, was du gerufen hast, auch wieder entlassen, die Energien auflösen und das Ritual zum Abschluss bringen.

Ich danke euch von Herzen für eure Unterstützung.
Ich bitte euch, geht nun zurück in eure Reiche,
verlasst den Platz nun wieder.
Doch ungebrochen bleibt das Band
zwischen mir und euch.

Die rechte Hilfe

Die Natur- und Elementarwesen können zu vielen Arbeiten zu Hilfe gerufen werden. Ohnehin wirken bei allem die Kräfte von Himmel und Erde mit. Die Wesen der Erde sind die Meister der Materie auf allen Ebenen, deswegen ist es gut, mit ihnen zusammenzuarbeiten, wenn man etwas erreichen will. Ebenso wie die Engel achten die hilfreichen Erdgeister den freien Willen der Menschen. Sie kommen nur, wenn sie gerufen, eingeladen und gebeten werden zu kommen. Ansonsten halten sie sich fern. An manchen Plätzen dauert es länger, bis sie sich zeigen. Sie brauchen erst das Vertrauen zu dem Menschen, der sie ruft, und prüfen ihn manchmal vorher.

Ihre Aufgaben in der Natur sind, kosmische Ströme weiterzuleiten, Energie auf- und abzubauen, sie zu wandeln, zu lenken und zu behüten. Sie halten alle missbrauchten Energieströme so lange aufrecht, bis sie gewandelt werden. Sie sorgen für Ausgleich und Gerechtigkeit. Sie prüfen die Herzenskraft.

Sie schenken Lebenskraft, Erneuerung, Wandlung, Erkenntnis, Weisheit, übernatürliche Kräfte ... Sie behüten und versorgen die Natur mit Licht in all ihren Erscheinungsformen. Bei allen Einweihungen und Prüfungen der Menschen sind sie zugegen. Sie verleihen den Landschaften ihren besonderen Zauber und Reiz.

Wobei die Naturgeister helfen können

Angelegenheiten der Elemente: Um Elemente zu heilen, neu auszurichten, kaputte Strukturen abzubauen oder aufzulösen, und zwar in Menschen, Tieren, Pflanzen, Steinen, an Plätzen, Orten ... Das gilt auch für alle Ebenen eines Elementes, z. B. Wasser, das sichtbare, reale Wasser, das ätherische Wasser, für alle Angelegenheiten, die Emotionen und Gefühle betreffen ... eben für alles, was mit dem Wasser in Verbindung steht. Man kann über die Tattwas, Symbole der Elemente (siehe Tattwas), über die geistige Ebene mit den Elementargeistern Kontakt aufnehmen.

Alle Arten von Arbeit: Erdarbeiten; Arbeiten mit Menschen, Tieren, Pflanzen, Steinen in Landschaften, in Ritualen; in schwierigen zwischenmenschlichen Situationen ...

Krankheiten und Heilbehandlungen: Naturgeister sind sehr hilfreich bei Heilbehandlugen. Zwerge können z. B. nach einer Operation auf der energetischen Ebene das Seelenkleid wieder flicken. Feen leiten die sanften Energieströme wie Laserstrahlen, damit sie heilen. Elfen lenken die Medizin der Pflanzen in richtiger Form, Dosis und Weise, an die richtige Stelle im Körper. Sie können einem auch die richtige Medizin auf der realen Ebene durchgeben. Die Körperelementarwesen helfen, den Körper auf allen Ebenen neu auszurichten. Hier geschieht die Heilung oft ausgehend von der feinstofflichen Ebene und wird dann auf der materiellen Ebene sichtbar (siehe auch Anhang, Text von Laurin über die Heilung).

Angelegenheiten der Natur, auch in Haus, Hof und Garten: Dort zeigen die Wesen, mit welchen Kräften man es zu tun hat und was zu tun ist, um diese Kräfte zu wandeln, zu vertreiben, zu verändern, zu bestärken ... Sie lassen uns den Schutzgeist des Hauses erkennen, ebenso unerlöste, irrende Seelen, Dinge, die an diesem Ort einstmals geschehen sind. Sie halten alles in ihrem Licht, bis es gelöst und gewandelt wurde.

Erdheilungen: siehe Kapitel Erdheilung

Schwere Lebenslagen: In diesen sind die Wesen der Erde gute und treue Begleiter. Sie senden ein anderes Licht in diese Angelegenheit und helfen einem, durch diese tiefen seelischen Täler zu wandern. Aber der Rat der Elementar- und Naturgeister kann überhaupt in allen Lebenslagen von großer Hilfe sein, z. B. in Prüfungssituationen aller Arten, in Liebesangelegenheiten ...

Gefährliche Situationen in der Natur: Bei Wanderungen, beim Bergsteigen, beim Überqueren von Wildbächen, bei plötzlichen Gewittern, bei unerwarteten Übernachtungen in der Natur ... kann man die Naturwesen z. B. um Rat und Hilfe fragen und Ärger mit ihnen verhindern, indem man sie würdigt. Am besten, man verhält sich wie ein Gast, dem in einem fremden Heim Einlass gewährt wird.

Mystische und magische Angelegenheiten: Erdgeister helfen z.B., Dinge zu materialisieren. Wassergeister helfen beim Blick in den Spiegel der Vergangenheit, Gegenwart und Zukunft. Luftgeister helfen, schnell an andere Orte zu gelangen und Antworten auf Fragen über Menschen zu bekommen, mit denen man verbunden ist; auch für alle Fragen des Wetters sind sie zuständig. Feuergeister helfen, Dinge zu wandeln und damit eine neue Chance zu bekommen; sie leiten auch die telepathischen Ströme und Gedankenkräfte.
Geomantie (Lehre der Erde): Auf diesem Gebiet sind sie die Meister, Kenner und Führer.
Erkenntnisse der Seele: Wenn wir verstehen wollen, wo diese oder jene Angelegenheit ihren Ursprung hat, dann können wir die Erdgeister rufen. Sie erhalten alle Energieströme aufrecht, die wir einst fehlgeleitet haben, und zwar bis wir bereit sind, sie zu wandeln. Interessant dabei ist, dass sie sich uns oft in der Kleidung bestimmter Zeiten und Länder zeigen, andere Sprachen sprechen, was allein schon ein guter Hinweis ist auf dem Weg der Seele zum Ursprung. Auch führen sie uns direkt in Bilder, die wir in uns noch nicht aufgelöst haben.

Dies sind nur ein paar Beispiele. Bedenke einfach, dass die Kräfte von Himmel und Erde bei allem beteiligt sind. Kosmische Kräfte beschützen, führen und begleiten uns und helfen uns, eine Angelegenheit lichtvoll auszurichten. Doch für Fragen der Erde sind die Wesen der Erde zuständig. Sie sind hier die treuen Begleiter, Hüter und Wächter, Berater, praktischen Anleiter, Spurenleser, Kenner und Führer. Wenn wir mit beiden Kräften zusammenarbeiten, verbinden wir Himmel und Erde. So kann das Licht auch zu uns gebracht werden.

Vorbereitung auf die Begegnung

Wer mit den Naturgeistern in Kontakt treten möchte, muss seinen Verstand öffnen und sein Denken nach und nach für weitere Dimensionen des Seins erweitern. Hier ein Beispiel des Denkens mit dem Verstand und wie dies von geistiger Sicht gemeint ist.

In der Johannesoffenbarung (Kapitel 14) können wir lesen, dass 144.000 gerettet werden. Wenn wir mit unserem Alltagsdenken an diese Aussage gehen, so gehen wir davon aus, dass nur 144.000 Menschen auserwählt und gerettet werden, wenn das Jüngste Gericht tagt. Wir begrenzen, engen ein und ängstigen uns. Erfassen wir diese Aussage aber von der geistigen Dimension, so kann es bedeuten, dass 144.000 die Schwingungsfrequenz aller geöffneten feinstofflichen Hauptenergiezentren (Chakras) ist – d.h., alle Menschen können gerettet werden, wenn sie sich mit der Kraft ihres freien Willens in diese Schwingung einklinken können.

Unser Alltagsdenken ist auf Fakten ausgerichtet, es wertet, teilt, beurteilt, kategorisiert, ordnet, bringt die Dinge in eine Struktur. Das geistige »Denken« hingegen ist auf Energie, Schwingung, ausgerichtet. Es bleibt in der

Einheit, Weite, Freiheit, in den unbegrenzten Möglichkeiten. Denn der Geist ist ewig frei.

Wollen wir nun dieses Tor in die feinstofflichen, geistigen Welten beschreiten, so ist dies möglich, wenn wir lernen, manchmal »gegen den Uhrzeigersinn« zu denken, zu handeln, zu sein.

»Wenn du es eilig hast, mach einen Umweg.«
»Ein Frosch springt in den Brunnen, ein Kind sagt: ›Plumps!‹«

Wenn wir bereit sind, die Grenzen unseres Seins zu erweitern, so sind es manchmal die banalen, belanglosen, teilweise uns unsinnig erscheinenden Dinge am Wegesrand, die uns helfen, unseren Handlungsspielraum zu erweitern. Dies ist der erste Schritt zur Begegnung mit anderen Dimensionen.

Weitere Möglichkeiten, dieses Rad der Materie anzuhalten, sind, im Hier und Jetzt zu sein, alles wahrzunehmen, was einen umgibt, in sich hineinzufühlen, sich zu konzentrieren, in die Stille zu gehen, zu meditieren, vom Senden auf Empfang umzustellen, sich zu öffnen, der inneren Stimme zu lauschen, den Sichtbereich zu erweitern und die Sinne zu verfeinern und zu trainieren. So öffnet sich langsam das Tor für die Energien der geistigen Welten. Wir merken es, wenn wir andere Energiefelder betreten. Wir spüren, wann und wie sich unser Energiefeld verändert, wenn wir andere Räume betreten oder mit anderen Menschen zusammentreffen. Wir erkennen, wie subjektiv Zeit und Raum sind, wie sie sich in manchen Begegnungen ausdehnen, auflösen, weiten. Wir beginnen, andere Wesen in unserer Gegenwart zu fühlen. Wir hören vielleicht eine Stimme in uns, die uns zuflüstert. Wir fangen an zu sehen. Erst nur einmal, ganz plötzlich und rein zufällig, sodass wir es noch der Kategorie »Einbildung« zuordnen können, doch dann immer öfter und klarer.

Es gibt viele Wege und Tore in die geistigen Welten. Jeder von uns hat seine eigene Reise und seine eigenen Wege, mit den geistigen Welten in Kontakt zu treten, obwohl er sie nie verlassen hat und immer mit ihnen in Verbindung stand.

Der Altar

Mit einem kleinen Altar im Zimmer und/oder in der Natur erschaffen wir einen Tempel, in dem wir die Lichtkräfte im Kosmos und auf der Erde würdigen. Wenn wir mit ihnen arbeiten oder ihnen für ihre Hilfe danken wollen, dann können wir hier für sie ein Licht anzünden, Wasser hinstellen, frische Blumen ... So geben wir ihnen einen festen Platz in unserem Leben.

1. Der Eulenblick

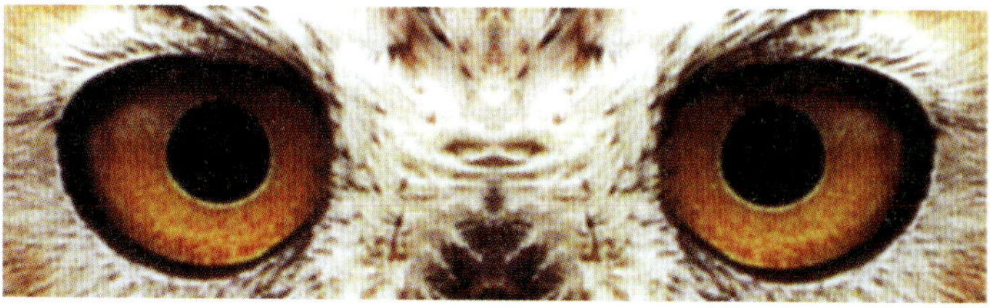

Abb. 1

Das ist der normale Blickwinkel, den wir im Alltag haben.

Da sich die Naturgeister oft am Rande eines Gesichtsfeldes aufhalten und nur aus dem Augenwinkel zu sehen sind, ist es gut, wenn wir unseren Blickwinkel weiten.

Abb. 2

Wir können üben, unser Gesichtsfeld auszudehnen, indem wir die Hände im 180-Grad-Winkel links und rechts neben die Augen halten, geradeaus schauen und versuchen, trotzdem unsere Hände zu sehen. Wenn wir das öfter üben, so weitet sich unser Blick.

2. Dinge von einer anderen Seite betrachten

Es war einmal ein Förster, der wollte Kindern die Natur wieder nahebringen. So ging er mit den Kindern in den Wald. Er stand vor einem Baum und begann, den Kindern zu erklären, was ein Baum ist und wie man mit ihm in Kontakt treten kann. Nach einiger Zeit meldete sich ein Kind und sagte: »Herr Förster, Sie machen das aber falsch, Sie müssen sich unter den Baum legen, und dann erst können Sie mit dem Baum richtig reden.«

Wenn wir in die Natur gehen, sollten wir sie mit Kinderaugen betrachten, den Schmetterlingen folgen, uns unter einen Baum legen, Kleinigkeiten betrachten, ab und zu andere Blickwinkel ausprobieren, und auch mal hoch, nach links oder rechts vom Wege schauen, stehenbleiben und staunen. Dadurch entstehen unerwartete Momente, und wir katapultieren uns ins wahre Hier und Jetzt.

Betrachte dieses Bild von verschiedenen Seiten!

3. Würdigung der Geister

Wenn du in die Natur gehst, kannst du immer Kleinigkeiten für die Wesen der Natur dabeihaben: Tabak, Räucherwerk, Brot, Schnaps, Milch, Wasser ... Teile mit ihnen das, was du dabeihast. Du kannst auch ein Lied für sie singen, ihnen Licht schicken, ihnen eine Geschichte vorlesen, einen Witz erzählen ... Wir sind in einem Kreislauf von Geben und Nehmen. Wenn wir etwas nehmen, so sollten wir auch immer etwas geben, um das Gleichgewicht zu bewahren.

4. Achtsam durch die Natur gehen

Gehe aufmerksam und achtsam durch die Natur. Öffne deine Sinne. Betrachte das Wetter, den Weg, die Pflanzen, die Tiere, die dir begegnen. Beachte die Besonderheiten. Notiere zu Hause dann deinen Weg, und schreibe dir die Gedanken auf, die du dazu hattest, wenn du welche hattest. Manchmal kommen Eingebungen der Naturgeister plötzlich über erstaunliche Gedankengänge, die man vorher nicht hatte.

5. Meditieren in der Natur – die Nebelwand/der Lichtvorhang

Such dir einen schönen Platz in der Natur. Wenn du unsicher bist, zieh einen Schutzkreis um dich, oder leg dir einen aus Steinen. Betrachte deine Umgebung genau. Präg dir die Landschaft ein, in der du sitzt. Welche Bäume, Gräser, Pflanzen, Besonderheiten siehst du um dich herum?

Schließ deine Augen, und werde still. Sprich ein Gebet, bitte die Geister, sing ein Lied, ruf die Wesen der Anderswelt auf deine Weise.

Stell dir vor, wie sich aus einem Regenbogen Farben für dich lösen, die jetzt gut für dich sind und dich ganz einhüllen. Wenn du dich geborgen und geschützt fühlst, dann stell dir direkt vor dir eine Nebelwand oder einen Lichtvorhang vor. Schreite hindurch. Du stehst augenblicklich im Andersreich. Es kann genauso aussehen wie die Umgebung, aus der du kommst. Es kann aber auch ganz anders aussehen. Wesen können sich dir zeigen, mit denen du Kontakt aufnehmen, von denen du dich zum Hüter des Platzes führen lassen kannst ... Du kannst immer um ein Zeichen in der Realität bitten. Wenn du fertig bist, geh durch die Nebelwand/den Lichtvorhang zurück.

Öffne deine Augen, streck dich und sei wieder ganz da. Hast du eine Botschaft bekommen oder ein Zeichen, so folge diesem. Hat dir z. B. ein Zwerg gesagt: »Geh um den Baum, und schau in die Wurzeln, da sitze ich«, so schau einfach nach. Du wirst feststellen, dass der Platz in einem neuen Licht erstrahlt. Spannend ist es, wenn mehrere Menschen an einem Platz Ähnliches erleben. Würdige das, was du erlebt hast. Hinterlass eine Gabe für das, was du erhalten hast.

6. Die Spiegeltechnik

Nimm einen Spiegel mit in die Natur, und fahr mit ihm über auffällige Stellen. Manchmal kannst du die Wesen darin deutlich sitzen sehen. Denn ein Blick ist in der Realität und einer in der Anderswelt.

7. Die Mehltechnik

Nimm dir Mehl mit in die Natur. Mehl ist ein guter Wegweiser, um zu erkennen, wie die Energie an einem Platz ist. Mehl zeigt die Luftströmung an und an windstillen Tagen die Kraft und wie sie an einem Platz verläuft.

Manchmal kann man in dem feinen geworfenen Mehlstaub die Wesen der Luft sehen. Wenn das Mehl fein bleibt und nicht klumpt, ist das ein Zeichen dafür, dass die Energie an einem Platz in Ordnung ist. Wenn sie stark klumpt, so ist die Energie an einem Platz wandlungsbedürftig (siehe auch Bild drei Praktischer Teil; Erdheilung). Wenn das der Fall ist, können sich an der Stelle recht heftige dämonenartige Wesen aufhalten. In diesem Fall ist es empfehlenswert, einen Schutzkreis zu errichten, bevor man mit den Wesen und der Energie an einem Platz in Kontakt tritt, um zu erfahren, was dort geschehen ist oder was sich dort aufhält.

8. Sich einfühlen in die Energie eines Platzes

Lasse dich leiten und führen, wohin es dich zieht. Wenn du z. B. vor einem Baum stehst, dann konzentriere dich auf den Baum. Werde zu dem Baum. Lasse dich von seinem Energiefeld einhüllen, vergiss dich für einen Moment, und versuche, »mit den Mokassins« des Baumes zu gehen, dich in seine Haut zu versetzen. Wie fühlt es sich an, hier zu stehen, Wurzeln zu haben? Achte auf die Zeichen in der Natur – Federn, Schnecken, Lichtpunkte, Tiere ... Denn das ist ihre Art, dir auf das zu antworten, was dich gerade beschäftigt. Es kann sein, dass dir ihr Zeichen erst zu einem späteren Zeitpunkt seine ganze Botschaft offenbart.

9. Ein Beispiel für die Auswertung eines Platzes

Wo sitzt was? Wie fließt die Energie?

Wenn wir einen Platz auswerten wollen, sollten wir Zeit und Ruhe mitbringen.

Zuerst schauen wir uns den Platz genau an. Wie fühlt er sich an? Wie fließt die Energie? Was ist dort auch in den feineren Abdrücken zu sehen und zu spüren? Eine Skizze des Energieverlaufs ist dabei ganz hilfreich (siehe Abb.).

Um nun tiefer in das Geheimnis des Platzes einzudringen, kannst du die Techniken *Lichtfotografie* und *Nebelwand* anwenden.

Der vorgestellte Platz ist z. B. ein Elfen- und Zwergenbrennpunkt. Das bedeutet, die Energie ist an dieser Stelle zentriert, stabil und aufladend, eine Kraftquelle. Hier gibt es Eingänge in die verschiedenen Welten und Dimensionen. Die Wesen, die hier wohnen, kannst du in den verschiedensten Angelegenheiten rufen. Sie werden dir bei allem, was die Natur betrifft, helfen, außerdem dabei, dich zu zentrieren, Lösungen zu finden und wieder in deine Mitte zu kommen.

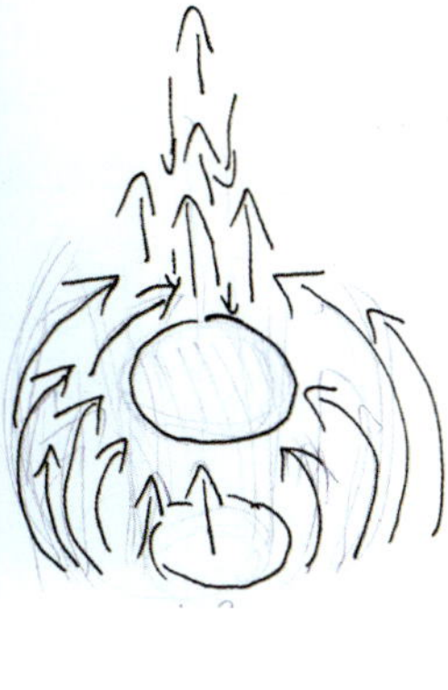

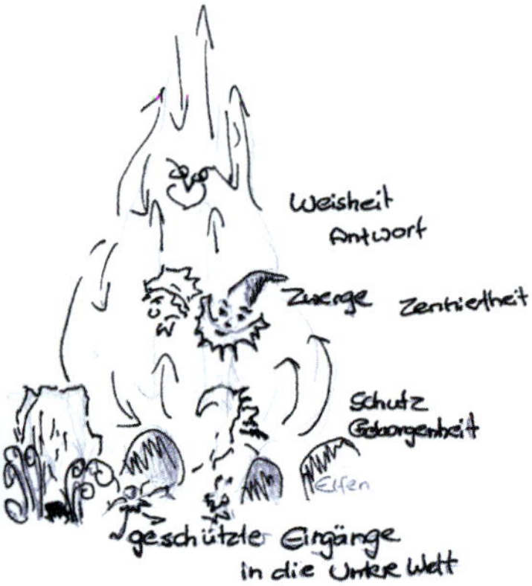

10. Lichtfotografie

Wenn ich einen Platz auswerte, nehme ich gern die Kamera mit. Denn das Bild gibt mir Zeit und Raum, mich auf den Platz zu konzentrieren und seine Energien deutlicher und feiner erkennen zu können. Bevor ich ein Bild mache, räuchere ich oft, und bitte die Wesen an einem Platz auf meine Weise, sich zu zeigen. Ich stelle mir vor, wie ganz viel Licht von oben in die Kamera fließt und auch das Nichtsichtbare sichtbar wird. Dann fotografiere ich. Manchmal meditiere ich auch davor auf die zuvor beschriebene Weise.

Beispiel anhand eines Weihnachtssterns. Das erste Bild zeigt einen Weihnachtsstern, so wie wir ihn normal sehen. Ich habe das Wesen des Sterns gebeten, mir seine Gesichter zu zeigen. Ich schloss dann die Augen und stellte mir vor, wie das Energiefeld des Weihnachtssterns sich mit meinem verband. Als ich mich ganz in seine Farben eingehüllt fühlte, begann ich, mich mit geschlossenen Augen zu bewegen. Jedesmal, wenn ich die Augen öffnete, bekam ich eine andere Seite von dem Weihnachtsstern zu Gesicht. Diese Fotos entstanden mit Ruhe und in innerer Kommunikation mit dem Pflanzenwesen. Augen und Mund sind als Verdeutlichung hineingezeichnet. Der Rest ist original.

Das Geheimnis des Weihnachtssterns

Die kleine Blumenfee

Komm, kannst du mich entdecken?
Ich steh' hier zwischen den Stengelstecken,
grinse dich breit an – zeige dir,
was ein Weihnachtsstern so alles kann.
Folge mir, dann zeig' ich dir
mein lichtes Revier.
Ich bin die Fee im Lichtersee.

Das Sternenwesen

Hier siehst du den Stern,
wo ich wohn' in der Fern'
und hab dich besonders gern.
Leuchte jede Nacht für dich, schleich' mich sanft an,
betracht' dich aus der Nähe dann,
was ich sonst nur aus der Ferne kann.
Deswegen heiß ich Weihnachtsstern,
denn an Weihnachten sind euch die Sterne nicht fern

Die Elfe

Sitze hier im Weihnachtsstern,
und den ich hab gar so gern!
Tanze mit ihm seinen Seelenklang,
singe für ihn den Weihnachtsgesang.
Verleihe ihm die Farbenpracht,
ja, sie ist vom Licht gemacht.

Die Deva

Ich bin der Engel hier im Sein,
hüte sein Licht, hole ihn wieder heim.
Nur manchmal bin ich zu sehen,
denn die Lichtwege wir im Stillen gehen.

Die Schattenseite

So nun ist es genug!
Lass mich jetzt wieder in mein Sein, und geh du in deine Welt nun heim.
Auch wir können mit dem Dunkeln funkeln und so mit dem Licht hier munkeln. Genug ist genug, mehr wär' jetzt Betrug.

Der Kreis

Du hast bestimmt bemerkt, dass ein Indianer alles rund macht, weil die Weltenkraft immer in Kreisen wirkt und alles rund sein will. Der Wind wirbelt kreisförmig bei seiner größten Kraftentfaltung. Vögel bauen runde Nester. Die Sonne geht im Bogen auf und auch wieder unter. Der Mond macht dasselbe, und beide sind rund. Die Welt ist nicht gradlinig, das Leben nicht linear. Indianische Weisheit wirkt immer in Kreisen. Viele benutzen das Medizinrad; es ist ein überzeugendes Lehrmittel und eine Möglichkeit, uns und unsere Welt zu verstehen. Es gibt die vier Himmelsrichtungen, es gibt vier Rassen, Schwarz, Weiß, Rot und Gelb – alle meine Verbindungen sind in gemeinsamer Bewegung. Das Leben hat viele Kreisläufe. Wir bestehen aus vier Teilen, die der Fürsorge bedürfen, Körper, Gefühl, Geist und Spirit. Alle sind miteinander verbunden. Das Universum ist rund. Wir kommen von der Erde, und wir kehren zur Erde zurück.

Hehaka Sapa, »Black Elk«,
Ältester der Oglala-Indianer

Wenn du an Plätzen Kräfte erspüren oder Orte mit Kraft aufladen willst, ist der Steinkreis ein gutes Hilfsmittel, um dies zu tun. Einen Schutzkreis aufzubauen ist ohnehin immer ratsam bei der rituellen Arbeit. Er bietet Geborgenheit, Sicherheit und Ruhe, und die brauchen wir, um die Kraft und die Wesen an einem Platz genau beobachten zu können und uns mit ihnen zu verständigen. Auch wenn du an einem Platz übernachtest, ist es ratsam, einen Schutzkreis aus Steinen zu errichten, auch aus ganz praktischen Gründen: Wenn sich zum Beispiel wilde Tiere nähern, hast du gleich Steine parat, um sie zu vertreiben.

Kreise können nicht nur aus Steinen gebaut werden. Sie können auch mit einem Stock in die Erde gezogen und mit Salz, Hölzern, Stöckchen oder anderen Materialien gelegt werden. Wenn du einen Kreis errichtest, ist es ratsam, es mit den Materialien zu tun, die an einem Ort zur Verfügung stehen. Wenn du einen Steinkreis legst, errichtest du einen Ort der Kraft und einen Tempel des Lichtes in der Natur. So kannst du an einem Platz ankommen und ihm die gebührende Achtung zollen.

Abb. 1 Mit dem Steinkreis schaffst du einen Ort der Ruhe.

Abb. 2 Rufe die Kraft – durch ein Gebet, ein lichtvolles Mantra, durch deine Vorstellungskraft ... Auf diese Weise errichtest du einen Tempel aus Licht, der dich ankommen lässt und dir hilft, mit den Wesen und den Energien an einem Platz in Kontakt zu kommen.

Abb. 3 Verstärke das Licht weiter, indem du betest, singst und/oder dich darauf konzentrierst, und zwar bis du das Gefühl hast, dass es an dem Platz fest verankert ist.

Abb. 4 Der Lichttempel ist errichtet, die Kommunikation mit den Wesen an einem Platz kann beginnen. Der Platz strahlt Ruhe, Frieden und Herzenskraft aus.

Die Spirale

»Alles geht in Spiralen und Kreisen auf ganz besondere Weisen. Die Energie kannst du rauf- und runterdrehen, das wird in Spiralen gehen. Schau dir die Natur hier an, wie viel in Spiralen wachsen kann. Aufgang und Untergang, hoch und nieder, in Kreisen und Spiralen immer wieder. So wird gewandelt die Energie in höhere Formen schnell wie nie.«

Botschaft der Naturgeister

Die Spirale ist Lebensenergie. Neben dem Kreis ist sie in der Natur ein weiteres wichtiges Muster, das vielfältige Erscheinungformen annimmt: die Gehäuse von Schnecken, Schalen von Muscheln, die Drehung fließenden Wassers, die Wicklung der DNS; Bäume wachsen links- oder rechtsdrehend; viele Pflanzen rollen sich spiralförmig auf und wieder ein ...

In der Spirale liegt eine besondere Magie. Ihre Bauweise dient dazu, Energie zu leiten und kraftvoll zu verankern. Man kann mit ihr Energien an einem Platz auf- oder abbauen, in der Erde verankern und/oder mit dem Kosmos verbinden. Man kann die Spirale nach innen und nach außen drehen und damit Energien konzentrieren oder ausweiten. Sie kann sich in die Höhe, die Tiefe und auf einer Ebene von außen nach innen und von innen nach außen dehnen. Wenn wir in der Energiearbeit die Spiralform verwenden, können wir ein enormes Kraftfeld aufbauen.

Eine Spirale,

- die sich nach innen dreht, konzentriert Energie.
- die sich von innen nach außen dreht, weitet und dehnt Energie aus.
- die sich nach oben dreht, verankert Energie im Kosmos.
- die sich vom Kosmos nach unten dreht, verankert die kosmische Energie auf der Erde.
- die sich in die Erde dreht, verankert Energie in der Erde.
- die sich von der Erde nach oben dreht, leitet die Energie der Erde nach oben.
- die sich im Uhrzeigersinn dreht, baut Energie auf und erneuert sie.
- die sich gegen den Uhrzeigersinn dreht, baut Energie ab und löst sie auf.
- die sich nach innen dreht, kann uns zur Sammlung in unserer Mitte verhelfen.
- die sich nach außen dreht, kann uns nach einer Übung wieder in die Außenwelt führen und konzentrierte Energie auflösen.
- die sich nach außen bzw. nach innen dreht, kann Tore öffnen bzw. schließen.

In der Natur können wir eine Spirale mit Steinen legen, z. B. um eine Energie zu verankern. Wir können eine Spirale auch tanzen und so bestimmte Tore öffnen. Schutzkreise können wir mit unserer Vorstellungskraft aufbauen, indem wir vor unserem inneren Auge sehen, wie sich die Sonne öffnet und ihr Licht von oben spiralförmig in den »Menschenkreis« leitet, bis dieser ganz mit ihrem goldenen Licht angefüllt ist. Bei Erdheilungen können wir alte Energie abbauen, indem wir sie beim Nachinnendrehen auf einen Punkt konzentrieren und beim Ausdrehen auflösen. Die Innen- und Außendrehungen können übrigens auch gleichzeitig ausgeführt werden.

Das sind nur einige der Möglichkeiten, die wir in der Natur haben, mit der Spirale zu arbeiten. Probier einfach aus, wie du selbst am besten damit arbeitest. Die oben aufgezählten Möglichkeiten gehören zu meinem Erfahrungsradius, jeder kann allerdings eigene Wirkungen erfahren. Vielleicht baut ein anderer Mensch Energie gegen den Uhrzeigersinn auf und mit dem Uhrzeigersinn ab. Außerdem drehen die Magnetkräfte der Erde in Australien die Energie anders als z. B. in Kanada. Es sind also beim Arbeiten mit der Spirale verschiedene Faktoren zu berücksichtigen – und zu erfühlen.

Eine Übung mit der Spirale, übermittelt von Laurin

Stell dich hin, atme tief aus und ein.
Gut ist's auf der Erde sein –
dass du spürst hier
die Kraft von ihr.
Atme lange in das Herz,
bis es leuchtet heller als jede Kerz'
mit allem, was dort ist,
und du ganz bei dir selber bist.

Dann öffne die Spirale nach unten,
fühle dich tief mit der Erde verbunden.
Schick in die Spirale das Licht hinein,
in der Erde Sonne schein.

Fühlst du die Sonne im Innern der Erde,
die Verwandlung, die Kraft von Stirb und Werde?
Hier wohnt das kristallin-violette Regenbogenlicht,
die Kraft der Wandlung durch es spricht.

Hol nun das Licht der Erde durch die Spirale in dich hinein,
es kann dunkel, kann hell und in allen Farben hier sein.
Nimm es auf – lass den Dingen ihren Lauf.
Nimm in Liebe an, was jetzt zu dir kommen kann.

Spür die Spirale sich nach unten drehen,
hinauf und hinab wird sie nun gehen.
Lass das Licht der Erde in dir kreisen,
lass es dich nähren, dich verspeisen.

Fühl dich in ihrem Licht geborgen,
übergib ihr all deine Sorgen,
denn sie ist die Mutter, die immer da ist,
egal was du tust und wer du bist.

Dann öffne deine Herzenstür
der hohen Sonne, dem oberen Licht.
Schick eine Spirale hoch zu ihr,
lass die kosmische Sonne weiten, was zuvor war dicht.

Fühlst du jetzt die beiden Kräfte?
Sie tanzen sich in deine Säfte.
Nun schick das Licht der Sonne in die Erde,
auf dass es überall licht und lichter werde,
und das Licht der Erde in die Sonne,
das ist die wahre Lichterwonne!

Auf und nieder, immer wieder,
bis das Licht sich so vermischt
und zu einer Welt zusammenzischt.
Dann bist du da –
bist deinem Auftrag ganz schön nah.

Dann bist du eins mit allem im Sein,
und das ist dein wahres Heim.
Nun ist ein geeintes Licht in dir,
es fließt durch dich und über dich schier.
Schick es nun in alle Herzen,
in alle Dimensionen und zu jedermanns Schmerzen.

Schick es wirklich in alles hinein,
ja, so ist es wirklich fein.
Alles wird erlöst in diesem Licht,
es mehrt sich so die vereinte Sicht.
Nun komm langsam wieder an,
damit dein Tag weitergehen kann.

Wenn du dies öfter machst,
erkennst du die Zeichen der Erde, gib acht!
Sie beginnt mit dir zu sprechen,
und eine neue Welt kann nun anbrechen.

Seid in Liebe gegrüßt, Laurin

Die Tattwas

Anmerkung: Die hier erwähnten Wesen sind nur Beispiele für die vielen Zuordnungsmöglichkeiten. In den Reichen ist prinzipiell alles möglich.

Im Tanz der Elemente

***

Gelbes Quadrat, verwandle dich ins innere violette Licht.
Öffne das Tor, Erdelement, tritt hervor.
Zeig mir Stabilität und Festigkeit, zeige mir die materielle
Beschaffenheit.
Hellblaue Kreise ziehen ihre Bahnen auf andere Weise.
Wenn sie sich in Orange verwandeln, ist es Zeit, mit dem
Luftelement der geistigen Welt zu handeln.
Zeig mir meine innere Welt,
wie sie mein Licht und mein Leben verdunkelt und erhellt.
Silberner Mond, der du am Himmel erstrahlst,
ergraue vor meinem inneren Auge,
ins Wasserelement sich meine Reise nun sauge.
Was ist los in meinen Gefühlen nur,
was ist mit meiner fließenden Wassernatur?
Rotes Dreieck, lodere hoch, Feuerelement, zeig mir die grüne
Tür, dass sie mich zu meiner wahren Energie nun führ'.
Wie ist es mit meinem Antrieb beschaffen,
wie ist die Kraft in mir, wo meine Energien auseinanderklaffen?
Das violette Ei, der Äther nun winkt.
Wie ist das Licht, die Essenz, die alles durchdringt?
Durch das bernsteinfarbene Tor erstrahlt die wahre Lichtnatur.
Begib dich ruhig auf die Tattwa-Reisen,
da sie auf den wahren Kern der Elemente in dir weisen.

Was sind Tattwas?

Das Wort Tattwa stammt aus dem Sanskrit und bedeutet Grundprinzip, Wahrheit, wahres Wesen. In alten indisch-tibetischen Yoga- und Tantra-Systemen gehört die Arbeit mit den Tattwas zu den Grundlagen der spirituellen Ausbildung. Im Tantrismus (tibet. Buddhismus) gibt es 36 Tattwas, davon sind die ersten fünf die Elemente Feuer, Erde, Wasser, Luft und Äther. Weitere Tattwas sind z.B. Geruch, Geschmack, Berührung, Klang und Form.

Zu uns kam die hier vorgestellte Form der Arbeit mit den Tattwas im 19. Jahrhundert durch Helena Petrovna Blavatsky (1831–1891) und die Arbeit der Theosophischen Gesellschaft, zu deren Mitbegründerinnen sie zählt. Sie übertrug die ersten fünf Tattwas (die fünf Elemente) mit den ihnen zugeordneten Symbolen in den europäischen Sprachraum.

Die Tattwa-Symbole sind Tore in die Anderswelt, in das Reich der fünf Elemente und deren Geistwesen. Die Arbeit mit den Tattwas weist Ähnlichkeiten mit frühen schamanischen Techniken für Reisen in die anderen Reiche und Ebenen auf. Die Handhabung der Tattwas ist einfach und mit ein wenig Übung für jeden anwendbar. Durch die Tattwas erfahren wir uns auf eine neue Art und Weise. Sie bringen uns Erkenntnisse, bieten uns Heilungsmöglichkeiten und öffnen uns das Tor in eine andere Welt.

Übersicht und Zuordnung der Tattwas

Sanskrit-Bezeichnung	Element	Symbol	Farbe	Komplementär-/Verwandlungsfarbe
Vayu	Luft	Kreis	Hellblau	Orange
Apas	Wasser	Mondsichel	Silber	Grau
Tejas	Feuer	Dreieck	Rot	Grün
Prithivi	Erde	Quadrat	Gelb	Violett
Akasha	Äther/ Quintessenz	Ei	Violett	Bernstein

Anmerkung: Das Akasha-/Äther-Tattwa gilt als Quintessenz, da es alle anderen vier Elemente durchdringt. Der Begriff »Komplementärfarbe« trifft den Sachverhalt bei Silber und Grau nicht ganz, wird aber in der Regel im Zusammenhang mit den Tattwas dennoch verwendet oder als Verwandlungsfarbe bezeichnet.

Wozu dienen die Tattwas?

Tattwas stellen den Kontakt zwischen dir und den Elementen her. Durch die fünf farbigen Tattwa-Symbole (siehe auch die Karten »Akasha & Devos«, »Thors & Aries«, »Pelleur & Virgo«, »Neptun & Lunara«, »Helios & Vesta« in »Die Gegenwart der Meister«) bekommst du einen Schlüssel in die Hand, mit dem du durch die farbige Symbolpforte in das jeweilige Element gelangen kannst, um zu schauen, wie du mit ihm in Verbindung stehst. Über die Tattwas kannst du auch die Begegnung mit den Naturwesen des jeweiligen Elementes einleiten. Je nachdem, wie du dich in Zusammenhang mit dem Element siehst, kannst du durch die inneren Bilder deine Verbindung zu den Elementen erkennen, sie in dir ins Gleichgewicht bringen und gegebenenfalls heilen.

Ausgangsbasis *Tor ist offen* *Ausgangsbasis* *Tor ist offen*

Wie werden Tattwas angewendet?

Jedes Tattwa hat sein eigenes farbiges Symbol. Zur Arbeit mit den Tattwas kannst du dir die Symbole basteln. Dazu nimm dir einen Stift und einen Zettel oder einen dünnen weißen Karton, und male das Symbol, mit dem du in Kontakt treten willst, in seiner Farbe groß (mindestens 15 x 15 cm) darauf. Schneide es dann aus, und lege es am besten auf einen schwarzen Untergrund. Hierzu ein Beispiel einer Tattwa-Reise in das Element Erde.

Du kannst mit einer Frage auf Reisen gehen, z. B.: Wie sieht mein Bezug zur Erde aus? Oder: Was ist für mich jetzt wichtig zu erfahren? Wenn du so weit bist, begib dich in einen entspannten Zustand. Atme tief ein und aus, und entspanne deinen Körper mit jedem Atemzug ein Stückchen mehr. Konzentriere dich auf das Symbol; schau es so lange wie möglich an, und zwar bis es sich auf deine Netzhaut eingebrannt hat. Dann schließ die Augen. Die Farbe des Symbols beginnt sich dann vor deinem inneren Auge in seine Komplementärfarbe zu verwandeln. Wenn dein gelbes Erdquadrat langsam violett erscheint, dann ist das Tor in das Reich der Erde geöffnet.

Stell dir vor, wie du im Geiste durch dieses Tor gehst. Schau dir an, was dir begegnet, wie dein Weg aussieht, welche Bilder entstehen, nachdem du durch dieses Tor geschritten bist. Es kann dich auch ein Wesen am Tor abholen. Du wirst von selbst in die Begegnung mit dem Erdelement geführt.

Nun gehst du auf eine Reise durch die Landschaft deiner Seele. Diese Reise kann zwischen fünf und dreißig Minuten dauern, je nachdem, wie lange du dir Zeit nimmst. Wenn deine Zeit um ist und das zuvor festgelegte Zeichen zur Rückkehr ertönt (siehe nachfolgend beschriebene Vorbereitungen), dann gehe wieder zu dem violetten Tor, und schreite hindurch. Sieh, wie es sich langsam schließt, indem es wieder gelb wird.

Schreib auf, was du gesehen und erlebt hast. Du kannst es auch mit jemandem besprechen. Lass dieses Erlebnis ein bis zwei Tage oder länger wirken, bevor du noch einmal auf Reisen gehst. Manchmal arbeitet das Erlebnis mit dir über die Traumebene weiter, oder der Alltag bringt dir noch eine ergänzende Botschaft zu der gewonnenen Erkenntnis. Falls es eine unangenehme Reise war, so begib dich, nachdem du über das Erlebte nachgedacht und den gewonnenen Erkenntnissen noch einmal nachgespürt hast, in das besuchte Reich, und verändere das, was verändert werden soll, auf kreative Art und Weise. Du kannst dich dabei von einem Engel, einem Meister oder einem Naturwesen begleiten lassen. Sie können dir helfen, zwischen dir und dem Element eine harmonische Verbindung herzustellen, diese zu heilen oder dich in neue Bilder und für dich unbekannte Landschaften zu führen. Diese Veränderung hat ihre Zeit, ihren Raum, und es kann unter Umständen geschehen, dass du noch öfter ins Erdreich reist, bis du in einem positiven, harmonischen Verhältnis dazu stehst.

Wenn du dir die fünf Haupttore zugänglich gemacht hast, kannst du mit den anderen Toren (siehe Skizze) in die Mischreiche reisen. Dies funktioniert auf gleiche Weise. Das Mischtor verwandelt sich in den »Komplementärkontrast.«

Vorbereitungen für Tattwa-Reisen

- Du kannst diese Reisen allein oder mit einem Menschen deines Vertrauens antreten.
- Eine Tattwa-Reise kannst du in einem Raum oder in der Natur machen. Wo auch immer, sorge für Ruhe und für eine Atmosphäre, in der du dich wohlfühlst und ungestört arbeiten kannst.
- Schaffe dir eine passende Sitzgelegenheit und mach es dir bequem, sodass du eine längere Zeit ruhig sitzen kannst. Du kannst dich auch hinlegen. Schau, welche Haltung für dich geeignet ist.
- Halte dich warm, indem du dich in eine Decke einwickelst, dickere Socken anziehst oder tust, was du sonst brauchst, um in deinem Körper eine angenehme Temperatur aufrechtzuerhalten. Stell die selbstgebastelte Karte des Tattwas auf, zu dem du reisen möchtest.

- Die Tattwa-Reise sollte sich in einem Zeitrahmen von fünf bis dreißig Minuten bewegen. Um die Zeit zu begrenzen, kannst du verschiedene Wege wählen.
  1. Du kannst eine ruhige Musik spielen mit einem markanten Schluss, bei dem du weißt, dass du wieder zurück zum Tor gehen musst.
  2. Du kannst dir einen Wecker stellen, der dich zurückholt.
  3. Du kannst mit einer Person deines Vertrauens arbeiten, welche die Trommel oder eine leise Rassel so lange wie vereinbart schlägt und dich nach Ablauf der Zeit durch einen besonderen, zuvor festgelegten Rhythmus wieder zurückholt.
- Bevor du auf Reisen gehst, konzentriere dich auf das ausgewählte Element, und schau, was dir dazu einfällt. Vielleicht hast du eine spezielle Frage.
- Entspann dich, indem du dich auf deine Atmung konzentrierst und deine Muskeln von den Füßen bis zum Scheitel bewusst lockerst.
- Übe mit der Symbolkarte. Betrachte sie eine Zeitlang, bis sich das Symbol auf deiner Netzhaut eingeprägt hat. Schließ die Augen, und warte, bis du das Symbol in der Komplementärfarbe siehst. Übe ein paarmal, bis es dir leichtfällt. Dann beginne die Reise.
- Lass dir die Reise anschließend durch den Kopf gehen, indem du niederschreibst, was du erlebt hast, oder es jemandem erzählst. Jede Tattwa-Reise hat eine Botschaft für dich und hilft dir, bestimmte Dinge zu verstehen und dich auf deinem Lebensweg ein Stück weiterzutragen.

Weitere magische Symbole

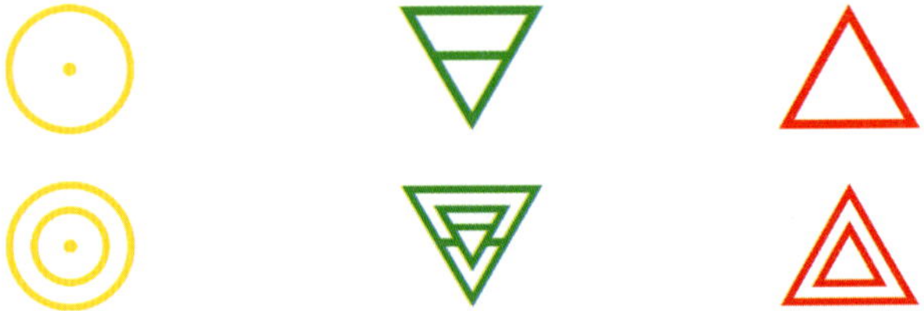

Zeichen für Äther
Spirituelle Ebene
des Äthers

Zeichen für Erde
Spirituelle Ebene
der Erde

Zeichen für Feuer
Spirituelle Ebene
des Feuers

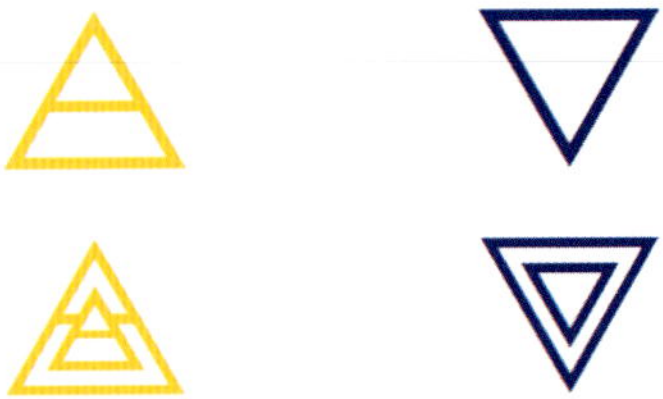

Zeichen für Luft
Spirituelle Ebene
der Luft

Zeichen für Wasser
Spirituelle Ebene
des Wassers

Mit diesen Symbolen kannst du auf gleiche Weise wie mit den Tattwas arbeiten. Es sind alte Symbole der Elemente, die lange Zeit nur in Geheimorden gelehrt und in der Magie benutzt und als Tore in die Astral- bzw. Anderswelt verwendet wurden. Das Elementarsymbol weckt und aktiviert die Energie und die Kraft und dein eigenes Empfinden dazu.

Wähle dir ein Reich aus, mit dem du Verbindung aufnehmen möchtest, und zwar sowohl das Zeichen als auch die spirituelle Ebene. Beschäftige dich eine Zeit lang bewusst mit den Symbolen. Betrachte sie, stell sie dir in der Farbe vor, die für dich richtig ist.

Wenn du so weit bist, schließ die Augen. Stell dir das Symbol deutlich in der Farbe vor, die du gewählt hast. Stell dir vor, wie dieses Symbol vor deinem inneren Auge immer stärker und klarer wird. Es ist das Tor, durch das du in das Reich des Elements eintrittst. Stell dir vor, wie du das Tor durchschreitest. Du befindest dich in einem Gang aus irisierendem schönem Licht, in dem du dich gut aufgehoben fühlst. Sieh, wie sich nun vor dir das Tor für den zuvor erfühlten spirituellen Aspekt deiner Reise bildet. Dies ruft alle Wesen dieses Reichs herbei. Tritt durch das Tor ein in die Anderswelt.

Wenn du am Ende deiner inneren Reise angelangt bist, geh durch die Symbole zurück. Sieh, wie sie immer kleiner werden und sich schließlich auflösen. Dann beende diese Sitzung.

Anmerkung: Am Ende einer schamanischen Reise ist es immer gut, den Bezug zur Alltagswirklichkeit wiederherzustellen, indem du dich wieder ganz in deinen Körper hineinbegibst. Dabei hilft es, wenn du dich so richtig intensiv reckst und streckst, dir vielleicht noch das Gesicht, einzelne Körperteile wie Hände oder Arme ein bisschen reibst. Schau dich auch gut um, und versuche, alles wirklich wahrzunehmen.

Die dunklen Kräfte

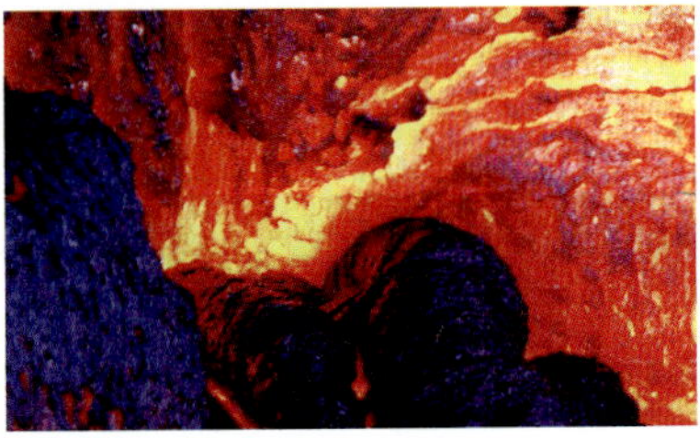

»Die Welt ist die Spiegelung des Geistes.«

(Quelle unbekannt)

Wenn wir in die Natur gehen, haben wir es nicht nur mit Lichtkräften zu tun. Die Wesen der Natur sind kunterbunt, sie kennen kein Gut und kein Böse, sie sind einfach da und tun das, was ihnen zugedacht ist, wofür sie gesandt wurden, in der Zeit, die ihnen gegeben wurde.

Zur Natur gehören neben den lichtvollen, wunderbaren, schönen Seiten auch weniger erfreuliche Aspekte wie Überschwemmungen, Stürme, Gewitter und Unwetter, Erdbeben, Vulkanausbrüche, Erdrisse, peitschende Wogen, wilde und gefährliche Tiere vielfältigster Art, Gift- und Schlingpflanzen, Zerfall, Zerstörung, Grausamkeit, nicht aufzuhaltende Kräfte, die uns überrollen, schädigen, zerschmettern, traumatisieren und umbringen können. Diese Seiten können wir in unserem eigenen Wesen und in der Natur um uns herum finden. Deswegen sind genaue Erkenntnisse und Studien über die innere und äußere Natur notwendig, damit wir die Kräfte in und um uns herum gut einschätzen können. So weiß z. B. ein Seefahrer, der die Gesetze der See kennt, wann er seine Segel setzen muss, wann die Zeit günstig ist und wann er besser zu Hause bleibt. Manchen Kräften können wir nicht aus dem Weg gehen, da die Begegnung mit ihnen zu dieser Zeit an diesem Ort so sein soll. Doch wir können lernen, sie zu studieren, mit ihnen zu gehen, und wenn wir sie kennen, können wir beginnen, mit ihnen zu tanzen, sie zu wandeln und mit ihnen zu spielen.

In der Natur gibt es die unterschiedlichsten Wesenheiten, denen wir begegnen können, darunter:

- Wesen, die weitab vom Menschen bleiben und von ihm relativ unberührt aus der kosmischen Quelle gespeist und angeleitet werden, die Natur aufzubauen und lichtvoll zu nähren, Kräfte zu erneuern, zu erhöhen und zu heilen;
- Wesen, die bestimmte Plätze und Energietore in der Natur behüten und bewachen und an denen wir nicht so ohne Weiteres einfach vorbeikommen;
- Wesen und Landschaften, die vom Verhalten des Menschen geprägt und geformt werden;
- Wesen, die von den Gedanken und Gefühlen von Menschen erzeugt und zum Leben erweckt wurden;
- Menschen, die in der Natur plötzlich, gewaltsam zu Tode kamen und deren Geist und Seele noch an den verschiedensten Plätzen spürbar umherspukt;
- Verstorbene, die sich an einen Ort oder an Gegenstände gebunden haben, in dessen/deren Umgebung sie einmal gelebt, gewirkt und gelitten haben können;
- stark emotional geladene Plätze, an denen viel Gewalt geschehen ist, wie zum Beispiel Kriegsschauplätze, Folterplätze, Galgenplätze;

- dunkle Kräfte und Dämonen, vampirartige Wesen, geschaffen aus der Dunkelheit, welche die Energie der Menschen besetzen und rauben wollen und diese zu Fall bringen möchten;
- Prüfungskräfte, welche die Energie des Menschen untersuchen;
- Energien, die von den Wesen der Natur so lange aufrechterhalten werden, bis sie erlöst und gewandelt werden;
- Elementarwesen, welche die entfesselten, kraftvoll reinigenden Elementarkräfte für bestimmte Zeiten, an bestimmten Orten hervorrufen.

Zu den dunklen Sorten der Naturwesen gehören die Schwarzalben/Dunkelelfen, verschiedene Zwergenvölker, wie z. B. die Orks, Teufel, metallische Elementale, Dämonen. Auch diese Naturwesen haben bestimmte Aufgaben. Das Wilde Volk ist für die Kräfte der wilden, ungezähmten Natur zuständig. Andere Wesenheiten verkörpern die besondere Energie an einem Platz, z. B. von Kraftwirbeln, die einen niederreißen, aber auch hinaufziehen können, eben von Gewalten, die in diese Landschaft gehören. Schwarzalben hüten die Schätze in der Tiefe der Erde, wie Gold, Edelsteine, Diamanten, Erdöl. Alles auf der Erde ist unter der Führung einer höheren Intelligenz wohlplaziert. Wenn wir der Erde ihre Schätze rauben, so stören wir das energetische Gleichgewicht. Das hat Folgen für die Erde und all ihre Lebenskreise, auch für die Menschen, die z. B. durch die Schwarzalben bewirkt werden, wie Kriege,

Krisen und Katastrophen. Wie viele Kriege sind für Gold, Erdöl und andere Bodenschätze schon geführt worden! Zu früheren Zeiten, als der Mensch noch mit den Kreisen der Natur lebte, war es gang und gäbe, die Wesenheiten zu würdigen, sie um Einlass zu bitten und darum, dass sie einem bei der Durchquerung ihrer Gebiete unterstützten. Nachdem man sie durch Speisen, Getränke, Tabak, Gesang, Rasseln und Tanz gnädig gestimmt hatte, wartete man so lange, bis man ein Zeichen, einen Wink bekam, und konnte dann auch sehr unwegsame Landschaften unbeschadet und leicht durchqueren.

Heute wissen wir davon nicht mehr allzu viel und tun es eher mit »Schicksal« und »Zufall« ab als durch Ursache und Wirkung von uns geschaffen.

In der Natur durchdringen und überlagern sich die verschiedensten Schichten und Dimensionen von Wirklichkeiten. Erinnerungen, Ereignisse, die an bestimmten Orten stattgefunden haben, beeinflussen die Energie dort, ebenso Zeittore, die Welten von Feuer, Wasser, Erde, Luft und Äther, die Reiche der Pflanzen, Tiere und Steine, ober- und unterirdische Energienetze, weiterhin Wasseradern, Kraftlinien, Erdstrahlungen, kosmische Strahlungen, Himmel und Hölle – und alle Räume dazwischen.

Außen- und Innenwelten können in der Natur von jedem Platz aus betreten werden. Wenn wir in die Natur gehen, können wir nicht an jedem Platz immer mit der vollen Lebensenergie rechnen. Wir sollten uns darin üben, Störungen zu erkennen, zu spüren und wahrzunehmen, damit sie uns nicht schaden. Wenn wir einen Platz von der inneren Warte aus betrachten, so haben wir einen multidimensionalen Raum mit Informationen aus vielen Ebenen vor uns. Dort können wir lernen, die Abdrücke der Energien zu lesen.

Worauf zu achten ist

- Wie ist deine Verfassung im Moment? Gleiches zieht Gleiches an – so wie du innerlich ausgerichtet bist, so begegnet dir das Außen.
- Ist es heute für dich ein guter Tag, in und mit der Natur zu sein?
- Was ist dein erster Eindruck von dem Platz, den du dir ausgesucht hast? Was sind deine ersten Gefühle und Bilder dazu?
- Der erste Schritt ist, dir ganz einfach die Umgebung anzuschauen. Wie viel Lebenskraft hat dieser Ort? Hat er 100% Energie, oder ist sein Energiefeld niedriger oder gar zerstört oder vielleicht verdreht?
  Schau dir dazu einfach die Formen an. Wie sehen die Bäume und Pflanzen aus? Wie wirkt der Boden? Wie riecht die Luft? Ist die Atmosphäre eher lichtvoll oder dunkel? Fühlst du dich wohl und geborgen an diesem Ort, oder möchtest du eigentlich lieber weitergehen? Wirkt der Platz warm oder kühl auf dich (wobei die äußere Temperatur nur am Rande eine Rolle spielt)?
- Welche Elemente empfindest du an diesem Platz als vorherrschend, unausgewogen, im Gleichgewicht?
- Setz alle deine Sinne, deinen Verstand und dein Herz ein, äußerlich und innerlich, um einen Platz zu erfühlen und einzuschätzen. Unter Umständen kannst du auf diese Weise mit diesen Wesen, die sich dort auf-

halten, welche es auch immer sein mögen, in Kontakt kommen.

- Wer viel in der Natur arbeitet, weiß, dass sich die Energie an einem Platz schlagartig in jede Richtung wandeln kann. Sei also achtsam.

Übungen zur Erkennung der Energie an einem Platz

1. Der richtige Zeitpunkt

Für alles gibt es eine Zeit, einen günstigen und einen weniger günstigen Zeitpunkt. Es ist zum Beispiel ungünstig, im Februar Äpfel ernten zu wollen. Das, was für den einen in der einen Stunde der Himmel auf Erden ist, kann für einen anderen zur selben Stunde eine wahre Hölle sein. So solltest du hier im Kleinen und im Großen schauen, ob die Zeit günstig ist.

Der erste und einfachste Weg, den richtigen Zeitpunkt zu erkennen, geht über die Frage: Steht das für mich heute an? Fühle ich mich dazu jetzt in der Lage? Dabei spielen vereinbarte Termine erst mal keine Rolle, denn jetzt ist jetzt, und wir sind Energieträger. Empfinden wir ein Nein, so geht unsere Energie in den Keller. Quälen wir uns, so sollten wir auch ein Nein respektieren und anderen dies in Achtung zu verstehen geben und umgekehrt. Das bedeutet, wahrhaftig und lebendig zu sein. Wenn du diese Frage nicht mit einem eindeutigen Ja beantworten kannst oder den Zeitpunkt genauer definieren möchtest, kannst du den Mondkalender, den Mayakalender oder die Astrologie hinzuziehen.

2. Schutzkreis/Schutzvorkehrungen

Bevor du dich tiefer auf einen Platz einlässt, ist es empfehlenswert, gut und richtig, einen Schutzkreis zu ziehen, außer du fühlst dich dort wirklich sicher und wunderbar aufgehoben. Ein Kreis, gezogen in der Vorstellung mit Licht und real auf dem Boden, schafft auf der feinstofflichen, energetischen Ebene einen abgeschlossenen Schwingungsraum, in den nichts so leicht eindringen kann. Nur Wesen, die mit dem Licht in Resonanz stehen, können hier wirken. Denn auch hier gilt: Gleich und gleich gesellt sich gern. Frage deine innere Führung oder höre auf deine Intuition, welche Vorkehrungen du noch treffen solltest oder ob der Kreis ausreicht.

3. Lade dich selbst mit Licht auf

Um dich mit Licht aufzuladen, kannst du dir in deiner Vorstellung ausmalen, wie sich die Sonne öffnet und ihr Licht spiralförmig in den geschaffenen Schutzraum leitet, ihn mit ihrem goldenen Licht ganz anfüllt. Damit begibst du dich in ein höheres Schwingungsfeld, auf eine höhere Ebene. Nun kannst du dich auf diesen Platz tiefer einlassen und dort arbeiten. Siehe Übung Nebelwand/Lichtvorhang.

4. Zeig mir dein Licht

Wenn sich ein Wesen zeigt, ob in lichtvoller oder dunkler Gestalt, so lass dich von seiner Erscheinung nicht täuschen, und zwar gilt das für beide Formen. Fordere es auf, seine wahre Natur zu offenbaren, sprich: »Im Namen meiner Ich-Bin-Gegenwart/der göttlichen Quelle/von Jesus Christus, zeig mir dein wahres Licht. Offenbare mir dein Licht, jetzt!« Das Wesen muss sich dir nun in seinem wahren Licht zu erkennen geben, das ist Gesetz. Danach kann es geschehen, dass es sich auflöst oder verwandelt, entweder von hell zu dämonisch oder von einer dunklen in eine Lichtgestalt. Im Namen des Höchsten muss sich die Wahrheit immer zeigen.

5. Untersuchung mit Mehl

Wirf Mehl in die Luft. Klumpt es und/oder fällt es sackartig herunter, so ist das ein Zeichen dafür, dass an diesem Platz etwas nicht stimmt. Du solltest jedoch mindestens dreimal Mehl werfen, um die Energie zu bestimmen.

6. Räuchern

Um einen Platz zu reinigen, empfehle ich Salbei für die grobe, materielle Ebene, Copal für die emotionale Ebene, Kampfer für die geistige Ebene und Weihrauch für die kosmische Ebene. Wenn du räucherst, beobachte den Rauch: Wie sieht er aus? Wie verhält er sich? Qualmt oder stinkt er? Ist er leicht und angenehm oder schwer und übelriechend? Ist der Rauch eher weiß oder eher schwarz? Der Rauch sagt dir etwas über die Beschaffenheit der Energie an einem Ort.

7. Lichtfotografie

Auch die Lichtfotografie kann hier Aufschluss geben. Sind auf dem Bild, das du von einem Platz gemacht hast, dunkle Flecken, Schatten, Nebel? Was zeigt sich in den Zwischenräumen? Manchmal kannst du in den Lichtfeldern der Blätter eines Waldes Energien sehen, wie z. B. Soldaten, Dämonen, Engel ...

8. Achtung und Würdigung der Wesen

Naturgeister lieben es, wenn man mit ihnen Brot und Wasser teilt, ihnen etwas von sich gibt, für sie singt, tanzt, rasselt, trommelt, ihnen Tabak und Schnaps gibt, sie auf irgendeine Weise würdigt – auch wenn man sie nicht sehen oder wahrnehmen kann. In der Natur herrscht Geben und Nehmen. Wenn wir in diesem Sinne handeln, so ist es ein Anfang, um mit den Wesen der Natur in Kontakt zu kommen.

Mit dunklen Kräften in der Natur umgehen

»Der Natur und ihren Wesen zuzuhören heißt, etwas über die wirkenden Kräfte zu erfahren«.

Jeanne

Für den Umgang mit den dunklen Kräften in der Natur gibt es keine bestimmte festgelegte Vorgehensweise. Am besten berät man sich mit seiner inneren Führung, mit seinen Spirits und mit dem Hüter des Ortes, denn er kennt sein Gebiet und alles, was darin passiert ist, am besten. Uns steht auf allen Ebenen hier eine vielfältige Menge von Mitteln zur Verfügung, z. B. einen Schutzkreis zu ziehen, eine höhere Ebene, Engel, Spirits, Meister hinzuzurufen, in der Vorstellung einen Lichtschutzmantel überzuziehen ... Bevor du mit den Kräften der Natur in Kontakt trittst, solltest du aber auf jeden Fall mit dir selbst im Reinen sein und deine lichten und dunklen Seiten gut kennen. Denn das sind die Resonanzfelder, die Wesenheiten, woher auch immer, anziehen können. Richte dich kraftvoll ins Licht aus. Bevor du mit der Kommunikation beginnst, glätte auf allen Ebenen die Wogen in dir, damit dein Inneres rein ist und still und klar den Grund der Dinge widerspiegeln kann.

Es gibt ein paar Regeln, die du im Umgang mit den dunklen Wesen kennen solltest:

- Dunkle Kräfte haben nur eine gewisse Zeit, dann müssen sie weichen.
- Selbst dauerhaft verankerte störende Kräfte können gewandelt werden.
- Kommunikation mit einem Platz, den Wesen des Platzes, ist wichtig, um ihn und die dort wirkenden Kräfte zu verstehen und gegebenenfalls zu heilen und lichtvoll zu wandeln. Dazu gehört manchmal Geduld, Glaube und Ausdauer, bis sich die Wesen eines Platzes zeigen und sich die Kraft an einem Platz offenbart.
- Nutze die körpereigenen Werkzeuge, die du in dir hast: deine Intuition – folge den Anweisungen deiner Eingebung; deine Füße – um schneller zu gehen, stehenzubleiben, zu treten, dich zu verankern, stabil zu sein, Kräfte zu fühlen, sie abzuwehren; Spucke – um etwas von dir fernzuhalten, die Reichweite deines Willens zu verlängern; deine Stimme, die Sprache – um machtvolle Lichtkräfte herbeizurufen oder eine machtvolle

Gegenkraft zu erzeugen; deine Hände – um Energien zu lenken und zu leiten; Herz und Verstand – um den dunklen Kräften entgegenzuwirken; Mut, Kraft, Wille, Geschmeidigkeit, Erkenntnisse, Wissen ...

- Verwende die Hilfsmittel, die du in der Natur selbst findest oder die Wesen dir überreichen, vermitteln: Steine, Stöcke, Dreck, Staub, Wasser, Federn, Felsen, Spalten ... Um nicht gesehen zu werden, kannst du dich z. B. mit der Rinde und dem Energiefeld des Baumes vereinen.

Wir sind geniale Wesen mit Geist, Herz und Verstand, mit schöpferischen Fähigkeiten, denen der unendliche Raum unbegrenzter Möglichkeiten zur Verfügung steht. Wir sollten uns selbst vertrauen und einer höheren Kraft, die auch durch uns wirken kann, und lernen, damit zu arbeiten, um unser kreatives Potenzial zu erwecken und Blockaden in uns aufzulösen. Hierbei können uns die Natur und ihre Energie unendlich weiterhelfen. Haben wir eine schwierige Aufgabe aus eigener Kraft gelöst, so haben wir an Stärke, Wissen und Erfahrung gewonnen, die nicht mehr von uns weichen.

Erste Hilfe in Angriffssituationen

Wirst du angegriffen, gehe wie folgt vor: Schließe den Energiekreislauf, z. B. indem du die Hände ineinanderlegst. Atme tief ein und aus. Bleibe ruhig. Übe dich in Selbstkontrolle. Nimm, wenn möglich, innerlich Abstand zur Situation. Schicke ein Stoßgebet zum Himmel oder rufe die guten Geister von Himmel und Erde zu Hilfe. Rufe den Namen Gottes. Vertraue den Anweisungen deiner inneren Führung, tu, was sie dir sagt. Fahre im Geist einen Schutzschild hoch. Stelle dir vor, wie sich ganz schnell ein Lichtfeld um dich aufbaut.

Überprüfe die Hilfsmittel in deiner Umgebung, und nutze sie, z. B. einen Stein oder einen Stock, der dir ins Auge fällt. Setze deine körpereigenen Hilfsmittel ein, z. B. deine Stimme. Des Weiteren helfen Gegenstände aus Eisen – Kreuze, Nägel, Messerklingen, Schlüssel, Hufeisen; nimm sie in die Hand und halte sie in Richtung der Bedrohung; Metall bannt sie. Versuche, unerwartet zu reagieren, z. B. das Tragen von Kleidung mit der falschen Seite nach außen, Schuhe falsch herum (mit der Spitze nach hinten) anziehen, rückwärts laufen, rückwärts zählen oder das ABC aufsagen, segnen mit heiligem Wasser, beten, kreuzförmig gemalte Muster und Schutzkreise, die man mit kugelförmigen Dingen wie Erbsen, Steinen, Kieseln, Murmeln legen kann.

Je mehr wir täglich im »trockenen« üben, auf eigene Weise zu beten, Schutzschilde aufzubauen, Lichtkräfte zu aktivieren, unsere eigenen Hilfsmittel trainieren, gute Erfahrungen mit der eigenen Kraft und unseren inneren Schätzen machen, desto eher haben wir sie automatisch, ohne zu denken, in Gefahrensituationen parat. Ein guttrainiertes lichtvolles Schwingungsfeld mit viel Liebe ist ein guter Schutz auf allen Wegen.

Hier noch eine Erfahrung mit Schwarzalben:

In einem meiner Wachträume, in denen ich von den Naturgeistern unterwiesen wurde, wurde ich unter die Erde zu den Schwarzalben geführt und war sehr überrascht über die vielfältigen Arten, die es von ihnen gab.

Ich wurde in einen Raum geführt: die Kammer der größten Ängste. Hier erschienen mir meine größte Angst als fürchterliches Ungeheuer, das mir das Blut in den Adern erstarren ließ. Ich wollte davonlaufen. Doch mein Lehrer aus der Natur hielt mich fest und sagte: »Nicht weglaufen, hineingehen!« So nahm ich meinen ganzen Mut zusammen und lief in das dunkle Wesen hinein, das sich so bedrohlich vor mir aufgebaut hatte. Im Augenblick des Aufpralls stoben Tausende von Schwarzalben in alle Richtungen auseinander – sie waren es, die dieses Angstbild erzeugt hatten. Nachdem sich das Bild aufgelöst hatte, erkannte ich dahinter einen kleinen Steinaltar, auf dem eine Kerze brannte. Darunter erschien ein Satz im Stein, der lautete: »Das ist dein Schattenlicht, das nun frei ist, für die eine Kraft zu strahlen.«

So hob sich mir ein dunkler Schleier von Maya, der Welt der Illusionen. Oft laufen wir vor unseren Schatten weg, lassen es zu, dass sie uns über Ewigkeiten hinweg verfolgen. Doch damit verleihen wir einem von uns selbst erzeugten Bild unendlich viel Macht, die uns sehr viel Energie kostet. Manchmal ist es hilfreich, hinzuschauen, sich auf geistiger Ebene in eine Situation mit Kraft und Mut hineinzubegeben, dann kann sie sich wandeln und als Kraft integriert werden.

Erdheilungen

Heile die Erde, die Erde heilt dich,
die heilenden Kreise umfassen sich.
Hier wirst du ganz,
hier beginnt der Tanz,
hier berühren sich die Dimensionen,
die Wesen, die hier wohnen.
Du reichst ihnen deine Hand,
sie nehmen dich auf in ihren Verband.
So wirken wir mit ihnen wieder Hand in Hand,
erlösen die kranken Spuren im irdischen Seelengewand.
Unsers – ihrs, das ist einerlei,
doch so werden wir alle frei.

Aufgrund einiger Erfahrungen, die ich bei Erdheilungen machen konnte, möchte ich sagen: Erdheilung ist nicht gleich Erdheilung. Wenn wir hingehen und einfach tun, was uns gerade einfällt, so verschieben und verändern wir die Energie an einem Ort. Wir Menschen haben danach das Gefühl, etwas für den Platz, den Ort gemacht zu haben. Das haben wir durchaus, doch ob es den Wesen an diesem Ort damit gut geht, ob es erwünscht war oder nicht, ob wir wirklich Erlösungsarbeit geleistet haben, das ist eine ganz andere Geschichte. Ich habe schon erlebt, dass sich die Wesen eines Platzes bei solchen Aktivitäten weit zurückzogen und erst wieder hervorkamen als die Menschen den Ort wieder verlassen hatten. Sie empfanden ihre Heimat jetzt als verwüstet.

Deshalb ist es bei Erdheilungen immer wichtig, dass wir uns Zeit nehmen. Wir müssen mit dem Platz, mit den Wesen des Ortes, kommunizieren und erfragen, was mit dem Platz ist und ob wir etwas für diesen Platz tun können und wenn ja, ob wir es durchführen dürfen. Dann müssen wir uns auch daran halten und dürfen nur genau das tun, was wir von diesem Platz, seinen Wesen, als Antwort erhalten haben, auch wenn es uns schwerfällt. Doch nur im Austausch, in Achtung, in Respekt und im Einklang mit dem Wesen der Natur kann wirklich Heilung geschehen.

Vorgehensweise bei Erdheilungen

1. Bevor du deinen Gang durch die Natur antrittst, mache dich innerlich leer, indem du alles, was dich im Moment beschäftigt, einfach loslässt und nicht in die Natur mitnimmst. Eine Übung dazu: Atme Licht ein, und atme alles, was dich beschäftigt, mit jedem Atemzug aus. Atme so lange in dieser Weise, bis du dich voller Licht fühlst und deine Alltagssorgen aus dir herausgespült sind. Dann bist du bereit. Werde zu einem leeren Gefäß, das sich ganz und gar der Natur und ihren Wesen öffnen kann.
2. Begib dich in die Natur. Nimm einfach wahr. Was ist um dich? Helligkeit, Dunkelheit, Schönheit, Wärme, Kälte ... Wann und an welcher Stelle wechseln deine Gefühle, deine Wahrnehmungen abrupt? Schau dich einfach erst einmal um.
3. Wenn du das Gefühl hast, an einem Ort zu sein, an dem viel Leid, viel Unerlöstes, viel Dunkelheit ist, lass ihn eine Zeitlang auf dich wirken.
4. Nimm mit einigem Abstand von diesem Ort in einem von dir gezogenen Schutzkreis Platz.
5. Jeder Ort, jedes Gebiet, jede Landschaft hat eigene Wächter und Hüter. Oft sind es Zwerge, es können aber auch Devas der Orte sein, Faune, Engel oder andere Wesen der Natur. Schau dich in dem Bewusstsein um, dass du mit dem Hüter, dem Wächter des Platzes in Kontakt treten möchtest. Was fällt dir besonders auf? Ist es ein Baum mit herausragender Höhe, eine kleine Erhebung, die dir vorher nicht aufgefallen ist, eine Höhle, ein kleiner See ...?

6. Bitte den Hüter dieses Ortes, sich dir zu zeigen. Du kannst ihm ein kleines Opfer darbringen, Tabak, Rauch, Milch und Brot, Salz ...
7. Wenn er sich dir jetzt nicht zeigt, so bedanke dich dennoch und komme an einem der nächsten Tage wieder. Wiederhole das Ritual, so oft es eben nötig ist. Wirklicher Kontakt hat alle Zeit der Welt. Hab keine Eile. So zeigst du, dass du es ernst meinst mit ihm/ihr und die Zusammenarbeit mit ihm/ihr wünschst. Eines Tages wird sich der Hüter, die Hüterin des Ortes dir zeigen. Sie können über deine Träume kommen oder sich dir unerwartet plötzlich zeigen.
8. Du kannst auch über verschiedene schamanische Techniken, z. B. die Trommelreise, den Gang durch die Nebelwand, die Tattwa-Reise zu ihm/ihr Verbindung aufnehmen.
9. Kommuniziere mit ihm/ihr. Lass dir zeigen, was an diesem Ort geschehen ist, was da sitzt, was da los ist. Und frage, was zu tun ist und was und wie zu lassen ist, damit dieser Ort Heilung erfährt. Auch dies kann seine Zeit dauern, kann aber auch sehr schnell gehen.
10. Wenn dir das Wesen, das mit dir in Kontakt getreten ist, unklar, hinterlistig, dunkel etc. vorkommt, so rufe die Engel der Erdheilung, Akasha und Devos, hinzu, ebenso Meister Lemuel und andere kosmische Wächter (Erzengel) der Natur, z. B. mit der am Anfang dieses Praktischen Teils aufgeführten Anrufung. Du kannst sie auch grundsätzlich hinzubitten. Führe dann die Kommunikation weiter in ihrem strahlenden beschützenden Licht.

11. Befolge die Anweisungen, die du erhältst, auch wenn sie dir vom Verstand her unsinnig erscheinen.

Zur Beachtung bei Erdheilungen in Gruppen

1. Kommunikation mit dem Platz und mit den Menschen. Jeder Platz hat eine besondere Energie, die es zu erspüren gilt. Jeder Mensch ist ein potentieller Energiekanal, deshalb ist es wichtig, Rederunden einzurichten und jedem die Möglichkeit zu geben, etwas dazu zu sagen, ohne dass es von anderen kommentiert wird. Nur im Austausch kann Heilung geschehen, und wenn wir einvernehmlich und mit Respekt an die Sache gehen, so ist der Erfolg gewiss.

2. Zeitdruck herausnehmen. Geht in das Gefühl, dass ihr alle Zeit der Welt habt. »Klappt es heute nicht, probiere ich es morgen wieder«, das ist die gesündeste Einstellung bei derlei Ritualen. Heilung kann Zeit brauchen und in Etappen voranschreiten.

3. Ruhe. Wenn wir an einem Platz etwas getan haben, haben wir einen neuen Lichtimpuls gesetzt, der wie ein Samen ist. Danach ist es wichtig, diesem Raum und Zeit zu geben, damit er sich entfalten, wachsen und sich entwickeln kann. Räumt also dem Platz Ruhe und Zeit ein, sodass seine Selbstheilungskräfte das Ihrige

tun können. Ihr könnt ihn zu einem späteren Zeitpunkt noch einmal aufsuchen.

4. Zeichen. Wir können jederzeit um ein Zeichen in der Realität bitten. Wenn wir ein solches brauchen, um unseren Glauben und unser Vertrauen zu stärken, haben wir das Recht und als selbstverantwortliche Wesen sogar die Aufgabe, für uns um ein Zeichen zu bitten. Es kann allerdings sein, das es nicht sofort und nicht auf dem von uns gedachten Weg kommt. Es kann über Träume, andere Menschen, Eingebungen, Führungen, Dinge am Wegesrand, über unerwartete Situationen ... kommen.
5. Weitere Mittel. Setzt weitere Mittel ein, um den Platz in seiner Multidimensionalität und seinen Ebenen zu erfassen, z. B. Tattwa-Reisen, Lichtfotografie, Spiegeltechnik.
6. Energetische Versorgung aufrechterhalten. Wenn ihr spürt, dass es richtig ist, versorgt den Platz energetisch ab und zu weiter, z. B. indem ihr ein Foto von ihm aufstellt und eine Kerze davor anzündet. Denn liebe Gedanken sind auch heilende Energie. Alles ist miteinander verbunden, und was wir in der Natur heilen, heilen wir auch in der Seele.

Die Zeichen der Erde lesen

Hier noch ein paar kleine Anregungen, wie du dich für die Zeichen der Erde öffnen kannst. Die Wege, auf denen du dies erreichen kannst, sind unzählig, facettenreich, vielfältig, genial.

Hier ein Eingang in die untere Welt

Mit einer entscheidenden Frage im Kopf lief ich durch die Natur. Ich ließ sie immer größer werden und fragte schließlich: Soll ich das machen? Da schoss mir in den Kopf: Dreh dich um – und die Natur zeigte mir ein N für Nein. Dieses Zeichen war das richtige in dieser Angelegenheit.

Lachen ist die beste Medizin. Dieses Felsengesicht vertrieb alle düsteren Gefühle in mir, die sich angesichts einer Angelegenheit gesammelt hatten. Ein warmer brummender Ton ging von ihm aus, übertrug sich auf mich und gab mir neue Kraft und lustige Gedanken, welche die alte Kraft vertrieben.

Troll-Hexen-Hügel

Kraftplätze und Botschaften der Natur finden sich überall. Jeder kann hier seinen Weg finden. Jeder Weg ist anders.

Wir alle sind aufgerufen, der Stimme unseres Herzens bedingungslos zu folgen und unsere eigene Art, mit den Wesen der Natur in Verbindung zu treten, zu finden und zu leben.

Lexikon der Naturwesen

Es gibt unendlich viele Erd- bzw. Naturgötter und -göttinnen in allen Kulturen dieser Erde. Jeder Naturerscheinung ist ein Naturgott oder eine Naturgöttin zugeordnet. So gibt es Flussgöttinnen, Glücks- und Schutzgöttinnen, Heilsgöttinnen, Initiationsgötter, Blitz- und Donnergötter, Luft- und Zeitgötter, Tier- und Pflanzengötter, Planetengötter, Regen- und Windgötter, Fruchtbarkeitsgötter, Meeresgötter, Götter der Ober- und der Unterwelt, die den Naturreichen zugeordnet werden ... Sie alle hier namentlich aufzulisten, würde allein ein bis zwei Bücher füllen. Wer sich dafür interessiert, kann sie in Lexika der Götter oder der Mythen oder der verschiedenen Kulturen finden. Es folgt nun eine alphabetische Auflistung einer Auswahl von Naturgeistern aus den unterschiedlichsten Kulturen. Ich bin sicher, nur einen Bruchteil dessen erfasst zu haben, was sich an Naturwesen in anderen Sphären mit uns auf diesem Planeten tummelt. Doch es wird sicher einen kleinen Einblick in die Vielfalt der Wesen ermöglichen, denen wir in der Natur begegnen können.

Die im Lexikon mit * gekennzeichneten Begriffe finden sich im Glossar.

A

Aatxe: Baskischer Höhlengeist in Stiergestalt. Er nimmt die Gestalt eines Menschen an. Seine Höhle verlässt er nur in stürmischen Nächten, was die Menschen zwingt, sich in ihre Häuser zurückzuziehen.

Abaddon: Der Fürst der Furien, der Unheilstifterinnen. Er wird in der Johannesoffenbarung Joh. 9,11 als heuschreckenartiges, dämonisches Wesen beschrieben, das über das Totenreich herrscht und den Weltuntergang ankündigen wird.

Abellio: Keltischer Apfelgott. Ihm unterstehen alle Apfelbäume.

Abendstern: In der Mythologie ist der Abendstern ein wunderhübsches weibliches Wesen, das die Liebenden verbindet und den Liebessegen spendet. In früheren Zeiten war es Brauch, dass Frauen und Männer, die aus irgendwelchen Gründen voneinander getrennt waren, am Abend hinaustraten und an den Abendstern die Bitte richteten, die Treue ihres/ihrer Liebsten zu erhalten und ihn/sie zu grüßen, wo immer er/sie auch sein mochte. Auch Menschen, die auf der Suche nach ihrer Seelenhälfte waren, baten den Abendstern, ihnen dabei behilflich zu sein und ihr Herz mit dem des noch unbekannten Menschen zu verbinden. Der Abendstern wurde oft in Verbindung mit dem Mond und der Liebesmagie angerufen. Um einen Liebsten/eine Liebste in ihr/sein Leben zu rufen, stellte sich die Frau/der Mann zu Mitternacht vor Neujahr mit dem Rücken zur Küche in die Küchentür und sprach: »Gott grüße dich, du Abendstern, du scheinst so hell und fern, über Osten, über Westen, über alle Kreiennesten (Krähennester). Ist einer zu meinem/meiner Liebsten geboren? Ist einer zu meinem/meiner Liebsten erkoren? So schicke ihn/sie mir heute, mir und der Welt zur Freude. Danke, du holder Abendstern, grüße sie/ihn mir, ob nah oder fern.«

Abezethibu: Arabischer Windgeist, den König

Salomon mithilfe seines Zauberringes beherrschen konnte. Angeblich hat er auf Geheiß Salomons mit seinem Artgenossen Ephippas eine Säule, die kein Sterblicher zu heben vermochte, aus dem Roten Meer geholt und in der Luft schweben lassen.

Acedia: Name eines europäischen Mittagsgespenstes (siehe Mittagsgespenst). Für einen Menschen, der von diesem Dämon geplagt wird, scheint die Zeit stillzustehen. Der Tag kommt ihm unendlich lange vor. Er beginnt, eine Abneigung gegen seinen Aufenthaltsort, seine Arbeit, seine Lieben, sein Leben zu entwickeln. Er wird depressiv und versucht, seinem Leben zu entfliehen. Er kann von Fieberanfällen, Verwirrung, Umnebelung, Kopfschmerzen u.Ä. geplagt werden. Origenes (griech. Dichter, 185-254) gab diesem Mittagsdämon in der ersten Hälfte des 3. Jhs. seinen Namen: Acedia leitet sich aus dem Griechischen ab und bedeutet zu deutsch »Langeweile, Überdruss«. Der befallene Mensch kann sich aus den Fängen dieses Gespenstes nur befreien, wenn er die Fragen, die es ihm stellt, beantworten kann.

Achimael: Engel der Erdgeister. In Beschwörungen und Anrufungen wird um seine Anwesenheit gebeten. In östliche Richtung gewandt, ruft man ihn z.B. mit der Formel: »Ich rufe dich, Achimael, oberster der östlichen Erdgeister. Komm, und begleite dieses Ritual, und verleihe uns den Schutz und die Kraft der Erde und ihrer Bewohner.«

Achiyalatopa: Indianisches Ungeheuer beim Volk der Zuni, Pueblo-Indianer in New Mexico und Arizona, Nordamerika. Seine Federn sind spitz wie Dolche und scharf wie Messer.

Ackergeister, Ackermann, Ackerweib: Überall auf der Welt finden wir eine große Zahl guter und böser Ackergeister und Ackergötter/göttinnen. Hierzu zählen auf der guten Seite zum Beispiel die Ährenkönigin und die Kornmutter und auf der Seite der Dämonen der Bilwis (siehe Bilwis). Die guten Vegetationsgeister wurden angerufen, geehrt und geachtet, die bösen hingegen versuchte man mit den verschiedensten Ritualen zu vertreiben und zu verscheuchen. Da der Ackerbau der älteste und beständigste menschliche Wirtschaftsfaktor ist, waren die Riten rund um die Ackergeister mannigfach und ausgeprägt. Diesen wurde geopfert, sie wurden besungen, gefeiert, gepriesen ... und das während der ganzen Feldzeit, besonders aber bei der Ernte. Beispielsweise umrundete man schweigend den Acker, um einen Schutzkreis um ihn zu ziehen, oder man ritt auf einem Pferd in rasender Schnelligkeit um ihn herum. Am Karfreitag und Ostersonntag vor Sonnenaufgang vertrieb man die Dämonen unter Peitschenknallen und Büchsenschießen von den Äckern; zu Fastnacht gab man dem Feld Wein, Schnaps und Brot. Auch die Osterfeuer dienten der Dämonenvertreibung. Ein Überbleibsel dieser alten Riten und Bräuche ist das noch heute gefeierte Erntedankfest. Doch um die Natur der Ackergeister weiß man heute nicht mehr allzu viel.

Adatiel: Luftgeist. Er ist vor allem schnell.

Adimo: Gehört mit Mentifil, Erami, Necas, Musar, Idurah, Orova und Ordaphe zu den Gebietern des Elementes Erde. Sie werden in der Magie in bestimmten Ritualen z. B. dafür angerufen, dass sie Dinge materialisieren.

Adler: Tier der magischen Reiche. Der Adler ist der König der Vögel und der Vogel der höchsten Götter wie Zeus, Odin, Jupiter, Vishnu, Agni, Indra, des großen Geistes, Lokis, die sich durch ihn zeigen und deren Befehle er ausführt. Er gehört zu den Tieren der oberen Welt, ist allwissend und hütet große Zaubermächte und höchste Weisheiten, bringt Segen, sorgt für Wunderheilungen. Er steht mit dem Sonnenkult in Verbindung, und seine scharfen Augen ermöglichen es ihm, in die Sonne zu blicken. Allerdings können sich durch ihn auch Dämonen wie Riesen, Windgiganten, der Teufel selbst offenbaren. Der Adler und der Feigenbaum können von Blitz und Donner nicht getroffen werden. Er ist ein Orakeltier: Adlern zu begegnen ist ein großes Glück, doch ein Adler, der eine Schlange trägt, kann

Unglück bedeuten. Adler können den Tod ankündigen, wenn sie einen Menschen im Traum zerfleischen. Ein Adler von rechts bedeutet Glück, von links Unglück. Der Flug des Adlers zeigt Sieg oder Niederlage einer Sache an. Wenn sie spitze Schreie ausstoßen, warnen sie vor großen Gefahren. Weiße Adler bedeuten Unsterblichkeit und Auferstehung.

Aed: Ein keltischer Gott der Anderswelt. Er ist der Blitzeschleuderer und Donnerer. Seine Gemahlin ist Be Find »die weiße Dame«. Er bewohnt das Gebiet am Wasserfall von Assaroe bei Ballyshannon in der irischen Grafschaft Donegal. Zuweilen erscheint er in Gestalt eines einäugigen Fisches. Seine Hauptwaffe ist ein vergifteter Speer. Er verfügt über jede Menge magische Fähigkeiten zum Heilen und zum Zerstören.

Aegir: Ein nordgermanischer Meeresriese mit dem Beinamen »der Grauenhafte«. Er herrscht über das Meer und die Meeresgewalten.

Aes side: Keltische Bezeichnung für das Hügelvolk. Es setzt sich aus übernatürlichen Gestalten unterschiedlichster Herkunft zusammen (Zwerge, Feen, Elfen, Vulkani u. a.).

Afanc: Naturwesen. Bekannt in Irland, Schottland und England, trägt als riesiger Biber die Weisheit der Anderswelt in sich.

Afriten: Bezeichnung der Elementarwesen bei den Ägyptern.

Agares: Dienstbereiter Luftgeist. Gehört zur Gruppe der Sylphen. Sein Name findet sich in alten Schriften und Zauberbüchern. Er wurde z. B. für Wetterzauber gerufen.

Ahti: Finnischer Wassergeist. Er ist der Herr der Fische und der fischreichen Gewässer, die daher »Die Grube des Ahti« genannt werden. Er sammelt zum Beispiel die zerstreut schwimmenden Fische und gibt sie dem Fischer zum Fang.

Aigina, Aegina, Ägina: Griechische Flussnymphe. Sie ist die Tochter des Flussgottes Asopos und der Flussgöttin Metope. Sie wurde von Zeus, dem griechischen Göttervater, auf die Insel Oinone (südwestlich von Athen) entführt und von ihm geschwängert. Seitdem ist die Insel Aigina (Ziegeninsel) nach ihr benannt.

Aiharro-haio: Baskischer Kobold und Familiengeist. Man kann ihn sich dienstbar machen, indem man eine Büchse an einem Brombeerstrauch befestigt, in die vier Kobolde schlüpfen können. Dies sollte man am Vorabend des Johannistages (23./24. Juni) tun. Der Aiharro-haio kümmert sich auf seine ureigenste Weise um Haus, Hof und Familie.

Aine: Irische Feenfrau. Sie hatte einen steinernen Stuhl, genannt Cathair Aine. Jeder, der sich auf diesen Stuhl setzte, lief Gefahr, den Verstand zu verlieren. Saß ein Mensch dreimal darauf, so wurde er für immer wahnsinnig. Menschen, deren Sinne verwirrt, Tiere die verrückt und tollwütig waren, kamen zu diesem Stein und stürzten sich von dort ins Meer, wo Aine ihre Wohnung hat. Sie hat Macht über den ganzen Körper, verleiht die Gabe des Dichtens und Musizierens. Man sollte sie nicht vergrämen, denn sie ist sehr rachsüchtig.

Aitvaras: Litauischer Haushaltsgeist und schatzbringender Drache. Er bringt denjenigen Geld, Gold und Güter, die ihm seine Seele verschrieben haben, wobei er diesen Reichtum jedoch anderen gestohlen hat. Man kann ihn bei einem Kaufmann in Riga, Königsberg oder Memel kaufen oder auch selbst ausbrüten. Wird er schlecht behandelt, setzt er das Haus in Brand. Er erscheint den Menschen in Gestalt eines schwarzen Katers oder eines schwarzen Hahns.

Akasha und Devos: Mächtige Lichtintelligenzen. Sie sind die Hüter des Ätherreiches und damit des Elementes, das alle anderen durchdringt. Äther ist das göttliche Licht, das durch alles strömt, die feine Substanz, aus der sich alles aufbaut. Außderdem gibt es von jedem Element auch eine ätherische Form, es sind die Blaupausen (die Urmatrix*), nach denen die stofflichen Entsprechungen angelegt sind. Die

Lichtwelten sind ein vollkommener Abdruck des Göttlichen. Akasha und Devos wurden das erste Mal von der Theosophischen Gesellschaft* erwähnt und sind der Strahlenlehre zugeordnet.

Akerbeltz: Baskischer Höhlengeist in Gestalt eines Ziegenbocks. Er ist der Hüter der Herden. Er kann Seuchen herbeirufen und Tierherden von Seuchen heilen.

Alarabi: Baskischer Berggeist. Er erscheint in Menschengestalt mit nur einem Auge auf der Stirn und einem einzigen Bein, dessen Fuß eine runde Sohle hat.

Alfigg: Gehört zur Gattung der Zwerge (siehe Berlingr)

Alfrauen: Weibliche Berggeister aus Kärnten, Österreich, die in den Felsen wehklagen. Wer sie mit Speisen würdigt, den belohnen sie, indem sie die Schüsseln, in denen die Speisen dargereicht wurden, mit Silber und Gold füllen. Wer sie betrügt, missachtet oder übergeht, an dem rächen sie sich fürchterlich.

Alisanus: Keltischer Baumgott. Ihm unterstehen alle Ebereschen.

Alk: Armenische böse Geister, die Ungeborenen und Neugeborenen Schaden zufügen können.

Alke: Name eines Wassertümpels bei Alfhausen (Westfalen), dessen Bewohner auch Alke heißen und den Wassertümpel hüten. Sie verfolgen Menschen, die sie stören, in Gestalt eines feurigen Rades, eines Wiesenbaums oder Drachen.

Allrays: (engl. für »alles Strahlen«) Devas (Engel der Natur) der Berggipfel. Sie bilden Heere von intelligenten Wesenheiten, die ein ganzes Gebiet durch ihren vergeistigten Willen leiten und lenken. Ihren lichtvollen Segen verströmen sie von den höchsten Berggipfeln aus.

Allsees: (engl. für »Allesseher«) Meister der Devas. Sie stehen über den Allrays. Symbol der Allsees ist ein einzelnes Auge. Sie sind die Eingeweihten der Sonne und wandeln das kosmische Licht, sodass es auf der Erde wirken kann.

Alp: Bezeichnung für die Elfen der angelsächsischen und altnordischen Überlieferung, eine Mischung aus Elfen und Zwergen (siehe auch Elfen, Schwarzalben). Hinter dieser Bezeichnung verbirgt sich eine Vielzahl von unterschiedlichen Wesen aus Erd-, Luft- und Feuerreich, die sich in allen Ländern und Kulturen in unterschiedlicher Gestalt und Gattung finden.

Alp und Druckgeist: Große Gruppe koboldartiger Geister und Dämonen, die in vielen Volksglauben beschrieben werden. Man kann ihnen in der Natur ebenso begegnen wie im Traumerleben oder in Räumen. Sie können sowohl selbstständige Dämonen als auch irrende Seelen von Verstorbenen sein; so genau ist das nicht zu trennen. In der Natur findet man sie oft an geschädigten und verunreinigten Plätzen. Sie heften sich an die Menschen, um sie in Angst und Schrecken zu versetzen. So verursachen sie in Träumen große Angst, können aber auch durch Wohnungen schleichen und die Menschen plagen. Bis sie erlöst werden, erhalten sie die Energie an bestimmten Orten aufrecht. Sie verfolgen den Menschen aber auch als »Gewissen oder Erinnerung« an seine eigenen Schatten und unerlösten Seelenanteile; dies tun sie gnadenlos, bis der Mensch bereit ist, sich diesem Schatten zu stellen. Für sie gibt es in allen Kulturen viele Namen wie Mahr, Mahrt, Zmora, Murawa, Mora, Schrättling, Schreck, Schrätzmännel, Drud, Trud, Drutt, Trudd, Trempe, Stempe, Letzekäppchen, Drücker, Nachtmännle, Nachtfraueli ... Sie können sich in vielen Gestalten zeigen und auch innerhalb von Sekunden ihre Gestalt wechseln. Oft erscheinen sie in Tiergestalt, meist rauhaarig und zottig, als Kater oder Katze mit haarigem Menschengesicht, als schwarzer Hund, Affe, Fuchs, Pferd mit feurigen Augen, schwarze Henne, Elster, schleimige kleine Tiere, als Schlange mit glühenden Augen, Kröte, weißes Schwein, als Fliege oder Maus mit rotem Streifen um den Hals, als grauer Schmetterling ... oder in menschlicher Gestalt als schwarze Dame, altes Weib mit langer Nase, großen Augen, eiskalter Hand, einem schweren Klotz in den Armen, langen Haaren, breit, mit platten siebeneckigen Druden- oder Krottenfüßen; oder als hässliches Männlein mit dickem Kopf, unheimlichen Glotzaugen, ohne Rücken oder buckelig; meist in den Farben Grau oder Rot; oder als Soldat mehr oder weniger gestaltlos; auch als hässliches Wesen mit großem Kopf, ohne Arme und Beine, mit schlaffen, schweren Brüsten, weichem, ekelhaft feuchtem, knochenlosem Körper. Weitere Dinge, an denen man einen Alp oder Druckgeist erkennen kann, sind: alte zottelige Wolldecken, Geräusche, wie wenn etwas über den Boden geschleift wird oder wie wenn ein nasser Sack auf den Boden fällt, tapsende, schwerfällige Schritte, ein Wollknäuel, der in das Zimmer rollt, ein weißer Nebel, ein Zugwind, unangenehmer Geruch. Er kann in ein Zimmer rollen, durch Schlüssellöcher schlüpfen, dazu haspelt er sich seine Gedärme aus dem Leib, damit er dünner wird. Außerdem kann er sich zu einem Knäuel zusammenziehen oder sich riesenhaft ausdehnen.

Alperer: Weitere Bezeichnungen dieses Wesens sind wilder Ochsner, Almerer, wilder Alber u. a. Er erscheint in einigen Gegenden in Gestalt eines schrecklichen Hundes mit feurig glühendem Schwanz oder als fliegender, feuerspeiender Drache. Sein Auftreten steht wahrscheinlich mit dem Fall von Sternschnuppen in Verbindung. Er bringt dem Menschen die Botschaft, dass dieser alles, was er sät, auch ernten wird. Er erinnert an das Böse, die verborgene innere Last, und daran, dass man für unrechtes Tun büßen wird. Der Alperer geht in Tirol am Michaelstag um, an dem auch ein Bursche, in Maske und Tierfell verkleidet, herumläuft, um an ihn zu erinnern.

Alpgeister, Almgeister: Zu ihnen gehören Alm- oder Alpenbütz, Hüttlabuth, Novabutz, Alperer, Alpmueterlie u. a. Sie werden gerne nach den Bergen benannt, die sie bewohnen. Im Sommer hausen sie in den Felsen und Wäldern, und im Herbst ziehen sie bis zum Rückkehr der Menschen im Frühjahr in die Almhütten. Sie erscheinen einzeln oder in Scharen, selten in Tiergestalt, doch wenn, dann als Almtiere, als Katze, Ross oder Stier mit feurigen Augen. Sie können sich winzig klein machen, aber auch übernatürliche Ausmaße zeigen. Gelegentlich haben sie nur ein Auge auf der Stirn. Wie die Kobolde verrichten sie oft die Sennenarbeit: Sie melken die Tiere, buttern, käsen, dabei klappern sie gern mit dem Milchgeschirr, pfeifen, jodeln und lärmen. Sie sind freundlich zu den Menschen und unterstützen sie, wenn sie nicht gereizt, provoziert, beleidigt oder verärgert werden. Dann können sie sehr boshaft werden und die Menschen grausam bestrafen.

Alphur: Dienstbarer Geist des magischen Feuerelementes. Wer die Geister ohne die nötigen Kenntnisse anruft, dem spielen sie oft übel mit, besonders die Geister des Feuers.

Alpmutter: Auch Alpmueterli. Es ist ein weiblicher Alpgeist, der die Almhütten und Bauernhöfe heimsucht. Sie wird als altes, buckeliges Weib mit magischen Fähigkeiten beschrieben, das umgeben ist von dienenden Kobolden in unterschiedlichen Tiergestalten, die auf ihre Befehle hören. Ihr Auftauchen kann u. a. schlechtes Wetter ankündigen.

Alraun, Alraune: Mythenumwobene Pflanze und uralter Name für altgermanische mystische Wesen, die im Geheimen wirken und viele Zauberkräfte beherrschen. Wegen der menschenähnlichen Gestalt der Pflanzenwurzel werden manche als weibliche oder männliche Kobolde bezeichnet. Doch das erfasst nur einen kleinen Teil ihres Wesens. Andere Quellen bezeichnen die Alraune als magisches Wurzelweibchen, das die weiblichen Mysterien hütet. Ist sie bereit, den Kontakt herzustellen, raunt sie einem die magischen Geheimnisse zu. In männlicher Form wird sie das schwarze Alraunenmännlein genannt, das magische Handlungen verstärkt und hilft, Gold, Geld und Schätze zu vermehren. Alraunen, die aus fleischigen Wurzeln geschnitzt wurden und dabei menschenähnliche Gestalt annahmen, wurden einst und werden heute noch für magische Zwecke benutzt. Der Name Alraune leitet sich ab von german. »runa«, Geheimnis, oder »runen«, heimlich und leise reden, raunen. Darüber hinaus war die Alraune eine wichtige Zauberpflanze des Altertums. Sie gehört zu den Nachtschattengewächsen und kommt in Mittelmeergebieten vor. Blüte, Wurzel, Blatt und Frucht haben vielerlei Heilwirkungen und Anwendungsmöglichkeiten.

Alrinach: Weibliche Wettergeister; sie gehören zu einer schlimmen, unberechenbaren Dämonengattung, die den Elementen Luft und Wasser zugeordnet ist. Sie schweben über Seen, Teichen und Flüssen und können Stürme, Erdbeben, Hagel und Regengüsse auslösen, Schiffe kentern lassen und Wetterlaunen richtig aufpeitschen. Wenn sie sich zeigen, dann in wilder weiblicher Gestalt. In alten Magieritualen und Beschwörungsformeln gehören die Alrinach zu den westlichen Wassergeistern.

Alseiden: Nymphen des Waldes, die den Wasserhaushalt und den Verlauf des Wassers regeln (siehe Dryaden).

Altmütter: So werden in Böhmen noch heute die Wolken genannt. Erhebt sich ein Gewitter, so sagt man dort: »Die Altmütter erheben sich.« In böhmischen Märchen findet man die Erzählungen von den drei weißen/weisen Schicksalsfrauen, den Altmütterchen.

Altvater, Älterlein, Altmännchen, De Oude Man, Le Petit Vieillard: Dämonen, die Kinderkrankheiten bringen und wieder mitnehmen. Kinder, die von diesen Dämonen befallen sind, haben ein greisenhaftes abgezehrtes Aussehen. Man hat das Gefühl, das Kind sei nicht mehr es selbst, sondern sei besetzt vom Altvater, Altmännchen oder dessen Zauber. Auch bestimmte Berggeistersorten werden so genannt. Die Obersten der Berggeister von weißer Gestalt, mit großem oder weißem Bart werden Altvater genannt. Sie erscheinen oft zu mehreren, besonders zu dritt. Sie sitzen plötzlich mit langen Kleidern und weißen Bärten um einen Tisch mit einem aufgeschlagenen Buch in einem verwunschenen und später nicht wieder aufzufindenden Gemach. Sie hüten die Schätze und kennen die Weisheit, sie stellen die Schicksalsweichen und führen die Menschen an entscheidende Punkte in ihrem Leben. Sie können Verwünschungen aussprechen und Krankheiten schicken und wieder heilen. In Fieberträumen kann man ihnen begegnen und ihre Botschaft empfangen.

Alven: Feen im Gebiet der Niederlande, die dem Luft- und dem Wasserreich angehören und vor allem in Flüssen und anderen Gewässern leben. Sie leiten die heilenden Ströme in den Gewässern und verleihen der Landschaft ihren lieblichen Reiz. Sie sind unsichtbar und zeigen sich nur des Nachts, sie sind nachtaktiv. Sie sollen in den sogenannten Alvinnenhügeln und kleinen Erdhaufen leben.

Amaltheia: Griechische Nymphe, die auf Kreta den neugeborenen Zeus säugte. Der Göttervater setzte sie aus Dankbarkeit als Stern »Capella« (lat., zu dt. Ziege) an den Himmel. Ihr abgebrochenes Horn wurde reich mit Früchten gefüllt und mit Blumen bekränzt. Es wurde zum Füllhorn »Cornu copiae« (Horn des Überflusses).

Amasol: Gebieter des Elementes Wasser. Sein Name findet sich in alten Büchern der Magie. Er wird angerufen, wenn es z. B. um die Beeinflussung von Gefühlen geht (Liebeszauber).

Ammit: Ägyptische Dämonin, die beim Jenseitsgericht als »Totenfresserin« auf Beute lauert. Je nachdem, wie das Urteil ausfällt, verschlingt sie das Böse. Sie wird mit einem Krokodilskopf auf einem Raubkatzenleib mit Nilpferdhinterteil dargestellt.

Amphitrite: Griechische Meeresnymphe des brandenden Meeres. Über sie gibt es einige Geschichten in der griechischen Mythologie, u. a. flüchtete sie zunächst vor der Hochzeit mit Poseidon (griechischer Gott des Meeres), doch ein Delfin brachte sie zurück. Dieser wurde als Sternbild an den Himmel versetzt. Sie fährt als Herrin des Meeres in einem von Nereiden begleiteten Muschelwagen über die Wellen.

Amue: Gebieter des Elementes Wasser, Geist aus der Naturmagie. Er wird gerufen, wenn es um die Herstellung von Tinkturen geht.

Amzophul: Gebieter des Elementes Feuer. Er wird in alten magischen Formeln beschworen, wenn es um die Weiterleitung von Energie geht.

Andwari: Zwerg aus der Nibelungensage. Sein Name bedeutet »Umfasser.« Er verfluchte den Ring (Ring der Nibelungen), den der Drache Fafnir im Schatz der Nibelungen bewachte.

Anguana, Agana, Enguana, Guana, Gana: Die Anguana sind blondhaarige, teils schöne, junge, teils alte, runzlige weibliche Dämonen von gutartigem Wesen. In manchen Gegenden haben sie einen verkrüppelten Fuß oder gar ein Ziegenfuß. Sie sind vorwiegend in italienischen Gebieten gesichtet worden, meist bei der Morgen- und Abenddämmerung. Sie wurden durch das Konzil von Trient (1545–1563) gebannt, damit sie nicht mehr ihren nächtlichen Spuk treiben können. Sie wohnen an Quellen und Bächen, in Höhlen und in der Nähe von Gewässern. Sie waschen das Garn, das sie gesponnen haben. Ihr Segen bringt Glück; wer sie beleidigt, dem bringen sie Unheil – ausgesprochen unversöhnlich werden sie, wenn man sie »Anguana pe de cioura« (Anguana mit dem Ziegenfuß) nennt. Menschen, die sich ihre Gunst erwerben, machen sie oft wahrhaft unendliche Geschenke, z. B. Garn, das nie zu Ende geht, ein Fresskorb, der sich immer wieder auffüllt, Stoff, der sich immer wieder erneuert ... Manchmal gehen sie eine Ehe mit einem Menschen ein, der allerdings niemals ihr Haar berühren darf.

Ankou: Nach bretonischer Überlieferung der personifizierte Tod. Der erste Tote im Jahr wird dämonisiert, und man nennt ihn Ankou, den Friedhofsgeist. Als solcher wacht er über den Friedhof, schützt ihn vor

Grabräubern und unerwünschten Eindringlingen und erscheint stellvertretend für die Toten.

Anubis: Wächter an den Toren der Unterwelt im altägyptischen Weltbild. Er wiegt das Herz der Heimkehrer und begleitet die Toten in die Unterwelt, wo er beim Totengericht das Wiegen des Herzens auf der Waage vornimmt. Oft wird er als ruhender schwarzer Hund oder Schakal dargestellt, meist auf einer Truhe liegend, oder als Mensch mit Schakalkopf, Ankh (Schlaufenkreuz) und Richtstock in der Hand.

Aoibhell: Weissagende Feenfrau, die einst in Craig Liath in Irland zu finden war. Sie konnte Menschen unsichtbar manchen, warnen und noch so einiges. Wer die von ihr gefertigte Zauberharfe hörte, war dem Tod geweiht.

Apfelmännlein: In England heißt es, dass im ältesten Apfelbaum im Garten das Apfelmännlein haust. Es beschützt die Bäume und lässt sie reiche Früchte tragen, wenn man ihm zum Dank den letzten Apfel hängen lässt.

Aphtiph: Gebieter des Elementes Feuer.

Apilki: Gebieter des Elementes Luft. Er wird in der Magie angerufen, wenn es um die Beeinflussung der Gedankenkraft geht.

Aposto: Gebieter des Elementes Wasser. Er wird in Angelegenheiten gerufen, welche mit dem Element Wasser zu tun haben.

Apsaras: Indische Nymphengattung, die dem Wasserelement zugeordnet ist. Apsara ist ein Sanskritwort, das »auf dem Wasser gehend« bedeutet. Sie werden oft mit einer Lotosblume in der Hand dargestellt und sind bekannt für ihre Tanz- und ihre Verführungskünste. Man findet sie in zahlreichen Darstellungen in indischen Tempeln.

Aqui: Höchstentwickelte Engel, die sich um das Tierreich kümmern. Sie sorgen für das Wohlergehen der Tiere und leiten und lenken ihre Instinkte.

Aralez, Arlez: Armenische gute Geister, die in Hundegestalt über die Schlachtfelder laufen, wo sie die Verwundeten beständig lecken und auf diese Weise heilen. Sie können auch Gefallene durch ihr ständiges Lecken wieder zum Leben erwecken (Yaralez = Immerlecken).

Arawn: Keltischer Herr, Fürst und Gebieter von Annwn (siehe Anderswelt). Er stammt aus dem Reich der Fairies und verfügt über zahlreiche magische Fähigkeiten und Zauberkräfte. Er wird als graugewandeter Jäger mit grauem Pferd beschrieben, der aus dem Nichts auftaucht.

Arduinna: Gab den Ardennen den Namen und gilt als Verkörperung des stark bewaldeten Gebirgszuges im heutigen Belgien und Luxemburg. Sie wird als Urmutter dargestellt, die auf einem Wildschwein reitet. Sie ist für alles verantwortlich, was in ihrem Gebiet wächst und gedeiht, die Quellen, die Waldweide, die Tiere ... Würdigte man sie, so ernährte sie den Menschen mit Fleisch, Waldfrüchten, Beeren, Nüssen, Wildgemüse, gewährte Material für Hausbau, Heilkräuter ... Verletzte der Mensch ihre Gebote, so entzog sie ihm die Fürsorge oder rächte sich an ihm, indem sie die Kräfte des Waldes gegen ihn nutzte: Sie ließ ihm einen Unfall zustoßen, oder lieferte ihn wilden Tieren aus ...

Arethusa: Quellennymphe aus Pisa in Elis. Da der Gott Alphaios sie liebestoll verfolgte, bat Arethusa Artemis (griech. jungfräuliche Göttin der Jagd und Fruchtbarkeit), sie in eine Quelle zu verwandeln. So floss sie dann unter dem Meer nach Sizilien weiter und kam erst bei Syrakus wieder zum Vorschein. Daraufhin verwandelte sich Alphaios in einen Fluss (Verkörperung des Flusses auf dem Peloponnes) und folgte der Geliebten unter dem Meer.

Argui: Baskischer Nachtgeist am Berge Erino. Totengeist im östlichen Baskenland.

Arienes: Gehören zu den Luftfeen. Sie beaufsichtigen den gesamten Luftbereich in all seinen Schichten. Sie arbeiten gerne paarweise, am liebsten mit ihrem erwählten Liebespartner. Sie sind viel größer als Menschen und übertreffen sie an Anmut, Schönheit, Ebenmaß und Gestalt.

Ariphne: Gebieterin des Elementes Wasser.

Asag: Sumerischer böser Geist. Sein Name bedeutet »der den Arm schlägt«. Er lässt die Brunnen austrocknen und verursacht Krankheiten.

Asakku: Akkadischer böser Dämon, verursacht Kopffieber.

Aspirites: Eine der höchsten Feenklassen, deren geistige Kräfte gewaltig sind. Sie üben ihren mächtigen Einfluss bei Bekämpfung von Feuer, Wasser und Stürmen aus. Ihre Macht ist nicht nur auf unsere Erde beschränkt, sondern dehnt sich auch zu anderen Planeten in den Kosmos aus, von wo sie Planetenströme zur Erde leiten. Sie bekämpfen auch schwere Krankheiten.

Asrai: Kleine weibliche Wasserfeen, die als Tröpfchen oder kleine Nebelfetzen über dem Wasser tanzen und schweben. Sobald sie direktem Sonnenlicht ausgesetzt sind oder man versucht, sie zu berühren, verwandeln sie sich in Wasserpfützen.

Asuras: Werden in den Veden, den religiösen Schriften der Inder, als negative, zerstörende Kräfte in Gestalt von Dämonen beschrieben, die gegen die Devas und lichten Kräfte kämpfen.

Atarrabi, Ondarrabio, Atarrabio: Ein baskischer guter Wettergeist.

Athach: In England ein Name für alle Monster, Riesen und unfreundlichen Kreaturen, die einsame Bergschluchten, Buchten und Höhlen unsicher machen.

Atlaua: Indianischer mächtiger Wassergeist der Azteken mit dem Beinamen »Meister des Wassers«. Er hilft, die Dualität von Tod und Leben zu überwinden.

Aufhocker: Koboldartige Nachtgeister, vampirartig. Sie springen dem nächtlichen Wanderer auf die Schulter, rauben ihm den Atem und versetzen ihn in Angst und Schrecken. Begegnungen mit Aufhockern finden oft an Stellen statt, die als Spukorte bekannt sind (Gräber, Hohlwege, Totenwege, Kirchhöfe, Mord- und Richtstätten). Der Wanderer fühlt sich zunächst von einem Wesen begleitet, das allmählich zu übernatürlicher Größe heranwächst und dem Wanderer schließlich auf den Rücken springt. Der Wanderer fühlt sich am Ende vor Angst wie gelähmt, kann sich nicht umdrehen und fühlt ein großes schweres Gewicht auf sich. Erst durch Einflüsse von außen (Licht, Gebell, Worte, Glocken) oder an bestimmten Stellen (Grenzen, Kreuzwege, Brücken) verlässt der Aufhocker den Wanderer wieder. Manchmal können schwere psychische Störungen, Krankheit und sogar Tod Folge eines Aufhockererlebnisses sein: Er raubt dem Menschen ein Stück Lebensenergie.

Aulkenzwerge: Zwergensorte im Emsland.

Aumakua: Hawaiische Schutzgeister. Als Wanderer der Nacht bewahren sie die Seelen der Toten auf ihrer Reise nach Hawaiki (siehe Kapitel Andersreiche) vor Gefahren und heißen sie willkommen. Das Boot auf dieser Reise heißt »Kokosnuss«, »Schale« oder »Regenbogen«.

Aurboda: Germanische Riesin und Gattin des Gymir.

Aurgelmir: Germanischer Wasserriese mit dem Beinamen »der aus dem Sand geborene Brüller«.

Avullushe: Albanische dämonische Geister, die mit ihrem bloßen Atem Menschen ersticken können (alban. Avulli = Dampf).

Ays: Armenischer böser Sturmgeist, der, wenn er in den Körper eines Menschen eindringt, diesen geisteskrank oder sogar zu einem Dämon macht. Er kann einen Menschen völlig besetzen (arm. Ays = Wind.)

B

Baba, Baba Jaga: Ursprünglich eine ungarische gütige und hilfreiche Fee, die Menschen, die dazu bereit waren, in die Anderswelt eingeweiht zu werden, begleitete. Sie weihte besonders Frauen in die magischen Kräfte des Weiblichen ein. In späteren Zeiten wurde sie zu einer unheimlichen Hexe degradiert, der man zauberische Kräfte nachsagte und vor der man sich zu hüten hatte. In vielen Märchen und alten Geschichten findet man sie unter der Bezeichnung Baba Jaga. Ihre Kennzeichen sind Schädel und Menschenknochen und ein Haus, das auf einem Hahnenfuß steht und sich drehen und bewegen kann.

Balor: Keltischer einäugiger Riese, dessen Blick den Tod zur Folge hat. Er hielt sein Auge aus diesem Grunde meist geschlossen. Lug, der Sonnengott, tötete Balor, indem er von seinen Dienern das Augenlid des Riesen hochhalten ließ und einen Stein hineinschleuderte.

Banaidja: Australisches Ahnenwesen, das den Angehörigen eines bestimmten Stammes ihre Totemmuster gab und sie in bestimmte Riten einführte. Es wurde später von Zweiflern erschlagen. Sein Abbild wird bei Initiationsfeiern enthüllt.

Banshee, Bean Si (gälisch), Bean-Nighe (schott.): Keltisch-germanische Bezeichnung für Feenfrau bzw. »Frau aus dem Feenhügel«. Sie ist eine der bekanntesten keltischen Feengestalten. Sie zeigt sich als »kleine Alte« in weißen oder roten Gewändern, zuweilen rot beschuht. Ihr prächtiges Haar, ob golden, weiß, braun oder rot, trägt sie meist lang und lose mit einem goldenen oder silbernen Zierkamm darin. In vorchristlichen Zeiten war sie die mütterliche Schutzgöttin von Territorium und Stamm. Sie erscheint ihrem Clan als Todesfee und sagt unter Geschrei und Klagen den Tod vorher. Ihr Rufen, das den

Menschen die Haare zu Berge stehen und sie unendliche Einsamkeit verspüren lässt, ertönt oft dreimal und manchmal die ganze Nacht. Damit kündigt sie den Tod von Sippenmitgliedern an, die z. B. in weit entfernten Ländern in Schlachten kämpfen oder auf Reisen sind. Um gute Nachrichten zu bringen, erscheint sie als schöne junge Frau in eleganter Kleidung, dann wieder als altes krummes Weib in Totenlaken gehüllt, um der Familie schlechte Nachrichten zu übermitteln. Im schottischen Hochland, wo sie auch »Ban caointe« (Klagende) genannt wird, sieht man sie als Frau an einem Fluss oder Fjord die blutigen Kleider der Todgeweihten waschen. In diesem Zusammenhang wird sie als hässlich, mit nur einem Nasenloch, Hängebrüsten und hervorstehenden Zähnen beschrieben. Ihre Sprache kann niemand verstehen. Als Tiergestalt wählt sie oft die Form eines Raben oder einer Krähe. In Irland soll fast jede Familie ihre eigene Banshee haben. Im Zusammenhang mit den Banshees steht auch die Todeskutsche: ein durchsichtiges Gefährt entweder mit einem Kutscher ohne Kopf oder von kopflosen weißen Pferden gezogen. Öffnet jemand die Todeskutsche oder berührt sie, so spritzt ihm ein Schwall Blut ins Gesicht. Wenn die Todeskutsche erscheint, wird ein Mitglied aus der Familie desjenigen sterben, der sie sieht.

Bär: Tier der magischen Reiche. Er wird auch als der Braune, der Alte, der Honigfresser, der Hausherr bezeichnet. Der Bär ist das Symbol der großen Göttin, das Tier der Mutter Gottes. Der Bär verkörpert den Großvater/die Großmutter, Großväterchen und Großmütterchen. Bärenkraft wird oft bei Zaubern zum Schutz vor Eindringlingen gerufen. Bären hüten die Eingänge zu Hexenhöhlen, Zauber- und Unterweltsreichen. Sie kennen, bewachen und beschützen das Reich von Mutter Erde. In anderen Kulturen hat der Bär unterschiedliche Bedeutungen. Bei den Blackfoot-Indianern kann es ein plagender Dämon in Bärengestalt sein, bei den Navajo und Pueblo-Indianern bewacht der Bär das Haus der Sonnenfrau. In vielen Kulturen gilt er als »der heilige Wilde«, »der Hüter der Weisheit der Erde«, Gevatter Bär, Bruder der Menschen. Menschen werden von Zauberern gern in Bären verwandelt. Die Entzauberung erfolgt häufig durch einen Kuss, Verbrennung des Fells oder durch Enthauptung. Der Bär muss häufig für Kraftproben zur Verfügung stehen: Der Held soll einen Bären reiten, fünf Bären fangen, einen Bären zähmen ... Durch ihn wirken verzauberte Menschen, Hexen, Zauberer, Waldgeister, Elfen, Berggeister, Riesen, Waldgespenster, Vegetationsdämonen, Gewitter, Regen, Wetterdämonen. Dem Bären schreibt man das Wissen um künftiges Wetter zu: »Wenn zu Lichtmess der Bär seinen Schatten sieht, so kriecht er wieder auf sechs Wochen ins Loch oder kriecht noch tiefer in seine Höhle und legt sich auf die andere Seite«, sagt eine Bauernregel. Er ist Bote des Frühlings und des Winters. Der Bär hat weissagende Kräfte: Brummt ein Bär beim Anblick eines Mädchens, so ist sie nicht mehr jungfräulich, sondern eine heimliche Herumtreiberin. Wenn er brummt, kann das auch bedeuten, dass er einen Toten sieht. Begegnet man einem aufrecht gehenden Bären, so kündet das von Glück und Fruchtbarkeit. Spielende Bärenjungen bedeuten Treue und Eintracht, Bärenspuren verheißen Glück.

Bardhat: Albanische Elfen und Nebelwesen, die als weiße Mädchen unter der Erde wohnen. Wenn ein Reiter vom Pferd stürzt, so sagt man: »Sein Pferd ist auf die Bardhat getreten.«

Barguest: Ein Naturdämon aus Schottland, der meist in der Gestalt eines räudigen, schwarzen Hundes auftritt, der jedoch Hörner, große Klauen und rote Feueraugen hat.

Basajaun: Baskischer gutartiger Waldgeist. Der Herr des Waldes und aller Wesen, die tief im Wald wohnen oder in hoch gelegenen Höhlen leben. Wo er ist, wagt es kein Wolf, die Herden heimzusuchen. Er warnt Berghirten durch Schreie vor aufziehendem Unwetter. Er lehrte die Menschen z. B. Getreideanbau und das Schmiedehandwerk.

Basilisk: (griech. basilikos = kleiner König) Der Basilisk wird als geflügelte Schlange mit dem Kopf und den Füßen eines Hahns dargestellt. Der Basilisk entsteht, wenn ein schwarzer Hahn ein Ei legt, das durch eine Schlange oder Kröte ausgebrütet wird. Er hält sich in Kellern, Brunnen, Höhlen, Rohren, Schächten auf, wo er Schätze hütet. Sein Hauch ist giftig und seine Blicke auf der Stelle tödlich. Ein Wiesel kann ihn töten. Der Basilisk kann unschädlich gemacht werden, indem man ihm einen Spiegel vorhält. Die Vorstellung von diesem fabelhaften Mischwesen geht auf den Orient zurück. Er soll in Libyen, aber auch in Ägypten zu Hause sein. Die Bibel kennt den Basilisken als giftigen Schlangenkönig. Im Abendland geht die erste Beschreibung von ihm auf Hildegard von Bingen (1098–1179) zurück. Im Jahre 1474 wurde ein elfjähriger Hahn, der angeblich ein Ei gelegt hatte, vom Rat von Basel zum Tode verurteilt. Er wurde enthauptet, sein Körper verbrannt und das Ei dem Feuer übergeben. Tierprozesse wurden durchgeführt, wenn das Verhalten des Tieres widernatürlich erschien, da man darin des Teufels Werk sah. In der allegorischen Sprache der Alchemisten ist der Basilisk der Stein des Weisen.

Baumgeist (siehe Faun)

Be Find: Irische Fee, »weiße Dame« genannt, welche die Menschen gütig und mitfühlend unterstützt. Früher soll sie eine der Muttergöttinnen gewesen sein, später galt sie als Fee, welche das Licht und die Heilung zu den Menschen bringt, wenn das Schicksal es vorsieht.

Beelzebub, Baal, Beelzebock: Herr der Dämonen. Es ist der Teufel in Bocksgestalt, der umhergeht und sein Unwesen treibt. Der Hauptbestandteil des Namens ist »Baal«. Damit wird eine Stadtgottheit der Philister im Alten Testament. (2. Könige 1,2) beschrieben. Etymologisch wird Baal-Zebub als »Herr der Fliegen« oder in rabbinischen

Texten als »Herr des Misthaufens« beschrieben. Als das Christentum in Europa Einzug hielt, wurde Baal zur Widersachermacht des Herrn und plagte die guten Seelen, die er zu dunklen Taten verführt.

Befana: Dämonische Gestalt, die in der Mittwinterzeit gesichtet werden kann, sie zieht in den Rauhnächten umher. Je nachdem, wie ein Mensch seine Zeit verbracht hat, bringt sie Geschenke oder straft ihn. Die Geschenke sind Gaben, gute Vorzeichen für das kommende Jahr. Sie verspricht Begleitung, Trost, Hilfe, gute Ernte und straft mit Krankheit, Schicksalsschlägen, Unglück.

Bercht, Percht, Berchta, Butzenbercht, Eisenberta: Percht leitet sich ab von althochdt. peraht (leuchtend, glänzend). Von Tirol bis Niederösterreich, in der Steiermark, in Bayern, Baden, Ober- und Mittelfranken ist sie bekannt, in anderen Gebieten wird sie durch Frau Holle, Frau Gode, Frau Hake, Luzia, Pudelmutter, Stampa u. a. ersetzt. Bercht ist eine sehr alte Seelendämonin, die schon Hunderte von Jahren verehrt und gefürchtet wird. Sie kann sich als helle, hübsche, sehr freundliche Erscheinung zeigen, oder als dunkle, unheimliche Gestalt. Als Anführerin einer dämonischen Schar zieht sie in den Rauhnächten umher. In ihrer Obhut und Begleitung sind oft ungetaufte verstorbene Kinder oder Tote. Sie schaut zu den Fenstern hinein. Faulen Mägden schlitzt sie den Bauch auf und füllt Kehricht hinein, fleißige Mägde beschenkt sie mit besonderen Gaben. Sie prüft, ob die kosmischen Gesetze eingehalten werden. Für Bercht bereitete man Speisen, die man ins Freie stellte. In verschiedenen Gebieten gibt es heute noch brauchtümliche Umzüge, Tänze, Spiele, in denen ihre Kräfte dargestellt werden.

Berg- und Birgstutze: Eine Schlange mit Füßen und anderen unheimlichen Eigenschaften. Sie hütet einen Teil des magischen Wissens der Erde.

Bergelmir: Germanischer Wasserriese. Sein Name bedeutet »Bergbrüller«.

Bergmönch: Riesengroßer gebeugter Berggeist aus deutschen Sagen. Er ist mit Mönchskutte und großer Kappe angetan und hält ein Grubenlicht in der Hand. Er ist den Menschen wohlgesinnt und zeigt ihnen die verborgenen Gold- und Silberadern in den Bergen. Hat er sich einem gezeigt, darf man das jedoch niemandem verraten.

Berlingr: Nordische Bezeichnung für »kurzer Balken«. Berlingr auch Dvergr genannt gehört mit Alfigg, Dvalinn und Grerr zu der Gattung der Zwerge. Sie waren die vier Schmiede von Freyjas (nordgermanische Göttin der Fruchtbarkeit und des Frühlings) wertvollem Halsband Brisingamen. Um diesen kostbaren kunstvoll angefertigten Halsschmuck zu erwerben, musste die Göttin mit jedem von ihnen eine Nacht verbringen. Im Auftrag Odins (germanischer Göttervater) raubte Loki (siehe dort) Freyja diesen Schmuck, doch sie erhielt ihn bald zurück.

Bestla: Germanische Urriesin und Eibengöttin sowie Urmutter der Gottheiten. Sie ist die Mutter von Odin.

Beutelmann: Verkörperung des Fiebers in Bayern.

Bhagavantara: Indisches mächtiges Wesen des Himmels, des Regens und des Donners.

Bieresel: Koboldartiges Spukwesen in Tiergestalt. Erscheint meist als drei- oder vierbeiniger Esel. Er ist in Thüringen, Sachsen und im Vogtland bekannt. Dort lauert er Betrunkenen auf, besucht aber auch Wirtshäuser und trinkt den Gästen das Bier weg. Er verrichtet Arbeiten in Haus und Hof, verlangt aber jeden Abend sein Glas Bier. Er poltert und wird ungemütlich, wenn es ihm vorenthalten wird. Eine Begegnung mit dem Bieresel kann ein geschwollenes Gesicht, Fieber oder sogar den Tod bringen.

Big Foot: Mysteriöse Riesenrasse der Einfüßer, die in den USA gesichtet wurden. Einer dieser einfüßigen Riesen lebt in einem Pinienwald in den Rocky Mountains. Er hat nur ein Bein und einen Riesenfuß, der aber so lang und breit ist, dass er, wenn sich der Riese bei Regen auf den Rücken legt und seinen Fuß über sich hält, keinen Tropfen abbekommt.

Bimesschnitter, Pilwis, Pilfas, Willeweis, Bilweis, Bilmes/Bilwisschnitter: Bezeichnung für eine sehr vielschichtige, teilweise in sich widersprüchliche Naturdämonin. Ursprünglich leitet sich der Name von einer germanischen weniger bekannten Göttin ab, Bil oder Asin genannt. Sie ist die Verkörperung des abnehmenden Mondes und dessen Wirkung auf die Wesen der Erde. Im Laufe des 13. Jh. wurde sie verteufelt und zu einem Zwischenwesen zwischen Unhold, Hexe, Teufel und Zauberer, woraus schließlich eine gefährliche Schadensdämonin wurde. Sie ist bekannt als schädigender Korngeist, der Bilwisschnitter, dem die streifenförmig umgelegten Halmreihen zugeschrieben werden, und als Winddämonin, welche die Ernte schädigt. Sie kann aber auch Gliederreißen und andere Schmerzen wie Rheuma oder Hexenschuss verursachen.

Bisterk Ding: Dämon, der nach dem Glauben der Helgoländer dem Wasser entsteigt, sich in Scheunenwinkel verkriecht oder sich auf die Treppenstufen legt, wenn jemand auf dem Meer verunglücken wird. Im Helgoländer Volksglauben heißt es: »Der bisterk ding lag auf dem Weg«, wenn man von einem Unglück betroffen wurde. Es wird als schwarzes Ungeheuer mit einem Fell wie Schafwolle und Augen groß wie Teller beschrieben, das sich rollend fortbewegt.

Blodeuedd: Keltische Blumenfrau. Bringt Schutz und Kraft beim Kontakt mit der Anderswelt.

Blumendevas: Engel der Blumen. Sie versorgen die Blumen mit kosmischer, regenbogenlichter Substanz und verleihen ihnen den Zauber. Man findet sie in vielerlei Formen und Farben überall auf der Welt, eben dort, wo Blumen blühen.

Blumenfeen: »Ja, ganz klein sind wir, sind mal dort und auch mal hier. Werde ruhig in deinem

Sein, dann bringen wir dir ein Lichtelein.«

Bögg: Alemannisches Schreckgespenst.

Bokert: Wintergeist in der Eifel, der gejagt und verbrannt werden muss, damit der Frühling kommen kann. Er wurde früher symbolisch in Form einer Strohpuppe auf einem öffentlichen Platz verbrannt.

Bölimann: Poltergeist und Kinderschreck. Er wird ursprünglich als Korndämon beschrieben, der im Getreidefeld Kindern auflauert, um sie zu erschrecken und zu vertreiben. Er poltert auch nachts im Haus herum.

Boobrie: Naturwesen, die in Irland, Schottland und England bekannt sind. Sie werden u.a. beschrieben als übergroße Wasservögel oder schneeweiße Hunde mit roten Ohren, Forellen mit silbernen Schuppen, Lachse. Durch sie erfährt man die Weisheit der Anderswelt.

Boreas: Wind und Sturmgeister. Die treibenden Kräfte des Luftelements. Das Wort Boreas ist griechischen Ursprungs und bedeutet »der vom Berge Kommende«. Es war ursprünglich der Name des Windgottes des heftigen und rauhen Nordnordostwindes und seines Gefolges.

Borggabe: Eine weiße Frau, die in den deutschen Mythen erwähnt wird. Sie lebt in Höhlen und hilft allen bedürftigen Menschen mit Geld und Getreide, wenn man sie würdigt und ruft.

Borr, Burr: Germanischer Urriese und Urvater der Gottheiten. Er ist der Gatte der Riesin Bestla.

Brauner Mann von Muirs: Bekannt aus englischen Erzählungen. Er ist ein Hüter der wilden Tiere im Wald, wo er von Nüssen, Äpfeln und Waldbeeren lebt. Er kleidet sich in getrocknetes Farnkraut, hat rote Haare und feurige Stieraugen. Er tötet jeden, der seinem Wild etwas antut.

Brownies: Naturwesengruppe, die zum kleinen Volk gehört und in Irland, England und Schottland bekannt ist.

Brunnengeister: Wächter und Hüter der Brunnen. Der Brunnen gilt als Einstieg in die Unterwelt und war der Ausstieg für die Wasserwesen in die Oberwelt. Man sagt, dass alle Gewässer unterirdisch miteinander verbunden sind und sich dort die verschiedensten Naturwesen tummeln. Die Brunnengeister, Brunnendämonen, gelten als unterirdische Gottheiten, welche die Übergänge hüten. Das Märchen »Frau Holle« beschreibt eine Einweihung in die Unterwelt, in die Welt der Seele. Brunnengeister hüten Schätze, die schwer zu heben sind. Sie sind meist weiblicher Natur und von nährendem, reinigendem und heiligem Wesen. Brunnengeister zeigen sich oft in Gestalt eines Frosches, einer Kröte, eines Krebses, einer Forelle. In manchen Gegenden nimmt es der Brunnengeist übel, wenn man in den Brunnen hineinblickt. Er zieht einen dann nach unten. Wer in der Heiligen Nacht in einen Brunnen schaut, so heißt es, wird vom Brunnengeist oder den Nixen hinabgezogen. Wer die Brunnengeister ehrt, kann viel Wissen erlangen.

Brunnenholde: Sie gehören zur Gruppe der Wasserelben und hüten die Brunnen.

Brunnenmutter: Eine der Schicksalsgöttinnen, die den Menschen prüfen, ihm helfen und vorhersagen. Die Brunnenmutter gehört zum Erdvolk, den alten Gnomiden. Sie pflegt am Brunnen zu sitzen und hat scheinbar nichts zu tun. Dabei hält sie die Schicksalsfäden in der Hand, und den Menschen, der sie beachtet, lässt sie einen Blick in das Buch des Lebens werfen.

Budiel: Engel der Natur, die für das Wachstum und den Fortschritt der einzelnen Tierarten verantwortlich sind.

Buko: Niederdeutscher guter und hilfreicher Hausgeist. Er liebt Kinder und behütet die Bewohner des Hauses.

Bukura e detit: »Die Meeresschöne«. Mächtige und hilfreiche Fee in Albanien. Schwester von Bukura e dheut.

Bukura e dheut: »Die Schöne der Erde«. Mächtige und hilfreiche Fee in Albanien. Tagsüber weilt sie bei ihrer Schwester Bukura e detit, »der Meeresschönen«, und am Abend wird sie vom Wind zum Lager ihres Geliebten Tomor (Berg in Albanien und Sitz der Götter; Tomor ist ein Hochgott, Vater der Götter und Menschen sowie Schwurgott der Bauern) emporgetragen.

Bumann, Bukerl, Bomann, schwarzer Mann: Kinderschreck. Er hat eine undeutlich umrissene dunkle bis schwarze Gestalt und haust in Wassergräben, Tümpeln, Brunnen oder in dunklen Winkeln des Stalles, Kellers, oder auf dem Dachboden. Ab und zu reitet er auf einem großen Pferd umher, mit einer großen Rute in der Hand. Schreiende Kinder werden von ihm bedroht.

Bunadh na gcnoc: Irische Bezeichnung für das kleine Volk.

Buormen, husormen: Norwegischer Hausgeist in der Gestalt einer Schlange, der Glück und Segen für eine Familie bedeutet (siehe auch Schlange).

Buschweiblein: Sie gehören zu der Gattung der Vegetationsdämonen, welche die Büsche, Pflanzen und Bäume hüten und hegen.

Bushyasta: Langhaariger persischer Dämon der Schlaffheit und Faulheit. Er kämpft gegen fleißige und arbeitsame Menschen und versucht, die Menschen am Morgen, wenn sie aufstehen müssen, zu überreden, im Bett zu bleiben.

Bussemand: Ein dänischer Wintergeist, der zu Fastnacht vertrieben wird.

Buttergeister: Sie zeigen sich meist in der Gestalt eines kleinen grünen Männleins. Sie wurden in ganz Irland und England gesichtet. Es ist eine den Leprechaun ähnelnde Koboldart, jedoch diebischer und durchtriebener. Buttergeister nehmen alles mit, was nicht niet- und nagelfest ist. Sie lieben es, frische

Butter oder Rahm zu naschen. Allerdings stehlen sie nicht vom Tisch eines armen Mannes, sondern nur von den reichen Herrschaften. Des Nachts kann man sie beobachten, wie sie mit Laterne und Haken durch die Gegend ziehen. Den Enterhaken brauchen sie, um hohe Regale erklimmen zu können.

Butyakengo: (»der Vieläugige«) Ahnen- und Schutzgeist der Zigeuner, der im Leib eines Nachkommen wohnt. Er ist ein Teil des Geistes eines verstorbenen Ahnen, der vom Vater auf den ältesten Sohn und von der Mutter auf die älteste Tochter vererbt wird. Wird ein Mensch krank, so verlässt er seinen Schützling durch das rechte Ohr. Ist er wieder gesund, so kehrt er durch das linke Ohr zurück.

Butz, Baubutz, Bau, Bobe, Babo, Butzibau, Baubau, Butzemann, Bibabutzemann, Boesman: Koboldartige Naturgeister, die vielerorts bekannt sind. Es gibt Hausbutze, Tobelbutze, Alpbutze, Waldbutze u.v.a.m. Sie können zwergen-, elfen- oder wichtelartig aussehen und sind in allen Elementen zu Hause. Sie erschrecken die Menschen durch Klopfen und Schlagen. Butz leitet sich wohl vom mittelhochdt. »bozen« her, das »schlagen» bedeutet. Es heißt, dass sie um Fastnacht herum besonders stark ihr Unwesen treiben. Der Maskenzug hieß früher auch Butzenlauf oder Butzengehen. Sie werden vertrieben, damit der Frühling und das Licht einziehen können und die Natur aufbrechen kann. Die Butzen fordern dafür ihre Opfer und ihre Feier: Tabak, Alkohol, Tanz, Gesang, Ausgelassenheit, dabei lösen sie wilde Exzesse aus, für die sie empfänglich sind. Dreh dich nicht um, der Butzemann geht um (beliebtes Kinderspiel).

Böycherlbären: Der wilde Mann, der in der Oberpfalz die Kinder erschreckt. Er hat ein zottiges Fell wie ein Bär.

Butas: Indische Bezeichnung für die Elementarwesen.

C

Cabraca: (auch Kabrakan) Ein indianischer Riese und Erdbebendämon der Maya.

Cacus: Abgeleitet aus dem griechischen »kakos« = schlecht; Cacus war ein bösartiger Riese, der in einer Höhle am Aventin (Italien) hauste. Er vernichtete alles, was durch sein Gebiet zog. Eines Tages raubte er einen Teil von Herkules' Rinderherde (Herkules: griechischer Held), wofür er von ihm erschlagen wurde.

Caer Ibormeith: Wunderschönes weibliches Wesen der keltisch-germanischen Anderswelt. Ihr Name bedeutet »Eibenbeere«. Sie verfügt über starke Zauberkräfte. Jedes Jahr zu Samhain (keltisches Totenfest am 1. November) lassen sie und ihre 150 Gefährtinnen sich in Schwanengestalt auf dem Lough Bel Draco, einem See in Irland, nieder. Dem keltischen Helden Oengus, der sie an jenem Tag beobachtete, verdrehte sie den Kopf. Als er sie wiederfand, verwandelte er sich mit ihr in einen Schwan und folgte ihr als Ehegatte in ihren Wohnsitz in der Anderswelt.

Caillech: In der irischen und schottischen Volksüberlieferung ist Caillech ein hässliches, altes Riesenweib, das sich in Handumdrehen in eine strahlende, jugendliche Schönheit verwandeln kann. Caillech bedeutet wörtlich »die Verschleierte«, »die mit der Kapuze«. Caillech hat ihren Ursprung in der Muttergöttin, in deren altem, absterbendem Aspekt, der neue Kräfte für den wiederkehrenden Zyklus sammelt. Caillech verfügt über mannigfaltige Zauberkräfte und unterzieht die Menschen allerlei Prüfungen. Ihr Fest ist Erntedank. Die letzte Korngarbe wurde nach ihr benannt; niemand band sie gerne, aus Furcht, Caillech den Winter durchfüttern zu müssen. Man sagt, sie sei für die Lage von Hügelzügen, Seen, Bergen, Inseln verantwortlich und Dolmen, Steinhaufen, Menhire, Steine seien ihr aus der Schürze gefallen. Sie wurde vielerorts verehrt. Ein Kleriker machte sie im 8./9. Jahrhundert zur »Nonne von Beare«, und als solche geriet sie langsam in Vergessenheit. Heute kehrt sie jedoch allmählich wieder zurück.

Camrosh: Persisches Vogelwesen, das auf dem Lebensbaum haust. Es beschützt die persischen Stämme vor fremden Volksgruppen.

Caonteach: Sie sind verwandt mit den Banshees (siehe Banshee), den Feenwesen, die in Irland, England und Schottland zu finden sind, sind allerdings noch wilder und großartiger als sie. Sie tragen alle Züge von sanft und zart bis wild und grässlich; sie sind die perfekten Gestaltwandler. Wenn die Caonteach von jemandem gestört werden, schlagen sie ihm mit einem nassen Leintuch auf die Beine, die dem Opfer dann abfaulen.

Carn Calva: Ein freundlicher alter Riese in Cornwall (England); er liebt die Menschen und freut sich über jeden Besuch, den er auf seinem einsamen Felsen am Meeresufer bekommt.

Ceetka: Engel der Natur, die über alle Bewohner der Wasserwelten wachen.

Centaur, Kentaur, Zentaur: Fabelwesen aus der griech. Mythologie mit menschlichem Oberkörper und Pferdeleib. Der Centaur Chiron stellte sich als Ersatzmann für den seit Jahrhunderten an den Kaukasus geschmiedeten Prometheus zur Verfügung. Zum Dank leuchtet auch heute noch sein Sternbild am südlichen Sternenhimmel.

Ceraunus: Herrscher über den Atlantik.

Cernunnos: Der Gehörnte; er ist in abgewandelten Formen in ganz Europa zu finden. Auf Abbildungen sitzt er meist im Schneidersitz, trägt ein Hirschgeweih und wird von einer Schlange begleitet. Er hat mit den

Wachstumskräften und der Fruchtbarkeit der Erde zu tun. So lässt er die Säfte wieder steigen und verleiht der Natur neues Leben. Mit ihm wird der Triumph des Lebens über den Tod gefeiert. Er gilt auch als Herr der Tiere. Während der Christianisierung wurde er fast überall verteufelt.

Chac: Indianischer Regen-, Donner- und Gewittergott mit langer Nase und Raffzähnen sowie mit Fackeln in der Hand.

Chagrin: Ein Dämon der Zigeuner, der Tiere aller Arten im Schlaf quält. Er wird als gelbes Stachelschwein dargestellt.

Charun: Etruskischer Todesdämon der Unterwelt. Er ist Wächter und Totenführer am Eingang der Gräber sowie Peiniger der Toten in der Unterwelt. Er wird oft geflügelt dargestellt mit geierschnabelartiger Nase und mit spitzen Tierohren. Sein Kennzeichen ist der Hammer.

Chedammu: Schlangendrache, der im Meer lebt. Er richtete aufgrund seines gefräßigen Wesens überall großen Schaden an. Eines Tages kam Ishtar von Ninive ihm mit ihren tanzenden und musizierenden Dienerinnen entgegen. Sie bot sich dem aus dem Meer auftauchenden Chedammu nackt dar, der daraufhin betört seine Gier und Gefräßigkeit vergaß und sich von ihr in ein anregendes Gespräch verwickeln ließ.

Cheveyo: Geistkrieger der Hopi-Indianer, der zu bestimmten Anlässen gerufen wird, um den Menschen beizustehen.

Chignomanush: So werden bei den Zigeunern die Zwerge genannt. Sie werden als daumengroße Wesen männlichen und weiblichen Geschlechts beschrieben, die in Erdlöchern und -höhlen hausen, wo sie große Schätze hüten. Wer sich ihnen in Liebe zeigt und sie beachtet, dem können sie großes Glück bringen – und ebenso umgekehrt. Im Winter dringen sie oft in Stallungen ein, um aus den Eutern der Milchtiere zu saugen. Es ist ratsam, ihnen allabendlich eine Schale mit Milch hinzustellen.

Chimaira (griech.), Chimaera (lat.), Chimäre (dt.): Ein griechisches feuerspeiendes Ungeheuer der Unterwelt. Es wird als ein Mischwesen aus Schlange, Ziege und Löwe mit drei Köpfen beschrieben und ist die Verkörperung der vulkanischen Natur in Lykien.

Chival (auch Chual): Ein armer böser Geist, der Schlafenden im Traum erscheint, um sie zu erschrecken, zu quälen und zu foltern.

Chochano: Totengeist bei den Zigeunern. Ähnlich einem Vampir ist er ein Untoter, der wieder in seinen Leib zurückgekehrt ist und nachts die Lebenden erschreckt.

Chumbaba: Sumerischer Bergdämon.

Cilarae: Engel der Natur, welche die Wesen der Winde leiten und lenken.

Clota: Quellgöttin des Flusses Clyde (Großbritannien). Ihr Name bedeutet soviel wie »die göttliche Wäscherin«. Sie wäscht die blutigen Hemden derer, die am nächsten Tag in der Schlacht fallen oder sterben werden.

Clurican: Zwergengattung in Irland, deren Angehörige mit Vorliebe auf Sauftouren ziehen, dem Glücksspiel frönen und merkwürdige Wetten abschließen, vor denen man sich hüten sollte. Ansonsten unterscheiden sie sich kaum vom Leprechaun (siehe dort).

Cratti, Kratti: Finnisches Naturwesen, das Reichtum und Wohlstand vermehrt.

Crom Dubh: (siehe Dullahan)

Cu Sith: Bekannt in Irland, England und Schottland. Er wird als fürchterliches Geschöpf beschrieben und dient als Wachhund für bestimmte Gegenden und heilige Orte der Naturwesen.

Cuelebre: Drache in Spanien. Einst war der Cuelebre eine wunderschöne Maid, die sich stundenlang im

Spiegel der Wasseroberfläche einer Quelle betrachtete und sich ihre Haare kämmte. Man warnte sie, dass die Quellnymphe sie verhexen würde, wenn eines ihrer Haare in die Quelle fiele und die Oberfläche kräuselte. Doch sie überhörte die Warnungen, und eines Tages geschah das Unglück. Zur Strafe wurde Cuelebre von der Hüterin der Quelle in einen Drachen verwandelt. Seit dieser Zeit lebt Cuelebre in einer Höhle am Meer nahe einer Stadt in Asturien und wartet auf einen Ritter, der sie schön findet, so wie sie jetzt ist, damit sie sich wieder in ein Mädchen verwandeln kann.

Cutdams: Arabische Dienstgeister, die den Menschen dienen oder sie verführen, je nachdem, welchen Reifegrad ein Mensch erreicht hat.

D

Daityas: Brahmanisch-hinduistische Gruppe von Dämonen und Titanen, welche die Opferhandlungen stören. Sie bewohnen die Unterwelt und sind die Feinde der Devas.

Dames vertes/ Dames blanches: Liebliche Feen, die vor allem in den Wäldern des französischen Jura leben. Ihre Namen bedeuten »grüne« bzw. »weiße Feen«. Die Dames vertes/blanches setzen ihre Feenkräfte ein, um auserwählte Familien oder bestimmte Mitglieder einer Familie zu beschützen. Sie prüfen auch die Herzenskraft der Menschen und haben schon so manch rücksichtslosen und hohlköpfigen Wanderer in die Irre geführt.

Dämonen: Der Begriff Dämon leitet sich von dem griechischen »daimon« ab, was »persönliche Schutzgottheit« und »innere Stimme« bedeutet. Er stand ursprünglich für eine übermenschliche, nicht erklärbare Kraft. Seit der Christianisierung wurde die gute übermenschliche, nicht erklärbare Kraft Engel genannt, und der Begriff Dämon für die dunklen übermächtigen, nichtgöttlichen Kräfte und sogenannten bösen Geister verwendet. Das Ringen der Kräfte von Hell und Dunkel findet sich in vielen Kulturen und deren Schöpfungsmythen der Erde. Dämonen sind Wesen, die im Jenseits und im Diesseits zu Hause sind. Sie verkörpern die verdunkelten, sich selbst verzehrenden Feuerkräfte der unteren Welten. Manchmal treten sie als Helfer auf, häufiger jedoch als Unheilbringer und Boten dunkler Mächte. Laut Flower N. Newhouse* sind die Dämonen die dritte Evolutionslinie neben Engeln und Menschen. Laut Genesis 6,1–4 entstanden sie, als sich Engel mit Menschenfrauen paarten. Andere meinen, dass Dämonen ein Teil der dunklen Mächte sind, die im Ursprung der Linie des Tieres 666 (Johannesoffenbarung) entstammen und aus einem weit entfernten Sonnensystem ihren Kraftbrennpunkt in das Innere der Erde verlegt haben. Dämonen bedienen sich ihrer meist großen Intelligenz und ihres häufig umfassenden Wissens, um Einfluss auf die Menschen zu nehmen und deren Energie in ihre Hände zu bekommen. Ihre energetischen Formen können z. B. echsen-, drachen-, schlangen- oder krakenähnlich sein. Dämonenhafte Naturwesen sind z. B. die Sirenen, die Irrlichter und Irrwichte, die Goblins (eine bösartige Zwergengattung), die Schreckensmännchen, der Beelzebub, der Keplin (ein schottischer Wasserdämon), die Pestmännlein, die Nachtmahre (quälende Nachtgespenster) und viele weitere mehr. Ebenso gehören viele Formen von Krankheiten und Krankheitserregern zu den Dämonen. Manche Naturgeister werden auch zu Dämonen, weil die Natur, in der sie leben, vom Menschen durch Missachtung und Unachtsamkeit verunstaltet wurde. Dämonen fühlen sich von allem Übel und allen dunklen Seiten des Lebens angezogen und haben entsprechende Wohnstätten. So wohnen sie in den ungepflegten dunklen Ecken eines Hauses, in Müll und Unrat, in verschmutzten Gewässern usw. Meistens treiben sie in der Dunkelheit ihr Unwesen. Wenn ein Wesen dieser Art in der Nähe ist, fühlt sich die Atmosphäre oft schwer und unheimlich an. Dämonen verbreiten Gestank, alle üblen Gerüche von modrig bis giftig sind ihnen zuzuordnen.

Diese Wesen der Dunkelheit können Krankheiten bringen und Schaden stiften. Sie beeinflussen und verführen den Menschen, um ihn aus der Einheit mit dem Göttlichen und der Wahrheit zu reißen, sodass er gefügig wird und ihnen dient.

Danaiden: Die 50 Töchter des griechischen Königs Danaos von Argos. Sie gehören zur Naturwesengattung der Nymphen. Ursprünglich sollten die 50 Söhne des Königs Aigyptos ehelichen, brachten diese jedoch in der Hochzeitsnacht um. Daraufhin wurden sie in die Unterwelt verbannt, wo sie bis in alle Ewigkeit Wasser in ein Fass ohne Boden schöpfen und das Wasser in zersprungenen Krügen hüten. Eigentlich hätten sie Hüterinnen der Quellen und Flüsse werden und als solche verehrt werden sollen.

Dang, das Feuerwesen: »Du hast mich gerufen, nun wandele die Feuerstufen. Ja, tanze in den Schatten deiner Nacht, bis dein Licht in dir erwacht. Führst du mich nicht, so führe ich dich hinters Licht. Ja, so sind die Feuergeister, sind mal lieber und mal dreister.«

Dängelmännle, Dängelgeist: In Schwaben und im Allgäu bekannte unsichtbare Spukgestalt. Er gehört zu den Klopfgeistern und lässt gegen Abend oder des Nachts im Wald oder im Haus sein Dengeln ertönen. Es hört sich an wie das Ticken einer Taschenuhr oder wie wenn man leise eine Sense dengelt. Sein Klopfen sagt einen Todesfall voraus.

Daoine Sidhe: Das Feenvolk des schottischen Hochlands.

Daphne: Griechische Nymphe und Tochter des Flussgottes Peneios. Apollon begehrte und verfolgte sie, denn sie war gar lieblich und wunderschön. Sie bat die Götter um Schutz und wurde in einen Lorbeerbaum verwandelt, der seither dem Apollon heilig ist.

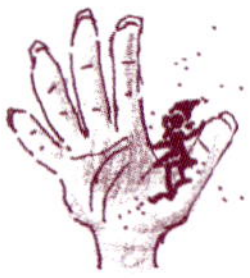

Däumling: Als Däumlinge werden Zwergensorten bezeichnet, die häufig aufgrund ihrer

Kleinheit mit der Länge von Menschenfingern verglichen werden. Zu ihnen gehören Kobolde, Waldmännchen u.a., die in ihrem Wesen den Zwergen gleichen. Sie sind überall auf der Welt und in den verschiedensten Kulturkreisen bekannt. Sie verrichten vielerlei Arbeiten, doch wenn sie gestört oder beleidigt werden, legen sie sich grollend nieder. Ein bekannter Däumling ist der Perrault aus der französischen Sagenwelt.

Daitytas: Bezeichnung der Elementargeister bei den Brahmanen.

Deino (siehe Graia)

Deive: Litauische Bezeichnung für Feen und Göttinnen sowie für die heiligen Steine.

Dellingr, Dellinger: Das Wort kommt aus dem Nordischen und bedeutet »der Glänzende, der Berühmte«. Dellingr war der Mann der Riesentochter Nott. Dag, ihr Sohn, verkörpert den Tag und das Licht. Wenn er morgens in der Frühe auf seinem weißen Pferd über den Himmel reitet, beleuchtet sein freundliches Gesicht die Erde mit sanftem, mildem Licht.

Deus Robur: Keltischer Eichengott. Ihm unterstehen alle Eichenbäume.

Deus ex Arbores: Keltischer Gott der Bäume, der sich in sechs verschiedenen Baumarten gleichzeitig zeigen kann.

Devas: Das Wort Deva stammt aus dem Sanskrit und bedeutet »Schein«, »Glanz«. Die Devas stammen aus dem Ätherreich, der Welt der Engel, und gehören zu den *Engeln der Natur*, die wiederum höheren Engelwesen unterstehen. Im Unterschied zu den Engeln der Natur sind Devas in den lebendigen Formen der Schöpfung; die Engel der Natur hingegen sind ungebunden und frei beweglich. Eine Pflanzendeva z.B. wohnt in einer Pflanze. Die Devas verfügen nicht über Zauberkräfte im herkömmlichen Sinne. Sie sind die Mystiker unter den Naturwesen, die sich in ihrem ganzen Wesen mit dem göttlichen Licht vereinen. Sie leiten das Licht aus dem Kosmos in alle

Wesen und erhalten es dort aufrecht, sodass sich der göttliche Plan entfalten kann. Sie sind es, die das kosmische Licht, die Kräfte der Planeten, in alle Formen der Natur, die sie bewohnen, leiten und es auf die Erdschwingungen drosseln. Außerdem speisen sie das Lichtfeld der Natur mit dem vollkommenen Plan des Göttlichen. Die *Formbauer* bauen nach diesem von den Devas durchgegebenen Plan die lebendigen Formen der Schöpfung. So wie in einem Samen schon der Bauplan für die Pflanze angelegt ist, so ist im Äther der vollkommene Bauplan für jede sich auf der Erde befindliche Lebensform mit ihren bestimmten kosmischen Kräften angelegt. Durch ihre Tätigkeit bauen die Devas das Lichtfeld (die Aura) der Pflanzen und Bäume auf und stärken es. Devas gibt es in allen Größen und Gestalten, als winzige Lichtpunkte ebenso wie als Gebirgsketten. Es gibt Blumendevas, Baumdevas, Walddevas, Bergdevas, Landschaftsdevas u.v.a.m. Sie wachen darüber, dass sich alles Leben in der Natur nach göttlichem Plan und Gesetz entfaltet, und sie hüten und hegen es. Ohne das Licht der Devas könnte sich kein Baum, keine Pflanze, kein Mineral, kein Gebirge, keine Landschaft, keine Blume entfalten. Die Deva eines Ortes z. B. empfängt den großen kosmischen Lichtstrom und leitet ihn zu den Blumen- und Baumdevas in ihrem Umkreis. Diese wiederum leiten das Licht in die Erde und verankern es dort. Die Devas sind zuständig für den ständigen Austausch der Lichtsubstanz. Sie sind der Atem der Natur. Von übernatürlicher Schönheit, völlig versunken im Licht, sind sie da; ihr Wesen ist immer am Licht ausgerichtet. Ihre unpersönlichen Dienste, ihre wunderbare Anmut, Selbstlosigkeit, Hingabe und Liebe erinnern die Menschen daran, dass sie nicht die einzige Schöpfung des Göttlichen sind. Die Devas sind stets bemüht, das Licht, die Schönheit, die Reinheit und die Harmonie zurückzubringen, die der Mensch einst kannte und die oft tief in unserem Sein als Sehnsucht verborgen schlummern.

Deva des Ortes, Deva des Platzes: Als Deva ist sie im Ätherreich zu Hause und gehört in die mächtige Welt der Engel. Sie dient dem Licht, das durch sie fließt und sehr weit reichen kann, je nachdem, ob sie eine sehr große oder eine sehr kleine Gestalt annimmt. Welche, hängt von dem Ort ab, den sie betreut. Die Deva des Ortes lenkt die großen kosmischen Lichtströme zu den Pflanzen- und Baumdevas in ihrem Umkreis, die das Licht tief in der Erde verankern. Sie ist das Herz eines Platzes, verteilt mit ihrem Puls das Licht und lässt es zirkulieren. Als Hüter der Natur eines Ortes hat sie zudem die Aufgabe, alles, was dort geschieht, in ihrem Licht aufzuzeichnen. Die Devas des Ortes sind das Gedächtnis der Natur. Jede kann die Geschichten erzählen, die sich an ihrem Platz seit Anbeginn der Zeit abgespielt haben. Sie kennt alle Wesen, die sich im Umkreis aufhalten und aufgehalten haben. Die Deva des Ortes baut die Aura, das Lichtfeld der Natur, an einem Platz auf und erhält sie aufrecht. Sie kennt auch die uralten Rituale und Gesetze, die ein Platz braucht, damit er in vollkommener Harmonie erstrahlen kann. Ist das Licht an einem Platz gestört, die Deva durch die Unachtsamkeit der Menschen verletzt, was u. a. durch Gift, Müll, Abwässer, negative Gedanken und Gefühle, schwarzmagische Handlungen etc. geschehen kann, so kann sich der göttliche Plan für diesen Platz nicht richtig entfalten. Durch diese negativen Einflüsse entstehen Störungen, Misstöne und Missbildungen. In der Deva des Ortes sind die heilenden, helfenden Lichtessenzen der göttlichen Natur enthalten, die auch im Menschen schlummern. Sie wirkt auf der Seelenebene und ist mit den kosmischen und planetaren Kräften des Universums verbunden, aus denen unsere Erde und unser Sein aufgebaut ist. Sie unterstützt uns dabei, wieder mit diesen Kräften in Kontakt zu treten. Wenn wir in Berührung mit einer Deva eines Ortes kommen, können wir dies an dem mächtigen Lichtstrom erkennen, an der starken Kraft, die der Platz verströmt. Das geschieht meist im Zentrum eines Ortes, das z. B. ein Hügel, eine Lichtung, ein Steinkreis oder ein freier Platz inmitten der Natur sein kann.

Deva-Yonis: Elementarwesen niederer Art, die ein Magier, eine Hexe, ein Schamane ... sich unterwerfen kann. Sie sind die Seele der Elemente und wohnen in deren Kraftzentren. Ihr Bewusstsein ist unterentwickelt, sie sind launenhaft, und sie können beliebige Gestalt annehmen, da ihr Körper plastischer Natur ist. Sie nehmen den Ausdruck an, der ihnen von Menschen aufgeprägt wird.

Devs: Bezeichnung der Elementarwesen bei den Persern.

Diela, Dielas, Dieuldas, Diela: Ziegenfüßige weibliche Wesen, die zu den dienstbaren Erdgeistern gehören. Sie sind gutartig, hilfsbereit und fleißig. Sie bewohnen schön eingerichtete Höhlen und tragen meist weiße oder rote Kleider. Ihre Wäsche trocknen sie an bestimmten Stellen im Gebirge an der Sonne. Wer mit ihnen zu tun hat, hat Glück: Sie helfen den Feldarbeitern, bewirten die Menschen mit silbernem Geschirr, zeigen Verirrten den rechten Weg und beschenken die Menschen mit Kohlen, die zu Gold werden. Sie werden z. B. in der rätoromanischen Volksüberlieferung Graubündens beschrieben.

Dievini: Lettischer Name für verschiedene Gruppen von Haushaltsgeistern und Schutzgeistern des Hauses.

Dimme: Sumerische böse Dämonin, die das Kindbettfieber und die Säuglingskrankheiten verursacht.

Ding: Dämonisches Elbenwesen, das man nicht beim Namen rufen darf, da es sonst sofort erscheint. So nennt man nicht seinen richtigen Namen, sondern bezeichnet es einfach mit Ding. Menschen und vor allem Kinder sollte man nicht mit »Ding« beschimpfen.

Disen: Nordgermanische Gruppe weiblicher Fruchtbarkeits-, Schicksals- und Geburtswesen. Zu den Disen gehören auch die Walküren und Nornen.

Djinn: Herrscher der Feuergeister, der Salamander. Man beschwört ihn mit seinen dienstbaren Geistern in magischen Ritualen, um Macht über das Element Feuer mit all seinen Kräften zu erlangen. Dienstbare Geister, die ihm unterstehen, sind zum Beispiel Koborue, Xozeros, Byfron, Decaros, Lakohem und Orias. Sie gehören zu den Spiriti familiarii (Familiengeistern) und sollten selbst bei entsprechendem Wissen nur mit Bedacht gerufen werden. Weitere Gebieter der Feuergeister sind: Pyrhum, Coroman, Aphtiph, Orudu, Itumo, Tapheth, Oriman, Amzophul, deren Namen sich ebenfalls in Beschwörungsrituale einbetten lassen.

Dockeli, Toggeli, Doggi, Dockje: Sie gehören zu den Alptraumgeistern. Sie sind in der Schweiz, in Vorarlberg, Österreich, und im Elsass, Frankreich, bekannt (siehe Alp und Druckgeist).

Dogai, Dogaira: Melanesische/r Dämon/in, der/die auf der östlichen Insel Melanesiens männlich und auf der westlichen weiblich gesehen wird. Diese Dämonen können Kokosnüsse verderben, Fische und Fischfänge vernichten, Sturmfluten verursachen und noch einiges mehr. So werden zu bestimmten Zeiten die Dogaira-Zeremonien abgehalten, bei denen die Tänzer und Teilnehmer gleichnamige Masken tragen, um mit diesen Wesen zu kommunizieren.

Doggeli, Toggeli: Er gehört zu den Zwergen. Im Allgemeinen erscheint er als hässlicher Alp oder als nicht besonders schöne Motte.

Domovyk, Domovoj, Damavik: Stammt vom russischen »dom« = Haus; Damavik ist weißrussisch, und Domovyk ist in der Ukraine die Bezeichnung für einen Hausgeist, in dem die Seele eines Ahnen wohnt. Er schützt Herd, Haus, Hof und Stall. Bevorzugt lebt er am Ofen oder auf dem Dachboden und zeigt sich in Gestalt eines dem Hausherrn ähnlichen Menschen. Wenn ein neues Haus bezogen wird, ist es gut, den Domovyk zu bitten mitzukommen, da er Haus und Hof nebst Bewohnern beschützt.

Doris: Tochter des Okeanos und der Tethys, Gattin des Nereus, Mutter der Nereiden. Eine Gestalt aus der griechischen Mythologie.

Drachen: »Ich habe gesehen, wie ein Drache geboren wird. Es war wie eine riesige Lichtexplosion. Es war einfach unglaublich.« Darauf der alte Elf: »Ihr seht sie nur als böse. Doch immer wenn Drachen geboren werden, bringen sie neue Magie mit auf die Welt. Magie ist Lebenskraft. Sie sorgt dafür, dass die Natur und darüber hinaus alles, was uns umgibt, im Gleichgewicht bleibt.« (Zitat aus dem Film »Dungeons and Dragons«) Drachen stehen für Sexualkraft, unbändige Energie, Macht und Schutz, für größtes Unheil und Gift gleichermaßen wie für größte Heilung und Heiligung. Solange Drachen geboren werden, erneuert sich die gesamte Lebensenergie. Drachen treten immer dann auf den Plan, wenn der Einsatz aller Kräfte gefragt ist, um eine Schwelle zu überschreiten. Die Kraftlinien der Erde, die Leylines, werden Drachenspuren genannt. Auch die Energiepunkte des Körpers, die Akupunkturpunkte, heißen Drachenpunkte. Der aufsteigende und absteigende Mondknoten im Horoskop ist die Drachenkraft; sie verrät, woher der Mensch kommt, mit welcher Kraft er ausgestattet ist und wohin er geht. Das Wort »Drache« leitet sich vom griechischen Wort »drakon« ab, das »Schlange« oder »Wurm« bedeutet. Die meisten Drachen werden jedoch als Mischwesen aus mehreren Tieren dargestellt. So können sie z. B. die riesig vergrößerten Flügel einer Fledermaus haben, Klauen wie ein Adler, den Leib einer Schlange oder eines Krokodils, die Körpergröße eines Elefanten und den Rachen eines Löwen, meist sind es allerdings riesige Reptilien mit mehreren Köpfen und Schwänzen. Häufig leben sie in den Tiefen der Erde, in Höhlen und Grotten. Sie sind mit so manchen magischen Kräften ausgestattet, z. B. Blut, das unsterblich macht, einem Herzen, das unendliche Kraft und Stärke verleiht, Kristallen in ihren Augen, die nur die Wahrheit sehen können – und wenn sie verbrennen, kann ihre Asche alles in Gold verwandeln. Drachen sind die mächtigsten Wesen des Ätherreiches, gehören aber gleichzeitig dem

Feuerelement an und können sich auch in den Elementen Wasser, Luft und Erde zeigen. Entsprechend gibt es Feuerdrachen, Erddrachen, Luftdrachen und Wasserdrachen, die aus unzähligen Sagen und Legenden überall auf der Welt bekannt sind. In Europa, Vorderasien und Westasien ist der Drache meist die Verkörperung des Bösen, der chaotischen, widergöttlichen Kräfte, des Feindes der Gottheiten und des Menschen, der im Kampf getötet werden muss. In Ostasien hingegen ist der Drache für die Menschen die Verkörperung des Guten und des Glücks. Erzengel Michael kämpfte gegen einen Drachen. Er wird als Drachenbezwinger und später als Drachentöter beschrieben. Tatsächlich stach er in einen durch einen Drachen verkörperten mächtigen Kraftpunkt und kanalisierte so die Energie in höhere Bereiche. Das meint der Ausdruck Drachenbezwinger. Viele Kirchen und Kapellen sind an sogenannten Drachenpunkten errichtet, als Symbol der in höhere Reiche gelenkten Drachenenergie. An diesen Punkten werden die höchsten Heilkräfte freigesetzt. Der Drache Typhon, »der Dampfende«, auch Python genannt, ist ein Riesenungeheuer der Unterwelt. Mit hundert Drachenköpfen und Echsenfüßen versehen verkörpert er die zerstörenden Naturkräfte wie Vulkanismus, vergiftende radioaktive Strahlung oder Überflutungen. In der Johannesoffenbarung 13,1–5 können wir lesen: »Und ich sah ein Tier aus dem Meer steigen, das hatte zehn Hörner und sieben Häupter und auf seinen Hörnern zehn Kronen ... Und das Tier, das ich sah, war gleich einem Panther und seine Füße wie Bärenfüße und sein Rachen wie ein Löwenrachen. Und der Drache gab ihm seine Kraft und seinen Thron und große Macht ... Und sie beteten den Drachen an, weil er dem Tier Macht gab ...« So wird der Drache als Gegenspieler des Göttlichen beschrieben. Drachen sind auch Hüter der Schwellen, Wächter kostbarer Schätze, die nur hinter ganz bestimmten Toren zu finden sind. Sie wachen an den Übergängen vom Feuer ins Licht, vom Wissen zur Weisheit. Das zeigt sich in östlichen Kulturen, wo Drachen oft himmlische Sendboten sind, welche die Wohnstätten und Schätze der Gottheiten bewachen und alle Kräfte beherrschen. Dort gibt es Donner-, Wolken- und Regendrachen, Erddrachen, welche die Flüsse reinigen, kaiserliche Drachen, welche die Kaiserreiche beschützen und sie mit höchster Macht versehen, Drachen, welche die Kräfte von Yin und Yang beherrschen, die für die Verwirklichung des Tao (östlicher Weisheitsweg) notwendig sind. Einen Meister, der gelernt hat, diese Kräfte zu beherrschen, nennt man »der auf dem Drachen reiten kann«. Mächtiger Schutz, Vollkommenheit, übergeordnete Sicht, höchstes Glück und größte Macht und Stärke werden demjenigen zuteil, der unter seiner Kraft geboren ist, mit seiner Kraft gesegnet ist oder unter dem Schutz seiner Kraft steht. Begründer vieler östlicher Reiche waren Drachenkämpfer.

Drak, Drakel, Gluswanz, Fürdrak: Fliegender Hausgeist, der in Mittel- und Norddeutschland beheimatet ist. Er zieht mit glühendem Schweif durch die Lüfte. Er beschützt Haus und Hof und hält sie rein. Zudem bringt er den Menschen, denen er sich angeschlossen hat, Reichtum, Besitz, gute Ernten und verlangt dafür gute Behandlung. Durch bestimmte Bannformeln kann er gezwungen werden, einen Teil seiner Schätze abzugeben.

Drei (siehe Magische Drei)

Druckerle, Drückermännchen: Allgemeine Bezeichnung für Naturgeister, welche die Menschen bei Nacht plagen (siehe Alp und Druckgeist).

Druden, Alp, Drud, Mahrt, Walriderske, Schrättele: Druckgeister der Nacht, die im ganzen Alpenland bekannt sind. Das Wort geht auf das mittelhochdeutsche Wort für »treten« zurück. So sind Druden Wesen, die einen treten. Sie zeigen sich in Gestalt eines Rauchwölkchens, einer Hummel, Biene, Schlange oder Kröte. Auch Federn können ein Hinweis auf Druden sein. Druden setzen sich dem Schläfer auf die Brust, sodass er in Atemnot gerät. Dadurch entstehen

Ängste, die sich dann in einen Alptraum verwandeln. Früher wehrte man Druden ab, indem man einen Drudenfuß (ein Pentagramm) über dem Bett, am Türrahmen oder im Fenster anbrachte oder ein Drudenmesser, auf dem neun Halbmonde und Kreuze eingestanzt waren, neben sich ans Bett legte. Druden können auch Menschen befallen und mit Krankheit schlagen. So saugen sie sich z. B. an den Brustwarzen fest, sodass diese hart werden und schmerzen, lassen sich im Hals- und Herzbereich nieder, wodurch Lungenentzündungen, Halsschmerzen, Druckgefühle im Herzen entstehen können. Im Volksglauben besteht die Vorstellung, dass unter sieben Töchtern eine Drude ist und unter sieben Söhnen ein Werwolf.

Druden- oder Krotenfüße: Mit diesem Begriff werden die Vogelfüße beschrieben, an denen man Naturgeister erkennt. Sie haben meist drei lange Zehen, von denen zwei nach vorn, einer nach hinten steht.

Dryaden: (griech. drys = »Baum«, »Eiche«) Waldnymphen der griechischen Mythologie. Sie werden als junge, schöne Mädchen beschrieben, die weiße oder grüne leichte Kleidung tragen. Sie lieben die Bäume über alles, regeln den Wasserhaushalt des Baumes, den sie behüten, und sterben mit ihren Bäumen. Zu den Dryaden gehören auch die Alseiden, die Nymphen des Waldes. Sie beleben den Wald und lenken die unterirdischen Gewässer, wie z. B. die Wasseradern (siehe auch Nymphen).

Dschinn, Djinn: Arabische Naturgeister der Wüste und Steppe. Es sind Mischwesen aus Mensch und Dämon, sterblich und fortpflanzungsfähig. Sie wurden aus Allahs Feuer bzw. aus rauchlosen Flammen geschaffen. Jeder Mensch hat einen guten und einen bösen Dschinn an seiner Seite, die ihn in den Himmel oder in die Hölle führen können, je nachdem, von welchem Dschinn sich der Mensch leiten lässt. Sie lenken die Feuerkraft des Menschen.

Dullahan, Far dorocha, Crom Dubh, Schwarzer Mann: Irische Elfenart. Dullahan ist der kopflose Reiter; auch wenn sein Kopf nicht auf seinem Hals sitzt, so trägt er ihn doch bei sich. Der Kopf zeigt ein grausiges Grinsen, das sich über das ganze Gesicht zieht, und glüht wie eine verwesende Substanz. Der Dullahan benutzt ihn oft wie eine Laterne. Außerdem hat er ein wundersames Sehvermögen, mithilfe dessen er weite Entfernungen überblicken kann. Üblicherweise galoppiert der Dullahan des Nachts auf einem schwarzen Ross über das Land. Durch die Reibung kann es passieren, dass er Büsche entlang des Weges in Brand steckt. Sein Erscheinen verkündet den Tod.

Durin: Mächtiger Zwergenkönig und Herrscher, der in der Magie angerufen wird. Ihm untersteht ein großes Heer von Erdgeistern aller Arten. Er wird in Ritualen für bestimmte Angelegenheiten gerufen.

Dvalinn Er gehört zur Gattung der Zwerge (siehe Berlingr).

Dvergr: (german. für »Zwerg«) Die Dvergr sind Schatzhüter sowie Erd- und Schmiedegeister. Die Schätze der Erde sind nach der nordgermanischen Mythologie aus den Maden in Yimirs (der Urriese, der von den Göttern erschlagen wurde, aus seinem Leichnam wurde die Erde geformt) Leichnam entstanden. Die Dvergr hausen vorwiegend im Erdinneren und meiden das Tageslicht. In unterirdischen Höhlen schmieden sie die Schätze und Kennzeichen der Götter, z.B. Thors Hammer und Odins Speer. Diese Gegenstände sind mit magischen Kräften ausgestattet.

E

Ea: Akkadischer* Süßwassergott. Er ist zuständig für das Wasser auf, über und unter der Erde. Seine Stadt ist Eridu am Zusammenfluss von Euphrat und Tigris. Es gibt ein Siegel, das ihn zeigt, wie er in seinem von Strömen umflossenen Tempel auf dem Thron sitzt und Wasserstrahlen aus seinen Schultern hervortreten. Sein Tier ist der Ziegenfisch und seine Zahl die

Vierzig. Ihm unterstehen unzählige Wassergeister.

Echidna: (griech. für Viper, Natter, Otter) Ein weibliches Unterweltungeheuer, Mischwesen aus Frau und Schlange, aus der griechischen Mythologie, das in einer Höhle Vorübergehenden auflauert. Sie ist die Tochter von Gaia (der Erdmutter) und Tartaros sowie Schwester und Gattin des Typhon und Mutter vieler weiterer Ungeheuer wie Sphinx, Hydra, Ladon, Kerberos und Chimaira.

Echo: Bergnymphe aus der griechischen Mythologie. Ihr sind der Widerhall und die Gerüchte zugeordnet. Sie vermochte weder zuerst zu reden noch dann zu schweigen, wenn ein anderer redete. Darüber grämte sie sich so sehr, dass sie sich zu Tode hungerte. Ihre Knochen wurden zu Felsen und ihre Stimme zum Echo (siehe Nymphen).

Egeria: Römische Quellnymphe sowie Orakel und Geburtsgöttin. Sie war die Geliebte und Gattin von Numa Pompilius, dem zweiten König von Rom. Sie offenbarte ihm in ihren nächtlichen Zusammenkünften den Willen der Götter, außerdem inspirierte sie ihn und brachte ihn dazu, weise zu herrschen. Als er starb, vergoss sie so viele Tränen, dass sie sich in eine Quelle verwandelte.

Einhorn, Unicorn, Licorn, Kartazon, Monokeros: Bekannt durch Legenden und Mythen. Die älteste erhaltene Beschreibung eines Einhorns stammt von Ktesias, einem griechischen Arzt, der mit dem König von Persien, Artaxerxes Mnemon II., und dessen Gattin, Königin Parysatis, auf Reisen war. Er schrieb ca. 400 v. Chr. in seiner Schrift »Indika«, dass es in Indien flinke wilde Esel mit weißem Körper, dunkelrotem Kopf und einem spitzen Horn in der Mitte der Stirn gebe. Dieses Horn sei ca. einen halben Meter lang, unten weiß, in der Mitte schwarz und an der Spitze rot. Wer aus einem Becher trinke, der aus diesem Horn gefertigt sei, werde vor allen Giften geschützt und von allen Krankheiten und Unreinheiten befreit. Er bleibe rein und gesund, nichts könne ihm etwas anhaben. Diese und zahlreiche weitere Heilkräfte wurden dem gedrehten Horn des Einhorns über viele Jahrhunderte zugeschrieben. Der Glaube daran führte in Europa im Mittelalter zu einem regen Handel von Trinkgefäßen, die angeblich aus echtem Einhorn gefertigt waren. Sie entpuppten sich hinterher allerdings meist als aus dem Horn eines Narwales hergestellt. Im Verlaufe der Jahrhunderte wurde das Einhorn in vielerlei Formen beschrieben, verwandelte sich jedoch, zumindest in unserem Kulturkreis, immer mehr in ein weißes Pferd, das ein meist goldenes gedrehtes Horn auf der Stirn trägt. Das Einhorn ist ein Symbol der Reinheit, Unschuld, Hoffnung und des Lichtes und verfügt über viele magische Fähigkeiten. In Gefangenschaft jedoch sind Einhörner nicht lebensfähig. Sie sind die Tiere der Feen und Elfen, welche die Einhörner behüten und beschützen. Man sollte die Kraft, Ausdauer, Widerspenstigkeit, Sturheit, Wildheit und Unbezähmbarkeit eines Einhorns nicht unterschätzen, die besonders zutage treten, wenn es sich etwas in den Kopf gesetzt hat. Einhörner gehören in das Ätherreich, die erhabenen Lichtreiche. In den Himmelsgärten grasen sie frei und friedlich. Wer an sie glaubt und sie sieht, hat ein Tor gefunden, an dem sich die Welten berühren. Einhörner sind schwer zu finden. Sie bewohnen die letzten reinen unschuldigen Flecken der Erde. In Legenden und Mythen wird berichtet, dass sie nur von reinen Jungfrauen oder von Menschen, die sehr viel auf sich nehmen und reinen Herzens sind, gefunden werden können. Wegen ihrer magischen Kräfte werden Einhörner gerne von dunklen Kräften, den Herren und Herrinnen der Finsternis, gejagt. Umberto Eco beschreibt dies in dem Buch »Der Name der Rose« wie folgt: »Man kann es nur fangen, indem man eine Jungfrau in den Wald schickt, deren keuscher Geruch es anlockt, sodass es kommt und seinen Kopf in ihren Schoß legt und sich willig den Netzen der Jäger darbietet. Es liebt die Einsamkeit.« Das Heim des Einhorns ist der Apfelbaum. Kostbarkeiten hütet es gern in einer Schachtel aus Zedernholz, und es wacht auch über das alte Wissen und die Schätze der Alchimie. Ein Einhorn zu töten bedeutet, seine Unschuld zu verlieren. Manchmal werden in der Natur Feen mit Einhörnern an ihrer Seite wahrgenommen. Sie reinigen und entgiften zusammen mit dem Einhorn Landschaften, Seen und Flüsse, sodass sich die Wesen der Natur dort wieder erholen können. Wenn ein See vergiftet ist, warten dort alle Tiere mit dem Trinken, bis ein Einhorn mit seinem Horn das Wasser entgiftet hat. Einhörner sind zum Symbol der Christuskraft geworden. Oftmals finden wir in christlichen Darstellungen Maria mit dem Einhorn auf dem Schoß als Symbol für die unbefleckte, reine Empfängnis. Solange sie leben, braucht der Mensch, der reinen Herzens ist, nichts zu befürchten. Die Tore zwischen allen Welten sind noch offen. Landschaft und Natur können sich in diesem Licht immer wieder reinigen und erneuern.

Eismanndle, Eismännlein: Zwergenartige Dämonen der Tiroler Alpenwelt, die auf der höchsten Spitze der Schneeberge und Gletscher leben. Sie nehmen die Unschuldigen in Schutz und bestrafen den Frevler.

Ekerken: Hilfsbereiter Kobold. Er hilft in Stall und Haus, bestraft oder belohnt die Dienstboten je nach ihrem Verhalten. Meist ist er fast unsichtbar, dann sieht man nur seine kleine Hand.

Ekke Nekkepenn: Name für einen dämonischen Zwerg, ähnlich dem Rumpelstilzchen.

Elben: Eine elfenfeenhafte Familie von Naturwesen, deren Angehörige von überirdischer Schönheit, überragender Größe, Anmut und Feinheit sind. Einst waren sie Führer und Führerinnen der Menschen, bis diese die Verbindung zu ihnen abgebrochen haben.

Elbentritsch, Elfentrisch, Elbertrötsch, Trilpetritisch: Ein fabelhafter, eher dämonischer Vogel, dessen Gestalt sich je nach Region verändert. Elbentritsche treten immer zu mehreren auf. Sie sind die Plagen der Nacht, die man verschiedentlich zu vertreiben oder einzufangen versuchte, um sie zu bändigen. Sie erzeugen schlechte Träume, Ängste und vor allem quälende Gedanken. Sie bringen ungute Erinnerungen zurück. Deswegen versucht man sie mit allen erdenklichen Mitteln abzuwehren.

Elbst: Seegespenst im Bergsee bei Seelisberg in der Schweiz. Er erscheint als moosbewachsener Baumstamm oder als treibende Insel auf der Seeoberfläche und versucht, Menschen in die Tiefe zu ziehen. Bei Mondschein liegt er als Drache oder als Schlange rings um den See. Er zeigt sich auch in Gestalt einer schwarzen Sau oder eines Fisches und verfolgt die, die ihn necken wollen, in Gestalt eines Feuerrades. Bevor der Elbst erscheint, gerät der See in starke Bewegung. Sein Erscheinen kündigt schlechtes Wetter oder dunkle Zeiten an.

Elementale: Durch die Gedanken von Menschen erschaffene und geformte Wesen. Jeder Gedanke, jedes Gefühl, jeder Wunsch sendet ein Elemental aus, auch Gedankenform genannt. Jedes Elemental verfügt über eine eigene Existenz, eine eigene Gestalt und lebt unabhängig von dem, der es geschaffen hat. Es gibt zwei Typen von Elementalen: Wenn ein negatives Gefühl einen Gedanken beherrscht, wird eine emotionale Gedankenform niederer Schwingung erzeugt. Werden unsere Ideen, Wünsche und Emotionen von Liebe und Einsicht durchdrungen, erschaffen wir heilende Gedankenformen. Ein einmal geschaffenes Elemental kann man nicht zerstören, sondern nur entkräften, indem man es nicht weiter nährt, d.h. indem man aufhört, dem Gedanken durch ständige Wiederholung Energie zu geben. Elementale ähnlicher oder gleicher Art verbinden sich miteinander und bilden ein machtvolles Gruppenelemental, eine machtvolle Wesenheit. Wenn ein Mensch oder eine Gruppe von Menschen die gleiche Schwingungsfrequenz aufweist, werden in Resonanz stehende Gruppenelementale angezogen, und die Atmosphäre verdichtet sich. Jeder kennt Gruppendruck, unausgesprochene

Erwartungen und Stimmungen, die sich über einen stülpen, wenn man einen Raum betritt. Hier wirken die Elementale, die von den Menschen, die an diesem Ort sind (und waren), geschaffen wurden. Elementale erhalten die ausgesandte Energie aufrecht. Sie beeinflussen alles, was mit diesem Ort, mit diesem Schwingungsfeld in Kontakt kommt, auch die Naturwesen. Einige Naturwesen nehmen von den Menschen und den von ihnen erzeugten Schwingungen wenig Notiz, da sie aus der göttlicher Quelle gespeist werden oder in der unberührten Natur walten und dicht mit ihr zusammenarbeiten. Doch gibt es auch Naturwesen, die von den Gedanken und Empfindungen der Menschen beeinflusst, ja dadurch sogar erschaffen und geformt werden. Unreine, heftige, depressive, aggressive oder ängstliche Gedanken, die fortwährend durch den Menschen erzeugt und gehegt werden, bilden entsprechende Gedankenformen und Wesenheiten, die diesen Schwingungen entsprechen. Derartige durch den Menschen erschaffene Wesenheiten sind um ihn herum und beeinflussen ihn und die gesamte Umgebung mit all den anderen sichtbaren und unsichtbaren Mitbewohnern. Der menschliche Energieabdruck hinterlässt seine Spuren bei den unsichtbaren Bewohnern, die sich in seiner Nähe aufhalten. So können dunkle oder schadenbringende Wesen der Natur entstehen oder die hilfreichen Geister belebt werden. Nicht umsonst werden Menschen, die dunkle Absichten hegen, in Märchenbüchern oft mit allerlei düsteren Gestalten um sie herum abgebildet oder so geschildert. Wir nehmen diese Wesen wahr, können sie als helfende oder unerwünschte Geistwesen um uns herum spüren. Diese Geistwesen sind die Erzeugnisse unserer Gedankenkräfte. Viele Naturwesen sind wiederum aus dem Licht der Engel erschaffene Elementale.

Elfen: In den germanischen Mythen findet man Beschreibungen eines Reiches der Anderswelt, das als »Alfheim« bezeichnet wird. Hier sind die »elfar«, was die Mehrzahl von »alfar« ist, zu Hause. Die ältere Bezeichnung »Alben/Elben«, die sich sowohl auf die Elfen als auch auf das Zwergenvolk bezog, stammt von dem germanischen Wort »albi« ab, das heißt »glänzend, strahlend«, und dem lateinischen Wort »albus«, das »weiß« bedeutet. Somit bedeutete »Elben« ursprünglich die »weiß glänzenden Strahlenden«. Erst im 18. Jh. kam der Begriff »Elfe/Elf« auf und löste die früheren Bezeichnungen ab. Im Unterschied zu den Zwergen, die ein reines Erdvolk sind, gehören Elfen gleichzeitig dem Erd- und dem Luftreich an. Elfen sind etwa handtellergroß und sehen aus wie Kinder mit Schmetterlingsflügeln. Sie haben nach oben zugespitzte Ohren, leicht schräg gestellte Augen und sind von einer kleinen bunten Wolke aus Licht umgeben. Sie haben Flugpulver aus Sternenstaub oder Goldnebel bei sich. Es gibt weibliche und männliche Elfen, deren Verhalten gekennzeichnet ist von Leichtigkeit, Offenheit, Spontaneität, Beweglichkeit und Schöpfungskraft. Manche Elfen, Lichtelfen genannt, wirken über der Erde im Sonnenlicht, und andere walten unter der Erde, sie werden Schwarzalben oder Dunkelelfen genannt. Elfennamen sind z.B. Mirilla, Sirilla, Myrris oder Gorjus. Es gibt unzählige Elfenvölker mit unterschiedlichen Erkennungsmerkmalen, in allen Schattierungen. Elfensprache hört sich manchmal so an, wie wenn ein Kassettenrekorder schnell vorgespult wird. Die Aufgabe der Elfen ist es, in der gesamten Flora zu wirken und allen Pflanzen, von den Bäumen und Büschen bis hin zur kleinsten Wiesenblume, ihre Zauberkraft, ihre Heilwirkung und ihre besondere Ausstrahlung zu verleihen. Elfen beleben die Natur mit ihren schöpferischen Lichtkräften. Sie sind die Geburtshelfer, Hüter und Sterbebegleiter der Natur. Sie wachen mit großer Liebe über Gräser, Blumen, Früchte, Bäume, auch über Tiere und Schätze der Natur. Die Elfen sind zuständig für die Lebenskraft der Pflanzen und damit auch für die Kraft der aus diesen gewonnenen Arzneien. Die Natur ist heilig, und die Elfen vermitteln den Respekt vor den Kräften der Natur. Doch wer sich an der Natur vergeht, sie ausbeutet und zerstört, der zieht sich ihren Zorn zu. Sie verfluchen und verwünschen den Übeltäter und gehen manchmal zum tätlichen Angriff über, was verhängnisvolle Folgen haben und zu Krankheit und gar Tod führen kann. In vielen Ländern, darunter Island, England und Irland, gibt es zahlreiche Berichte über Erfahrungen, die Menschen mit Elfen machten. Dass Elfen in der Nähe sind, kann man z.B. an einem unerklärlichen Rascheln, Wackeln oder Zittern in Pflanzen oder Blättern erkennen, an Gras- und Blumenhalmen, die sich unter einer unsichtbaren Last beugen, an dem Gefühl, als ob Insekten durch die Haare oder über die Haut krabbelten, am Verlust des Zeitgefühls. In den altnordischen Sagen werden die Elben/Elfen als ein Naturgeistervolk beschrieben, das mit den Göttern verbunden ist und diese in ihren Unternehmungen hilfreich unterstützt. Die alten Quellen erzählen von den Elfen als freundlichen, lustigen und leichten Wesen mit großer Zaubermacht, welche die Kräfte der Natur unterstützen, die ihnen wiederum Macht verleihen. Erst mit dem aufkommenden Christentum wurden die Elfen verteufelt, sie wurden als »gefallene Engel« eingestuft. Alsdann wurde ihnen allerlei zugeschrieben, u.a. dass sie Krankheiten hervorriefen. So hießen z.B. Mitesser »zehrende Elben«, Krankheiten, die angeflogen kamen, »fliegende Elben«, und Kopfweh wurde als »verkehrte Elben« bezeichnet. Weiterhin wurde ihnen unterstellt, sie brächten Quellen zum Versiegen und suchten Weiden heim, wo sie die Tiere mit Krankheit schlügen. Die Kirche veranstaltete Prozessionen gegen sie, und man rief Vertreter der Kirche, um sie »auszutreiben«. Das noch zum Teil weitverbreitete Eigenschaftswort »elbisch« bedeutet »stumpfsinnig«, »hinterlistig«, »wahnwitzig». Natürlich wirkten die weisen Frauen, Heilerinnen und Hebammen einst mit den Elben zusammen, da sie mit den Kräften der Natur in tiefer Beziehung standen. In den Hexenprozessen Ende des 16. Jh. wurden diese Frauen teuflischer Machenschaften angeklagt, und es wurden ihnen die Elben ausgetrieben, mit denen sie laut Kirche Schaden herbeizauberten. Vor einem solchen geschichtlichen Hintergrund ist es zu verstehen, dass die Elfen für einige Zeit in Vergessenheit gerieten und ihre wahren Aufgaben verkannt wurden.

Ellefolk: Bezeichnung für Feen in Schweden, Dänemark und Norwegen. Das Ellefolk lebt an Flüssen, in Sümpfen und in Hügellandschaften und verleiht diesen ihr zauberhaftes Antlitz.

Enerbanske: Kleine geheimnisvolle Naturwesen auf Helgoland. Sie gehören zu den Wichtelmännlein und leben im Haus meistens unter der Treppe. Sie tragen grüne Kappen und rote Hosen und helfen unbemerkt in Haus und Hof.

Engel der Natur: Sie dienen bedingungslos allem Leben auf diesem Planeten. Von den mächtigen Cherubim und Seraphim über die Erzengel, Engel, Devas, Feen, Formbauer bis zur kleinsten dienenden Einheit des Göttlichen ergießt sich das kosmische Licht wie ein unsichtbarer Strom von oben nach unten. Die Engel der Natur, die in den unterschiedlichsten Formen, Größen und Gestalten auftreten, dienen allein dem Licht des göttlichen Willens, indem sie es in alle lebendigen Formen senden, diese damit zur Entfaltung und Entwicklung bringen und sie bis zur Vollendung tragen. Alles Wachstum dieses Planeten, dessen Natur sie dienen, steht unter der Obhut der Engel. Um die vielfältigen Aufgaben der Engel der Natur zu verdeutlichen, hier ein paar Beispiele: Airwee sind hohe Engel der Luftreiche, sie beaufsichtigen die Atmosphäre und das Wetter. Allsees sind hohe Engel, die dem Reich der Erde, dem Erdelement, dienen; sie wohnen in Gebirgsgegenden und wachen über große und weite Gebiete. Aqui sind hohe Engel, die sich um das Tierreich kümmern; sie bereiten Tiere auf höhere Entwicklungsstufen vor. Darüber hinaus gibt es noch unzählige Arten von Engeln, die sich z.B. um Naturerscheinungen kümmern, wie Regenbögen, Morgenröte, Sonnenuntergang, Nordlichter (Aurora borealis), Luftspiegelungen, kosmische Farbenspiele, Tag und Nacht, das Wechseln des Wesens der Zeiten und Gezeiten. Die Hauptaufgabe der Engel der Natur ist es, den vollkommenen göttlichen Plan auf der Erde zu entfalten, alles in ihrem Licht zu speichern, zu überwachen und zu behüten.

Enlil: Der sumerische Herr der Winde. Er ist der Beherrscher des Luftraumes und lenkt die Naturgewalten. Sein Hauptheiligtum ist der Tempel Ekur in Nippur

Ensinnes: Undinenart, die den Seegang beaufsichtigt und leitet.

Entenwick: Kobold auf dem Schloss der Herren von Sachsenheim. Er hatte eine Vogelstimme und erklärte, dass er ein verstoßener Engel sei, der sich nicht so sehr versündigt hat und hofft, Gnade zu finden. Er hatte mehr als 1000 Jahre im Moor gesessen und auf die Gelegenheit gewartet herauszukommen. Schließlich kletterte er hinter einem Diener derer von Sachsenheim, der kurz im Moor verweilte, auf dessen Pferd und kam so ins Schloss. Seither unterstützte er die Familie, wo er nur konnte. Einst wollte der Hausherr ihn unbedingt sehen. Entenwick warnte ihn vor dem Anblick. Als der Hausherr nur Entenwicks Arme sah, erschrak er dermaßen, dass er ihn beschwören und bannen ließ. Da kündigte der Kobold das Ende des Geschlechts und des Hauses derer von Sachsenheim an. Kurze Zeit danach brannte das Schloss ab, und das uralte Geschlecht starb binnen weniger Jahre aus.

Enyo (siehe Graia).

Ephippas: Ein arabischer Windgeist, den König Salomon mithilfe seines Zauberringes in einem Schlauch gefangennehmen konnte. Er erhielt von Salomon die Aufgabe, den riesigen Schlussstein, den kein Sterblicher heben konnte, auf die Spitze des Eingangs des vom König zu Ehren Gottes erbauten Tempels zu setzen. Auch soll er auf den Befehl Salomons mit seinem Artgenossen Abezethibu eine Säule aus dem Roten Meer emporgetragen haben, die in der Luft stehen blieb.

Erato: »Die Liebevolle«, Muse der Liebesdichtung, ihr Kennzeichen ist das Saitenspiel (siehe Musen).

Erdhenne: Ein in Südtirol, der Oberpfalz und Bayern bekannter gutartiger Hausgeist, dessen Stimme aus der Erde oder einer dunklen Ecke der Stube dringt. Er ist ein Schutzgeist, der die Bewohner eines Hauses vor drohendem Unglück warnt. Seine Stimme klingt wie das Glucken oder Piepsen einer Henne, die ihre Küken beschützt.

Erdmännchen: Eine weitere Bezeichnung für die Unterirdischen (siehe dort).

Etsai: Baskischer Hausgeist aus Sara, der nachts aus seiner unterirdischen Höhle heraustritt. Er erscheint in Tiergestalt, und zwar als Ziege, Schwein, Stier oder Pferd. Er ist ein Meister der Wissenschaften und der Künste.

Etxajaunak: Baskischer guter Haus- und Familiengeist, der einer Familie über lange Zeiten dient.

Eule: Tier der magischen Reiche. Gnome, Gnomiden u. a. Waldgeister nehmen oft die Gestalt von Eulen an. Die Eule gilt als Tier der Hexen, Zauberer und später auch des Teufels. Sie ist ein Orakeltier, ihr Schrei verkündet den Tod. Eulenschreie können auch die Geburt eines Kindes oder großes Glück ankündigen. Zeigt sie sich tagsüber, oder schreit sie am Tag, so gibt es Feuer. Als Wetterprophetin verkündet sie meist Regen oder einen Umschlag der Witterung. Sie ist oft Bote, Verkünder und Weissager mit weiter und tiefer Voraussicht.

Euryale (siehe Gorgonen).

Eurydike: Eine griechische Baumnymphe und Gattin des Sängers Orpheus. Kurz nach der Hochzeit trat sie auf der Flucht vor einem zudringlichen Verehrer auf eine Schlange und wurde von deren Biss getötet. Verstorben gelangte sie in den Hades, die griechische Unterwelt. Von dort versuchte ihr Gatte sie zurückzuholen, doch er scheiterte, denn er hielt sich nicht an das Gebot, sich nicht umzudrehen, bevor er die Oberwelt erreicht haben würde.

Eurynome: Eine griechische Meeresnymphe und Flussgöttin.

Euterpe: »Die Erfreuende«, Muse der Lyrik, ihr Kennzeichen ist der Aulos, die Doppelflöte (siehe Musen).

Exu, Eshu, Esu: Naturgeist bei den Yoruba in Nigeria. Er ist ein Trickster und verkörpert das Dynamisch-Unberechenbare. Er hat neben diesen noch 200 weitere Namen. Exu vereint alle Gegensätze in sich: Er ist groß und klein, alt und jung, dick und dünn ... Weites ist ihm nah, Nahes ist ihm fern. Er wirft heute einen Stein und trifft gestern. Seine Farben sind Schwarz und Weiß. Er wird meist mit einer Tabakspfeife dargestellt, wobei der Pfeifenkopf einem Hoden gleicht.

Exu-Rei: Afroamerikanischer böser Geist und Anführer einer großen Dämonenschar. Er ähnelt dem christlichen Satan.

F

Fafnir: Drache der germanischen Mythologie, der den Nibelungenhort bewachte und von Siegfried getötet wurde. Im Sterben teilte Fafnir Siegfried mit, dass auf dem Ring im Schatz der Fluch des Zwerges Andwari lastet (Ring der Nibelungen).

Fäggen: Mit Fellen wilder Tiere bekleidete wilde weibliche und männliche Walddämonen von großer ebenso wie kleiner Gestalt. Sie gehören zu den wilden Leuten. Die männlichen Fäggen sind oft am ganzen Körper behaart; ihr langes Haupthaar und langer Bart hängen struppig und borstig an ihnen herunter. Ihre Augen sind wie schwarze Kohlen und können im Zorn glühen, Blitze schleudern und Funken sprühen. Auch die weiblichen Fäggen sind verzottelt. Sie verrichten allerlei Arbeit im Wald und hüten viel geheimes Wissen über den Wald, in dem sie hausen. Dieses Wissen kann man ihnen entlocken, wenn man sie betrunken macht. Die Fäggen sind gut und böse, je nachdem, unter welchen Umständen man ihnen begegnet.

Fagus: Keltischer Baumgott. Ihm unterstehen alle Buchen.

Far Darrig, Fir Dhearga, Fir Jaraga: Man kennt ihn in Irland. Far Darrig bedeutet soviel wie »roter Mann«. Der Far Darrig trägt eine rote Kappe und ein rotes Gewand und liebt makabre Witze. Einige seiner Art haben zudem einen hochroten Kopf und spielen in den Geschichten von Sterblichen, die im Feenland im Andersreich gefangensitzen, eine große Rolle. Durch ihren Rat kann der Besucher die Hilfe erlangen, die er benötigt, um aus dem Andersreich zu entkommen.

Far Dorocha (siehe Dullahan).

Far Liath: Ein irischer Dämon, der dem Grauen Mann ähnelt. Er verbreitet Krankheiten und Seuchen. Man legte ihm eigene Wege an, damit er von Ort zu Ort reisen kann, ohne Schaden zu bringen.

Farillis: Fortgeschrittene Gattung von Feen, die andere Feen einweisen und belehren können. Sie üben ihre Lehrtätigkeit ca. fünfzig Jahre lang aus.

Farisilles: Feen, welche die Feuerströme leiten. Sie versuchen Feuerschäden zu begrenzen, indem sie Winde leiten oder Menschen beim Löschen anleiten. Sie versuchen Blitze umzulenken und das Feuer innerhalb seiner Grenzen halten.

Farrices: Eine Feengattung, die Heilungsprozesse steuert. Die Farrices werden an die hundert Jahre für ihre Aufgabe vorbereitet, bevor sie tätig werden dürfen.

Fata Morgana: Weiblicher Naturdämon, der in der Wüste Trugbilder verursacht. Vor ihr sollte man sich hüten, denn sie lockt den Reisenden dadurch ins Verderben, dass sie ihm innere Wunschbilder im Außen vorgaukelt und ihn damit vom Weg abbringt.

Fati: Albanische Geburtsfeen und Schicksalsgeister. Zu dritt erscheinen sie am dritten Tag nach der Geburt eines Kindes, um ihm sein Schicksal in die Wiege zu legen. Eine alban. Redewendung lautet: »So haben es die Fati auf die Stirn geschrieben.«

Faune: Der Geist des Baumes, der Faun, wird oft auch der »Grüne Mann«, »Herr des Baumes« und, wenn er eine übergeordnete Stellung einnimmt, »Herr des Waldes« genannt. Frei, niemandem verantwortlich, im Blättergewand oder mit Blattmaske verhüllt, verwirklicht er höhere Ideale. Er nimmt da, wo genug ist, und verteilt es dort, wo es fehlt. Er schafft den Ausgleich, er versorgt und schützt den Baum und dessen Umgebung. Er kennt die geheimen Gesetze der Natur. Sein Aussehen steht im Einklang mit dem Baum, den er bewohnt. Die Sprache der Bäume sind die Runen. Der dem Faun zugeordnete Stein ist der Bernstein. Faune lieben das Leben und im Allgemeinen auch die Menschen, besonders wenn diese ein offenes Herz für die Natur haben. Manchmal treiben sie ihren Schabernack mit ihnen, indem sie sie betören und in einen anderen, rauschhaften Bewusstseinszustand versetzen. Sie können den Menschen auch auf Irrwege leiten und stellen ihm ab und zu einmal ein Bein, damit er innehält und nachdenkt. Doch wer an sie denkt und mit ihnen spricht, dem stehen sie mit ihrer Liebe stets zu Diensten. Kein einziger Baum dieser Erde ist ohne Geist, ohne einen Faun. Dieser ist auf höherer Ebene dem Erdelement zugeordnet. Der Faun ist die Intelligenz, der Lenker und der Hüter des Baumes. Er überwacht zu allen Jahreszeiten die Funktionen des Baumes. Er lenkt die Energie des Baumes und bringt sie in Harmonie mit dem Ort, an dem der Baum steht. Er kann sich von seinem Baum wegbewegen, doch er bleibt über eine unsichtbare Nabelschnur mit ihm verbunden. Alles, was der Baum erlebt, erlebt auch der Faun des Baumes. Wenn der Baum stirbt, ist die Zeit des Faunes um. Damit ein Faun nicht leidet, ist es wichtig, dass der Baum mitsamt seinen Wurzeln aus der Erde gegraben wird, erst dann kann der Faun gehen. Ein Baum bietet, je nach seiner Beschaffenheit, vielen Naturwesen aller Elemente ein Zuhause und steht in Verbindung mit allen Naturgeistern im Umkreis. Dazu gehören Elementarwesen, Formbauer des Baumes,

Blattgeister, verschiedene Nymphenarten, die den Wasserhaushalt regeln, Gnome und Zwerge, die in den Wurzeln wohnen, Elfen, Devas, Feen, Baumengel, die Licht und Kraft leiten, u.v.a.m. Manchmal finden sich ganze Königreiche der Naturgeister in alten Bäumen. Wenn ein Ast dein Gesicht streift, Blätter und Blüten auf dich regnen oder ein Duft zu dir herüberweht, kann dies eine kleine Aufmerksamkeit vom Faun eines Baumes sein. Es gibt auch Baumgeister, die sich mit Menschen verbinden, z. B. ein Baum, der für einen Menschen anlässlich seiner Geburt gepflanzt wurde. Dessen Faun wird zum Paten des Menschen und behütet ihn auf seinen Wegen. Wenn dem Menschen, mit dem er verbunden ist, etwas passiert, so leidet der Faun mit und zeigt dies.

Faunus/Fauni: Griechisch-römische Walddämonen, die sich mit den Nymphen vergnügen und dem Wald die Lebenskraft senden. Sie werden oft mit spitzen Ohren, krummen Nasen, Schwänzen und Bocksfüßen dargestellt.

Fear Dearg: Ein feuriges Naturwesen, das in England, Schottland und Irland vorkommt. Es ist zweieinhalb Fuß groß, mit einem scharlachfarbenen Gewand, grauem Haar und runzeligem Gesicht. Ihm etwas abzuschlagen bringt Unglück.

Federhänschen (siehe Drak).

Feeli: Engel der Natur. Luftgeister, die für die Verdunstung des Wassers in den Meeren verantwortlich sind. Sie kontrollieren auch die Vermischung von Luft und Wasser, die Luftfeuchtigkeit.

Feen: Die Bezeichnung Fee leitet sich von dem lateinischen Wort »fatum« her, das »Schicksal« bedeutet. Die Feen werden auch als die Glücklichen, auf Latein »felices«, und als die »feinen Wesen« beschrieben. Feen sind weibliche, meist gutartige und schöngestaltige Naturgeister. Ihr Wesen strahlt Licht, Leichtigkeit, Heiterkeit, ewige Jugend, jungfräuliche Mütterlichkeit, Schönheit, Harmonie, Hilfsbereitschaft, Liebe und Anmut aus. In lichte Gewänder gehüllt, immer beweglich, leicht und frei, lieben sie es, in mondhellen Nächten zu singen, zu tanzen und in Seen und Quellen zu baden. Sie besitzen wunderwirkende Zauberkräfte und Zaubergegenstände wie Tarnmäntel oder -kappen, Wunschringe, Schutzsteine, Feenstaub zum Fliegen, Talismane aller Art, Zauberschwerter u.v.a.m. Ohne Bindungen an Eltern oder Sippe, ohne Erinnerung an Kindheit und Ahnung von Alter verschenken sie das Glück mit einem Zauberstab aus Licht und durchbrechen das Einerlei des menschlichen Daseins. Wenn wir bei einem Menschen von »feinen Wesenszügen« sprechen, so ist damit die Feenkraft in ihm gemeint. Als Feenpflanzen gelten z. B. Apfelbaum, Haselstrauch, Eiche, Wacholder, Klee; den Feen zugeordnete Tiere sind z. B. Schwan, Schimmel, Hirsch. Der Stein der Feen ist der Fluorit, ebenso gelten sechseckig geschliffene oder in der Natur gefundene Steine, Edelsteine und Kristalle als Feensteine, die Wünsche erfüllen. Ein durch die Kräfte der Natur gelochter Stein ist ebenfalls ein Feenstein, er schützt vor bösem Zauber und Angriffen jeder Art und zeigt dem Menschen, dass dieser unter dem Schutz der Feen steht. Das englische Wort »fairy«, missverständlich oft mit »Fee« übersetzt, bezieht sich hingegen nicht nur auf Feen, sondern auf eine ganze Gruppe unterschiedlichster Naturwesen, die bei uns dem Kleinen Volk zugeordnet sind. In Sagen, Märchen, Dichtungen und Erzählungen der verschiedensten Völker dieser Erde werden Feen mit den unterschiedlichsten Wirkungsweisen und Aufgaben beschrieben. Zu den aus Sagen bekannten Feen gehören z. B. Melusine, Viviane und Morgana, und aus Shakespeares »Sommernachtstraum« kennen wir die Feenkönigin Titania. Erstaunlicherweise entgingen die Feen dem Bannstrahl der Kirche, da man ihnen nicht nachsagen konnte, dass es in ihrer Absicht läge, irgendwem Schaden zuzufügen. Feen stehen mit dem Planeten Venus in Verbindung und damit mit der kosmischen Liebe und der wahren Herzenskraft.

Sie sind die Lenkerinnen aller Licht- und Heilströme des Kosmos und der Elemente. Menschen, die sie in Heilprozessen anrufen, oder Heiler, die mit ihnen zusammenarbeiten, können wahre Heilwunder erleben. Eine der Hauptaufgaben der Feen besteht darin, das göttliche Licht auf die Erde zu senden und somit die Natur zu beleben. Sie sind im Tanz ihres ewigen Reigens wie kleine Kraftzentren, die regenbogenfarbiges, schimmerndes Licht aus dem Kosmos in der Natur und der Erde verankern und dadurch besonders kraftvolle Energieplätze schaffen. Orte, die von ihnen belebt werden, strahlen meistens eine sanfte, märchenhafte, magische Stimmung aus. Feen bewohnen schätzereiche Berge, Meeresfelsen, Grotten, Höhlen, Inseln, Hügel, Wälder und sanfte Landschaften der Natur. Avalon, die »Apfelinsel«, in Südwestengland gilt z. B. als Feeninsel. Wer die Feen beachtet und würdigt oder sie ruft, der erfährt nach einer Prüfung seiner Herzenskraft die Gaben der Feen. Der Beschenkte gewinnt übermenschliche Zauberkräfte, erhält Führung und Hilfe, wird vor »schwarzem Zauber« jeder Art geschützt. Feen können auf ihre Weise in das Schicksal der Menschen eingreifen. Je nachdem, wie ein Mensch sich bewährt, geschieht das hilfreich oder strafend. Böse Taten und Verwünschungen als Vergeltung für Undank, Unrecht und gewaltsame Zerstörung von Feenreichen werden ihnen nachgesagt, doch solche Rachetaten entsprechen nicht ihrem Wesen. Wenn sie enttäuscht, gedemütigt oder verletzt werden, entweichen sie dem Menschenreich in die unbekannte Ferne, aus der sie kamen. Im Volksglauben werden z. B. plötzlich entstehende Staubwolken als Spuren von Feen gedeutet, die einen Ort verlassen. Damit verlieren diese Plätze ihre wunderbare Energie. In unserem Kulturkreis gehören die Feen zu den Engeln der Natur und sind dem Ätherreich (Lichtreich) zugeordnet. Es gibt die unterschiedlichsten Klassen von Feen, welche die Energie- und Lichtströme aller Elemente und der Natur leiten, so z. B. die Feenführerinnen (Farillis, Aspirites, Hiarrus), Naturfeen, Feuerfeen (Farisilles, Schallores), Wasserfeen (Wallines, Nerenes, Ensinnes), Erdfeen, Raumfeen, Luftfeen (Wallotes, Arienes), Sturmfeen und Feen, die sich speziell mit den Menschen beschäftigen.

Feng: Feng-huang ist ein chinesischer Phönix, der die zeugende Urkraft des Himmels im Reich der Vögel verkörpert. Er ist ein Mischwesen mit Kopf und Kamm eines Fasans und Federn eines Pfaus.

Fenixmännlein: Zwergensorte in der Gegend von Schlesien. Sie gehören zu den Erdgeistern und sollen größer als Zwerge, aber kleiner als Menschen sein. Sie führen die gleichen Tätigkeiten wie Menschen aus und leben meist in deren Nähe. Manchmal versuchen sie, ihre Kinder auszutauschen (siehe Wechselbalg). Sie wohnen in Büschen, Pilzen, Steinen und Hügeln.

Fer Caile: Schwarzer, einäugiger, einarmiger, einfüßiger Riese mit gegabeltem Eisstock.

Feuermänner, Feuermännchen, Feuerputz: Dem Element Feuer angehörendes Naturwesen. Zu Füßen eines aufrechten Gerippes kommt ein kleines blaues Lichtlein aus dem Erdreich hervor, steigt bis zur Brust, verbreitet sich über den ganzen Körper, leuchtet hell auf, bis endlich wieder alles gemeinsam erlischt. Sein in Flammen stehender Oberkörper leuchtet wie eine Fackel, und er erscheint als Mann, der einen Dreimaster auf dem Kopf und blaue Strümpfe trägt. Da, wo die Feuermänner auftauchen, ist die Wandlung nicht weit. Sie können bevorstehenden Schmerz, aber auch gute Veränderungen an einem Ort oder im Leben eines Menschen ankündigen.

Feuerputz (siehe Feuermänner)

Fionnbhar, Finvarra: Der irische Feenkönig von Ulster. Er regiert über das Reich der Fenwesen. Er ist bekannt dafür, dass er eine besondere Vorliebe für sterbliche Frauen hegt. Er sendet seine Kundschafter aus, die ihm berichten sollen, wo die schönsten Mädchen und Bräute leben. Seine Auserwählten werden dann durch einen Zauber in den Feenpalast von Knockma in Tuam versetzt, wo Feenmusik sie in süße Träume wiegt. Ein Teil ihrer Seele wird im Andersreich gefangen, und sie vergessen ihr irdisches Leben. Werden sie zurückgeholt, so kommt ihnen ihr für Sterbliche jahrelanger Aufenthalt vor wie fünf Minuten eines Traums.

Fir Darrig: Feuerzwerg

Firbolgs: Feuerkobold; Wesen des Feuers und der Erde, das wahrhaft heiße Scherze machen kann.

Fischfrau Faronika: »Jesus schwimmt im Meer, in einem tiefen Meer. Eine Fischfrau schwimmt ihm nach, die Fischfrau Faronika. O warte, Fischfrau, warte, Fischfrau Faronika! Wir wollen dich fragen, was in der Welt geschieht!« »Schlage ich mit meinem Schwanz, so wird die Welt untergeh'n! Drehe ich mich auf meinen Rücken, so wird die Welt überflutet!« »O tu es nicht, Fischfrau, Fischfrau Faronika! Wegen der kleinen Kinder, tu es nicht, und wegen der Frauen im Wochenbett.« (berühmte slowenische Volksballade) Fischfrau Faronika hütet das Grundwasser und damit das Gleichgewicht der Erde. Sie gehört zu den Elementarwesen des Wassers und ist in den unterirdischen Gewässern und Quellen tätig. Ihre Aufgabe ist es, in einer Landschaft das biologische Gleichgewicht aufrechtzuerhalten. Man kann über die innere Ebene mit ihr Kontakt aufnehmen (siehe auch Weltenfisch).

Flaga: Bezeichnung für einen Elementargeist, den man zwingen kann, sich in Spiegeln sichtbar zu machen, einer der Geister im Spiegel. Er ist ein Wesen, das in den Zwischenwelten lebt, und daher nicht so leicht auszumachen. Er kann zwischen den astralen und unseren Welten vermitteln.

Fljame: Albanische Dämonin, die Fallsucht und Grippekrankheiten verursacht.

Folatel: Engel der Natur, die sich um das körperliche Wohl der Tiere kümmern.

Follets: Französische Kobolde, die über Zauberkräfte und wundersame Fähigkeiten verfügen, die denen des Feenvolks gleichen.

Fossegrim: Ein Wasserdämon aus dem skandinavischen Volksglauben. Er gehört zu der Familie der Nöcks. Er ist harmlos, gutmütig und freundlich. Meist findet man ihn als Jüngling inmitten eines Flusses auf einem Stein sitzend und Harfe spielend. Er verleiht dem Wasser seinen lieblichen, beruhigenden Klang und lehrt denjenigen das Spiel der Harfe oder Geige, der ihm Opfer bringt.

Frakins: Engel der Natur, die zu den für die Erde zuständigen Devas gehören. Sie beschäftigen sich mit dem Ätherkörper der Erde und verfügen über einen ätherischen Körper, wodurch sie Geburt und Tod ausgesetzt sind. Sie werden nicht von einer Mutter geboren, sondern von hohen Intelligenzen aus ätherischer Essenz geformt. Sie leben meist für ein Jahrhundert in der ätherischen Hülle unseres Planeten.

Frankenstein: Von einem Menschen geschaffenes Wesen, aus Leichenteilen zusammengesetzt und zum Leben erweckt.

Frau Hitte: Hartherzige, verschwenderische Riesenkönigin der Tiroler Sagenwelt. Sie wurde mit ihrem kleinen Sohn zusammen versteinert, weil sie ihn mit Brot reinigen ließ, und steht inmitten des kahlen Gebirges der Nordkette oberhalb Innsbrucks als ein merkwürdig geformter Felsen.

Frodo: (siehe Hobbit) Eine Gestalt aus J.R.R. Tolkiens »Herr der Ringe«.

FurFur der Feuerdrache: »Zisch und brodel, rödel und rodel, Schwefel und Dampf, Vulkane glühen, Funken sprühen, Dämpfe steigen, brechen das Schweigen. Einer fühlt sich pudelwohl, ´s ist FurFur auf der glühenden Kohl'. Er sitzt da und grinst dich an, doch trau dich bloß nicht zu nah heran.«

Furien (röm.), Erynnien (griech.): Dreiergruppe der Göttinnen der Wut, Rache und Raserei (furia, lat. für »Wut«, »Raserei«), Alekto, Teisiphone und Megaira. Sie beschützen die Weltordnung und rächen Frevel. In der Welt der Naturgeister sind die Furien auch als kleine Rachefeen bekannt, die erscheinen, um auf sittliche Verstöße aufmerksam zu machen. Sie beherrschen die Elemente, können Verwünschungen aussprechen und bringen Schadenszauber. So könnte man die 13. Fee im Märchen »Dornröschen« als Furie unter den Feen bezeichnen.

Fylgjen: Nordgermanische Seelenwesen, auch Folgerinnen genannt. Sie sind vom Leib des Menschen losgelöst, werden nur im Traum wahrgenommen und erscheinen in Frauen- oder Tiergestalt. Sie sind Schicksals- und Schutzgeister, die sich um die Seele des Menschen kümmern. Sie belohnen das Gute und rächen das Böse.

G

Gabija: Litauischer weiblicher Feuer- und Haushaltsgeist. Die Gabija ist die Herrin des heiligen Herdfeuers. Ihr werden Salzopfer dargebracht mit den Worten: »Heilige Gabija, sei gesättigt!«

Gabjaujis: Litauischer Hausgeist. Wächter und Verwalter der Vorratsräume. Ihm zu Ehren wird nach Abschluss der Ernte ein Hahn unter einen Topf gesetzt, der dann zerschlagen wird. Schafft es der Hahn, heil wegzulaufen, darf er am Leben bleiben.

Gadharva und Gadharvi: Buddhistische, halbgöttliche männliche und weibliche Fruchtbarkeitsgenien, die Glück und Wohlergehen bringen. Sie bereiten den Soma, den Trank der Götter, singen und tanzen und sind himmlische Musikanten. Sie steigern die Kräfte und die Energie und halten diese. Ihr Anführer ist Narada (brahmanisch-hinduistischer Weiser und

Seher der Vorzeit). Sie bevölkern den Himmel, die obere Welt Apsaras, und dort den Himmel Charturmahararjika (siehe Kapitel Anderswelten). Wer mit ihnen in Kontakt kommt, ist gesegnet. Sie werden als gut genährte Vogelmenschen mit einer Zither oder anderen Instrumenten in der Hand dargestellt.

Gaea (griech.), Gaia (lat.): Am Anfang war das Chaos, eine ungeordnete Masse, in der es weder oben noch unten gab. Daraus erwuchs Gaia, Göttin und Urmutter der Erde. Sie gebar den Himmel über sich und den dunklen Raum unter sich, der später zur Unterwelt wurde. Nun gab es die göttliche Erde, Gaia, den Himmel Uranos und die Unterwelt Tartaros. Dann wurde der männliche Liebesgott Eros geboren, der fortan die Triebkraft der ganzen Schöpfung war. Aus dem Chaos oben wurden weiterhin die Gebirge und Quellgeister, die Nymphen, geschaffen. Aus dem Chaos unten entstanden die Nacht und ihre Wesen. Gaia gebar das Meer (Pontos), die männliche Flut und die weibliche Ebbe sowie die Kinder der Meere, die Nixen. Aus der dunklen Nacht flossen die Luft (Aither) und der Tag (Hermeros), so konnten sich fortan Licht und Finsternis abwechseln, wobei nur der Tag den Sterblichen gehört. Das kosmische Licht und das heilige Feuer sind nur für die Götter und Göttinnen bestimmt, denn sie sind die Lichtvollen, die Starken, die Unsterblichen. So lauten die Anfänge der Welt in der griechischen Mythologie. Gaia (lat.) stammt von griech. »gaea« ab, das »Erde«, »Land« bedeutet. Gaias Attribute sind Füllhorn, Früchte und Kinder. Sie ist die Erd- und Muttergöttin, die Urgöttin und Ahnherrin aller Götter. Sie ist die Allmutter, und aus ihrem Schoß geht alles Leben hervor und sie zeugte die Titanen Uranos, Pontos und Tartaros ohne männliche Partner. Sie entspricht der römischen Terra Mater, »Mutter Erde«, die ein lebendiges Wesen ist. Der Planet ist ihr Körper. Die Luft ist ihr Atem. Ihre Meere, Flüsse, Seen, Bäche sind die Blutbahnen, welche die Erde versorgen und fruchtbar machen. Ihre Energie und Kraft, ihr Feuer, wohnen tief in ihrem Inneren verborgen. Sie ist die Mutter vieler Kinder und gibt auch vielen anderen Lebensformen, die nicht aus ihr geboren sind, ein Zuhause. In ewigen Zyklen entsteht alles Sichtbare aus ihr und kehrt zu ihr zurück. Einst lebten die Menschen im Einklang mit und in Achtung vor Mutter Erde und allen Lebensformen. Tiere und Pflanzen waren Brüder und Schwestern. Seitdem haben sich viele Menschen aus dieser Einheit entfernt. Aus dem Mutterland wurde ein Vaterland, das man erobern kann und in dem Boden käuflich ist. Gaia wurde zu einem Ding, über das zu herrschen sich der Mensch anmaßte. Gaias Schätze sind Handelsware geworden und sie zum Spielplatz entwurzelter und entseelter Geister. All das hat viele Verletzungen in ihr, an anderen Lebensformen und damit auch in uns als Teil von ihr hinterlassen. Die verbliebenen Naturvölker sind die Hüter der Erde, an ihnen können wir uns orientieren. Immer mehr Menschen erkennen die Tiefe der Natur und kehren zurück zu Mutter Erde und ihren wahren Gaben. Sie beginnen einen neuen Austausch mit Gaia.

Gaizkin: Baskischer Krankheitsgeist, der in den Kissenfedern von Krankenbetten die Gestalt eines Hahnenkopfes annimmt.

Galateia, Galatea: »Die Meeresschöne«; eine griechische Meeresnymphe, die zu den 50 Nereiden gehört. Polyphemos (griechischer Riese) verfolgte sie mit glühender Liebe und erschlug aus Eifersucht ihren Geliebten mit einem Felsblock.

Galeru: Riesenhafte Regenbogenschlange im Arnhemland (Andersreich) der australischen Aborigines. Ihr Leib spannt sich als Regenbogen über den Himmel; die Kulthütte ist ihr Leib, das Schwirrholz ihre Stimme. Sie ist ein Symbol der Erneuerung, der Hoffnung und der Erhaltung des Lebens. Sie hat zwei Djanggawul-Schwestern (die Töchter von Sonne und Morgenstern) verschlungen, was rituell an denen nachvollzogen wird, die sich in den alten Kult einweihen lassen.

Galla: Sumerischer Unterweltsdämon.

Galtxagorri: Baskischer Kobold und guter Familiengeist. Er erscheint in Insekten- oder Menschengestalt. Er webt die gute Stimmung, die gute Energie in einem Haus.

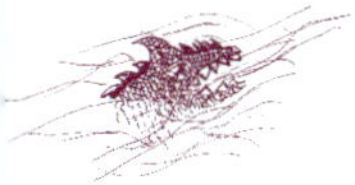

Gandareva, Kundran: Persischer Wasserdämon, der mit ständig geöffnetem Rachen versucht, die Schöpfung zu verschlingen. Er lebt im See von Vouru-kasha (der Weltozean, in den alle Gewässer münden; das Weite / Unbegrenzte) und ist Herr des Abyssus (engl. abyss = unendlich tiefer Abgrund). Am Ende der Zeit wird er in einer neun Tage dauernden Schlacht getötet.

Ganga: Hinduistischer weiblicher Wassergeist und Flussgöttin des heiligen, mächtigen Flusses Ganges, der im Himalaya entspringt. Sie steht oft als Torhüterin vor Tempeln. Ihre Kennzeichen sind Wassertopf und Lotos.

Garuda: Hinduistisches Vogelwesen (von sanskr. garut = Flügel). Er ist ein vogelartiges Mischwesen mit Kopf, Flügeln und Schwanz eines Adlers, aber Leib und Beinen eines Menschen. Sein Gesicht ist weiß, sein Körper golden, und seine Flügel sind rot. Er ist der Bote der oberen Welten und die Verkörperung des Lichtprinzips. Damit ist er Gegenspieler der erdgebundenen Nagas (siehe dort). Wenn Menschen dessen würdig sind, so trägt er sie in die oberen Lichtwelten.

Gaueko: Baskischer Nachtgeist und Geist der Finsternis. Er lässt nicht zu, dass Menschen sich nachts außerhalb der Häuser aufhalten. Er erscheint gelegentlich in einem Windstoß. Er spricht: »Der Tag dem des Tages (Mensch), und die Nacht dem der Nacht (Gaueko).«

Gauna: In Botswana ein böser Geist und Schadenbringer bei den Buschmännern.

Gefjon: Nordgermanische Riesin und Fruchtbarkeitsgöttin. Sie bringt

Glück und Segen und nimmt als Göttin der Jungfräulichkeit alle als Jungfrau Gestorbenen bei sich auf.

Geirrödr: Nordgermanischer Riese, der von Thor überwältigt wurde.

Geister: Bezeichnung für nichtkörperliche, übernatürliche Wesen niederen Ranges der verschiedenen Reiche. Sie verfügen im Vergleich zu den Göttern und Göttinnen nur über begrenzte Macht. In Bezug zum Menschenreich unterscheidet man hier gute, neutrale und böse oder schadenbringende Geister. Gute Geister werden oft als Engel, Lichtelfen, Vogelwesen u. Ä. bezeichnet, böse als Dämonen und Teufel. Es gibt die unterschiedlichsten Geistersorten. Entsprechend Herkunft, Funktion, Aufenthaltsort und Entstehung gibt es Toten-, Ahnen-, Natur-, Elementar-, Schutz-, Wächter-, Haus-, Flaschengeister – und viele andere mehr. Die Macht der Geister hängt von der Macht und Kraft der Menschen ab. Lassen sie sich leiten, oder leiten sie die Kräfte? Man kann sich Geister u. a. dienstbar machen, mit ihnen zusammen wirken oder sie bannen. Geisterbeschreibungen, Geisterbeschwörungen, Rituale für und mit Geistern findet man überall auf der Welt in alten Erzählungen.

Genien: Der Genius (lat. gignere = hervorbringen, gründen, zeugen) ist die männliche Zeugungs- und Lebenskraft im Gegenstück zu der weiblichen Gebärfähigkeit (Iuno). Als Genien wurden die persönlichen Schutzgeister eines Mannes, eines Hauses, einer Familie, eines Volkes, eines Staates, eines Ortes, einer Idee usw. bezeichnet. Sie werden oft als geflügelte Wesen, Lichterscheinungen, dargestellt, die Erkenntnis, Erleuchtung, Eingebung bringen.

Gerd, Gerdr (isländ.): Eine germanische Riesin und Göttin der Erde.

Ghul: Menschenfeindliche Dämoninnen Arabiens, welche die Fähigkeit haben, Menschen in der Wüste von ihrem Weg abzubringen, um sie dann zu überfallen und aufzufressen.

Gidim: Sumerischer Totengeist. Verstorbene, die auf der Erde umherirren, weil sie nicht bestattet wurden oder die notwendigen Zeremonien und Totenopfer nicht erhalten haben, die notwendig sind, um in die Gefilde der Toten gelangen zu können. Die Gidim belästigen und schaden den Lebenden und fordern von ihnen das, was ihnen noch fehlt. Sie wurden beschworen, damit sie in die Unterwelt gelangen konnten und den Lebenden keinen Schaden mehr zufügten.

Giganten, Gigas, Gigantes: Griechisches Geschlecht der wilden Riesen. Sie sind die Gegner der Götter und verkörpern die ungeordnete, kulturlose, wilde Urzeit. Im Gegensatz zu den Titanen sind sie sterblich.

Giltine: Dämonische Feenhexe in Litauen. Wenn sie weiß gekleidet in das Haus eines Kranken gelangt, erwürgt, erstickt oder erdrückt sie ihn. Da sie Wasser nicht zu überqueren vermag, ist es ratsam, Wasser an das Bett eines Kranken zu stellen.

Girtablulu: Sumerischer Skorpionmensch. Ein Mischwesen mit dem Oberkörper eines Menschen und dem Unterleib eines Skorpions. Er bewacht den Eingang zum Mashu-Gebirge, das morgens und abends vom Sonnengott durchschritten wird.

Glaukos, Glaucus: Der blauglänzende Meeresalte. Ein griechischer wandlungsfähiger und wahrsagender Meeres- und Schutzgott. Er hilft Fischern, Schiffern und Tauchern. Ursprünglich soll Glaukos selbst ein Fischer gewesen sein, der einen Zaubertrank zu sich nahm und dann ins Meer sprang, wo er zum Gott wurde.

Gnome: Die älteste Art im Zwergenvolk. An alten Plätzen hüten sie die Weisheit der Erde. Sie zu treffen ist eine große Ehre. Oft hinterlassen sie deutliche Abdrücke in alten Bäumen, Steinen und Felsen.

Gnomkinder: Sie leuchten in Farben von Rot und Braun bis Grünschwarz. Es gibt nur eine geringe

Zahl von ihnen. Man sagt, dass sie es mit der Gestaltwandlung auf die Spitze treiben, denn sie können sich bis zu Baumeslänge ausdehnen und gleich wieder zu Marienkäfergröße schrumpfen. Gerne scheuchen sie die Tiere herum und ahmen schreiende Menschenkinder nach. Gnomkinder wachsen nicht; wer von ihnen als Kind entstanden ist, bleibt es seine ganze Existenz.

Gob: Herrscher der Erdgeister, der Zwerge, Elfen und Wichtel. Man beschwört ihn mit seinen dienstbaren Geistern in magischen Ritualen, um Macht über das Element Erde zu bekommen. Man kann mit seiner Hilfe und der Hilfe der Wesen, die seinem Reich unterstehen, z. B. Bodenschätze finden, magische Gegenstände erlangen, Kraftpunkte und Linien der Erde erkennen, Dinge erscheinen und verschwinden lassen. Ihm zugeordnete dienstbare Geister sind u. a. Billingr, Bruni, Fili, Kili, Lifr, Alfr, Heri, Hliodofr, Moin, Frosti, Yngwi, Sudri, Austri, Nar, Dain, Ann, Ai Miödwitnir. Sie gehören zu den Spiriti familiarii (dienstbare Geister), und man sollte sie nur mit Bedacht und Kenntnis rufen. Weitere Gebieter der Erdgeister sind: Mentifil, Orova, Idurah, Musar, Necas, Adimo, Erami, Ordaphe, deren Namen sich in Beschwörungsritualen verwenden lassen.

Goblin: Englische Bezeichnung für Kobolde. Die Kobolde werden bei den Iren, Schotten und Engländern als hilfsbereit und lustig, aber auch als gemein und gefährlich beschrieben. In unseren Regionen wird das Wort Goblin oft für die boshafte Art Kobolde verwendet.

Gopat-Shah: Persischer Stiermensch. Mischwesen, das halb Stier, halb Mensch ist und über bestimmte Gebiete wacht, damit Ahriman (vergleichbar mit dem Teufel) nicht hineinkommt.

Gorgonen: Griechische Ungeheuer, die am westlichen Rand der Erde lebten. Drei Schwestern mit schreckenerregendem Antlitz, bei dessen Anblick man augenblicklich versteinert. Es sind Stheno, Medusa und Euryale; nur Medusa war sterblich. Als Töchter von Phorkys (griechischer greiser Meeresgott) und Ketos (griechisches Meeresungeheuer) sind sie die Schwestern der Grainen, dreier hässlicher greiser Meeresungeheuer, und der Hesperiden (Nymphen). Die Gorgonen werden mit Flügeln, Fangzähnen und Schlangenhaaren dargestellt. Ihr Haupt findet man oft an Gräbern, Tempeln und Heiligtümern angebracht zur Abwehr böser Mächte.

Graia, Grainen: Gruppe von drei hässlichen Schwestern, Pemphredo, Enyo und Deino, Meeresungeheuern, die bereits als Greisinnen geboren wurden. Gemeinsam haben sie nur ein Auge und einen Zahn, der ihnen von Perseus, einem griechischen Helden, geraubt und erst dann zurückgegeben wurde, als er von ihnen den Weg zu ihren Schwestern, den Hesperiden (Nymphen), erfahren hatte.

Grauer Mann, Old Boneless: Eher unheimliches Wesen in Irland. Er wird sehr widersprüchlich beschrieben als ein Wesen aus Nebel, Dunst oder Rauch. Wenn er umhergeht, verbreitet sich ein Geruch von verbranntem Holz oder nach feuchtkalter Luft, unangenehm und muffig. Er freut sich am Verlust von Leben, gleich wessen. Er macht Milch schlecht, vernichtet und verdirbt gelagerte Lebensmittel, macht Torf und Holz feucht und klamm, sodass sie nicht mehr brennen. Mit Medaillons, Kruzifix und dem Spruch »Gott segne dich!« kann man ihn sich zeitweilig vom Leib halten. Doch er kehrt zurück, böser und wütender als zuvor.

Graumännchen: Spukgestalten, die in den Farben der Dämmerung, des Nebels und des Walddickichts gekleidet sind. Graumännchen findet man an verschiedenen Orten in ganz Deutschland; sie gelten als Schatzhüter und Kinderschreck, ihr Erscheinen kann aber auch eine Warnung sein. Graumännchen sind verschiedenen Völkern zugeordnet: Kobolden, Zwergen sowie Wasser- und Waldgeistern.

Greif: Mischwesen der griechischen Mythologie, das den Kopf eines Adlers und den Leib eines Löwen sowie Flügel besitzt. Er ist der Hüter des heiligen Feuers, des Lebenswassers und des Lebensbaums. Sein Adlerkopf steht für die Herrschaft des Himmels und sein Löwenleib für die Macht über die Erde.

Gridr: Nordgermanische freundliche Riesin, die den germanischen Gott Thor bei seiner Fahrt nach Gerrödargard bei sich aufnimmt. Sie überreicht ihm einen Kraftgürtel, den Zauberstab Gridavölr (Stab der Gridr) und Eisenhandschuhe.

Grogoch, Grigock, Gruogock, Pecht: Bekannt in Irland, Island und Schottland. Sie sind halb Mensch, halb Elf und so groß wie Kleinkinder. Ihr Leib ist mit rötlichem rauem Haar bedeckt, das oft zu einem struppigen Pelz verfilzt und mit Dreck und Zweigen durchsetzt ist. Sie sind gutherzig, gutmütig, emsig, robust und eher ärmlich. Sie leben in Mulden, Schluchten und unter zwei aneinandergelehnten Steinen. Solche Steine werden deswegen auch Grogochhaus genannt. Sie sind ausgesprochen arbeitswütig und helfen, wo sie nur können, in der Natur ebenso wie in Haus und Hof. Sie sind den Menschen wohlgesinnt, mögen allerdings keine faulen Menschen. Langschläfer, werden von ihnen oft unsanft mit Ohrfeigen geweckt. Man darf ihnen zwar Milch hinstellen, doch wer ihnen ein Geschenk hinlegt, der vertreibt sie auf immer, denn sie verrichten ihre Arbeit unentgeltlich. Vertrauenswürdigen Menschen zeigen sie sich ab und zu. Priester mögen sie nicht, deshalb ist es ratsam, Weihwasser oder einen Geistlichen zu holen, wenn ein Grogoch aufdringlich wird.

Gruagach: Irisches Wichtelwesen. Er ist klein und sein Kopf genauso groß wie der ganze übrige Körper. Er hat langes rotes Haar, das über den Rücken hinabfällt. Er ist nachtaktiv und hilft in Haus und Hof. Jedoch möchte er nicht beachtet und gesehen werden. Schenkt man ihm etwas, so verlässt er auf der Stelle den Ort, da seine Zeit dann dort um ist.

Grubenmännlein: Bezeichnung für eine Zwergenart, die besonders den Bergleuten beisteht.

Guizotso: Baskischer Geist in Menschengestalt mit Tierfell und rundsohligen Füßen, der weder gut noch böse ist. Je nach Situation kann er beide Seiten zeigen.

Gumenik: Slawischer Hauskobold, der sich auf der Tenne tummelt und allerlei anstellen kann.

Gunnlöd: Nordgermanische Riesin, die den Skadenmet ihres Vaters Suttungr bewacht. Ihr Vater verweigerte Odin (german. Göttervater) einen Schluck von diesem Met. So kroch Odin als Schlange zu Gunnlöd und verführte sie. Er blieb drei Nächte und durfte dann drei Schluck des Mets trinken. Anschließend entfloh er in Adlergestalt.

Guta: Ungarischer Dämon, der seine Opfer erschlägt. Wenn jemand einen Schlaganfall erlitt, so hieß es: »Der Guta schlug ihn.«

Gütchen, Guteli, Güttichen, Göthelein, Göthel, Gütgen, Gütel: Bezeichnung für zwergenähnliche, dämonische Hausgeister, die sowohl hilfsbereit, gut und gütig, als auch dämonisch und böse sein können. Dabei orientieren sie sich, wie die meisten Naturwesen, oftmals an den ihnen zugeordneten Menschen und deren Energie. Sie sind in Nord- und Mitteldeutschland bekannt. Sie sollen ausgesprochen fleißig und kinderlieb sein, können jedoch auch zu Plagegeistern und Krankheitsdämonen werden, je nachdem, von welcher Energie sie geprägt werden.

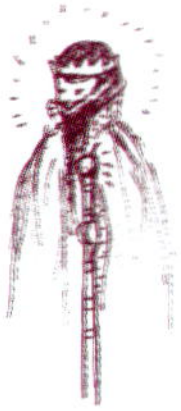

Gwynn ap Nudd: Keltischer Feenkönig von Annwyn (Anderswelt). Er lud den frommen St. Collen, der ca. im 6. Jh. lebte, in seinen Palast ein, wo er ihm Speis und Trank anbot, die dieser jedoch wohlweislich ablehnte (wer Feenspeise zu sich nimmt, muss für immer im Feenreich bleiben). Der Heilige war empört über das rauschende und ausschweifende Gelage im Inneren des Hügels und besprengte alles um sich herum mit Weihwasser. Daraufhin verschwand die Pracht und Herrlichkeit der Gesellschaft von Annwyn unter Gepolter und Donnergetöse.

Gymir: Germanischer Meeresriese.

H

Habergreis: Ursprünglich ein in unseren Kulturkreisen bekannter Feld- und Korndämon, der besonders im Herbst umging und das Ende der blühenden Natur und den Abbau der Kräfte ankündigte. Zu den alten germanischen Jahresfesten wurde zu Erntedank aus den Garben eine Gestalt gebunden, die Habergreis genannt wurde. Man versuchte, ihn gut zu stimmen und zu unterstützen, indem man ihm durch diesen Brauch Beachtung schenkte und seine Aufgabe würdigte. Später wurde der Brauch zu einem Tadel: Wer sein Feld zuletzt aberntete, dem stellte man den Habergreis darauf. Zu Zeiten der Christianisierung wurde er dämonisiert. Es hieß, er kündige Todesfälle an, und er wandelte sich zum Totenwesen und Kinderschreck. Sein nächtliches Gelächter, Fauchen, Würgen, Saugen, Gekichere und Meckern erschreckte die Menschen. Er wurde oft als unverwundbares Mischwesen aus einem Ziegenbock und einem Vogel dargestellt. Spätere Erklärungsversuche legen nahe, dass hinter dem Habergreis ein Vogel steht, und zwar die Nachtschwalbe oder Bekassine, die volkstümlich Ziegenmelkerin genannt wird, und von der man glaubte, dass sie nachts die Ziegen aussauge.

Hagazussa, Zauberweiber, Zaunreiterinnen: Allgemeine Bezeichnung für Geisterwesen und Menschen weiblichen Geschlechts mit übernatürlichen, magischen Fähigkeiten. Sie können zwischen den Welten und Dimensionen reisen.

Hags: Hexenhafte alte Weiber, die an Flüssen, Seen, Bächen, Tümpeln, Brunnen und anderen Gewässern hausen. Sie sind in England, Irland und Schottland bekannt.

Hakenmann: Ein Brunnengeist, der Kinder mit einem Haken herunterzieht.

Hamadryaden und Dryaden (griech. drys = »Baum«, »Eiche«): Eine Gruppe griechischer Nymphen, die in den Bäumen und Büschen hausen und dort den Wasserhaushalt regeln. Sie sind zart und lieblich anzuschauen. Zu ihnen gehörte z.B. Eurydike, eine Baumnymphe, Gattin des Sängers Orpheus. Eine Baum- und Buschnymphe vergeht, wenn der Baum bzw. Busch, den sie bewohnt, stirbt.

Han: Frau des Flusses Han in China. Ihr Beiname ist »schwimmende Frau«. Sie wurde auch als Göttin des Han verehrt.

Hania: Geistkrieger der Hopi-Indianer, der zu manchen Anlässen gerufen wird.

Hargi: Sibirischer Schutzgeist bei den Tungusen und Ewenken (Völker der sibirischen Tundra).

Harpyien (griech. für »die Hinwegraffenden«): Wettergeister, Naturwesen des Sturms, der Orkane und der plötzlichen Winde. Sie lassen Stürme und Strudel entstehen und bringen die Seefahrer endgültig zum Scheitern. Es sind dämonische Mischwesen aus Mädchen- und Vogelleibern, die alles hinwegraffen. Ihre Elemente sind Luft, Feuer und Wasser. Zu den Harpyien gehören Aello (Sturmwind), Okypete (Schnellflügel), Kelaino (Dunkelheit) und Podarge (Schnellfuß). Sie sind mit den Sirenen verwandt und unterstützen diese in ihren mörderischen Absichten, wobei die Harpyien direkter, aktiver und grausamer zuschlagen.

Hase: Tier der magischen Reiche. In dreibeinigen Hasen steckt zuweilen ein Kobold. Als solcher zeigt er sich freundlich und hilfsbereit: Er warnt die Menschen, weckt schlafende Schildwachen und webt die Schicksalsfäden neu. Ein Nix in Hasengestalt bestraft Wilderer, koboldartige Hasen ziehen Spukwagen, wilde Hasen in der Nähe menschlicher

Wohnungen deuten auf umgehende Geister hin. Hasen können auf zeitlich begrenzte Verhexungen aufmerksam machen. Korndämonen nehmen zuweilen die Gestalt von Hasen an, auch dienstbare Hausgeister zeigen sich oft in Hasengestalt. Hasen können als Tiere der Feen Glücks-, Geld- und Segensboten sein.

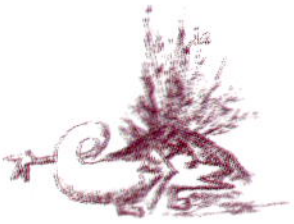

Haselwurm, Hatworm: Er ist in verschiedenen Regionen, wie in Tirol, im Alpenland, im Harz, in der Gegend von Braunschweig und von Hannover, bekannt. Die Vorstellungen über ihn gehen allerdings auseinander; beschrieben wird er mal als von grüngelblicher Farbe, mal mit Katzenkopf, mal mit Kindskopf, dann dem Tatzelwurm ähnlich oder Schlangen oder Drachen, mal halb Schlange, halb Mensch, mal mit einem Maul wie ein Hecht, auch feuersprühend, Menschen und Vieh raubend, sich heulend ins Meer werfend. Oft und gerne hält er sich im Wurzelbereich eines Haselstrauchs auf, an dem eine Mistel wächst. Er ernährt sich von Haselblättern und kann mit einer Haselrute getötet werden. Er besitzt und behütet magische Kräfte und Zauberkenntnisse, so beherrscht er z. B. die Sprache der Pflanzen und Tiere, verfügt über Hellsichtigkeit, kann Wünsche erfüllen, ist unverwundbar, schützt vor bösen Geistern und kann die Fähigkeit verleihen, sich unsichtbar zu machen sowie durch verschlossene Türen zu gehen. Wer ihn fängt, tötet und sich einverleibt, auf den übertragen sich die Fähigkeiten. Viel Wissen über ihn ist verloren gegangen.

Hausgeist: Naturwesen können sich als Hausgeister in der Nähe von Menschen aufhalten. Sie zeigen sich oft in Tiergestalt, z. B. als Hase, Schlange oder Vogel. Hausgeister sind oft unscheinbare Gestalten, die als kleine raue Männchen, Puck, Kobold, Hauselfen in einem Haus umgehen. Sie sind immer in der Nähe von Haus und Hof, wohnen im Keller, unter dem Dach, unter den Treppen, in den Ritzen der Wände, im Herd und ähnlichen Orten. Als Hausgeist hat er vielfältige Aufgaben; in der Regel hütet er Haus, Garten, Stall und Hof und steht im Dienst der Bewohner. Er kümmert sich auf seine Weise um allerlei Angelegenheiten in einem Haus. Ziehen die Bewohner aus, so verlässt der Hausgeist diesen Ort ebenfalls. Stirbt jemand im Haus, so werden alle Hausbewohner von dem Hausgeist geweckt. Er verkündet gute und schlechte Botschaften – auch aus großer Ferne –, welche die Familie betreffen. Er kennt alle Geheimnisse und die gesamte Energie seiner Umgebung. Letztere erneuert und belebt er. Er kennt auch alle weiteren unsichtbaren Bewohner. Er kann hilfreich, aber auch neckisch bis boshaft sein und orientiert sich meist am Verhalten seiner menschlichen Mitbewohner.

Hausschlange: Ähnlich dem guten Hausgeist. Angeblich wächst ihr, nachdem sie ein Haus zehn Jahre gehütet hat, eine goldene Krone. Diese entsteht aus den Blumen, welche die Schlange in den zehn Jahren gefressen hat und die sich in Gold verwandeln. Jeden Morgen vor Sonnenaufgang kann man die Schlange beobachten, wie sie wartet, bis die Sonne einen kleinen Fleck auf ihrem Haupt beschienen hat. Dann verschwindet sie wieder in ihr Erdloch. Vom Glanz der Krone kann ein Mensch erblinden. Die gekrönten Schlangen können angeblich wunderschön singen.

Haymon: Er gehört zur Gruppe der Riesen und soll zwischen dem 6. und 9. Jh. gelebt haben. Er gilt als sagenhafter Gründer des Klosters Wilten im Süden Innsbrucks. Es gibt verschiedene Überlieferungen. Eine besagt, dass Haymon einen Drachen erschlagen habe, und eine andere, dass er den in der Gegend lebenden Riesen Thyrsus besiegt habe und aus Reue darüber das Kloster begründete. Er soll 876 gestorben sein, gilt aber immer noch als Schirmherr des Gebietes.

Hebräerchen: Kindergespenst in Sachsen.

Heinzelmännchen/-frauen, Hinzemann: Es gibt sie

überall auf der Welt. Sie sind die lieben hilfsbereiten Erdgeister, die ihre Dienste der Natur und den Menschen zur Verfügung stellen. Heinzelmännchen scheuen die Menschen nicht. Sie können gut in ihrer Nähe und mit ihnen leben (siehe auch Wichtel). Sie sind meist ordentlich und gepflegt gekleidet und treten vorwiegend in Gruppen auf. Diese sind wohlgeordnet und teilen ihre Arbeit untereinander gut auf. Im täglichen Leben werden fast ausschließlich Heinzelmännchen gesichtet, weil die Frauen ihre häusliche Umgebung nur selten verlassen. Es gibt vielerlei Arten von Heinzelmännchen und -frauen: Waldheinzelmännchen, die man in der Eifel, im Westerwald, im Schwarzwald und im Bayerischen Wald findet; Bauernhof- und Windmühlenheinzelmännchen, die vorwiegend in den Tiefebenen Niedersachsens und Schleswig-Holsteins gesichtet wurden; Haus- und Gartenheinzelmännchen, die sich überall aufhalten können, wo liebenswerte Menschen wohnen; Dünenheinzelmännchen, die entlang der Nord- und Ostseeküste wirken. Da Heinzelmännchen die Dunkelheit lieben, findet man sie häufig in den Gebieten der kürzeren Tage und längeren Winter. Sie hüten die Ordnung in der Natur, kümmern sich um die Tiere, besonders die kleinen, um die Insekten und das Pflanzenreich, sie hüten und pflegen die Schätze der Natur. Sie helfen bei vielerlei Tätigkeiten, z. B. allen Putz- und Ordnungstätigkeiten in Haus, Hof und Garten, aber auch beim Heilen von Krankheiten, Herstellen von Medizin und beim Wachen über alte Ordnungen.

Hekatoncheires: Gruppe von Riesen mit 100 Armen und 50 Köpfen aus der griechischen Mythologie.

Helios und Vesta: Die Sonneneltern, die das Element Feuer bewachen, beschützen und behüten. Die Wesen des Feuers stammen aus dem Inneren der Erde und aus dem Elektronengürtel, der die Sonne umgibt. Sie arbeiten in den inneren Sphären, wo sich die Lebensströme zwischen ihren Verkörperungen aufhalten.

Hemond: Nordgermanischer Götterbote. Wesen der oberen Welt.

Herdmännlein: Sie gehören zur Gattung der Heinzelmännchen. Sie hüten das heilige Feuer.

Herensugue: Baskischer teuflischer Höhlengeist in Gestalt einer siebenköpfigen Schlange. Er lockte mit seinem Atem Tiere und Menschen an, um sie zu verschlingen. Als er vergiftet wurde, hat er sich in Flammen gehüllt und ist in rasendem Fluge über das Meer gerauscht, wobei er mit seinem Schwanz die Wipfel der Bäume abschlug.

Hesperiden: Die sieben Töchter des Atlas und der Pleione (oder des Erebos und der Nyx): Aigle, Arethusa, Erytheia, Hestia, Hespera, Hesperia und Hesperusa. Es sind Nymphen der Natur, die über eine hell klingenden Singstimme verfügen. Zusammen mit dem Drachen Ladon hüten sie die goldenen Äpfel, die Gaia Hera als Brautgeschenk zu ihrer Hochzeit mit Zeus gegeben hatte.

Heumütterli: Sagenhafte Waldfrau, die im Wald von Niederwil und Tägerig bei Aargau auftritt. Sie trägt einen breiten Hut, kurze Kleider, am Arm ein Körbchen und in der Hand einen Rosenkranz. Wenn sie verschwindet, erklingt starkes Pferdegetrappel.

Hexen: Geistwesen und Frauen, die besondere Fähigkeiten beherrschen und sich in Räumen zwischen den Welten und jenseits der Zeit aufhalten können. Man findet sie unter den Naturwesen genauso wie in der Welt der Menschen. Sie sind die Mittler, Gestaltwandlerinnen und Meisterinnen der Naturkräfte.

Hiarrus: Mächtige Feenwesen, Schöpfer großartiger Ideen.

Hie: Albanische Fee mit edelsteingeschmückter Goldhaube. Wenn ein Mensch von dieser Fee berührt wird und wiederum ihre Haube anfasst, wird er reich und mächtig. Eine Redewendung für unverhofften Reichtum ist daher: »Die Hie hat mich gedrückt.«

Hiisi: Finnischer Waldgeist, der den Menschen die Waldtiere zuführt. Die bewaldeten heiligen Haine wurden ihm zu Ehren einst »hiisi« genannt, im Zuge der Christianisierung wurde er dann zum Teufel degradiert.

Hilde: Eine Wasserdämonin mit blauen Haaren, deren schöner Gesang die Menschen entzückt. Sie wurde in der Nähe von Gräfendorf gesichtet. Am Ende soll sie sich selbst verbrannt haben.

Himavat: (sanskr. für »Schneegipfel«) Ein übernatürliches göttliches männliches Geistwesen. Er ist der Geist des Himalayagebirges. Wer in den Himalaya kommt, betritt sein Feld. Seine Wohnstätte ist der heilige Berg Kailash. Er ist der Vater der Ganga (Ganga ist die weibliche Flussgöttin des Ganges, der im Himalaya entspringt) und der Gatte der Mena (hinduistische Nymphe).

Hinzemann: (siehe Heizelmännchen).

Hiranyakashipu: (sanskr. für »der Goldgekleidete«) Brahmanisch-hinduistischer Dämonenkönig, der sich durch seine asketischen Übungen die drei Welten unterwarf. Vishnu, der oberste Gott, musste ihn erschlagen. Hiranyakashipu gilt als Anführer der Daityas (Gruppe von Dämonen und Titanen).

Hirsch: Tier der magischen Reiche. Der Hirsch ist eines der ältesten mythischen Wesen; von seinem Geweih tropfen die Quellen. Er ist meistens ein Bote der Götter, des Paradieses und des himmlischen Gartens, der Feenreiche; da, wo er auftaucht, sind die Andersreiche nicht weit. Er fordert die Menschen auf, diese Reiche wieder zu betreten oder sich zumindest auf den Weg dorthin zu machen, indem sie beginnen, der Spur ihres Seelenpfades zu folgen. Hirsche führen die Menschen auch in die Andersreiche, höheren Welten und feinen Gefilde und Reiche, die zwischen den Welten und jenseits der Zeit liegen. Wer von Hirschen, den Boten der lichten Reiche, träumt, wird aufgerufen, sich auf die Spur seiner Seele zu begeben. Sie fordern die Menschen auf, ihnen mit einigem Abstand zu folgen. Haben sie das Tor zu den Andersreichen durchschritten, so verschwinden die Tiere und überlassen die Menschen ihrem weiteren Schicksal. Können sie die Aufgaben dort meistern und ist ihr Wesen rein, so erwarten sie großes Glück, Reichtum und Segen. Wenn das Herz offen ist, führen sie einen direkt dorthin. Außerdem zeigen Hirsche den Weg zur verlorenen Tochter, dem verlorenen Paradies, den verlorenen Erinnerungen, den Quellen, den Heilbrunnen, den Bergwerken, den Schätzen und geheimnisvollen Plätzen in der Natur. Rehe und Hirsche stehen in Verbindung mit den Engeln höherer Ordnung, den Engeln der Natur, den Nymphen, den Naturgöttern, dem Wilden Volk, den Lichtelfen und Zwergen, den Waldfrauen, den Hexen und besonders den Feen. Sie sind Tiere der großen Göttin. Jungfrauen, Prinzessinnen und wunderschöne Mädchen verwandeln sich oft in Hirsche und umgekehrt. Es gibt weiße Hirsche, Hirsche mit golden leuchtendem Geweih, in dem Lichter, ein Kreuz oder andere heilige Symbole der oberen Welt erstrahlen; der schwarze Hirsch wird zum Dämon und Teufel. Sein lichtes Wesen überwiegt jedoch. Meist wird der Hirsch von Dämonen und den Gefolgschaften des Teufels aufgespürt und gejagt. Deswegen bewegt er sich vorsichtig.

Hobgoblins: Naturwesengruppe, die zum Kleinen Volk gehört und in Irland, England und Schottland bekannt ist.

Hobbit: Bei den Hobbits, bekannt aus J.R.R. Tolkiens »Der Herr der Ringe«, handelt es sich um ein kleines, eher unscheinbares Volk bartloser Halblinge, einer Mischung aus Erd- und Luftwesen. Es gibt drei Stämme: die Starren, die Falbhäuter und die Haarfüße. Die Starren sind von kräftiger Statur und bevorzugen flache Landschaften und Flussufer. Die Haarfüße besiedeln Hügellandschaften und wohnen gerne in Höhlen und Stollen. Die Falbhäuter sind etwas größer, schlanker und hellhäutiger als die anderen Stämme; sie fühlen sich in Hainen und Wäldern wohl. Hobbits haben Kontakt zu Zwergen, Elfen und manchmal auch zu Menschen. Sie leben sesshaft, friedlich und gemütlich in sanften hügeligen Graslandschaften mit sonniger, warmer Atmosphäre. Dort sind sie die Hüter und kümmern sich als Gärtner und Bauern liebevoll um die Natur, wodurch sie ihr die typische erholsame Stimmung verleihen. Ihr Reich, das Auenland, ist eher der Oberen Welt zuzuordnen, deshalb sind sie für uns nicht sichtbar. Hobbits sind keine Krieger, und sie verfügen über keinerlei Zauberkräfte. Allerdings können sie lautlos verschwinden, wenn es ihnen zu bunt wird, außerdem sind sie flink und wendig. Ihre Füße sind, im Verhältnis zu ihrem Körper, sehr groß und behaart; sie tragen keine Schuhe. Hobbits feiern gerne, lieben es, Geschenke zu machen und zu bekommen.

Högfolk, Huldrafolk, Hügelvolk: Das Högfolk ist ein skandinavisches Feenvolk, das mit Vorliebe in den Hügellandschaften Nordeuropas lebt und für seine lieblichen Gesänge bekannt ist. Außerdem erzeugen seine Angehörigen wunderschöne Klänge, mit denen Landschaften harmonisiert und im Gleichgewicht gehalten werden.

Holzmännlein, Holzweiblein: Männlein und Weiblein, die oft auf den Balken eines Hauses sitzen. Sie senden Segen und Glück für alle Angelegenheiten der Familienmitglieder des Hauses, in dem sie wohnen. Wenn ein Haus abgerissen wird, waschen sie ihre Kleider am Bach. Wenn sie ein Haus verlassen, liegt darauf kein Segen mehr, und nichts Gutes kann dort mehr gedeihen.

Hrimthursar: Nordischer Frost- und Reifriese. Er ist aus dem Eis hervorgegangen und wohnt im kalten Norden und Nordosten.

Hrungnir: Nordgermanischer Gewitterriese.

Huckup, Hookup (siehe Aufhocker).

Hund: Tier der magischen Reiche. Der Hund ist eine weitverbreitete Tierart und von jeher treuer Begleiter des Menschen. Er ist Orakel- und Seelentier. Hunde stehen in Verbindung mit den Erdgeistern, auch mit solchen, die fern ab von den Menschenreichen leben. Des Weiteren stehen sie in Verbindung mit Engeln, Kobolden, Elfen, Wächterwesen, dem Wilden Volk und anderen Geistern sowie mit Verstorbenen. Auch wählen alle möglichen Dämonengestalten wie Krankheitsdämonen, Dämonen der unteren Welten und der Feuerwelten gerne die Form eines unheimlichen, schwarzen Hundes mit feurigen Augen und gefletschten Zähnen. Der Hund ist jedoch eher ein Tier der mittleren und unteren Welt, der Kraft und Stärke und der langsamen, bedächtigen Wandlung. Hunde verfügen über viele Fähigkeiten. Wegen ihres Spürsinns, ihrer feinen Witterung und Empfindlichkeit sind sie in der Lage, Zukünftiges zu erspüren und vorauszusagen. Auch gegenüber atmosphärischen Veränderungen, die z.B. Erdbeben ankündigen, sind Hunde äußerst empfindlich. Sie sind treu, anhänglich, wachsam und klug. Hunde sind geistersichtig; durch ihr Verhalten kündigen sie Geister an, z.B. wenn sie aus keinem ersichtlichen Grund in eine bestimmte Richtung bellen oder wenn sich ein Hund eng an sein Herrchen drückt. Man kann die Geister selbst sehen, wenn man von hinten nach vorn zwischen Ohren oder Vorderbeinen eines Hundes hindurchschaut. Hunde haben Wächterfunktionen. Sie bewachen ihr Herrchen, ihr Heim, die von ihnen anerkannte Umgebung und schauen, dass kein Fremdling sie betritt. An ihnen kommt man nicht so schnell vorbei. Sie kündigen jeden Besuch, den sichtbaren und den unsichtbaren, laut an. Wenn ein Hund einen Kranken nicht meidet, so wird dieser wieder gesund. Von bösen Menschen nimmt ein Hund kein Brot an. Klägliches Winseln und Heulen eines Hundes kann auf Unglück, Krankheit oder Tod hindeuten. Träumt man von einem Hund, so kann dies eine beständige Phase anzeigen, aber auch eine Botschaft der Ahnen sein oder ein Hinweis darauf, dass man sich mit seinen Wurzeln und Ursprüngen befassen sollte, weil hier noch etwas unerledigt ist. Starrt das Tier beim Bellen in den Mond, so gibt es Streit oder Krieg.

Huracan, Hurrican, Hurakan: Indianischer Sternengott der Maya. Er ist der Blitz-, Donner- und Fruchtbarkeitsgott, zuständig für die großen, ungezügelten und entfesselten Kräfte der Natur.

Husra gardsra: Skandinavischer Hausgeist in der Gegend von Angermanland. Er hat die Gestalt einer Schlange, welche der Familie, bei der sie wohnt, Glück bringt. Durch ihr Verhalten zeigt sie Glück oder Unglück in einer Familie an (siehe auch Schlange).

Hütchen, Hutgen, Hödeken: Kobold mit kleinem Filzhut auf dem Kopf, von dem er seinen Namen hat. Er erscheint als guter Hausgeist, der das Wohlergehen seines Hausherrn im Auge hat. Wer ihn beleidigt, an dem rächt er sich fürchterlich.

Hüter der Edelsteine: Edelsteine können von den verschiedensten Vertretern des Kleinen Volkes gehütet werden, ebenso von Engeln, Feen, Zwergen, Schwarzalben u.a. Sie haben die besondere Aufgabe, die Edelsteintempel in der Natur zu bewachen.

Hvitorm: Weiße Schlange in Schweden, die Segen und Glück bringt und mit ehrfürchtiger Scheu gepflegt wird.

Hydra: Lernäische Schlange. Neunköpfiges griechisches Meeresungeheuer von Lerna, dessen Giftatem alles vernichtete. Wenn ihr die neun Köpfe abgeschlagen wurden, wuchsen augenblicklich neue nach. Der Held Herakles vernichtete sie schließlich, indem er ihr die Halsstümpfe ausbrannte. Seitdem leuchtet Hydra als Sternbild am Himmel.

Hymir: Germanischer Wasserriese, der am Rand des Himmels wohnt. Thor erschlägt ihn, als er ihm seinen großen Metkessel raubt.

I

Ika-zuchi-no-kami: Shintoistische Gruppe von acht Krankheitsdämonen, die in der Unterwelt wohnen. Sie gelten als unterirdische Donnergötter, deren Groll Vulkanausbrüche und Erdbeben verursachen kann.

Illmarinen: Finnischer Himmels-, Wind- und Wettergott.

Incubus/Incubi, Incuben: (lat. incubus = »der Aufliegende«) Männliche Elementargeister des Feuers, welche die Trieb- und Sexualkraft aller Lebewesen anregten; christlicher Dämon (siehe Alp, Aufhocker).

Inguma: Baskischer böser Nachtgeist, der die Menschen nächtens heimsucht, ihnen die Kehle zudrückt und das Atmen erschwert, sodass sie große Angst bekommen.

Inlandnixen: Weibliche Wasserwesen. Inland- oder Süßwassernixen leben, im Gegensatz zu ihren bekannteren Meeresschwestern, an Binnengewässern. Ihre Lieblingsplätze sind malerische Buchten, Inseln, Felsengruppen an Strömen, Seen und Flüssen, Waldweiher, stille Bergseen, klare Quellen und Wasserfälle. Sie werden als wunderschöne Mischwesen beschrieben mit dem Oberkörper einer Frau und einem Fischschwanz anstelle von Beinen. Ihre Kennzeichen sind u. a. Seerosen, Wasserlilien, Delfine, fliegende Fische, Lachse.

Irrlichter, Dröglicht, Feu Follet, Fuoco fatuo, Irdlicht, Irrblos, Nachtlüchte, Will-o'-the-Wisp, Quinnslicht, Seltenlicht: »Ihr Kinder kommt, kommt schnell herein! Das Irrlicht zündet seinen Schein, die Kröte schwillt, die Schlange im Ried. Jetzt ist's unheimlich draußen sein. Der Heidemann zieht.« (Annette von Droste-Hülshoff) Irrlichter sind in vielen Gebieten der Welt bekannt. In England heißen sie Will-o'-the-Wisp, in Australien Quinnslicht, in Schweden Irrblos, in Frankreich Feu Follet, in Italien Fuoco fatuo, und bei uns werden sie außerdem noch als Nachtlüchte, Dröglicht, Seltenlicht, Irdlicht bezeichnet. Irrlichter sind bläuliche bis gelbliche Flämmchen oder auch feurige Lichterscheinungen, die wie tanzende Lichtpunkte über sumpfigen oder moorigen Landschaften aufflackern und wieder verschwinden.

Gelegentlich werden sie auch auf Friedhöfen, in Bergwerken und an Stadträndern beobachtet. Doch als leuchtende Moor- und Sumpfgase, phosphoreszierendes Holz oder als leuchtende Johanniswürmchen lässt der Volksmund sie nicht gelten. Dazu haben zu viele Menschen wohl ihre Erfahrungen mit dem lebendigen Wesen der Irrlichter gemacht, die in nicht greifbarer Nähe aufleuchten, aufflackern und eine starke Wirkung auf Menschen in Sichtweite auszuüben scheinen. Es gibt unterschiedliche Auffassungen, welche Wesen sich hinter den Irrlichtern verbergen. Manche meinen, es sei eine Dämonengattung, die den Menschen seines göttlichen Lichtes berauben möchte, andere, es seien heimtückische Elfen, eine besondere Nymphenart, die dem Moor einen gefährlichen Reiz verleihen, weitere, es seien Feuerkobolde, Irrwische, die ihren Schabernack treiben ... Die am weitesten verbreitete Vorstellung ist, dass sich hinter den Irrlichtern die ruhelos umherirrenden Seelen von Selbstmördern und Verbrechern verbergen oder von im Moor umgekommenen Menschen, die erlöst werden wollen. Martin Luther (Kirchenreformator, 1483–1546) erklärte Irrlichter als »schwebende Teufel«, die Menschen in Gefahr bringen, indem sie sie an gefährliche Orte locken. In der christlichen Vorstellung sind Irrlichter die Seelen ungetaufter Kinder, die nicht hinauf in den Himmel können. Betet der Mensch, wenn er sie sieht, so kommen sie ganz nah heran, flucht er, so gehen sie fort. Eine alte Geschichte besagt: Wem es gelingt, eines dieser bläulichen, von Fleck zu Fleck hüpfenden Lichter zum Verlöschen zu bringen, dem kann es geschehen, dass er einen versteckten Schatz findet, der ihn von aller Not befreit. In der Begegnung mit den Irrlichtern ist der Mensch gefordert, jene Erlösungsarbeit zu leisten, die in seiner Macht liegt.

Irrwichte: Gestaltwandler. Niemand weiß, wie sie wirklich aussehen. Sie verwandeln sich in das, wovor man am meisten Angst hat.

Iubdan: König der Leprechaun (siehe Lepracaun). Ein edler und angesehener Fürst, dessen stärkster Untertan sich dadurch auszeichnete, dass er eine Distel mit einem Hieb umhauen konnte.

Iya: Ungeheuer und böser Dämon bei den Sioux-Indiandern. Seine Erscheinungsform ist der Orkan. Sein Atem bringt Krankheit, und er verschlingt Menschen und Tiere.

J

Jätte (siehe Oger).

Jen: Finnischer Blitz- und Donnergott.

Jilocasin: Er gehört zur Gattung der Menschendrachen. Meist zeigte er sich als Mensch, verwandelte sich jedoch zu bestimmten Zeiten in einen Drachen. Er lebte während der Regierungszeit Karls des Großen, dessen Söhne die »Ritter des Drachen« genannt wurden.

Jötunn: Nordgermanische Riesen und Riesinnen mit übermenschlicher Kraft. Sie sind Verkörperungen der unterschiedlichsten Naturgewalten und -phänomene, die das menschliche Maß weit übersteigen und außerhalb des näheren Erfahrungsbereichs des Menschen liegen. Es gibt Sturm-, Wasser-, Berg-, Eis-, Reif- und Feuerriesen und -riesinnen. Als Urzeitwesen existieren sie schon seit einer Epoche vor der Entstehung der heutigen Welt und vor der Geburt der Götter. Den Halbgöttern und Menschen stehen sie entweder positiv oder negativ gegenüber, werden allerdings oft von den Göttern bekämpft, weil sie für diese eine Bedrohung darstellen.

Jowahus: Bezeichnung der Elementarwesen bei afrikanischen Stämmen.

K

K'iung-K'i: Chinesischer Nutzdämon, der Gifte vertilgt. Genauso kann er aber auch Krankheiten verursachen und Menschen fressen.

Kachina: Geistwesen der Hopi-Indianer. Es sind die Geister der unsichtbaren Lebenskräfte, die in den verschiedensten Naturerscheinungen angebetet, verehrt, beschworen und gerufen werden. Es gibt die unterschiedlichsten Arten, die von den Hopi zu speziellen Zeiten in besonderen Zeremonien angerufen werden, um sich mit den anderen Welten zu verbinden, mit ihnen zu kommunizieren und die Zeichen zu empfangen. Die Kachina herrschen über Wetter, Tiere, Fruchtbarkeit, Felder, Segen, Wohlstand und Glück. Dargestellt werden sie durch Tiku, das sind Puppen aus Holz, die den Kindern als Lernmittel dienen und durch die das alte Wissen weitergegeben wird.

Kalliope: »Die Schönstimmige«, Muse der epischen Dichtung, mit den Kennzeichen Wachstafel und Griffel (siehe Musen).

Kalypso: Auf der Insel Ogiya lebende Nymphe aus der griechischen Mythologie; ihr Name bedeutet »die Bergende«. Sie ist eine Tochter des Riesen Atlas und eine Schwester der Plejaden. Sie rettete den schiffbrüchigen Odysseus, verliebte sich in ihn und beherbergte ihn sieben Jahre. Schließlich half sie ihm beim Bau eines neuen Schiffes, mit dem er die Heimfahrt antreten konnte.

Kama-Devas: Höhere Entwicklungsstufe der Sylphen und der Bewohner der Astralreiche.

Kamanggabi: Melanesische Geister des Kriegs- und Jagderfolgs sowie der Fruchtbarkeit der Felder und Obstbäume. Sie erhalten in den Zeremonienhäusern der Männer Opfergaben.

Kappa: Shintoistischer Flussdämon. Er ist ein Wasserungeheuer mit dem Kopf eines Affen, dem Leib einer Schildkröte und den Extremitäten eines Frosches. Er kann Kinder auf den Grund des Flusses oder Sees herabziehen und ertränken.

Kasermanndl, Almbutz: In Tirol und Salzburg bekannte koboldartige Dämonen, welche nach dem Almabzug im Winter auf den Sennen ihr Unwesen treiben.

Katze: Tier der magischen Reiche. Katzen stehen oft in Verbindung mit Engeln der Natur, Kobolden,

Heinzelmännchen, Korndämonen, Feuerwesen, Hexen, Zauberern, Dämonen u. a. Die Katze verfügt über so manche magischen Fähigkeiten und gilt als große Wetterprophetin, die auch Erdbeben vorausahnt. Sie ist eine hervorragende Wächterin, welche die Schätze in dem Tempel oder Haus bewacht, der/das unter ihrem Schutz steht. Ihr entgeht nichts; sie sieht die Energien und die Geister, die in einem Raum sind. Sie verscheucht Eindringlinge und dunkle Wesen, die sich in die Wohnung oder den Tempel einschleichen wollen. So schützt sie Räume vor fremden Energien. Auf energetischer Ebene kann ein Raum nicht betreten werden, wenn eine Katze für ihn zuständig ist. Sie kann mit spielerischer Leichtigkeit zwischen den Welten wandeln und ist ein Botentier der verschiedensten Reiche. Sie beherrscht u. a. die Gaben der Gestaltwandlung, des Unsichtbarmachens, des Pirschens. Sie hütet magische Geheimnisse und altes Wissen. Auf eine Katze zu hören ist eine gute Art, die Kräfte und Energien zu verstehen, die sich ankündigen wollen. Wenn die Katze sich putzt, kündigt sich Besuch an, und auch wenn sie einen Buckel macht, kommen Gäste. Leckt sie sich den linken Fuß, dann wird jemand aus dem Haus gehen. Das Putzen des rechten Ohrs deutet auf gern gesehene Gäste, das Putzen des linken Ohrs auf unangenehmen Besuch. Putzt sie sich das Gesicht, kommt weiblicher Besuch, wenn sie sich den Rücken putzt, ist männlicher Besuch zu erwarten. Das Belecken der Hinterpfoten und/oder Reiben am Tischbein oder Türpfosten bedeutet fremde Gäste ... Eine schwarze Katze bringt Unglück, wenn sie einem zwischen die Beine läuft. Wenn eine Katze in der Nähe eines Hauses kläglich miaut, so kündigt sie den Tod an. In einem Haus, in dem sich Katzen gerne aufhalten, waltet der Segen. Wenn Katzen sich beißen, so kündigten sich Unheil und Streit an. Die Erscheinung einer fremden Katze im Haus deutet auf eine grundlegende Veränderung, einen Sterbefall, einen Abschied, einen Neubeginn hin. Hat eine Katze Haarausfall oder zeigt sie ungewöhnlich auffällige Verhaltensweisen, so kann das ein Hinweis auf Dämonen oder Kräfte im Haus sein, mit denen die Katze ringt, mit denen sie jedoch nicht so einfach fertig wird. Eine dreifarbige Katze bringt Schutz vor Feuer ...

Kaukas: Litauische Kobolde und zwergenhafte Hausgeister, nach denen viele Orte, Flüsse und Berge benannt sind. Die Kaukas zeigen sich meist in Zweiergruppen und wirken auch gewöhnlich mindestens zu zweit. Sie bringen Glück und Segen für ein Haus und verrichten die verschiedensten Arbeiten.

Kelen: Südlicher Herrscher der Wassergeister, der in der Magie zusammen mit Nesrach beschworen wird, die Geheimnisse des Wassers preiszugeben.

Kelpie: Wasserdämonen, die in den Flüssen und Seen Schottlands leben. Sie zeigen sich den Menschen als Pferd und verführen sie dazu aufzusteigen. Tut ein Mensch das, stürzen sie ins Wasser und ertränken ihn. Man kann sie dienstbar machen, indem man ihnen den Hochzeitsschleier einer Braut überwirft.

Kentauroi (siehe Centaur)

Kenzo der Elfenkobold: »Hui, da geht es hinab geschwind, auf dem Blatt und mit dem Wind. Kenzo freut sich wohl dabei, wohin, das ist ihm einerlei. Lachen, Witze, Faxen machen, ja, das ist sein Lebenselixier, denn für ihn ist's jetzt und hier.«

Kerberos, Cerberus, Zerberus: Griechisches Ungeheuer der Unterwelt, ein blutgieriger Hund, der das Tor des Hades bewacht. Er wedelt jeden Verstorbenen freundlich an und lässt ihn in die Unterwelt eintreten, erlaubt jedoch niemandem, die Unterwelt wieder zu verlassen. Er wird mit drei Köpfen, einem Schlangenkopf auf dem Rücken und einem Schlangenschwanz dargestellt.

Ketos, Cetus: Meeresungeheuer der griechischen Mythologie.

Ki-lin: Chinesisches Einhorn, das mehr als tausend Jahre alt werden kann. Es wird als Hirsch mit einem einzigen Horn, einem Ochsenschwanz, mit Pferdehufen und Fischschuppen dargestellt. Es ist ein Zeichen der Güte und der Friedensliebe und gilt als Zauberwesen (siehe auch Einhorn).

Kiao-lung: Chinesischer Drache in Gestalt einer riesigen vierbeinigen Schlange. Einst fuhr er in einem Elefantenwagen mit sechs weiteren Drachen auf den Huang-Ti, einen Versammlungsort aller Dämonen und Geister, auf dem Gipfel des Taishan (Gebirge) hernieder.

Kinnaras, Kinnaris, Kimnaras: Hinduistische Geistwesen und himmlische Musikanten, deren Aufgabe es ist, die Götter zu erfreuen und zu unterhalten. Sie werden mit menschlichen Oberkörper und Vogelunterleib sowie mit einer Laute in der Hand dargestellt.

Kirke, Circe, Zirze: Griechische Nymphe und Zauberin auf der Insel Aiaia.

Kiskil-lilla: Sumerisches Windmädchen und böse Nachtdämonin.

Kitanapo: Spinnenweib bei den Hopi-Indianern, das alle Geschichten in die Welt einspinnt.

Klabautermann: Feuerkobold. Seine Farben sind Blau bis Orangerot. Er holt seine Opfer im Getöse der Wilden Jagd, dann zuckt das blaue todbringende Flämmchen hervor und holt den oder die Erwählte in sein Heim.

Kleines Volk: Über Jahrtausende hinweg haben Märchen, Legenden, Erzählungen und Sagen die Wirklichkeit des Kleinen Volkes eingefangen und erhalten. Man findet es in zahlreichen Kulturen rund um die Welt. Das große Erbe des geistigen Reichtums und der Lebensmysterien ist in die Geschichten über seine Angehörigen und die Begegnungen mit ihnen eingewoben. Der Begriff »Kleines Volk«, engl. Fairy Folk, schließt all die feinen Wesen ein, die in der Natur wirken und auch als

Altes Volk, Winziges Volk, Gesegnetes Volk, die Guten Nachbarn, die Feinen Leute o.ä. bezeichnet werden. Das Kleine Volk umfasst viele Naturwesengattungen wie etwa Goblins, Elfen, Feen, Schwarzalben, Pixys, Brownys, Derricks, Urisks, Zwerge, Gnome, Sylphen, Undinen. Sie alle bewohnen Täler, Grotten, Berge, Gewässer, Pflanzen ... eben die Natur, der sie auch dienen. Deshalb gilt das Kleine Volk auch als die »Seele der Natur«. Die Bezeichnung klein ist beim Begriff »Kleines Volk« relativ, denn sie erfasst alles, und zwar von winzig kleinen bis zu beinah menschengroßen Gestalten. Die Angehörigen des Kleinen Volks tragen die unterschiedlichsten Bekleidungen, verständigen sich auf mannigfache Weise, und ihr Auftreten und Benehmen ist ebenso vielfältig wie das Leben selbst. Weiterhin verfügen sie über zahlreiche magische Fähigkeiten: Sie können die Großen klein und die Kleinen groß, die Alten jung und die Jungen alt werden lassen. Sie können aus dem Nichts auftauchen und wieder verschwinden. Sie können alle Formen annehmen. Sie erscheinen manchmal als Helfer oder als Prüfer oder gar als Zerstörer. Jeder, der auf sie trifft, schaut in den Spiegel seiner Seele und erfährt etwas über seine eigenen Wesenszüge. Begegnungen mit dem Kleinen Volk, in welcher Form auch immer sie geschehen, verändern die Lebenssicht tiefgreifend. In mondhellen Nächten tanzt, singt und feiert das Kleine Volk. Meistens sind seine Angehörigen nachtaktiv oder haben ganz bestimmte Zeiten, zu denen sie erscheinen. Es sind dies meist Phasen des Übergangs, wie z.B. Sonnenauf- und -untergang, der Wechsel vom Tag zur Nacht und umgekehrt. Auch an Zeitspalten treten sie auf, an den Schwellen zu den Lichtreichen und den unterschiedlichsten Zwischenreichen, wie jenem des Traumes oder der Fantasie. Welche ein Mensch erschauen kann, hängt davon ab, wie weit sein inneres Wachstum vorangeschritten ist. Das Kleine Volk selbst lebt im Ätherreich, in den Welten des Lichts. Hier nimmt es Form und Gestalt an. Die Geschöpfe der Ätherwelten sind durchwoben mit den Elementen und beleben diese mit ihrem Licht. Sie verleihen den Elementen ihre

Lebendigkeit, Macht und Wirkung. Einige Naturwesengattungen nehmen von den Menschen wenig Notiz, da sie aus der göttlichen Quelle gespeist werden oder in unberührter Natur walten. Andere, die in der Nähe des Menschen leben, werden durch seine Energie und Ausstrahlung geprägt, die sie in seiner Umgebung zu Hilfs- oder Plagegeistern werden lässt.

Klio: »Die Rühmerin«, Muse der Geschichtsschreibung; ihr Kennzeichen sind die Papyrusrolle und der Griffel (siehe Musen).

Klu: Tibetische Gruppe von Geistern, die in Gewässern leben.

Kludde: Ein belgischer Dämon, meist in Gestalt eines riesigen schwarzen, geflügelten Hundes. In verschiedenen anderen Gestalten pflegt er nächtliche Reisende zu erschrecken, so verfolgt er seine Opfer z. B. als Schlange oder Katze, kann aber auch als furchteinflößender Vogel auftauchen, der ständig »Kludde, Kludde« schreit.

Kobolde: Das Wort »Kobold« hat zwei verschiedene Herkunftsableitungen. Das ist zum einen die Zusammensetzung aus »kobe«, das ist Mittelhochdeutsch und bedeutet Gemach (Zimmer), Haus oder Verschlag (das Wort Koben leitet sich hiervon ab), und »bald«, das ist altnordisch und bedeutet Herrscher oder (Ver-)Walter, also »Hausverwalter«, »der im Haus Herrschende«. Zum anderen ist es eine Ableitung vom chemischen Element »Kobalt«, das aus der Tiefe der Erde gefördert wird. Kobolde gibt es sowohl in Häusern und Hütten als auch in der Natur. Sie sind dem Erdelement zugeordnet und ein Volk aus der Gattung der Zwerge, wo sie ursprünglich zu den Fels- und Bergzwergen gehörten, leben sie doch auch meist in Bergen, Felsen, Steinen und Höhlen. Im Unterschied zu weiteren Gruppen von Berg- und Felsgeistern sind sie Menschen gegenüber jedoch nicht scheu; im Gegenteil, sie lieben deren Nähe. So kann es geschehen, dass man sich auf einem wunderbaren Spaziergang durch die Natur einen Kobold »einfängt« und er sozusagen als unerkanntes Familienmitglied für längere Zeit, manchmal ein ganzes Menschenleben lang, bleibt. Es ist ein großer Segen für Menschen, einen Hauskobold zu haben, denn dieser »webt die gesunde Lebensenergie« im Haus. Auch wenn er für so manche Verwirrung, einigen Spaß und Schabernack sorgt, so beschützt er doch alle Menschen vor Unheil, denen er sich zugehörig fühlt, und heitert sie auf, wenn sie traurig sind. Er lockert die Atmosphäre eben auf seine Weise. Kobolde können sich schnell an die menschliche Zivilisation gewöhnen und verweilen gern einige Zeit unter uns, wobei sie dann die Verwaltung und Herrschaft im Haus übernehmen. Kobolde sind sehr beweglich und springlebendig. Sie wirken oft jung, sehen frech aus, schon allein weil sie meistens ein breites Grinsen auf den Lippen tragen und aus ihren Augen der Schalk lacht. Wenn sich Kobolde in der Umgebung aufhalten, ist oft Spaß, Verwirrung und Unfug jeglicher Art angesagt. Das, was manchmal so verärgert, die kleinen Pannen im Alltag, die außerplanmäßigen Hindernisse, ist der Kobolde Lebenselixier und -aufgabe. Sie sorgen immer für Bewegung. Wozu um alles in der Welt aber sollen solch unsinniges Verhalten und dieser Unfug gut sein? Tatsächlich zielen diese lebenslustigen kleinen Wesen jedoch genau auf die Stellen der menschlichen Persönlichkeit, die einer Erschütterung bedürfen, da wir dort allzu festgefahren, starr und verbissen sind. Kobolde wollen uns wieder lockern. Wenn wir von Herzen lachen, so geht das Lachen durch den ganzen Körper und öffnet uns wieder für eine andere Energie. Kobolde lieben deshalb auch Menschen, die über eine gute Portion Humor verfügen und das Leben nicht so ernst nehmen, wie es oftmals erscheint. Sie sind für jeden Spaß zu haben und verleiten auch Kinder zu so manchem Streich.

Kolivilori: Dämonische Geister in Albanien, die während der zwölf Rauhnächte ihr Unwesen treiben: Sie belästigen Frauen oder verschmutzen den Herd, fürchten jedoch selbst das Feuer.

Konohana-sakuya-him: Japanische Prinzessin und Göttin der

Baumblüte, insbesondere der Pflaumen- und Kirschblüte.

Körperelementarwesen: Persönliche Elementarwesen von Tier und Mensch. Da jedes Lebewesen auch aus den Elementen besteht, aus denen die gesamte materielle Schöpfung aufgebaut ist, haben wir alle auch zu den Wesen der Elemente eine ganz persönliche Verbindung. Jeder von uns hat persönliche Körperelementarwesen, die in uns die Elemente hüten, lenken und leiten: Feuer (Salamander), Wasser (Undine), Luft (Sylphe), Erde (Zwerg) und Äther (Engel). Erde ist unser Körper, Wasser unser Gefühl, Feuer unsere Kraft, Luft unser Geist und Äther unsere Lichtsubstanz, unser Chi. Wir können über die Bild- und Symbolsprache oder über die Tattwas mit den Körperelementarwesen in Kontakt treten und schauen, wie unsere Basis, unsere Substanz der fünf Elemente, beschaffen ist. Sind diese Körperelementarwesen nicht im Gleichgewicht, so werden wir krank. Stehen sie in gestörter Beziehung zueinander, so äußert sich das ebenfalls in Krankheit, Unheil, Unglück. Wenn wir mit ihnen in Kontakt treten, können wir Krankheit auf einer tiefen Ebene verstehen und sogar heilen. Der Tätigkeitsbereich der Körperelementarwesen liegt auf der Ebene der feinstofflichen, energetischen und physischen Körperstrukturen. Da die Elementarwesen den Umgang mit der materiellen Schöpfung vollkommen zu meistern verstehen, ist es gut, mit ihnen Verbindung aufzunehmen, um die Beschaffenheit der Erscheinungen in Mensch, Tier, Pflanze und an Orten genauer verstehen zu können.

Krankheitsdämonen: Geistwesen, die Krankheiten verursachen. Hellsichtige können diese Dämonen oft im Energiefeld von Kranken wahrnehmen. Manchmal sind es Scharen von Wesen, dann wiederum ist es eine einzelne Energieform, die von einem viel größeren Wesen ausgesandt wurde. Die Krankheitsdämonen können die unterschiedlichsten Formen und Gestalten annehmen. Meist sind sie sehr hässlich, z. B. sind sie mit Pusteln übersät, tragen Widerhaken statt Haare und Saugnäpfe an den Fingern. Zunächst berauben sie den Menschen seiner Lebensenergie, dann können sie ihn durch den entstandenen Mangel besetzen und sich ausbreiten.

Kühleborns: Sie gehören zur Gattung der Wassermänner. Sie leiten in Gewässern die kühlen Strömungen.

Kuwalden: Eine Art Heinzelmännchen, die in finnischen Regionen gesichtet wurde. Die Kuwalden tragen rote Mützen und blaue Hemden zu grünen Hosen, haben weiße Bärte und trinken am liebsten Milch. Sie können Krankheiten innerhalb von zwei Tagen heilen.

L

La Vibria: Drache, der in einer Höhle im Massiv von Sant Llorence lebte, nahe der Stadt Terrassa in Spanien. Er überfiel Dörfer, fraß Schafherden und richtete großen Schaden an. Graf Jofre wollte dem Ganzen ein Ende bereiten und trat zum Kampf gegen den Drachen an, den er nach langem Ringen schließlich besiegte. Der Drache schlug kopfüber gegen den Berg, der seither Puig de la Creu (Spitze des Kreuzes) genannt wird. Der Graf gründete einen Mönchskonvent in der Nähe der Drachenhöhle, sodass niemals mehr ein Drache in dieser Gegend sein Unwesen treiben konnte. Die Schlacht Graf Jofres gegen La Vibria ist als Relief auf einer der Pforten von Sant Lu, der Kathedrale von Barcelona, für die Nachwelt festgehalten worden; diese Skulptur kann auch heute noch besichtigt werden.

Lachama: Sumerischer Wasserdämon, halb Mensch, halb Fisch.

Ladon: Drache der griechischen Sagenwelt. Er bewachte zusammen mit den Hesperiden deren den Göttern vorbehaltenen Garten. Herakles tötete ihn und stahl die dort wachsenden goldenen Äpfel.

Lakowiec Borowiec: Tschechischer Waldgeist, dessen Wachhunde Wölfe und Luchse sind. Er wird als Hirte auf einem Wolf reitend dargestellt.

Lamassu: Mesopotamische Schutzdämonin mit freundlichen Zügen, die an Palasteingängen aufgestellt wurde. Man findet sie als geflügelten Stiermenschen dargestellt. Bei alten Riten wird sie zur Abwehr böser Geister gerufen.

Lamien: Weibliche Gespenster oder Vampire, die sich sowohl Männern als auch Frauen körperlich nähern. Sie gehören den Feuerwelten an.

Lar/en, Lares, Lanren: Römische gute Geister sowie Schutzgottheiten von Haus, Herd und Familie, Feldern, Wegen, und Reisenden. Ihre Bilder standen einst im Lararium, einem Schrein im Inneren des Hauses. Feiertag zu Ehren der Laren ist der 23. Dezember.

Larven: Nach Agrippa (Kirchenvater, 1486–1535) sündhafte Seelen, die an keinen guten Ort gekommen sind. Sie drängen sich bei spirituellen Sitzungen vor, geben sich für andere Geister aus, führen die Teilnehmer in die Irre und bemächtigen sich derer Energie. Sie können die Ursache für eine Besessenheit sein.

Laukasargai: Litauische Feldhüter- und Fruchtbarkeitsdämonen.

Lauma, Laume: Lettische und litauische Fee, ein Weber- und Spinnengeist. Sie kann von starken, schönen Männern geheiratet werden, verschwindet aber nach kurzer Zeit wieder. Sie bringt Glück, kann sich jedoch bitter rächen, wenn sie beleidigt wird. Dargestellt wird sie als schöne, meist nackte Frau mit großen Brüsten und langem blondem Haar.

Laurin: Name des Zwergenkönigs in der Heldendichtung der Dietrichsage. Laurin bedeutet »der Lorbeergekrönte«.

Lemuren: Bei den Römern die nachts umherschweifenden Seelen der Verstorbenen, auch Polter- oder Rumpelgeister genannt. Sie kleben noch an der Erde, weil sie das Feuer der Begierde nicht überwunden haben. Sie täuschen und betrügen die Menschen, sind Ursache vieler Spukerscheinungen. Laut einiger Theosophen handelt es sich bei Lemuren um die Einwohner des im indischen Ozean untergegangenen Kontinents Lemuria, kurz Mu genannt.

Lenkerin der Kristalle: Der Kristall ist eine der ältesten und vollkommensten Formen des Universums. Die Lenkerin der Kristalle leitet die kosmischen Kraftströme in die Erde und richtet die Erdkräfte damit nach dem Kosmos aus. Sie gehört zu den ältesten Hütern der Schöpfung und ist ein Wesen der Natur, das die reine kristalline Form der Erde lenkt, beschützt und bewahrt. Sie gehört in die Welt des Äthers und steht auf einer Stufe mit sehr hohen mächtigen Engelwesen. Unter der Obhut der Lenkerin der Kristalle arbeiten viele Wesen.

Lepracaun, Leprechaun, Leprachans: Bezeichnung für das Zwergenvolk in Irland. Lepracaun leitet sich vom Irischen »leith brog« ab, was »Einschuhmacher« bedeutet. Zu dem Namen kam es wohl, weil man sie oft an einem Schuh arbeiten sieht, und so sind ihre Kennzeichen auch Schuh und Hammer, zudem arbeiten sie oft als Schuhmacher oder Sattler. Gewöhnlich tragen sie graue oder grüne Mäntel, schwere Lederschürzen und einen rostroten Hut. Meist werden sie als hässlich beschrieben, nicht größer als ein Kind von neun, zehn Jahren, häufig sind sie jedoch noch viel kleiner. Ihre Körper sind gedrungen und bereit, die Gesichter sehen öfter aus wie verschrumpelte Äpfel. Sie narren und foppen gerne, wobei ihre Späße meist eine lehrreiche Seite haben (ähnlich wie die von Till Eulenspiegel). Sie sollen große Schätze hüten und die Verstecke aller Goldschätze in Irland kennen. Gegenstände, die von ihnen hergestellt wurden, haben oft besondere Zauberkraft und sind von unschätzbarem Wert, so z.B. Tarnmäntel, Schwerter, die unbesiegbar machen, oder goldene Zügel, mit denen man eine gelbe Stute herbeizaubern kann, wenn man an ihnen zieht.

Luchorpan: Übersinnliche Wesen der keltischen Mythologie mit erheblicher Macht über die Lebenskraft und die Fruchtbarkeit. Luchorpan bedeutet: »winziges Körperchen«. Es ist die irische Bezeichnung für Kobolde, Elfen, Zwerge, Angehörige des Kleinen Volkes, die über und unter der Erde leben. Sie gehören zu den Erdgeistern und hüten in geheimen Höhlen und Nischen die versteckten Schätze. Sie helfen den Menschen. Sind ihnen Sterbliche feindlich gesinnt, brennen sie deren Häuser nieder, lassen deren Ernte vertrocknen, bringen ihnen Krankheit und Seuchen. Gierigen und geizigen Menschen schnipseln sie die Haare ab oder warten mit anderen netten Bestrafungen auf. Sie sind von ihrem Wesen her nicht bösartig, sondern reagieren nur angemessen auf das Verhalten der Menschen. Sie lieben es allerdings, Schabernack zu treiben, und führen Menschen gern an der Nase herum. Wer sie belohnt, für den arbeiten sie, dem helfen sie und sind in vielen Angelegenheiten an seiner Seite. Sie hüten die Wahrheit und Weisheit der Erde.

Letzekäppel, Letzel: Im Elsass bekannt als die, welche ihre Mützchen verkehrt herum aufhaben und den Menschen plagen können (siehe Alp und Druckgeister).

Leukrokuten: Mystische Fabelwesen in der griechischen Mythologie, halb Löwe, halb Hyäne, den Feuerreichen angehörend.

Leviathan: (hebr. für »König aller Ungeheuer«) Dieses Wort bezeichnete ursprünglich einen Tierdämon und wurde im Christentum gleichbedeutend mit Teufel.

Liebendes Mütterchen: Das liebende Mütterchen ist ein Erdgeist und gehört zu den Gnomen, einer dem uralten Volk der Zwerge zugeordneten Gattung. Die Gnome sind die Hüter der Weisheit des Geistes, und die liebenden Mütterchen, auch Gnomiden genannt, sind die Hüterinnen der Weisheit des Herzens. Sie spinnen in unterirdischen Höhlen die Lebensfäden und weben den Lebensteppich. Das liebende Mütterchen pflegt aus dem Nichts aufzutauchen, sitzt dann urplötzlich am Rande des Weges und verlangt beispielsweise das letzte Stück Brot des Wanderers.

Wenn man sich noch einmal nach ihr umdreht, ist sie verschwunden. Zu gegebener Zeit zeigt sie sich wieder, um das zu vollenden, was sie begonnen hat. Gelassen, mitfühlend und weise erkennt sie die Menschen, doch sie verurteilt sie nicht. Sie ist die liebende Mittlerin zwischen den Welten, zwischen der Weisheit des Herzens und den egoistischen Bestrebungen. Älter noch als die Menschheit, hat das liebende Mütterchen viele Zeiten heraufdämmern und wieder untergehen sehen. Auf ihre Weise hütet sie die weiblichen Lebensmysterien. Sie kennt die Zyklen, die richtigen Zeitpunkte, die Lebenszweige. Sie wacht über die geheimnisvollen Wege, auf denen das Glück manchmal und unerwartet zu den Menschen kommt. Immer und immer wieder sitzt sie, wenn die Zeit reif ist, am Rande eines Weges und schaut, ob ein Mensch schon bereit ist, das Tor zur nächsten Ebene zu durchschreiten. Das geschieht meistens in Situationen, in denen sein gesamtes Vertrauen gefragt ist. Nur Menschen, die reinen Herzens sind und intuitiv in Liebe und Einklang mit der göttlichen Natur sind, ist es bestimmt, in höhere Welten eingeweiht zu werden und zu Königen oder Königinnen eines Reiches zu werden. Bis es jedoch so weit ist, sind einige Prüfungen unterschiedlichster Natur zu bestehen. Diese können nur mithilfe des liebenden Mütterchens bestanden werden, weil sie alle Lebensformen kennt und den Schicksalsfaden in der Hand hält. Sie prüft den Menschen auf seine Herzenskraft, die sich u.a. in Hilfsbereitschaft, Aufopferungsfähigkeit, Nächstenliebe, Achtung, Mitgefühl, Vertrauen, Mut, der Fähigkeit zu teilen und der Bereitschaft zu dienen ausdrückt. Sie fordert dich auf, bestimmte Aufgaben mit Fleiß, Hingabe und Liebe zu erfüllen. Wer dienen kann, bereit ist, jede Arbeit zu verrichten, die auf seinem Weg liegt, der ist bereit zu herrschen, denn Herrschen ist eine höhere Form des Dienens.

Lilith: Nach der jüdischen Tradition ist Lilith die erste Frau Adams. Da Lilith sich dem Mann nicht fügte, wurde sie zur Verkörperung des Bösen und der Dunkelheit erklärt (Lilith = Nachtgespenst). Sie gilt als rachsüchtig, und als »Dämonin der Nacht« wird sie für das Kindbettfieber verantwortlich gemacht. Lilith entspricht Lilithu, einem Dämon der babylonischen Mythologie. Sie ist eine Verbindung aus den Elementen Luft und Feuer.

Lilithu: Dämon der babylonischen Mythologie (siehe Lilith).

Lindwurm: Geflügeltes Drachenungeheuer der germanischen Mythologie.

Ling: Chinesische Gruppe von vier Zauberwesen, zu denen der Drache Lung, das Einhorn Ki-lin, der Phönix Feng und die Schildkröte Kuei gehören. Sie hüten die geheimen, mächtigen Kräfte der Erde.

Little Man, Kleiner Mann: Wesen der Natur bei den Crow-Indianern, das von Generation zu Generation weitergegeben und zu ganz besonderen Zeremonien wie Sonnentanz, Heilzeremonien, u.Ä. gerufen wird. Es verleiht dem Medizinmann eine starke Kraft.

Lo: Chinesische Flussgöttin.

Loco: Afroamerikanischer baumgestaltiger Gott der Pflanzen und der Heilkunde bei den Voodoo-Anhängern.

Loki: In der nordischen Mythologie ist er der Gott des Feuers, aber auch des Schalks und bösen Scherzes. Als Bruder Odins gehört er zur großen Götterdreiheit. Odin ist Gott der Luft, Ägir-Hönir ist Gott des Wassers und Loki der Gott des Feuerelements.

Lorelei: Im deutschsprachigen Raum ist die Lorelei eine bekannte Sirene. Sie sitzt nackt auf einem Felsen am Rhein, kämmt ihr langes goldenes Haar und bringt mit ihrem sehnsuchtsvollen Singen die Schiffer von ihrem Kurs ab, wodurch sie mitsamt ihren Booten an den Felsen ihr zu Füßen zerschellen (siehe auch Sirenen).

Lung: Chinesische Drachen; Verkörperungen von Donner-, Wolken- und

Regengeistern, sowie Sendboten der himmlischen Welten. Sie gehören als Misch- und Zauberwesen zu den Ling. Es gibt fünf Arten von Himmelsdrachen, welche die Wohnstätten der Gottheiten bewachen. Erddrachen, Regendrachen, Drachen, welche die Flüsse reinigen, Drachen, welche die Schätze bewachen, Kaiserliche Drachen. Die ersten vier Arten haben vier Krallen, die letzte Art hat 5 Krallen.

Luonnotar: Finnische Lufttochter.

Lurachmain, Lurgadhan, Lurican: Irische Zwergenart ähnlich den Leprechaun.

M

Maahiset, Maanalaiset: Erdbewohner, die Unterirdischen. Finnische Erdgeister, die in Hügeln, Wäldern, Bergen und Einödseen wohnen. Ein Mensch, der sie dort besucht, wird feststellen, dass ein Tag unter der Erde 50 Tagen über der Erde entspricht. Die Welt dieser menschenähnlichen Zwerge ist, dem Spiegelbild im Wasser gleich, dem Menschen entgegengesetzt. Sie laufen mit den Füßen nach oben, links ist für sie rechts, rechts ist für sie links, leicht ist schwer, und schwer ist leicht. Die Maahiset sorgen für die Tiere und Pflanzen und führen nur zu gern Wanderer in die Irre.

Madan, Schudala-Madan, Schula-Madan, Kumil-Madan, Poruthu-Madan, Kutti-Schattan: Madan sind eine in Indien bekannte Gruppe von Elementargeistern unterschiedlichster Art. Sie sind zwiespältig in ihrem Verhalten und halb tierischer, halb monströser Gestalt. Menschen, die mit Schwarzer Magie arbeiten, gebrauchen sie, um andere zu täuschen oder ihnen Schaden zuzufügen. Diese Elementargeister lassen sich gerne schmeicheln und betören, verlangen allerdings immer ihren Preis, insbesondere wenn man sie nicht zu führen weiß. Es gibt verschiedene Gattungen: – Die Schudala-Madan, halb Feuer- und halb Wassergeister, können in beiden Elementen hausen. Sie sind große Verwandlungskünstler und vermögen ihre Form sowie die von Gegenständen zu verändern. Sie helfen bei Brandlegungen und machen immun gegen Verbrennungen. Sie mögen Orte, an denen Verbrechen und Morde geschehen sind, frische Gräber, Hinrichtungsstätten und Schlachthäuser. Sie lieben es, die Energie an diesen Orten aufrechtzuerhalten und die Zerrbilder immer wieder entstehen zu lassen. – Die Schula-Madan sind böswillige Spukgeister, die sich auf Hafnerei und Backen verstehen. Sie gehören dem Luftelement an und lieben Schmeichelei und Komplimente. Viele Scharlatane verdanken ihnen ihre Wunderleistungen, vermögen sie es doch, Gegenstände in Sekundenschnelle hochschießen zu lassen. Doch sie verlangen auch ihren Preis. – Die Kumil-Madan sind um sich spritzende Undinengeister, die dem Wasserelement angehören. Sie können das Gegenwärtige und Zukünftige entschleiern, sind dabei jedoch nicht immer ehrlich, nur demjenigen gegenüber, der sie zu nehmen weiß. – Die Poruthu-Madan sind Naturgeister der kraftvollen Sorte. Sie stehen z. B. Tierbändigern zur Seite, helfen bei der Zähmung wilder Bestien. Außerdem ist die Levitation, das freie Schweben von Menschen und Gegenständen, ihr Aufgabengebiet. – Die Kutti-Schattan sind Kobolde, die gern Schabernack treiben.

Maggid: In der jüdischen Mystik ein Geistwesen, mit dem ein Eingeweihter in Kontakt treten kann, wenn er sich in einen anderen Zustand versetzt. Dieses Geistwesen weiht den Menschen auf der inneren Ebene in die Mystik der Wahrheit und Liebe ein.

Magische Drei: »Der Kreis der Drei, so lass dir sagen, er wird dich durch das Leben tragen. Dreimal erscheinen dir gute Feen, danach sind sie nicht mehr zu sehen. Drei Wünsche hast du, wähle weise, sie erfüllen sich auf deiner Lebensreise. Drei Aufgaben hast du zu erfüllen, dann wird sich die Kraft enthüllen. Dreimal erscheint die prüfende Kraft, die den Herzensklang erschafft. Rot, Schwarz und Weiß, das ist der dreifältige Göttinnenkreis. Silber, Gold und Diamant, drei Farben hat das Prachtgewand. Mond, Sonne und Sterne, ja diese Kräfte haben viele gerne. Zeigt sich ein Tier dreimal von allen Seiten, so wird dich seine Kraft begleiten. Dreimal spreche diesen Spruch, dreimal klopfe auf das Tuch, dreimal drehe dich im Kreise, und schon erscheint der alte Weise. Drei ist eine magische Zahl, sie führt dich zum Heiligen Gral. Folge den Spuren der Drei. Denn eins, zwei, drei, und du bist frei. Denn drei mach gleich, so bist du reich.« Die Trinität ist eine Kraft, die Substanz erschafft, erhält und zerstört. Die Drei ist eine heilige und magische Zahl, die mit dem Übernatürlichen in Verbindung steht. Es ist die Zahl, die sich nicht nur für die Gegenüberstellung von Dingen eignet, sondern auch zu deren Durchdringung (Tag – Zwielicht – Nacht, heiß – lau – kalt etc.). So lassen sich Gegensätze ohne harte Übergänge miteinander verbinden. In zahlreichen Mythen, Legenden, Erzählungen und Ritualformen spielt die Zahl Drei eine große Rolle. Sie steht auf besondere Weise mit der mystischen Seele des Naturreichs in Verbindung und ist die Zahl der Manifestation (des Form gewordenen Gedankens), der Verbindung, des Aufstiegs. In der Dreiheit ist alles Geistige und Körperliche enthalten, nämlich Anfang, Mitte und Ende. In der Drei zeigt sich der Tanz der Energien. Jede Größe kann durch die Dreiheit erfasst werden, in Linie, Fläche und Körper, Länge, Breite und Höhe. Drei Akkorde, Oktave, Quinte und Terz, bilden eine Harmonie. Aus den drei Farben Rot, Gelb und Blau entstehen unglaublich viele Variationen an Farben. Dreifach sind die Lebensgeister, seiend, fühlend und verständigend. Die Dreiheit in männlicher Form sind Vater, Sohn und Heiliger Geist, Gedächtnis, Vernunft und Wille. Die Dreiheit in weiblicher Form ist die dreifältige Göttin, die Jungfrau, die Mutter und die alte Weise, Liebe, Hoffnung und Glaube. Helden vieler Legenden und Mythen kommen an der heiligen Zahl Drei nicht vorbei: Meistens gibt es in den Geschichten drei Geschwister; drei Aufgaben müssen erfüllt werden; dreimal erscheint die gute Fee, dreimal begegnet er oder sie den Schicksalsmächten; ein ein-, zwei- und dreiköpfiger Drache begegnet dem Helden. Auch in der griechischen Mythologie erscheint die Drei in vielen Formen: Die Welt ist aufgeteilt in Oberwelt, mittlere Welt und Unterwelt. Es gibt drei Erinnyen (bei den Römern: Furien), Rachegöttinnen mit Namen Alekto, Teisiphone und Megaira (von letzterer leitet sich der Begriff »Megäre« ab, der eine tyrannische Frau beschreibt); sie beschützen die göttliche und die sittliche Weltordnung. Weiterhin sind da die drei Schicksalsgöttinnen, die Moiren (bei den Griechen), auch Parzen (bei den Römern) oder Nornen (bei den Germanen); sie spinnen, bemessen und durchtrennen den Lebensfaden des Menschen. Bei den Griechen sind es Klotho, die Spinnerin, Lachesis, die Zuteilerin des Materials, und Atropos, die Unabwendbare, die den Lebensfaden durchtrennt. Drei Horen wachen über Recht und Ordnung: Dike, die Göttin des Rechts, Eirene, Göttin des Friedens, und Eunomia, Göttin der staatlichen Ordnung. Drei Göttinnen wachen über die Frucht: Thallo, Göttin der Blüte, Auxo, Göttin des Wachstums, und Karpo, Göttin der reifen Frucht und der Ernte. Es gibt drei Gorgonen, Steno, Euryale und Medusa, jene Ungeheuer mit schreckenerregendem Antlitz, deren Bilder an Tempeln und Gräbern angebracht zur Abwehr böser Mächte dienen. Da sind die drei Grazien, auch Charités genannt: Anmut, Huld und Dichtung, sie wachen über die bildenden Künste ... In vielen magischen Ritualen und Beschwörungsformeln spielt die Drei eine große Rolle. Das Dreieck im Kreis mit drei mächtigen Engelwesen erzeugt die Kraft der Manifestation. Dreimal werden die Kräfte gerufen. Dreimal muss ein Ritual durchgeführt werden ... Wenn sich eine Kraft, sei es ein Engel, ein Naturwesen, ein Tier, eine Aussage, ein Hinweis etc., dreimal in verschiedenen Formen offenbart, spielt sie eine tragende Rolle im Leben eines Menschen und ist für ihn gedacht. Auch für den Aufstieg und die Meisterschaft spielt die Drei eine große Rolle. Die Heiligen Drei Könige erschienen zu Jesu Geburt. Jesus ist am dritten Tage auferstanden. Drei große Stationen, Geburt, Leben und Tod, durchläuft das Leben, bevor es sich in eine neue Energie verwandelt. Das Symbol der Drei ist das allsehende Auge Gottes.

Mahr: Ein Nachtgeist und Schreckensdämon. Er belästigt und quält Menschen des Nachts in ihren Träumen. Er zieht alte quälende Erinnerungen herbei und bestückt die Zukunft mit Angst und Schrecken.

Maia: (= Mütterchen) Eine griechische Erdgöttin, wurde später zur Nymphe, die dann zu den Plejaden gehörte.

Maide, Mari: Baskische Nachtgeister, die nachts in die Häuser kommen und die für sie in der Küche hingestellten Speisen zu sich nehmen. Sie brachten den Menschen das bei, was in den Bereich Kultur fällt.

Majas gars: Lettischer Hausgeist, der das Wohlergehen der Hausbewohner sichert. Er hält Böses fern und bewirkt Gutes.

Makemake: Polynesischer Meeresgott der Osterinseln. Schutzherr der Seeschwalben.

Malu: Sibirischer Hausgeist und Helfer bei der Jagd bei Ewenken und Tungusen (Völker der sibirischen Tundra). Er hat seinen Platz an der Hinterwand der Wohnstätte.

Mamaragan: Australischer Blitzmann, dessen Stimme der Donner ist und der seine Blitzäxte nach Bäumen und Menschen wirft. Während der Trockenzeit wohnt er auf dem Boden eines Wasserlochs, und in der Regenzeit reitet er auf der Spitze einer Donnerwolke.

Mandan: Bösartige Gruppe von Elementargeistern, halb Tier, halb Mensch.

Manen: Bei den Römern die Seelen Verstorbener. Es sind gute Totengeister und Seelen, welche die Familie weiterhin beschützen. Ihre Masken und Altäre wurden in römischen Privathäusern aufgestellt.

Manzashiri: Urriese bei den Kalmücken (westmongol. Volk), aus dessen Körper die Welt geformt wurde. Aus seinem Fleisch entstand die Erde, aus dem Blut das Wasser, aus den warmen inneren Organen das Feuer, aus den Haaren das Gras, aus den Knochen das Eisen, aus den Zähnen die Planeten, aus den Augen Sonne und Mond.

Marie: Baskische Herrin des Wetters und des Windes, Königin aller Geister.

Maruts: Vedisch-brahmanische Sturm-, Donner- und Regengötter, die mit ihren Streitäxten die Wolken spalten.

Masaw: Bei den Hopi-Indianern der Hüter der Unterwelt, später Wächter der vierten Welt. Die vierte Welt der Hopi ist die vollständige, gegenwärtige Welt.

Mashurdalo: Bei den Zigeunern ein Riese und Menschenfresser, der in Wäldern und Einöden haust, wo er Tieren und Menschen auflauert, um sie zu verspeisen.

Masichua: Graugehörnte Wächterschlange des Nordens bei den Hopi-Indianern.

Maus: Tier der magischen Reiche. Die Maus ist ein Tier, das zu allen Zeiten überall auf der Welt zu finden war und ist, entsprechend viele Erzählungen und Sagen gibt es über sie. Sie steht u. a. mit Elfen, Zwergen, Dämonen, Feuerwesen, Engeln der Natur, Lichtelfen in Verbindung. Die Wesen des Kleinen Volkes nehmen gern Mausgestalt an. Man sagt, dass die Elfen und Zwerge in den Rauhnächten in der Gestalt von Mäusen ihre Umzüge halten. Die unterirdischen Gänge der Mäuse wurden im Volksglauben mit den Erdgeistern verbunden, welche die Eingänge und Wege in die untere Welt kennen und hüten. Man glaubte, die Maus sei aus Erde und Regen entstanden, dass sie aufgrund ihrer grauen Farbe aus den Wolken, Nebeln und Wirbelwinden komme, weshalb sie auch ein Unwettertier ist. Die Maus steht mit dem Mond, dem Mondlicht und dem Mondzyklus in Verbindung und ist der Nacht zugeordnet. In manchen Kulturen gilt sie als Tier des Teufels oder des Ahriman, seiner persischen

Entsprechung. Sie war früher ein Opfertier bei Seuchen. Ein schwarzer oder roter Mauseschwanz gilt als giftig und als schlechtes Omen. Eine Maus, die eine Gespensterkutsche zieht, kommt aus dem Elfenland. Durch einen Zwergenfluch kann man in eine Maus verwandelt werden. Hexen und Hexer nehmen gerne Mausgestalt an, um in die Schränke und Räume einzudringen. Bei den Hexenverbrennungen bildete man sich ein, Hexen entflöhen in Mausgestalt, und jagte deshalb die aus der Hitze des Scheiterhaufens fliehenden Mäuse zurück ins Feuer. Die Maus hütet magische und dämonische Schätze. In Bergwerken lenkt sie die Bergleute zu den Silberadern. Als Schatzhüter schrecken die Mäuse durch List und Gewalt Schatzgräber ab. Wenn man der Maus einen Schatz (Taler) spendet, so zeigt sie sich dankbar und mehrt die Schätze des Spenders. Die Maus ist auch ein Ahnen- und Seelentier, in ihr zeigen sich unschuldige Seelen. Lebende Seelen huschen des Nachts in Mausgestalt umher und denken beim Aufwachen, sie hätten nur geträumt. Verletzt man ein Seelentier, so ist die Verletzung anschließend bei seinem Menschen zu sehen. Eine auf dem Fenstersims hin und her laufende Maus ist die Seele eines Verstorbenen, die ins Freie will. Man sollte ihr das Fenster öffnen. Kommen in ein Haus ungewöhnlich viele (weiße) Mäuse, so kündigt dies einen Todesfall an. Auch der Traum von toten oder weißen Mäusen bedeutet Tod. Weiße Mäuse hält man für gute Geister, schwarze und graue für böse. Weiße Mäuse sollte man schützen, denn sie bringen Glück und Segen. Mäuse wandern fünf Tage vor Einsturz oder Erdbeben aus dem Haus oder Dorf. Träumt man von grünen Mäusen, so gibt es eine noch nicht gefundene Leiche. Rettet jemand eine Maus vor einer Katze, bedeutet das Glück. Tötet jemand eine Maus, bringt das hingegen Unglück usw..

Medusa (siehe Gorgonen)

Meereströpfchen: Engel der Natur. Sie gehören zu der Welt des Wassers und sind Winzlinge, welche die Kräfte des Wassers erneuern.

Melpomene: »Die Singende«; Muse der tragenden Dichtung (Tragödie), ihr Kennzeichen ist die tragische Maske (siehe Musen).

Melusine: Eine europäische Meerjungfrau, die den Neffen des Grafen von Portière heiratete. Ihr Nachkomme soll Guy de Lusignan gewesen sein, der im 12. Jahrhundert König von Zypern war.

Mena, Menaka: Hinduistische Nymphe der höchsten Welt (Apsara). Sie ist die Gattin des Himavata (Geistwesen des Himalayas) und Mutter der Ganga (Göttin eines Flusses, der im Himalaya entspringt).

Mererim: Mächtiger Herrscher der Luftgeister, dem eine große Schar Luftgeister dient. Er wird in der Magie angerufen, wenn es um Angelegenheiten geht, die das Element Luft betreffen.

Mermeut, Mermeunt, Meremuth: Nordeuropäischer Wetterdämon, der meist zusammen mit dem Sturmriesen Fasolt für Wetterzauber beschworen wird. Er kann Hagel, Sturm und Orkane verursachen. Seine Herkunft ist umstritten.

Merope: Griechische Nymphe und eine der sieben Plejaden. Da sie als Einzige einen Sterblichen geheiratet hat, verhüllte sie, nachdem sie mit ihren Schwestern als Sternbild an den Himmel versetzt worden war, aus Scham ihr Antlitz, sodass ihr Stern dunkler scheint als der ihrer Schwestern.

Merrow und Silky: Irische Bezeichnung für Meerjungfrauen und Nixen. Silkys erscheinen oft in Gestalt eines Seehundes.

Midgardschlange: Eine dämonische Riesenschlange der nordischen Mythologie, die sich selbst in den Schwanz beißt (Ouroboros).

Miezvilks: Lettauische Fruchtbarkeitsgeister, die Glück und Reichtum spenden.

Milchhexe, Schwandhexen, Lachsnerinnen, Molkentöversche, Tover-

sche: Im Gegensatz zu den milchraubenden, allerdings meist gutmütigen Vegetationsdämonen, die nach der Milch gieren, zeigen sich die Milchhexen als bösartige elbische Dämonen. Ihr Erscheinen bringt Unglück. Sie können Schadenzauber verrichten, Kühe befallen und Milch entziehen.

Mimi: Menschenfressende australische Zauber- und Geistwesen, die in den Felsen des westlichen Arnhemlandes wohnen. Sie sind so dünn, dass sie nur an windstillen Tagen auf die Jagd gehen können, da sie sonst befürchten müssten, weggeweht zu werden, und sich den Hals brechen könnten. Die Darstellung von stockähnlichen Mimi in menschenähnlicher Gestalt finden sich auf alten Felsbildern in Australien.

Mimir: (nord. für Erinnerer, Weiser) Ein nordgermanischer weiser Wasserriese, der an der zweiten Wurzel von Yggdrasil, der Weltenesche, den Mimirsbrunnen bewacht. Ein Trunk aus dieser Quelle schenkt Weisheit und Erkenntnis.

Mink und Nikel: Sie gehören zu dem Volk der Zwerge. Sie hüten die Erde mit ihren Schätzen. Sie leben in ihren Erz- und Edelsteinminen in den Bergen und sind an der Erdoberfläche selten bis gar nicht zu sehen. Sie hüten Schätze wie Eisen, Kupfer, Gold, Mineralien der verschiedensten Sorten, die sie pflegen und hegen, damit sie sich ausdehnen und erweitern können.

Minutes: Sie gehören zu den kleinen Elfenarten, sind ca. 5 cm groß und haben eine Lebensdauer von ca. 5 Jahren. Sie versorgen die Pflanzen mit spezifischer Energie.

Miren: Albanische Schicksalsgeister und Geburtsfeen, die zu dritt den Lebensweg eines jeden Neugeborenen bestimmen. Wenn sie in die Traumbilder von Schlafenden eintreten und dabei von deren Sorgen erfahren, helfen sie, Lösungen für selbst unlösbar erscheinende Aufgaben zu finden.

Mittagsdämon, Daemonus meridianus: Dämon,

der in der Mittagszeit Seuchen und Krankheiten verbreitet. Der Mittag galt als »Stunde des Pan« und wurde als die Zeit angesehen, in welcher der dämonische Einfluss am stärksten war. In der Bibel finden wir dazu in Psalm 91,6: »Du fürchtest dich nicht vor der Seuche, die am Mittag Verderben bringt.«

Mockel: Korn- und Vegetationsdämon.

Modsognir: Mächtiger Zwergenkönig und Herrscher, den man in der Magie ruft, um bestimmte Geheimnisse zu erfahren oder bestimmte Handlungen ausführen zu können.

Möhm: Korn- und Vegetationsdämon.

Moosleute: Moosgeister sind Waldgeister und gehören zu den wilden Leuten.

Mora: In slawischen Ländern ist er ein Hausgeist, der aus der Seele eines verstorbenen Ahnen entsteht oder die Seele eines lebenden Menschen ist, die nachts den Körper verlässt und andere im Schlaf stört, deren Lebenssaft raubt und sogar Blut aussaugen kann. Der Mora erscheint als unauffälliges Tier, z. B. als Nachtfalter, oder als unscheinbarer Gegenstand, z. B. als Haar oder Strohhalm. Er kann durch das Schlüsselloch in Häuser eindringen, oder er versteckt sich am Tage in dunklen Ritzen, Schränken und Kellern.

Morgane: Fee der Kelten. Sie spielt in der Artussage eine große Rolle. Der Name wird allerdings auch häufig für englische und französische Feen gebraucht.

Mujingwa: Bei den Hopi-Indianern Gottheit der Keimkraft, die im Frühjahr gerufen wird.

Mulo: Im Gebirge lebende Vampire und Totengeister der Zigeuner, die nachts die Menschen erschrecken. Es gibt schwarze und weiße Mulo, von denen die schwarzen bösartig sind. Beschrieben werden sie als Gestalten mit Leibern ohne Knochen und mit Händen, an denen die Mittelfinger fehlen.

Mümmelchen: In Südwestdeutschland Bezeichnung für eine Art von Wasserelben, oder Wasserwesen, welche die stillen Mummelseen bewohnen, in denen die Mummel- oder Nixenblumen, weiße Seerose und Wasserlilie, blühen.

Murawa: Wendische Alptraumgeister (siehe Alp und Druckgeister).

Murbl: Eine sagenhafte Schlange im Wurmbachtal in Tirol, die zu den Naturgeistern des Ortes gehört. Sie soll von dicker, kurzer Form sein, wie ein Wickelkind. Sie ist mit dem Haselwurm verwandt.

Murmlo: Engel der Natur, die den Wechsel des Wetters und das Aufkommen von Stürmen beeinflussen.

Musen: »Bedarfst du ihrer, rufe sie gleich, sie werden gern kommen, dich anzuleiten. Erato verleiht die Flügel der Liebesdichtung, gewandet die Zartheit der Liebessichtung. Euterpes Flötenspiel versetzt in Verzückung, und ihre Dichtung schenkt reine Beglückung. Kalliope bringt Heldentaten in posierende Form, fasst die Worte gemäß göttlicher Norm. Klio regiert die Geschichtswissenschaft, die mit ihrem Wissen Verpflichtung schafft. Melpomene die Kraft der Tragödie gelingt, menschliche Gefühle tief sie zum Ausdruck bringt. Polyhymnia, beschwingt im Rausch des musikalischen Glanzes, erzeugt alle Figuren und Formen des Tanzes. Terpsichore entlockt den Saiten liebliche Gesänge, sieben Töne gebracht in harmonische Klänge. Thalia amüsieren die menschlichen Schwächen, sie hält uns den Spiegel vor mit einem Lächeln. Urania waltet in kosmischen Sphären, mit Astronomie uns den Lauf der Sterne zu lehren. So behüten die Musen die Künste und halten sie rein, sie senden sie dem Menschen, der still ist in seinem Sein. Sie küssen den Mensch auf die Wange und senden ihm so die neue Kraft, welche neue Schöpfungswege schafft. Drum lass dich berühren von ihrem Sein, dann fällt dir mit Sicherheit einiges ein.«

Der Göttervater Zeus zeugte mit der Titanin Mnemosyne (wovon sich engl. »memory« ableitet, zu dt. »Gedächtnis«) neun Töchter. Diese vergnügten sich mit Musik, Kunst und Tanz und machten allen Göttern und Göttinnen Freude. Sie wurden schließlich die Musen, jene dem Luftreich zugehörigen Schutzgöttinnen, deren Aufgabe die Verbreitung von Inspiration, Begeisterung und Ideenreichtum ist. Sie widmen sich jenen Menschen, die sich mit geistigen und künstlerischen Tätigkeiten aller Arten beschäftigen. Wer von einer der Musen geküsst wurde, durch den fließt ein nicht mehr versiegender Strom ewig sich erneuernder Kreativität. Ihnen zugeordnet werden u. a. die Musik, die höheren Wissenschaften, das Theater, die lyrische Dichtung und die Kunst der Rede. Die Musen sind überall dort zu Hause, wo ihre Tätigkeiten Anklang finden. Als Sitz der Musen gelten das Helikon-Gebirge in Böotien und der Parnassos in Griechenland. Der Tempel der Musen war einst das Museum. Nach ihrem Geburtsort in Pierien am Nordfuß des Olymp werden die Musen auch Pieriden genannt. Eine weitere Bezeichnung für sie ist Pegasiden, das Volk des heiligen Pferdes Pegasus. Der schuf für sie mit einem Schlag seines Hufs den Brunnen Hippokrene auf dem heiligen Berg Helikon. Aus diesem Brunnen sprudelt das reine, klare Wasser einer niemals versiegenden Bergquelle, aus dem die Musen ihre Hingabe schöpfen. Mit dieser Kraft wecken sie in den Menschen die Begeisterung für die schönen Künste. Die neun Musen sind: Kalliope, »die Schönstimmige«, Muse der epischen Dichtung, mit den Kennzeichen Wachstafel und Griffel; Melpomene, »die Singende«, Muse der tragenden Dichtung (Tragödie), ihr Kennzeichen ist die tragische Maske; Thalia, »die Blühende«, Muse der komischen Dichtung, ihr Kennzeichen ist die komische Maske; Euterpe, »die Erfreuende«, Muse der Lyrik, ihr Kennzeichen ist der Aulos, die Doppelflöte; Terpsichore, »die Reigenfrohe«, Muse der Chorlyrik und des Tanzes, ihr Kennzeichen ist die Lyra, die Leier; Erato »die Liebevolle«, Muse der Liebesdichtung, ihr Kennzeichen ist das Saitenspiel; Polyhymnia, »die Hymnenreiche«,

Muse der Hymnendichtung; Klio, »die Rühmerin«, Muse der Geschichtsschreibung, ihre Kennzeichen sind die Papyrusrolle und der Griffel; Urania »die Himmlische«, Muse der Sternenkunde und Astrologie, ihre Kennzeichen sind Himmelsglobus und Zeigestab.

N

Nachtfrauen, Nachtfräulein: Gelten im deutschen Sprachraum als gleichzeitig gute und böse Naturgeister. Sie erscheinen im Dienste der Frau Holda auf Tieren reitend als nachtfahrende Weiber und Hexen. Sie werden als Traumgeister oder Traumweberinnen beschrieben, die den Menschen verschiedene Botschaften eingeben. Man glaubt, dass, wenn im Haushalt über Nacht Geschirr zerbrochen ist oder etwas verlegt wurde, die Nachtfrau da war. Die Nachtfräulein sind klein, wunderschön gebaut, zierlich, haben glänzende Gesichter und schneeweiße funkelnde Kleider. Man wirft ihnen einen Stein in die Grube, um sich vor ihrem Schabernack zu hüten. Sie gehen nachts in Häuser, trinken und essen dort, hinterlassen aber dafür Überfluss und Fülle. Weitere ihrer Art sind die Wald- oder Burgfräulein, die oft vornehm gekleidet sind. Sie erhalten Energien lange vergangener Ereignisse aufrecht, oft über mehrere Generationen hinweg, und erinnern den Menschen zu bestimmten Zeiten über Träume daran, dass sie noch auf ihre Erlösung warten.

Nachtzehrer: Eine besondere Klasse der Wiedergänger. Verstorbene Seelen, die Angehörige oder auch andere Menschen auf besondere Art nach sich in den Tod ziehen. Sie sind gierig nach dem Leben und nach weiterer Verbundenheit mit ihren Angehörigen. Sie rauben den Lebenden das Blut, den Lebenssaft, indem sie immer wieder leibhaftig zurückkehren, sich auf die Schlafenden legen und ihnen die Kraft rauben. Sie können dies auch durch Fernzauber von ihrem Grab aus tun. Menschen, die von Nachtzehrern befallen sind, fehlt oft die Energie, sie fühlen sich nie ausgeschlafen, können in ihrem eigenen Leben nicht nach vorn denken, hören flüsternde Stimmen und verspüren Gelüste, die nicht ihre eigenen sind. Dazu gehören z. B. ein erhöhten Genuss von Alkohol, bestimmter Nahrungsmittel oder fremde Verhaltensweisen. So ist der Lebende in der Gewalt von Toten, bis er selbst zu Tode kommt. Man kann in die Gewalt von Toten geraten, wenn man sich Eigentum von Toten aneignet oder dem Toten vom eigenen Eigentum etwas mit in das Grab legt. Hier gibt es verschiedene Riten und Bräuche, die zu beachten sind, um sich vor diesen Wesen zu schützen oder sich von ihnen zu lösen.

Nadjaden: Wasserwesen, die über den Nixen stehen und die Aufbereitung des Wassers überwachen.

Nagas: (sanskr. für Schlangen) Im brahmanisch-hinduistischen Weltbild halbgöttliche Schlangenwesen und Schutzgenien von Wasserstellen, Flüssen, Seen und Bächen. Sie bewachen die Schätze in der Wassertiefe, schenken Fruchtbarkeit, und man findet sie oft als Wächter an den Tempeltoren. Zu den Nagas zählen Vasuki, Ananta und Manasa. Sie werden oft als Mischwesen dargestellt, mit menschlichem Gesicht, dem gespreizten Nacken einer Kobra und dem Schwanz einer Schlange. Ihre Kennzeichen sind Lotus und Pflug.

Nagual: Aztekischer Schutzgeist in tierischer oder pflanzlicher Gestalt. Menschen und Götter sind mit ihrem jeweiligen Nagual durch eine Schicksalsgemeinschaft verbunden, sodass Verletzung oder Tod des einen dasselbe Los für den anderen bedeutet.

Nataaska: Kachina-Unhold bei den Hopi-Indianern (siehe Kachina).

Naturgeister des Ortes: Naturgeister, die sich nur an bestimmten Orten, in bestimmten Gebieten oder an bestimmten Stellen aufhalten. Sie prägen diesen Aufenthaltsort mit ihrer besonderen Energie und Kraft. Wie das Ungeheuer von Loch Ness zum entsprechenden schottischen See gehört, so gehört die Fata Morgana in die Wüste, der Alpbütz in die Alpen, der Yeti (Schneemensch) in den Himalaya usw.

Navi: Slawische Toten- und Hausgeister, die aus den Seelen vor oder nach der Geburt zu Tode gekommener Kinder hervorgehen. Sie erscheinen in der Gestalt eines großen nackten Vogels, der Schwangere oder Wöchnerinnen überfällt und den Milchtieren die Milch raubt.

Neentel: Engel der Natur, welche die Rhythmen und Jahreszeiten beaufsichtigen.

Nenam: In Irland, England und Schottland bekannte Gruppe von Naturwesen, die zum Kleinen Volk gehört.

Neptun und Lunara: Göttliche Intelligenzen, die über das Wasserreich wachen und es behüten. Neptun ist der römische Gott der Quellen und des Wassers, nach dem auch der Planet Neptun benannt ist, und er ist der Hüter und Beschützer des Wasserreiches. Lunara ist die Göttin des Mondes, die in vielen großen Göttinnen, wie z. B. in Isis, Ishtar oder Demeter, geehrt wurde. Sie bestimmt die Gezeiten, die magnetischen Kräfte und Strömungen und übt großen Einfluss auf die Wasserwelten in allem Lebendigen aus. Das Wasser, das den größten Teil unseres Planeten bedeckt, wurde den Menschen zur Freude geschenkt. Abgesehen davon, dass es Grundlage des Lebens ist, leitet es auch die magnetischen und elektrischen Ströme.

Nereiden (siehe Nixen).

Nereus: Greiser griechischer Wasser- und Meeresgott von wandelbarer Gestalt; auch Orakelgott.

Nesrach: Südlicher Herrscher der Wassergeister, den man in der Magie beschwört, um die Kräfte des Wassers zu aktivieren.

Nessi, Ungeheuer von Loch Ness: Ein drachenartiges Ungeheuer, das im schottischen See Loch Ness leben soll.

Nha-San: Afroamerikanische Wind- und Sturmmutter.

Ni: Indianische Meeresgöttin und Gattin des Mondgottes Si.

Niamh: Irische Feenkönigin. Sie reitet ein weißes Pferd mit einem goldenen Sattel mit rot-goldenen Verzierungen und feingesponnenen goldenen Zügeln. Sie trägt eine Königskrone, einen Mantel aus dunkler Seide, auf den Sterne aus rotem Gold gestickt sind. Ihre Augen sind blau und klar wie der Tau auf dem Gras. In jeder Locke ihres Haares ist ein goldener Ring zu finden. Ihre Haut ist weiß wie das Gefieder eines Schwans, und ihre Wangen sind wie zarte Rosenblüten. Ihre Lippen sind wie roter Wein und so süß, als ob man sie mit Honig mischte. Sie ist die Feenkönigin aus dem Land der Jugend.

Nicht, Nocht, Naethin: Koboldartiges Naturwesen, das zum Kleinen Volk gehört und in Irland, England und Schottland bekannt ist.

Nickelmänner: Wassergeister, die unter Wasser in einem Loch in einem Haus mit Glasfenstern hausen. Sie sind oben Mensch, unten Fisch und haben scharfe Zähne. Ein roter Nickelmann pflegte aus seinem Wasser herauszukommen, um den Markt von Quedlinburg zu besuchen und dort Einkäufe zu machen. Aus der Elbe kam beispielsweise einmal ein greises Männchen und bat einen Bauern, ihm ein Messer mitzubringen.

Nicksa: Herrscher der Nixen und der Wassermänner. Er wird in magischen Ritualen beschworen, damit er die Kraft über das Wasser verleiht. Wassergeister begünstigen die Kristall- und Spiegelschau in die Vergangenheit, Gegenwart und Zukunft, sie verfügen über die Heilkräfte des Wassers: Verjüngung, Energetisierung, Reinigung. Dienstbare Geister von Nicksa sind u. a. Wogoros, Phalohob, Falegei, Ystowe und Stywoi, sie gehören zur Spiriti familiarii (dienstbare Geister). Man sollte mit diesen Kräften vorsichtig walten. Weitere Gebieter des Elementes Wasser sind: Amasol, Amue, Osipeh, Ariphn, Aposto, Ermot, Isaphil, Istiphul. Diese Namen lassen sich in Beschwörungsrituale einbauen.

Nidhögg: Nordgermanischer Neiddrache. Sie haust am Brunnen an den Wurzeln von Yggdrasil, der Weltenesche. Sie gilt als Totendrache, der Leichen frisst und das Blut der Toten säuft.

Niksa: Dem Nix ähnliche männliche Wassergeister, die in kleineren Gewässern und Tümpeln hausen.

Ninaruna: Naturgeister, die einst unter den Menschen lebten und sich dann in die Vulkane zurückzogen. Lava ist der Schutz für die Ninarunas. Vulkankrater sind die Eingänge in ihre Welt. Wer zu ihnen kommen möchte, muss durch die Krater einsteigen und durch die Lava hindurchtauchen. Sie hüten alle ausgestorbenen Pflanzen und Tierarten. Wenn die Zeit dafür gekommen ist, werden die Ninarunas sie wieder in die Welt zurückbringen. Man kann mit ihnen Kontakt aufnehmen, um das alte Wissen vermittelt zu bekommen.

Ninlin aus dem Elfenreich: »Zaubergleich aus dem Elfenreich. Nicht nur lieb sind wir, nein wir verteidigen unser Revier. Mit all unserer Macht, die das Licht hat uns gebracht. Drum, Wandersmann, hab acht, sonst fühlst du unsere magische Macht.«

Nisse: Ein norwegischer Geist, grau gekleidet mit roter Pechhaube. Er trägt bei Nacht ein blaues Licht und wacht über die Finsternis.

Nissepuck: Koboldartiger Wassergeist.

Nivashi: Wassergeister bei den Zigeunern, welche die Menschen von Brücken herunterzerren und sie ertränken. Sie sperren deren Seelen dann in Töpfe und ergötzen sich an ihrem Gewimmer. Sie werden als Gestalten mit aufgedunsenen Leibern und Pferdefüßen beschrieben.

Nixen, Havfrue, Watermöme, Meerminnen,Mermaids, Mara-Wara, Daoine Mara: Nixen und Nereiden sind weibliche Meeresgeister. Zusammen mit den Okeaniden hüten sie das Salzwasser. Die Nixen sind die uns bekannten Meerjungfrauen, die in Skandinavien und Norddeutschland Havfrue oder Watermöme genannt werden, ihre Kinder Marmaeler. In Holland heißen sie Meerminnen, in England Mermaids, in Irland Mara-Wara und in Schottland Daoine Mara. Es sind Wasserjungfrauen von zauberhafter Schönheit, und sie werden oft als anmutige Menschenfrauen mit Fischschwanz beschrieben. Ihre Haut und ihre langen Haare schimmern in allen Farben, ausgenommen Weiß und Grau. Sie gelten als hilfsbereit, verspielt, und sie träumen gerne vor sich hin. Sie sitzen gern auf Felsen am Meeresufer, wo sie ihre langen Haare kämmen, und sie lieben es, sich mit den Schätzen der Meere zu schmücken. Ihre tiefe Liebe und Verbundenheit mit dem Wasser verleiht ihnen eine anziehende Aura. Sie lieben fröhliche Menschen, insbesondere Kinder, die Spaß im Wasser haben. Gelochte Muscheln und Korallenstückchen sind eine Gabe der Nixen und Nereiden und helfen, Gefühle zu heilen und zu schützen. Nereiden sind eine Nymphenart, die sich wie die Nixen um das Salzwasser kümmert. Nereiden werden als honigäugige Meerestöchter in goldgelben Gewändern beschrieben. Sie wohnen in silberschimmernden Grotten auf dem Meeresgrund. Die Nereiden sind die 50 Töchter des Meeresgreises Nereus, Schutzpatroninnen der Seeleute. Nereiden sind den Menschen jedoch nicht immer freundlich gesinnt. Wer sie zur Mittagszeit beim Essen stört, den strafen sie mit Schluckauf, Sodbrennen oder Magenschmerzen. Wer ihnen beim Baden auflauert, den lassen sie erblinden, und wer sie anspricht, dessen Stimme lassen sie verstummen. Laut griechischer Mythologie kann ein Mensch, der einem dieser Leiden erliegt, die Nereiden wieder besänftigen, indem er ihnen eine Woche nach dem begangenen Frevel, zur selben Tageszeit, einen Topf Honig bringt. Nixen und Nereiden gehören dem Wasserelement an, wobei Nixen nicht so sehr an das physische Wasser wie an die energetische Form des salzigen Elementes gebunden sind. Sie alle leben in

Unterwasserwelten und -königreichen, vorwiegend in salzhaltigen Gewässern, wobei es Ausnahmen gibt, z. B. an Mündungen von Flüssen, die sich ins Meer ergießen, in Mooren und ab und zu in tiefen Brunnen. Sie kümmern sich mit ihrer ganzen Liebe um die Wasserpflanzen, Korallen und Muscheln, hüten die Mineralien und die zarten Wassertiere. Den Schätzen ihres Reiches, z. B. den Perlen, widmen sie ihre besondere Aufmerksamkeit. Ihre Aufgabe ist es, die Lebensströme der Unterwasserwelten zu leiten, wobei sie von den Engeln angeleitet werden. Wenn Nixen die Erlaubnis dazu erhalten, führen sie Fremde in die Unterwasserwelten, retten zuweilen Ertrinkende, indem sie diese über lange Strecken ans Land tragen. Nereiden hingegen umkreisen Sterbende und hüllen sie in ein schönes Licht ein, um ihnen beim Übergang behilflich zu sein. Manchmal führen sie auch Taucher zu Schätzen, die in den Tiefen der Meere verborgen sind. Nereiden bleiben lieber in der Tiefe des Wassers, Nixen hingegen kommen oft an die Wasseroberfläche und vollführen dort Sprünge wie Delfine, wenn sie sich aus dem Wasser katapultieren. Dieses Schauspiel sieht aus wie ein lustiges, spaßiges Spiel der Nixen miteinander, hat aber auch einen Zweck: Durch ihre tanzähnlichen, spielerischen und rhythmischen Bewegungen vermischen sie Luft, Licht, Salz und Wasser, verteilen die Energie des Wassers im Raum und energetisieren damit das Gewässer und das Gebiet rundherum. Dies ist der Grund, warum Landschaften in der Nähe von großen Gewässern eine heilende Wirkung auf den Menschen haben. Bei ihren Tänzen strahlen die Nixen eine Freude aus, die sich auf Menschen und besonders Kinder in ihrer Nähe überträgt. Nixen sind allerdings sehr scheu und verschwinden schnell, wenn sie merken, dass sie beobachtet werden.

Nixs: Germanische Bezeichnung für männliche Wassergeister. Männliche Nixs sind oft böse Flussungeheuer mit magischen Fähigkeiten. Sie werden als Fischmenschen dargestellt. Sie weissagen und erteilen Rat, führen aber auch in die Irre, indem sie menschliche Eigenschaften, wie z. B. Eitelkeit, Habgier, Stolz, verstärken. Sie können ihr Gewässer für einige Zeit verlassen, sind aber an dieses gebunden. Sie lieben Musik, Weiber und Gesang. Man erkennt sie an den grünlich schimmernden Zähnen und tropfenden Haaren oder Kleidern.

Nöck, Nöcker: Wassergeister niedrigen Ranges von gutmütiger bis bösartiger Prägung.

Nommo: Slawische Wassergottheit, die Regen und Fruchtbarkeit bringt. In jeder Wasserlache findet sich ein Nommo, ein Zwilling und Mischwesen zugleich, halb Mensch, halb Schlange.

Nornen: Germanische Schicksalsgöttinnen und Geburtshelferinnen. Sie spinnen den Schicksalfaden der Menschen und Götter (siehe auch Magische Drei). Es sind die drei Schwestern Urd, Verdandi und Skuld, die für Gewordenes, Seiendes und Werdendes stehen. Sie haben ihren Wohnsitz unter der Weltenesche Yggdrasil. Sie hüten den Schicksalsbrunnen Urd.

Nuckelavee: Gruppe von Naturwesen, die zum Kleinen Volk gehört und in Irland, England und Schottland bekannt ist.

Numon-popil: Sibirischer koboldartiger Hausgeist der Blockhütte.

Nymphen: Sie sind eine große Gruppe von anmutigen, weiblichen Naturwesen, die sich um das Wasser, insbesondere das Süßwasser, auf jede Art und in jeder Form kümmern; das Salzwasser wird von den Okeaniden und Nereiden betreut. Die Nymphen sehen aus wie hübsche jugendliche Frauen. Sie zeigen ihre verführerischen Reize, stillen aber nicht das geweckte Verlangen. Allerlei Götter, Menschen und Naturgeister lieben es, den Nymphen nachzustellen, da diese sie mit ihrem Liebreiz in ihren Bann ziehen. Sie tanzen über unterirdischen Quellen, leben entlang den Flussufern, regeln den Wasserhaushalt der Bäume, hüten das Wasser in den Tiefen der Berge und Höhlen, lenken den Regen, beleben die Meere ... Die Aufgabe der Nymphen ist es, das Wasser zu reinigen und mit kosmischem Licht energetisch aufzuladen. So bleibt es lebenspendend, bewohnbar, heilend und erfrischend. Verlassen Nymphen einen Ort, so versiegt die Kraft des Wassers dort, und es wird zu einem toten, abgestandenen Gewässer. Sie erfüllen das Wasser mit ihrem Licht und ihrer Liebe. Entsprechend ihren Lebensräumen unterscheidet man verschiedene Nymphenarten:

- Oreaden (griech. »oros« = »Berg«): Nymphen, die in Hügeln, Bergen und Grotten hausen.
- Hamadryaden und Dryaden (griech. drys = »Baum«, »Eiche«): Nymphen, die in den Bäumen und Büschen hausen und den Wasserhaushalt regeln. Zu den Dryaden gehören auch die Alseiden, die Nymphen des Waldes. Sie beleben den Wald und lenken die unterirdischen Gewässer, wie z. B. die Wasseradern.
- Nereiden, die Töchter des Meeresgreises Nereus: eine Gruppe von 50 Meeresnymphen, welche die Schutzpatroninnen der in Seenot Geratenen sind und zu fröhlicheren Gelegenheiten die Seeleute mit ihrem Spiel erheitern.
- Okeaniden (lat. »oceanus« = »Meer«, »Ozean«): Nymphen des Ozeans und der Flüsse, die untergeordnete Wasserwesen leiten. Zu ihnen gehören z. B. die Flussnymphen Eurynome, Elektra, Iris, Metis, Nike, Tyche.
- Danaiden, die 50 Töchter des Königs Danaos von Argos: Nymphen, die ursprünglich als Hüterinnen der Quellen und Flüsse verehrt wurden.
- Plejaden, die 7 Töchter des Riesen Atlas: Nymphen, die das »Siebengestirn« im Sternbild Stier bilden. Sie sind von Mitte Mai bis Ende Oktober am Sternenhimmel sichtbar. Ihr Aufgang kündigt den Anfang und ihr Untergang das Ende der Jahreszeit an, in der die Meere schiffbar sind.
- Najaden, die Nymphen der Landgewässer: Zu den Najaden gehören die Quellnymphen, Bach- und Wiesennymphen, Auennymphen und andere Landschaftsnymphen.

O

Oakshee: Eine Gruppe irischer Busch-, Strauch- und Baumgeister mit unbegrenzter Macht, die bestimmte Gebiete hüten (siehe auch Skeaghshee).

Oberon: Er ist der höchste König der Elfen und Gemahl der Feenkönigin Titania (Shakespeare). Einer der fünf Uranusmonde wird ebenfalls Oberon genannt.

Oceanos, Ozeanus (oceanus lat. = »Meer«, »Ozean«): Titan, Herr des Meeres, dem Pazifik zugeordnet. Sein wahrer Name ist Pericus. Er ist friedliebend, mächtig und von großem Einfluss in seinem Reich. Er hütet die magischen Schätze der Wasserwelten. Unter seiner Aufsicht stehen unendliche Scharen von Wasserwesen.

Odei: Baskischer Wettergeist. Er kann Gewitterwolken, Blitz und Donner verursachen.

Odin: Göttervater in der germanisch-nordischen Mythologie. Odin, der auch Wotan genannt wird, herrscht über die anderen Götter und ist der Gott der Luft. Er hütet Magie und Weisheit; über die Runen, die er an der Weltenesche Yiddrasil hängend empfing, teilt er sich den Menschen mit.

Oger, Jätte: Mit den Riesen verwandte, zwischen 3 Meter und turmhoch große menschenfressende Ungeheuer und Unholde. In Skandinavien werden sie Jätte genannt. Sie haben sich überall auf der Welt niedergelassen und hausen sowohl in dunklen Gemäuern und Ruinen als auch über den Wolken in den Reichen der Riesen. Sie bevorzugen die Farbe Rot, insbesondere Blutrot und tiefes Purpur. Sie haben ein Auge mit sieben Pupillen, sieben Fußzehen und sieben Finger sowie Vampirzähne und Pferdeohren. Es gibt auch Oger mit mehreren Köpfen. Die Oger bewahren ihre Seele außerhalb ihres Körpers, und zwar in einem gläsernen Ei, in einem Taubennest, auf dem Mond, in einer eisernen Kiste oder auf dem tiefen Meeresgrund. Sie können zaubern, sich in allerlei Gegenstände und

Tiere verwandeln und sind in den magischen Künsten gut bewandert. Sie lieben es, Menschen die Lebensenergie zu rauben.

Okeaniden (lat. »oceanus« = »Meer«, »Ozean«): Nymphen des Ozeans und der Flüsse; sie leiten untergeordnete Wasserwesen. Die Okeaniden sind die 3000 Kinder des Titanenpaares Okeanos (Gott des Meeres und des Weltenstroms) und Tethys. Zu ihnen gehören z. B. die Flussnymphen Eurynome, Elektra, Iris, Metis, Nike und Tyche.

Ongons: Mongolische Haus- und Schutzgeister. Ihnen wird Milch dargebracht, die am Zelteingang hingestellt wird. Sie gleichen den Laren (siehe dort).

Onosceli: Männliche eselsbeinige Mischwesen des Zwergenvolks, die an trockenen Orten hausen. Sie stellen dem weiblichen Geschlecht aller Gattungen nach und pflegen zuweilen sexuellen Umgang mit ihm. Sie können Menschen besetzen und deren Triebhaftigkeit entfachen.

Ora: Albanische Geburts- und Schicksalsgeister, meist weiblich. Jeder Mensch hat von Geburt an eine Ora, sie ist seine persönliche Schutzpatronin. Der Mutige und Tapfere hat eine weiße Ora, der Feige eine schwarze Ora. Grollt die Ora einem Menschen, so schneidet sie seinen Glücks- oder Lebensfaden durch.

Orcus: In der römischen Antike ist er der Gott der Unterwelt und Herr über die Toten. Er entspricht dem griechischen Hades. Von ihm wurden die unterschiedlichsten Dämonengestalten und dämonischen Erscheinungsformen abgeleitet. Durch die Christianisierung wurde er zu einem der großen Satansfürsten. Diener, die in seinem Auftrag handeln, werden u. a. Orks, Norks oder Lorks genannt.

Oreaden (griech. »oros« = »Berg«): Nymphen, die in Hügeln, Bergen und Grotten hausen. Echo z. B. war eine Bergnymphe. Die Oreaden tragen Verantwortung für die höheren Formen der pflanzlichen Entwicklung.

Orks: Sie sind Erdfeuerwesen und gehören zum Zwergenvolk. Schon in der Spätantike wurden die Orks zu menschenähnlichen dämonischen Wesen, und im Frühmittelalter, unter dem Einfluss des Christentums, schließlich vollends zu finsteren und bösartigen dämonischen Gestalten, die dem Höllenfürsten dienen. Ihr Name geht auf lat. »orcus« zurück (siehe Orcus). Ursprünglich waren die Orks eine Gruppe von Zwergen, die als Herren und Hüter der Tiere der Gegend, in der sie lebten, sowie der Wald- und Bergwildnis galten, wo sie jeden Winkel kennen. Sie leben auf Berghöhen und Almen, in Wäldern, Felslöchern und Tälern. Sie können Tiere lenken und vor Jägern warnen, indem sie sie aufschrecken. Außerdem sind sie hervorragende Spurensucher und kennen die Eingänge in die Erd- und Feuerwelten. Wer sie würdigte, für den bewachten sie hilfreich das Vieh, oder sie führten ihn in der Wildnis, dass er sich nicht verirrte, und schenkten ihm die Medizin der Tiere. Wer gegen ihre Gesetze verstieß und sich in der Wildnis frevelhaft verhielt, der wurde bitter bestraft. In vielen Gegenden findet man allein lebende Orks, doch in manchen gibt es auch größere Gruppen. Sie wurden wie folgt beschrieben: zwergenhaft, verkrüppelt, mit einem riesigen Kopf, blatternnarbiger Stirn, schielenden Augen, verwachsenen Augenbrauen, gequetschten Nasen oder großen Hakennasen mit Nasenlöchern so schmutzig wie Kloaken, einem Maul wie ein Mühlrad, aus dem unvollständige Zahnreihen ragen, die Brust filzig behaart, mit krummen Beinen und großen unförmigen Füßen. Sie sehen wild und böse aus, und wer ihnen begegnet, bekommt einen großen Schreck, wenn er bei ihrem Anblick nicht gar in Ohnmacht fällt. Die Orks können gemein bis gefährlich sein. In Tirol und angrenzenden Landschaften werden sie als unheimliche und bösartige Dämonen beschrieben, die dem Teufel (dem Gott der Unterwelt) dienen. Ihre Wandlung vom Wildhüter zum bösartigen koboldhaften Dämon wird durchaus nachvollziehbar, wenn man sich einmal den Umgang des Menschen mit der wilden Natur und ihren Lebewesen, besonders den Tieren der Wildnis, anschaut. Wahrscheinlich haben sie über die Zeit das Vertrauen in die Menschen verloren. In vielen späteren Erzählungen werden sie deshalb als Wesen dargestellt, die sich dem Licht entgegenstellen und den Kräften des Bösen dienen, so z. B. auch in J.R.R. Tolkiens »Herr der Ringe«.

Ornias: Ein bösartiger Dämon, der bei König Salomon erwähnt wird. Er verursacht bei den Menschen Auszehrung oder ruft in Gestalt einer Frau lüsterne Träume hervor. König Salomon zwang ihn mithilfe seines Zauberrings, am Bau seines Tempels mitzuarbeiten. Ornias erzählte ihm, dass Dämonen am Himmel zwischen den Sternen herumflögen und bei dieser Gelegenheit einiges von den Geheimnissen des Himmels ausspionierten. Sie werden dabei allerdings schnell müde. Da sie sich dort oben nirgendwo festhalten könnten, fielen sie manchmal wie glänzende Blitze auf die Erde herab und setzten dabei Gebiete und Wohnstätten in Brand. Ornias sind auch eine Vampirgattung, deren Angehörige die Gestalt von Frauen annehmen und mit Männern geschlechtlich verkehren.

Ovinnik: Slawischer Hauskobold, dem am 4. September zum Beginn des Korndreschens ein Huhn geopfert wird.

O-yma-tsu-mi: Shintoistischer* Feuer- und Berggott.

P

Pachua: Gefiederte Wasserschlange der Hopi-Indianer.

Pairikas: Persische Zauberwesen von großer Schönheit, die über magische Zauberkräfte und wirksame Liebeszauber verfügen. Sie versuchen, gute Menschen zu verführen und von der wahren Religion abzubringen.

Pajainen, Palvanen: Finnischer Himmels- und Donnergott. Seine

Werkzeuge sind der Hammer und das Beil.

Palciki: In Litauen die Bezeichnung für Däumling (siehe dort).

Palulukang: Wasserschlange und Wächterschlange des Südens bei den Hopi-Indianern.

Pan: In der Mythologie der Griechen ist Pan der Gott des Waldes und der Weiden, ein Vegetationsgott der Natur und Schutzgott der Hirten und Herden. Er ist Sohn des Hermes und einer Nymphe. Im Gefolge von Dionysos führte er die Satyrn an und stellte den Nymphen nach. Oft wird Pan als ein Mischwesen aus Mensch und Tier beschrieben und mit Beinen und Hörnern eines Ziegenbockes dargestellt. Die Ziege gilt von jeher als ein Symbol der Sexualkraft und der wilden unberechenbaren Triebe allgemein. Die Sexual- und Triebkraft ist wohl die mächtigste lebenerschaffenden Kraft der Natur; sie wird und wurde von den Menschen stets, wenn nicht gar gefürchtet, so doch zwiespältig beurteilt. Die Natur jedoch wertet nicht. Pan wurde einst angerufen, um Schuld zu sühnen und um Unheil vom Volk abzuhalten. In Rom hatte er, der in der römischen Mythologie dem Gott Faunus entspricht, dem Gott der Fruchtbarkeit, auf der Tiberinsel seinen Tempel. Für ihn wurde das römische Fest der Lupercalia gefeiert, anlässlich dessen ein Ziegenbock geopfert wurde und die jungen Männer durch die Straßen liefen, wo sie alle Mädchen, deren sie habhaft werden konnten, mit Ruten schlugen, um so die Fruchtbarkeit zu mehren. Menschen, die mit der mystischen Dimension des Lebens arbeiteten (Magiere, Hexen, Weise), riefen ihn, um sich von ihm in die Geheimnisse der Natur einweihen zu lassen. Ab ca. 700 n. Chr. wurde er von der christlichen Kirche als Verkörperung des Teufels angesehen – dessen bocksfüßige Erscheinung von Pan abgeschaut zu sein scheint – und in die Hölle verbannt. Menschen, die heute mit ihm in Verbindung stehen, beschreiben ihn anders, als wir ihn aus der Mythologie zu kennen meinen. Er wird als eine unglaublich schöne und übernatürliche Intelligenz in den Farben Gold, Grün und Rot erfahren. Als sich einmal die keusche Nymphe Syrinx (griech. für »Flöte«) auf der Flucht vor ihm an einem nicht mehr überquerbaren Fluss in Schilfrohr verwandelte, schnitzte Pan daraus die nach diesem Vorfall benannte Syrinx, jene Hirten- oder Panflöte, die aus sieben Schilfrohren besteht. Wer nicht auf ihn vorbereitet ist, der erfährt seine Gegenwart als beängstigende Erschütterung. Er liebt es und freut sich unbändig daran, wenn Menschen sich erschrecken. Durch sein plötzliches Erscheinen in der sommerlichen Mittagsstille oder an milden Flussufern löste Pan bei Menschen und Tieren den nach ihm benannten »panischen Schrecken«, von dem das Wort »Panik« stammt, aus, der in der heutigen Zeit eine etwas andere Bedeutung angenommen hat. Wer sich Pan anvertraut, erfährt eine schrittweise Einweihung in eine höhere Ebene seines Seins. Pan ist ein Meister der Natur, durch deren geheimnisvolle Stimme er spricht. Er ist ein Wesen der höchsten Stufe und versorgt viele ihm zugeordnete Wesenheiten mit seinem strahlenden, lichtvollen Lebenselixier, sodass sie gedeihen und sich entfalten können. Seine Energie ist unbegrenzt, mächtig und heilsam. Er ist der Wächter am Tor zu den anderen Seinsebenen. Ihm zu begegnen heißt, sich bereit zu machen für eine neue Dimension und die Einheit mit der göttlichen Natur. Die Vorsilbe »pan-« erscheint, wenn ein Begriff gesucht wird, der etwas Umfassendes beschreiben soll: So spricht man z. B. von paneuropäisch, europaübergreifend. Als Pantheist erlebt man das Göttliche als Kraft, die alles, was ist, durchdringt. Als Pangefühl bezeichnet man die Empfindung, dass man eins wird mit allen lebendigen Kräften.

Para: Finnischer Schutz- und Hausgeist und Kobold, der in Gestalt von Katzen, Hasen, Fröschen oder Schlangen erscheint. Als Schatzgräbergeist vermehrt er Reichtum und Wohlstand, indem er Güter aus anderen Häusern stiehlt. Wenn ein Para stirbt, so stirbt auch sein Schützling und umgekehrt.

Paralda: Herrscher über die Luftgeister, die Boreas, die Sturm und Wettergeister. Er wird mit seinen dienstbaren Geistern in der Magie beschworen, damit er die Kraft über das Element Luft verleiht. Man kann mit seiner Hilfe Winde und Stürme entstehen lassen, augenblicklich von einem Ort an den anderen transportiert werden. Die Boreas übermitteln Botschaften über Klar- und Wahrträume, können Gold und Silber verschaffen. Weitere dienstbare Geister der Luft sind zum Beispiel Agares, Pruflas, Barbatos, Parsan, Marbaso, Loray, Thalefo, Bathyme, Eligor, Valifar, Amonho, Gosoym. Sie gehören zu den Spiriti familiarii (dienstbare Geister) und sollten nur mit Bedacht und Kenntnis gerufen werden, denn sie können gewaltige Stürme auslösen und Schaden anrichten, wenn man nicht mit ihnen umzugehen weiß. Weitere Gebieter der Luftgeister sind: Parahim, Apilki, Erkeya, Dalep, Drisophi, Glisi, Cargoste, Caspisi; deren Namen lassen sich ebenfalls in Beschwörungsrituale einbauen.

Parastuck: Altpreußische Bezeichnung für Däumlinge (siehe dort).

Parca/Parcae, Parzen: Römische Geburts- und Schicksalsgöttinnen. Als Dreiheit (Glück, Unglück und Tod)weben sie das Geschick und den Lebensweg des Menschen.

Pargä: Zum Volk der Zwerge gehörender sibirischer guter Waldgeist und Herr des Waldes.

Patäk/Patäke: Ägyptische zwergenhafte Schutzgeister für die Geburt gesunder Kinder und zur Abwehr böser Tiere und Dämonen. Sie gelten als Söhne des Ptah (ägyptischer Stadtgott).

Pazuzu: Akkadischer böser Dämon, der Fieber und Kälte bringt. Er ist der Hüter des Südost-Sturmwindes und Sohn des Dämonenfürsten Hanpa. Meist wird er mit Flügeln, fratzenhaftem Gesicht, Löwentatzen, Vogelklauen als Hinterfüßen und Skorpionstachel dargestellt.

Pegasus: Als Perseus, ein griechischer Held, Medusa,

eine Gorgone mit Schlangenhaaren, deren Anblick alle Wesen versteinerte, das Haupt abschlug, entstand aus ihrem Blut Pegasus, das geflügelte schneeweiße Pferd. Pegasus Schwingen sind von riesiger Spannweite, und er kann mit ihrer Hilfe durch die Himmel galoppieren. Er gehört dem Ätherreich an und fliegt auf den Strahlen des Regenbogens, jagt mit den Blitzen eines Gewitters über den Himmel, prescht über die Straßen der Sterne und trägt die Hoffnungen der Menschen zu den Göttern. Der korinthische Held Bellerophon ritt Pegasus bei seinem berühmten Sieg über die Chimäre, den feuerspeienden Sohn von Typhon, dem Drachenungeheuer. Diese Erzählungen wurden vor über zweieinhalbtausend Jahren im alten Griechenland niedergeschrieben. Der Ursprung des geflügelten Pferdes findet sich jedoch zu weit früheren Zeiten, und zwar bei den frühen Zivilisationen des Nahen Ostens. Pegasus hält sich gerne in der Nähe der Musen auf, die deshalb manchmal auch Pegasinen genannt werden. Er hat mit dem Schlag eines seiner Hufe den Brunnen der Musen geschaffen, aus dem das klare, nie versiegende Schöpfungswasser fließt. Es heißt, der griechische Göttervater Zeus habe Pegasus in seinen Dienst genommen: Wenn es donnert und grollt und die Blitze zucken, heißt es, Pegasus fliege über den Himmel. In alten Zeiten, als sich die verschiedenen Welten noch berührten, streifte Pegasus ungehindert umher und vermittelte zwischen den Menschen und den Göttern. Er trug die Menschen in höhere Welten, so lernten sie eine übergeordnete Sicht der Dinge kennen. Sie empfingen die Weisungen von den höheren Welten, um sie auf den anderen Ebenen umzusetzen. Später, als sich die Welten trennten, lebte Pegasus im Land der Götter, in den höheren Lichtreichen und wurde kaum noch gesichtet. In der heutigen Zeit erscheint er wieder öfter, die Mauer zwischen den Reichen wird wieder durchlässiger.

Pejul: Sibirischer Schutzgeist eines Tieres. Er erscheint in Gestalt seines jeweiligen Schützlings. Pejul zu treffen bedeutet Jagdglück, denn er gibt auch Tiere als Beute frei, wenn er dem Jäger wohlgesinnt ist.

Pele: Hawaiische Göttin des vulkanischen Feuers und Herrin der flammenden Blitze. Ihre Wohnstätte ist der Vulkan Kilauea. Ihre Altäre sind an den Seiten der Lavafelder errichtet. Zusammen mit ihrer Schwester Hiiaka ist sie zudem die Schutzgöttin des Hula-Tanzes.

Pelleur und Virgo: Virgo ist der Geist der Erde und Pelleur seine göttliche Ergänzung. Beide halfen bei der Erschaffung des Planeten Erde. Die Ursubstanz der Erde war einst kristallin, rein und klar (auf einer anderen Ebene, in einer anderen Dimension ist sie dies immer noch). Die Natur leuchtete damals in einem irisierenden Licht in all ihrer klaren Farbenpracht. Die unterschiedlichsten Wesen arbeiteten Hand in Hand an der stetigen Erhöhung der Energie. Den Kreislauf von Fressen und Gefressenwerden gab es nicht. Alle waren versorgt durch das göttliche Licht, waren der sichtbare Abdruck des reinsten Geistes. Durch die Abwendung des Menschen vom Göttlichen und das immer mehr zerstörte Bewusstsein davon verdichtete sich die Energie immer mehr zu dem, was sie heute ist. Der daraus folgende Energieverlust ließ Mangel entstehen. Aus diesem Mangel heraus entwickelten sich aus den ursprünglich reinen Formen auch dunkle Gestalten. Es bildete sich eine Welt der Gegensätze: Tag und Nacht, hell und dunkel, gut und böse. Die Wesen, die Erde in jeder Form aufbauen, hüten und erhalten, nahmen durch den Fall der Menschheit diese zwei Seiten an, die sich in den unterschiedlichsten Schattierungen im Bewusstsein des Menschen entfalteten. Sie hüten die Lichtsubstanz in der Erde und helfen, sie immer und immer wieder zu erneuern, bis sie eines Tages wieder ihre reine Ursubstanz angenommen hat. Dann beginnt ein neues Zeitalter.

Pemphredo (siehe Graia).

Penates, Penaten: Römische Haus- und Schutzgeister des Hauses und der darin lebenden Familie. Sie wurden am häuslichen Herd verehrt. Das für das Wohl des Staates zuständige Penate des römischen Volkes wurde am staatlichen Herdfeuer im Tempel der Vesta geehrt.

Pentee: Engel der Natur. Eine Gruppe von Devas, die für die Entwicklung der Fische zuständig ist.

Peri, Perit: Albanische Berggeister und Feen von großer Schönheit, die duftige, zarte, weiße Kleider tragen. Sie helfen den Guten und bestrafen die Bösen. Sie können einen Menschen bucklig und krumm machen, ihn verschönern und erleuchten. In Liebesliedern heißt es: »Du bist schöner als die Peri ...«

Pestmännlein: Bezeichnung für die Krankheitsdämonen, welche die Pest bringen. Nahmen sie Tiergestalt an, verwandelten sie sich in gewaltige Schlangen, schwarzrote Fliegen, blutrote Hähne, Vögel, deren Augen Feuerstrahlen aussandten, und als Energieform wurden sie zu gelben Gespenstern.

Pey: Bei den Tamilen (Sri Lanka) ein Kobold, Dämon und Vampir, der nachts Unruhe bringt und Schaden stiftet. Peys kochen die gefallenen Krieger in deren eigenem Blut und servieren sie den Überlebenden.

Pferd: Tier der magischen Reiche, meist der Oberen Welt. Das Pferd soll aus dem Wind erschaffen sein. Es steht mit Wind, Wolken und dem Himmel in Verbindung. Ursprünglich war es die Erscheinungsform einer Gottheit, welche die Menschen, die bereit waren, in die oberen Reiche, in sein Reich führt. Pferde stehen des Weiteren mit den Engeln, den Lichtelfen, den Götterboten und den Meistern in Verbindung, aber auch mit den Dämonen und Höllenfürsten. Viele Naturgeisterfamilien scharen sich um das Pferd, um ihm zu dienen. Schimmel und Rappen sind die Träger von Lichtgestalten. Bunte (gescheckte) Pferde sind Begleiter der Kobolde, man verkauft sie gerne mit dem Spruch: »Narren und Gecken reiten auf Schecken.« Dunkle, wild schnaubende Pferde mit glühenden Nüstern und rotglühenden Augen sind Träger böser Geister, Sturmwesen, Dämonen und Todesführer. Weiße Flecken auf der Stirn, die

Blessen, Sterne, Flocken, Flämmchen, Blümchen, Aalstriche auf dem Rücken, Stiefel an den Füßen kennzeichnen glückbringende Tiere und gelten als besonderes Schönheitsmerkmal. Nach arabischen Mythen zieht Allah selbst dem Pferd die Zeichen auf die Stirn als Zeichen des Ruhmes und des Glücks. Hochgestiefelte Stuten sollen besonders fruchtbar sein. Pferde mit einem weißen Vorder- und Hinterfuß über Kreuz sollen gefährlich sein. Pferde leben in vielen Formen und Varianten mittlerweile über die ganze Welt verteilt. Sie lassen sich auf vielerlei Weise unterteilen: Es gibt Schimmel mit den Unterarten der Silber-, Grau-, Schwarz-, Blau- und Rotschimmel; weiterhin gibt es Rappen, Füchse, Braune ... Diese vier Hauptfarben der Pferde verband man einst mit den vier Elementen und den vier Temperamenten. Schimmel stellen das weiche Element des Wassers und das Phlegma, die Trägheit, dar; Rappen sind die Vertreter der Erde und galten als Melancholiker (melancholisch = niedergeschlagen); Füchse vertreten das Element Feuer und das cholerische, jähzornige, Temperament; die Braunen standen für die Luft und das sanguinische, leichtherzige, Temperament. Das Pferd hat viele magische Eigenschaften. Mit seinen Augen sieht es alles zehnmal größer und kann tief blicken, und zwar in Zukunft, Vergangenheit und Gegenwart. Es ist eine seelische Individualität und verfügt über tiefe seelische Kräfte, wie Treue, Mut, Klugheit, Stolz, Freude, Trauer, die es auszudrücken weiß. Als Tier der Wahrheit kann es die wahren Kräfte in einem Menschen erkennen. Es kann Tote, mit denen es im Leben tief verbunden war, mit seiner Kraft wieder zum Leben erwecken. Es ist der Sprache mächtig und kann seinen Herrn beraten. Es nimmt am menschlichen Leben Anteil. Es erscheint als Hilfe im Kampf gegen das Dunkle und Böse. Es hat übernatürliche Fähigkeiten: Der erste Sprung hebt es von der Erde, der zweite führt ans Tor der Hölle und des Todes und der dritte zum Tor des Himmels. Das rote Pferd führt zur Erde, das schwarze in die Unterwelt und an die Todesschwelle, das weiße Pferd in den Himmel. Das Pferd ist Lenk- und Zugtier des Sonnenwagens. Es gibt Zauberpferde, mit deren Hilfe man Wunder vollbringen kann. Feen werden viel mit Einhörnern und weißen Pferden gesichtet, weil sie die Landschaften mit der goldenen Kraft des Pferdes neu beleben. Jungfrauen und Prinzessinnen werden oft in weiße Pferde verwandelt. Die Aufgaben des Pferdes sind vielschichtig und werden in vielen Mythen, Legenden und Erzählungen dieser Welt dargeboten. Das Pferd ist ein Führer des Lebens, auf den man hören sollte, denn er kann weissagen. Wenn das Pferd im Finstern schnarcht, sieht es den Tod. Anhaltendes Pferdegewieher bedeutet Unglück. Wenn ein Pferd beim Antritt einer Reise »weint«, sollt man diese abbrechen. Wenn ein Pferd stolpert, ist das eine Warnung vor drohendem Unglück. Wenn es ein Eisen zu besonderen Anlässen (Hochzeit) verliert, verkündet es Unglück. Wenn man von Pferden träumt, so bedeutet dies Heimkehr von einer Reise. Träumt man von einem braunen Pferd, so bedeutet dies einen Verehrer oder Freier. Wer von einem Schimmel träumt, erfährt Glück.

Phantasmata: Das Wort kommt aus dem Griechischen und bedeutet »Trugbild«. Nach Paracelsus (dt. Arzt und Alchimist, 1493–1541) sind es Nachtgeister, die über etwas menschlichen Verstand verfügen und versuchen, über den Menschen Macht zu gewinnen (siehe auch Elementale, Lemuren, Larven).

Phönix: Göttlicher Vogel vieler Kulturen, der bei der Entstehung der Welt auf dem Urhügel erschien. Er wurde zum Beispiel in Heliopolis verehrt. In gewissen Abständen verzehrt er sich in Flammen und entsteht dann wieder völlig neu und verjüngt aus der Asche, weshalb er auch Feuervogel genannt wird. Er ist das Sinnbild der ewig wiederkehrenden Zyklen und des durch den Tod erneuerten Lebens.

Phorkys: Griechischer greiser Meeresgott mit dem Beinamen Krataios, der Starke.

Phuvush: Bei den Zigeunern Erdgeister und Lehrmeister der Zauberinnen. Sie leben verborgen in einer schwarzen Henne. Wenn man diese ins Wasser wirft, stirbt ein Phuvush und ein Erdbeben ist die Folge. Mithilfe eines einzigen Haares eines Phuvush kann man Steine in Gold verwandeln.

Pidimuz: Tschechische Bezeichnung für Däumling (siehe dort).

Pishachas: Brahmanisch-hinduistische Dämonen des Irrlichtes und Feinde der Menschen. Der bösartigste von ihnen kann Menschen verschlingen oder als Bewohner der Verbrennungsplätze sich an den Leichen vergehen.

Plejaden: Die sieben Töchter des Riesen Atlas: Nymphen, die das »Siebengestirn« im Sternbild Stier bilden. Sie sind von Mitte Mai bis Ende Oktober am Sternenhimmel sichtbar. Ihr Aufgang kündigte den Anfang und ihr Untergang das Ende der Jahreszeit an, in der die Gewässer schiffbar sind. Atlas' Töchter wurden einst von dem liebestollen Jäger Orion mit seinem Jagdhunden Sirius und Procyon verfolgt. Um die Mädchen zu schützen und ihre Jäger zu bestrafen, versetzte Zeus sie alle als Sternbilder an den Himmel, wo die Jagd in Ewigkeit zum Scheitern verurteilt ist: Orion erscheint am Sternenhimel, wenn die Plejaden verschwinden.

Poeninus: Gott der Alpen. Er ist für alle Geschehnisse in den Alpen zuständig.

Polednice: Tschechische und slawische Bezeichnung für die Mittagsfrau, die unserem Mittagsgespenst gleicht. Sie geht während der Ernte und der heißen Tage in der Mittagszeit um und erscheint arbeitenden ebenso wie ruhenden Menschen. Sie kann den Verstand verwirren, Glieder lähmen oder zu Leichtsinn verleiten. Gerne vertauscht sie Kinder mit Wechselbälgern.

Polter- und Klopfgeister, Popphart, starker Poppe, Rumpelstilzchen, Popel, Pöpel, Poppele, Bubbul, Poepelmann, Poperlein: Poltergeister findet man in allen Kulturen. Ihre Namen stammen von den Geräuschen, die sie machen: klopfen, poltern, bullern, zittern u. Ä. Klopfgeister können zwergenähnlich und koboldhaft, aber auch groß sein. Es heißt, sie gingen umher, um die Seelen der Verstorbenen zu erlösen oder Seelen dabei zu helfen, den Übergang vom Leben zum Tod gut zu bewältigen. Einst beschwor man sie am Totenbett, damit dieser Lösungsprozess reibungslos vonstatten gehen konnte. Heute deutet man ihr Erscheinen oft als Zeichen unerlöster Seelen, die sich so bemerkbar machen.

Polyhymnia: »Die Hymnenreiche«, Muse der Hymnendichtung (siehe Musen).

Pontos: Griechischer Meeresgott.

Pooka: Bezeichnung für eine Gattung des Kleinen Volkes in Irland, England und Schottland.

Pooka oder Puca: Fee in Tiergestalt, die in Irland zu Hause ist. Für gewöhnlich hat die Pooka die Gestalt eines Pferdes oder Esels, kann aber auch in Gestalt einer Fledermaus oder eines Adlers erscheinen. Sie lebt in einsamen Gebirgen und alten Ruinen, von denen es in Irland mehr als genug gibt. Man sagt, dass sie immer größer werde, je einsamer es irgendwo ist. Mancherorts zeigte sie sich auch als schlanke Stute, die den Menschen mit menschlicher Stimme weise Antworten gab. Sie ist ein Schutzgeist, der z. B. Grabräuber aufschreckt und vertreibt, böse Feen verjagt und das Vieh der Bauern rettet. Die Pooka kann aber auch böse und gewalttätig auftreten und panischen Schrecken verbreiten.

Popanz: Schreckgespenst in der Schweiz.

Poseidon (griech.), Neptun (lat.): Gott des Meeres, der über alle Gewässer herrscht. Er lebt in seinem Königreich in der Tiefe des Meeres.

Potrimpus: Preußischer Wasser- und Glücksgott, nach dem viele Orte in Ostpreußen und im westlichen Litauen benannt sind. Er kann Zukunft voraussagen und den Weg zum Glück zeigen, aber auch täuschen.

Psyche: Mischwesen aus Mensch und Schmetterling. Sie ist die Verkörperung der menschlichen Seele, ein Wesen von außergewöhnlicher Schönheit und Zartheit.

Pucks, Pukis: Kobolde, Hausgeister, schatzbringende Drachen, die den Reichtum ihrer Besitzer durch Diebstahl mehren. Sie können von unterschiedlichem Wesen sein, wobei sie sich an den Menschen orientieren. Sie sind originell, erfindungsreich und haben ihre eigenen Wege, die Energie der Menschen auf jeweils sehr spezielle Art und Weise sichtbar zu machen.

Q

Qaigus: Sibirischer Wald- und Jagdgeist sowie Schutzgeist der Eichhörnchen und Zobel.

Quoaquakleum: Kachina-Art (siehe Kachina).

Quzah: Arabischer Gewittergott, der Hagelpfeile von seinem Bogen schießt, den er an den Wolken aufhängt.

R

Rabe: Tier der magischen Reiche. Rabe und Krähe, so sagt man, waren zunächst strahlend weiß und schön; erst durch die Sintflut und das Feuer, durch den Fall der Menschheit aus der Einheit mit Gott, sollen sie verbrannt und schwarz geworden sein. Der Rabe gilt als Tier des Zwielichtes, ist zugleich der Sonne und der Finsternis zugeordnet, darum kann er den Menschen auf seiner Wanderschaft begleiten. Er steht in Verbindung mit den Engeln, Lichtelfen, Dunkelelfen, Trollen, Hexen, Zauberern, Gestaltwandlern, Dämonen u. a. Der Rabe bringt Nachrichten aus der oberen, mittleren und der unteren Welt. Er gilt als Schutzwesen, und man sieht ihn auch als Toten- und Ahnentier, das Botschaften aus den Reichen übermittelt, in denen diese sich aufhalten. Raben haben Kenntnisse von den wunderlichsten Dingen, machen altes

Wissen zugänglich und kennen geheime Beschwörungen sowie alte Zauberformeln. Sie verstehen die Sprache der verschiedensten Wesen dieser Erde. Hexen und Zauberer verwandeln sich oft in Raben und Krähen, um ungesehen und geschützt durch die Nacht reisen zu können. Verstorbene, die zu Lebzeiten verbannt wurden und böse waren, können Rabengestalt annehmen. Hauskobolde zeigen sich ebenfalls in Rabengestalt. Der Rabe ist ein Gestaltwandler und Seelentier, er schenkt Wissen, Weisheit und Führung auf ungewöhnlichen Wegen. Er kann unsichtbar machen und weissagt Leben, Tod und alles dazwischen. Außerdem hat er Macht über Leben und Tod und ist ein Wetterkünder. Er kämpft mutig mit den dunklen Kräften und hütet ungeahnte Schätze. Einen Raben zu sehen, kann einen guten Anfang für neue Projekte bedeuten. Raben über dem Haus verkünden Zank und Streit; fliegen drei über das Haus, so verdirbt etwas; sitzen sie länger auf dem Dach, so wird jemand krank. Lautes Rabengeschrei bedeutet Krieg, Ärger, Unglück. Von Raben in verletzter oder trauernder Gestalt zu träumen kann Verlust, Kummer und Feindseligkeiten ankündigen. Ein freudiger Rabe bedeutet ungewöhnliche glückliche Nachrichten.

Rabisu: Ein mesopotamischer Dämon, der am Eingang von Gebäuden über das Gute und das Böse in den Worten und Taten ihrer Bewohner wacht.

Ran: Germanische Meeresgöttin und Herrscherin über das Totenreich am Grunde des Meeres. Mit ihrem Netz fischt sie die Ertrunkenen auf und bringt sie in ihren Meerespalast. Sie ist die Gattin des Riesen Aegir und hat mit ihm neun Töchter, die Meereswogen. »Ran in die Hände fallen« bedeutet so viel wie ertrinken.

Ratten: Tiere der magischen Reiche. Sie stehen mit dem Feuerreich in Verbindung und mit der unteren Welt. Oft sind sie Dämonenfürsten. Ihr Auftauchen deutet auf Angriff, versteckte dunkle Seiten und schwarzmagische Kräfte hin, die an dem Ort wirken können. Hat man jedoch eine Ratte auf seiner Seite, so verteidigt sie Haus, Hof und Menschen gegen alles Böse und Dämonische. Das kann sie, da sie aus der gleichen Welt wie diese negativen Kräfte stammt, sehr gut erkennen und weiß mit ihnen umzugehen. So kann sie zum Schutzgeist werden.

Raue Leute: Gehören zu den Wilden Leuten. Sie sind von oben bis unten behaart und leben in einem See, aus dem sie emporsteigen, um mit Menschen zu verkehren. Dem Menschen rollen sie als haarige Klumpen, zusammengerollt wie ein Igel, vor die Füße. Dann dienen sie ihm und bringen ihm sieben Jahre Glück. Wenn man sie jedoch reizt, führt das zu Unheil.

Re, Ra: Ägyptischer Sonnengott. Er verkörpert das Element Feuer.

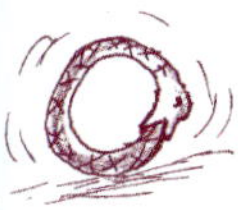

Reifschlange: In Schweden bekannt. Sie bildet einen Reif, indem sie sich in den Schwanz beißt. Sie kann springen und tötet, was ihr über den Weg läuft.

Rettele, Rätzel, Ritzel: Kobolde, die im alemannischen Raum bekannt sind. Sie gehen vielen Tätigkeiten nach, können aber den Menschen auch plagen, wenn er sie nicht beachtet (siehe Alp und Druckgeister).

Riesen: Der Begriff Riese stammt wahrscheinlich vom mittelhochdeutschen Wort »rise« ab, das einen großen Menschen auch in ideellem Sinn bezeichnet. Er kann aber auch auf das Sanskritwort »ursan« im Sinne von »stark« zurückgeführt werden. Riesen sind gigantisch große Wesen mit mächtigen Kräften. Die kleinsten sind noch größer als der höchste Baum im Wald, und manche können so groß werden, dass sie mit ihrem Kopf durch tiefhängende Regenwolken stoßen. Für die alten Germanen waren sie die alten Urgötter. In der griechischen Mythologie werden sie Titanen, Zyklopen und hundertarmige Giganten genannt, welche die ersten Lebewesen dieser Erde gewesen sind. Im alten Testament wird in der Zeit bis zur Sintflut noch von den Riesen berichtet. So finden wir z. B. in der Genesis 6,1–4, dass die Töchter der Erde, die sich mit Engeln einließen, Riesen gebaren. Hier finden sich auch verschiedene Geschlechter von Riesen beschrieben, z. B. Amoriten und Enakiter (Enakssöhne). Andere aus der Welt der Sagen und Legenden bekannte Riesen sind Atlas, der das Himmelsgewölbe trägt, die Menschenriesen Goliath und Herkules oder der germanische Urriese Ymir, aus dessen Leib das Himmelsgewölbe, Erde und Meer, Flüsse und Wälder entstanden sind. Es gibt Riesen verschiedenster Art und in allen Elementen. Sie hausen in unwegsamen Urwäldern, in den großen Weltmeeren, in hohen Gebirgen, in Höhlen, in großen unwegsamen Landstrichen, an Meeresufern oder auch im Riesenreich unter dem Mond, hoch über den Wolken. Während der Christianisierung wurden die Riesen zu niederen, unberechenbaren Ungeheuern herabgewürdigt, und heidnische Riesengeschichten erhielten einen dämonischen Charakter und gerieten langsam in Vergessenheit. Meist werden die Riesen mit Gesichtern wie aus Stein gehauen beschrieben; dichte Augenbrauen, buschige Bärte und Zottelhaare beherrschen die Erscheinung. Die Riesenfrauen haben meist eine üppige Figur und langes wildes Haar. Die Kleidung ist unterschiedlich, manche Riesen begnügen sich mit Fellmänteln, die aus allerlei Pelzen, Häuten, Blättern und Pflanzen zusammengeflickt sind, andere wiederum bekleiden sich mit Samt und Seide, behängen sich mit Ohrringen und Silberketten. Riesen entwickeln gigantische Kräfte, wenn sie erzürnt werden. So kann die Natur unter ihrem Wutausbruch ins Beben und Schäumen geraten. Riesen sind die Mächte, welche die großen Kräfte leiten. Menschen von überdurchschnittlicher Größe oder mit übernatürlichen Begabungen und Kräften werden deshalb auch als Riesen, Hünen und Giganten bezeichnet. Die Riesen verkörpern die rohen gigantischen Kräfte der Natur und finden sich oft in auffallenden Naturerscheinungen. Unsere Vorfahren glaubten über einige Beweise für die Existenz von Riesen zu verfügen. Die Sterne z. B. wurden als Löcher gesehen, welche die Riesen beim Steinewerfen in den Himmel geschlagen hatten. Wenn es gewitterte, meinte man, es säßen Riesen auf den zwei höchsten Berggipfeln, die zechten und mit ihren Gläsern anstießen. Wenn ein Riese im Gebirge Pfeife rauchte, dann stiegen die Nebelschwaden gen Himmel. Der Tag graute, wenn eine Riesin mit ihren zwanzig Fuß großen Socken über das Himmelsgewölbe schritt.

Rongoteus: Finnischer Getreidegott, Gott des Roggens. Das Feld, von dem sein Ruf erklingt, bringt gute Ernte. Von seinem Ruf an zählte man neun Wochen bis zur Erntereife.

Rübezahl: Aus der deutschen Sagenwelt bekannter Riese mit leuchtendrotem Haupt- und Barthaar, der im Wald hauste. Er konnte dem Menschen gegenüber wohlwollend sein. Er prüfte ihn aber, und wenn der Mensch sich als geizig, hoffärtig oder anders makelbehaftet herausstellte, bestrafte er ihn; war er hingegen hilfsbereit, großzügig und bereit zu dienen, konnte er sehr großzügig sein.

Rudimes: Winzig kleine Feenwesen von ca. 2–3 cm Größe, die nur einen Monat leben. Sie sind in ständiger Bewegung, wodurch das Pflanzenwachstum angeregt wird, und arbeiten in Gruppen von vielen Tausenden. Sie kennen die Liebe und lieben sich, ohne dass das Geschlecht dabei eine Rolle spielt, untereinander innerhalb der Gruppen, denen sie angehören, womit sie Kraft und Energie der Flora vermehren. Sie werden von höheren Feengattungen begleitet, die mit Gedankenformen arbeiten.

Rugiu boba: Litauischer Feld-, Ernte- und Fruchtbarkeitsgeist. Als Roggenweib ist sie die Schutzpatronin des Roggens. Sie wird als eine streng blickende Frau mit eisernen Zitzen und Brüsten voller Lebenskraft beschrieben. Nach Abschluss des Dreschens wird ein Brot in Form einer Boba-Puppe gebacken.

Ruhanija: Die Ruhanija sind die Planetengeister, welche die 12 Tempel, die Häuser, den oberen Kreis der Zyklen hüten. Sie werden auch die »mächtigen Fürsten der Welt« genannt, die »spiriti olympici vel gubnatores firmamenti«, was soviel bedeutet wie »die Geister, Götter, welche die Hauptpunkte des Himmels lenken«. Sie gelten als die »olympischen Geister« und entsprechen den griechischen Hauptgottheiten der 12 Monate und des Tierkreises: Zeus und Hera, Poseidon und Demeter, Apollon und Artemis, Ares und Aphrodite, Hermes und Athene, Hephaistos und Hestia. Bei den Römern entsprechen sie Jupiter und Juno, Neptunus und Minerva, Apollo und Diana, Mars und Venus, Mercurius und Ceres, Vulcanus und Vesta. Sie lenken Zeit, Kraft in 12 Einheiten, die einen spezifischen Einfluss auf das Geschehen auf der Erde nehmen. Ihnen unterstehen mächtige Engel, die wiederum die Herrscher der Elementarwesen von Feuer, Wasser, Erde, Luft anführen. So verdichten und gestalten sich die Qualität der Zeit und das Zeitgeschehen auf Erden. Die Ruhanija, Planetengeister, sind also die Götter/Göttinnen der Erde. Außer diesen 12 Hauptgottheiten wurden noch andere Gottheiten gerufen, z.B. Isis, Pan und Gaia. Die Ebenen der Engel, Könige, Fürsten etc. sind in verschachtelten Hierarchien aufgebaut, die einander durchdringen. Die Ruhanija, Engel, Könige und Fürsten mussten in Ritualen mit Namen benannt, angebetet und angerufen werden, wollte man ein Wesen der Elementarkräfte in seinen Dienst rufen. Dienstbare Elementargeister sind wichtig für alchimistische Prozesse, z.B. um Blei in Gold zu verwandeln, und allerlei spiritistische Phänomene, z.B. um über das Wasser zu laufen, Wasser zu teilen oder durch die Luft getragen zu werden. Ein Magier schloss oft einen Pakt mit den Ruhanija, um sich des Dienstes der Elemente zu versichern, was nicht immer ungefährlich war. Es glich einem Pakt mit dem Teufel. Einem Eingeweihten, Adepten, Meister dienen die Natur- und Elementarwesen freiwillig, weil er eins mit dem göttlichen Geist ist.

Rukis: Lettische Zwerge, die unter Bergen und Baumwurzeln leben und nachts zu den Menschen kommen und hier die Arbeit verrichten.

Rupa- und Arupa-Devas: Lichtvolle Wesen, die den niederen und den höheren Ebenen des Mentalplanes angehören. Sie leiten über zu einer höheren Welt, wo sich die Meister und Meisterinnen treffen, die das Menschsein überwunden haben.

Rusalka: Slawische Wassergeister und Nymphen, die als schöne Mädchen mit langen Haaren und grünen Kränzen beschrieben werden. Sie kommen in Neumondnächten ans Land und tanzen auf den Waldwiesen Reigen. Ihr schrilles Gelächter kann Menschen töten. Nur wer die von ihnen aufgegebenen Rätsel löst, kann ihrer Macht entkommen.

Rüttelweiblein: Sie gehören zu den Rauhen/Wilden Leuten. Sie tauchen als moosbekleidete kleine Wesen auf und ziehen durch die Lande. Oft sieht man sie im Sturm, dann rütteln sie an Türen, klappern an Fenstern und Läden. Sie unterstützen die guten Menschen und strafen die Bösen.

S

Sa-bdag: Tibetische Gruppe von Lokalgeistern, die in bestimmten Bergen, Felsen und Orten hausen. Sie sind leicht reizbar und können den Menschen Schaden bringen.

Sabrina: Eine Flussnymphe des englischen Flusses Severn.

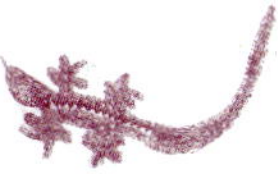

Salamander: Feuergeister, Elementarwesen des Feuers. Der Herrscher über die Salamander ist Djinn. Sie können ihre Gestalt in einer geschwinden, gewandten Art verändern und sind von sehr unterschiedlicher Größe; es gibt Salamander, die so groß sind wie ein Hochhaus, und Salamander, die kleiner sind als ein Stecknadelkopf, letztlich hängt es von ihrer Aufgabe ab und von dem Ort, an dem sie sie erfüllen: Salamander im Inneren von Vulkanen sind z. B. wesentlich größer als Salamander in glühenden Kohlen. Eine der Hauptaufgaben der Salamander ist der Bereich der sexuellen Fortpflanzung aller Lebewesen. Sie regeln alle Wärmeprozesse und leiten die elektrischen Ströme, die sich durch die Anziehung, Vereinigung, Befruchtung, den Reifungsprozess hindurchziehen. Sie steuern die Triebe, den Willen und die Handlungsfähigkeit in jeder Form und auf allen Ebenen. Obwohl die Salamander meistens geschlechtslos sind, haben sie einen männlichen Körper. Ihre Haut schimmert in allen erdenklichen Farben des Feuers. Sie haben giftgrüne, leicht schräge Augen, aus denen zinnoberrote Strahlen und Blitze zucken. Um ihren Körper winden sich meistens hier und da kleine Flämmchen, die wie Schlangen aussehen. Ihre Arme sind so lang wie ihr Körper, und sie haben spitze Krallen an den Fingern. Es gibt unter ihnen die unterschiedlichsten Temperamente, und zwar von ruhigen, gleichmäßig lodernden, flackernden bis zu nervösen, böswilligen und blitzartig zuckenden Gestalten. Oftmals werden sie von Hellsichtigen als schlangen- oder echsenähnlich, manchmal auch als vierfüßiges Raubtier – Tiger, Panther, Gepard u. Ä. – wahrgenommen. Ihre Formen sind spitz, dreieckig, kantig. Die Salamander leben in der glühenden Tiefe der Erde und in allen elektromagnetischen Wellen, die z. B. Fisch- und Vogelschwärme leiten. Außerdem sind sie in allen Energien jeder Form und natürlich überall dort, wo Feuer brennt. Beim Anzünden eines Feuers sind sie stets anwesend; jedes Mal wenn ein Streichholz, eine Zigarette, eine Kerze oder irgendein Feuer angezündet wird, sind sie da. Sie sind es, welche die Flamme munter zum Brennen bringen. Wer beim Feueranzünden unbeholfen ist, sollte freundlich an die Salamander denken, ja sogar mit ihnen reden. Ihr größtes Vergnügen ist es, mit dem Feuer zu spielen und mit den Flammen in der Hitze aufzusteigen. Je unkontrollierter und größer ein Feuer ist, desto besser. Wie auch die meisten anderen Naturwesen können die Salamander sehr zerstörerische Kräfte an den Tag legen, wenn man sie heraufbeschwört und in falsche Bahnen lenkt. Als Feuergeister können sie großes Unheil anrichten: In einer unharmonischen Atmosphäre zwischen Menschen erhitzen sie die Gemüter im Streit. Sie versetzen die Menschen in Unruhe und Unzufriedenheit, legen das Feuer zu so manchem unkontrollierten Wutausbruch. Bei Schwierigkeiten übersinnlich-psychischer Art können sie richtig gefährlich werden. Sie sind wie Kinder, die einfach etwas mit dem tun, was da ist, ohne Wertung. Im Umgang mit Salamandern ist ohnehin Achtung und Respekt angesagt. Wer mit ihnen umzugehen weiß, sie in die richtigen Bahnen lenkt, dem zeigen sie, wie »Blei zu Gold« und »Feuer zu wärmendem Licht« auf allen Ebenen verwandelt werden kann, bis hin zur Erleuchtung, der Vereinigung des menschlichen Geistes mit dem Universalgeist. Die Salamander führen den Menschen auf der Leiter der Wandlung.

Salvan: Männliche und weibliche Walddämonen. Sie gehören zu den Wilden Leuten. Sie sind von unterschiedlicher Gestalt und manchmal kleiner, manchmal größer als die Menschen. Sie leben in Höhlen, Waldhütten, schwer auffindbaren Burgen, Schlössern und Palästen. Sie wissen um die verborgenen Dinge, sie hüten und verleihen zauberkräftige Gaben und können sich unsichtbar machen. Je nachdem, welchem Herrn sie dienen, sind sie glückbringend oder unheilstiftend. Sie sind den Menschen sehr nahe und gehen mit ihm eine enge Verbindung ein.

Salvian und Antologan: Zwei mächtige Fürsten der Zwerge.

San-chung: Chinesische Gruppe von drei dämonenartigen Geistern, welche die Zentren menschlicher Lebenskraft – Kopf, Herz und Nabelgegend – bewohnen und Krankheiten verursachen können. Der erste im Kopf kann Blindheit und Taubheit verursachen, Zähne und Haare ausfallen lassen und die Nase verstopfen, der zweite kann Herzeleid, Asthma und Melancholie verursachen und der dritte in der Nabelgegend Leibschmerzen, Hautkrankheiten und Rheuma. Sie wollen die Unsterblichkeit der Menschen verhindern. Sie werden als wurmartige Wesen beschrieben, die sich von Körnerfrüchten ernähren, deshalb sollte man auf deren Genuss verzichten, wenn man unter den zuvor beschriebenen gesundheitlichen Schwierigkeiten leidet.

Sarasvati: Vedische Flussgöttin und Hüterin des gleichnamigen Flusses in Indien. Sie wird mit vier Armen, einem Buch, Gebetskranz, Stabzither und Wassertopf dargestellt. Ihre Farbe ist Weiß, und ihre Kennzeichen sind der Pfau, die Wildgans und der Lotos. Sie gilt als Erfinderin der Sanskritsprache, der Schrift, der Poesie, der Musik und des Tanzes.

Satan: Widersacher der Macht des Lichtes, Teufel und Fürst der Feuerwelt. Zusammen mit seinem Gefolge ist er bestrebt, die Menschen zu versuchen und zur Sünde zu verführen.

Satyr/Satyrn: (von lat. »seren« = »säen«) Fruchtbarkeitsdämonen der Wälder, Felder und Berge in der griechischen Mythologie. Sie sind Mischwesen aus Ziegenbock und Menschen, die in Gruppen auftreten. Sie sind derb und lüstern, dazu Wein und Tanz ergeben. Sie stellen mit Flötenmusik den weiblichen Naturwesen nach, um sie zu verführen. Ihre Aufgabe ist es, Fruchtbarkeit zu bringen. Als ihr Anführer gilt Pan, der Gott der Natur, (siehe dort).

Saumockel: Bezeichnung für Korndämonen.

Savaki: Sibirische Haus- und Schamanengeister. Sie werden in einer Kiste gleichen Namens geehrt und gehütet.

Schab: In Österreich bekanntes dämonisches Wesen, das in Gestalt eines Gegenstandes, z. B. als glühende Kohle, Stroh oder Besen, durch die Lüfte fliegt und durch den Kamin in das Haus eindringt. Es kann Gold und Reichtum bringen, aber auch Tod und Verderben.

Schachtmännchen: Sie gehören zur Gruppe der zwergenhaften Berggeister.

Schallores: Feen, welche die Feuergeister anleiten und die Wesen des Feuers kontrollieren.

Schedim: Elementarwesen der Kabbalisten. Sie kennen alle Geheimnisse des Feuers. Sie wissen es zu bändigen, auszuwerten und nutzbringend einzusetzen. Im Gefecht mit dem Feuer können sie die rechte Hilfe sein.

Schlangen: Tiere der magischen Reiche. Viele Naturwesen, Gestaltwandler, Götter, Göttinnen und höhere Geistwesen zeigen sich oft als Schlangen. In vielen Mythologien dieser Welt kann man die Schlange als Ausdruck einer besonderen magischen Energie finden. Sie gilt als kluge Doppelnatur und ist mit besonderem Wissen begabt. Treten sie in das Leben eines Menschen, so ist es oft Zeit für die Einweihung in seine geistige Natur, in jene Kräfte, die heilen und auch töten können. Schlangen haben ein besonderes Verhältnis zu gewissen Bäumen, z.B. der Esche: Man kann sie mit einem Eschenzweig bannen oder töten; der Saft der Esche ist gut gegen Schlangenbisse. Ein weiterer Baum, zu dem Schlangen einen besonderen Bezug haben, ist die Hasel, sie wohnen gerne unter ihren Wurzeln, können aber auch mit Zweigen vom Haselstrauch getötet werden. Schlangen hüten auch heilige Quellen und Brunnen, das Wasser der ewigen Jugend, das Wasser der Heilung. Magische Fähigkeiten, die Schlangen zugesprochen werden, sind u.a. das allsehende Auge, Hellsichtigkeit, Hellfühligkeit, Hellhörigkeit, empfindliche Wahrnehmung, Sinnestäuschung, Verführung, Erstarrung, Vergiftung, Tötung, Heilung. Sie hüten magische Edelsteine, Gold, Gift und Medizin, Heilwasser, Schätze, Mittel der Fruchtbarkeit. Sie können erleuchten und irre machen, verjüngen. Sie sind Wächterinnen über alle Aspekte des Lebens: Tod, Zeugung, Sexualkraft, Erleuchtung, Wiedergeburt etc. Sie können Glück und Unglück bringen. Sieht man eine weiße Natter, so ist großes Glück zu erwarten. Wenn sie von rechts kommt oder man von ihr in heller, aufgerichteter Form träumt, bringt sie ebenfalls Glück. Wenn sie die angebotenen Speisen nicht annimmt, durchs Fenster ins Haus fällt, sich auffällig zeigt, als schwarze Schlange oder gar feurige Schlange, gilt dies als böses Vorzeichen u.a. für Tod, Hungersnot, Krankheit, Erdbeben, Hauseinsturz, Krieg, Feuersbrunst. Wenn sie einen pech- oder wacholderartigen Geruch von sich gibt, dann gibt es Regen. Eine grüne Schlange zeigt Hagel an. Wenn eine Schlange einen quakenden Ton hören lässt, so naht eine Trockenzeit. Wer von Schlangen träumt, erlebt Streit oder kommt in neue Gesellschaft. Wenn eine Schlange im Haus erscheint, solange jemand krank ist, so ist das ein Zeichen dafür, dass der Kranke Sünde auf sich geladen hat. Ein im Schlaf von einer Schlange umwundener Knabe wird berühmt.

Schlangenkönig: In Ostpreußen glaubt(e) man, dass der Schlangenkönig 12 Köpfe hat und auf jedem eine Krone trägt. Flintenkugeln prallen an ihm ab. Seine Farbe ist meist weiß, mitunter auch mit schwarzen Sprenkeln. Das Reich des Schlangenkönigs liegt unter einer Haselstaude oder einem besonders großen Stein. Um den Schlangenkönig sind ganze Scharen von Schlangen versammelt, die dort auch Tagungen abhalten. Sie besitzen mächtige Erdzauberkräfte, und die Edelsteine in den Kronen der Schlangenkönige sind heil- und zauberkräftig. Königsschlangen können auch Edelsteine ausspucken oder sie auf ihrem Kopf tragen und spenden sie ihren Helfern oft als Dank.

Schrat: Koboldartiger Druckgeist (siehe auch Alp und Druckgeister). Diese Wesen können auch am Tag Unheil anrichten. Sie verfilzen die Felle von Tieren, verknüpfen Tierschwänze, verursachen kleine Verletzungen und erscheinen oft in der Gestalt einer schwarzen Katze.

Schrattl: Das Schrattl ist ein Naturwesen, das Tiere plagt, vergleichbar dem, was Druckgeister dem Menschen antun. Die Tiere werden unruhig und wirken aufgehetzt (siehe Alp und Druckgeister).

Schutzgeist des Hauses (siehe Hauskobolde): Schutzgeister eines

Hauses können die verschiedensten Wesen sein, z. B. Engel, Engel der Natur, Lichtelfen, Hauskobolde, Hauselfen, Zwerge, Dämonen u. a. Je nach Bewohnern und Ausstrahlung findet man die entsprechenden Wesen, die Haus, Hof und Garten behüten.

Schwarzalben, Dunkelalben, Schwarzelfen:

Sie gehören zur Gruppe der Elfen, bilden jedoch eine eigene Gruppe. Sie sind dem Erd- und Feuerelement zugeordnet. Ihr Wohnsitz liegt in den Tiefen der Erde, wobei sie sich jedoch auch an der Erdoberfläche aufhalten. Sie gelten als schadenbringend, boshaft, gemein und zwiespältig. Schwarzalben sind rabenschwarz, aber unter ihrem rabenschwarzen »Umhang« finden sich noch Rot und Gelb. Die Farbe Schwarz steht für aufsaugende, zerstörende, aber auch schützende Kräfte, Rot und Gelb hingegen bedeuten Lebens- und Schaffenskraft, Feuerenergie, die der unmittelbaren Zerstörung folgt. Schwarzalben sind recht zottelig und haben etwas Teuflisches an sich. Früher, als die Menschen noch naturnäher lebten, wurden die Naturgeister öfter gesehen. Möglicherweise gehen die traditionellen Darstellungen des »christlichen Teufels« auf die Schwarzalben zurück. Ihre Aufgabe ist es, die Schätze von Mutter Erde zu hüten. Die Schätze im Inneren der Erde werden von den Schwarzalben bewacht, und davon geben sie nur sehr widerstrebend etwas heraus. Kein Wesen lässt sich gerne etwas nehmen, und schon gar nicht, wenn es ihm mit Gewalt genommen wird oder wenn es seine letzten Reserven sind. Es geht hier um die Erhaltung des gesamten Lebenssystems der Erde und nicht um die Erhaltung einer einzelnen Art oder um die Bereicherung eines Einzelnen auf Kosten der Gesamtheit. Wenn wir dies so betrachten können, ist es einleuchtend, warum viele unterirdische Schätze mit einer starken dunklen Seite behaftet sind. Oft werden erst im Nachhinein die tragischen und bitteren Folgen sichtbar, die der industrielle Abbau der Bodenschätze mit sich bringt. Denken wir z. B. an Erdöl,

Uran, Gold, Diamanten und weitere Schätze; allein der Glanz des Goldes hat viel Leid, Schmerz und Krieg verursacht. Und Uran hat mit seiner letztlich tödlichen Strahlung auch eine gefährliche Kehrseite. Jede Ausbeutung der »behüteten Schätze« von Mutter Erde hat Folgen. Dafür zu sorgen, dass sie eintreten, ist die Aufgabe der Schwarzalben. Sie sind mit unglaublich zerstörerischen Kräften ausgestattet, sind aber nicht »böse« in unserem menschlichen Sinne. Sie reagieren einfach auf unsere respektlose Behandlung von Mutter Erde. Zerstörung bereitet ihnen allerdings ungeheures Vergnügen. Die Schwarzalben heften sich an unser Bewusstsein. Sie leben in den dunklen Ritzen und Schatten unseres Wesens. Sie sind das unauslöschliche Gedächtnis der göttlichen Natur, das auch in uns wirkt. Über Krankheiten und Alpträume erinnern sie uns an die verdrängten Schatten. Unter Alpdruck oder Alptraum werden Angsterlebnisse in Schlaf und Traum verstanden, die meist zu schreckhaftem Erwachen führen. Diese Erlebnisse werden von den Schwarzalben verursacht. Schwarz- und Dunkelalben zieht es in dunkle Ecken, Schränke, Keller, unter das Bett, in Dachböden ... Sie fürchten das Licht. Ihre Energie ist stark und ihre Gegenwart fühlbar, im Menschen lösen sie meistens unerklärliche Angstgefühle aus.

Schwarzer Mann (siehe Dullahan).

Schwestern von Wyrd: Weibliche, jungfräuliche Naturwesen, die mit den Feenreichen in Verbindung stehen. Sie weihen den Menschen in die höhere Natur ein, wenn er bereit dafür ist, öffnen die feinstofflichen Kanäle im Körper. Sie können zwischen Gut und Böse unterscheiden und haben eine hohe Moral. Sie bauen Tempel aus Wachs und Federn, ihr Honig ist das verwandelte Gold der Elfen und Zwerge. Sie überwachen die kosmischen Gesetze. Sie können Medizin und Heilung bringen. Wenn sie einem Menschen oder einer Gruppe wohlgesinnt sind, so steht dieser Mensch/diese Gruppe unter ihrem Schutz. Sie wehren Feinde ab und greifen an. Sie bringen die Kunde von Glück und Unglück, tragen Botschaften aus anderen Reichen zu den Menschen und prüfen und überwachen seine Lichtkraft. Es lohnt sich, ihnen zuzuhören. Die Schwestern vonWyrd erscheinen oft in Gestalt eines Schwarms Bienen, die gerne leichtsinnige Weiber, Trinker, Diebesgesindel, unfreundliche, gierige, geizige Menschen und Raufbolde stechen. Fluchen und Streiten werden von ihnen ebenfalls mit bösen Stichen bestraft, die Krankheit und sogar den Tod bewirken können. Früher musste ein Mädchen beweisen, dass es noch rein und jungfräulich ist, indem es sich in einen Schwarm Bienen stellte. Stachen die Bienen zu, so war es nicht (mehr) rein. Ließen die Bienen es jedoch in Ruhe, so war der Test bestanden, und es war von den Feenschwestern aufgenommen. Hängt sich ein Schwarm Bienen an einen dürren Ast, fliegt eine Biene auf die letzte Herbstblume oder brummt und summt es direkt aus dem Boden, so bedeutet das, dass ein Tod ins Haus steht. Fliegt ein Schwarm fort und kommt drei Tage lang nicht wieder, so bedeutet das, dass ein Kind sterben wird. Wenn im Traum ein Bienenschwarm unruhig wird und zu summen beginnt, kündigt dies einen Abschied an. Taucht ein Schwarm Bienen auf, so kündigt dies einen Neubeginn an. Wenn sie sich an ein Haus hängen, zeigen sie Gefahr und Katastrophen an. Starke und viele Bienen kündigen fruchtbare Jahre an. Wer im Traum mit den Bienen fliegt, ist ein Glückskind, er ist von den Wyrdschwestern gesegnet. Himmelfahrtschwärme bringen ebenfalls Glück. Wenn es nach Honig riecht, kündigt dies ebenfalls Glück an.

Seelie Court, Unseelie Court: In England Bezeichnung für das Kleine Volk, die Guten Nachbarn.

Seemännchen: Deutsche Bezeichnung für Wasserwesen in den Seen.

Seezal: Gruppe von Devas, die über Vögel wachen, indem sie die Grundlinien der Fortpflanzung und des Vogelzuges festlegen.

Selkies/Selkien: Wasserfeen, deren Reich in der Tiefe der Meere ist, wo sie die Meerestiere hüten und die

Lichtströme leiten. Im Volksglauben der Bewohner der Orkney- und Shetlandinseln tragen Selkies Seehundfelle, um besser schwimmen zu können. In bestimmten Nächten, meist zu Vollmond und zu bestimmten Festen im Jahr, legen sie ihr Fell ab und verwandeln sich in wunderschöne Frauen. Dann tanzen sie des Nachts am Ufer, um die Kräfte der Natur zu feiern. Raubt man ihnen das Fell, so können sie nicht in ihre Reiche zurück.

Sequana: Keltische Flussgöttin der Seine, auch Quellgöttin. Ihr heiliges Tier ist die Ente. In ihrem Heiligtum an der Mündung der Seine wurden in einer ihr geweihten Vase Münzen gefunden. Sie wurde von den Kelten sehr verehrt.

Sharruma: Berggott der Hurriter (verschwundenes mesopotamisches Volk). Sein Kultort ist Lajuna. Er wird auf einem Panther sitzend mit einer Axt als Waffe dargestellt.

Shedim: Jüdische Sturmgeister.

Sheerie, Tein sidhe, Tein sionnic, Sean na gealaige, Liam na Lasoige: Die Sheerie sind eine der gefährlichsten und ungewöhnlichsten irischen Elfenfamilien. Sie verbinden die elfische mit der menschlichen Natur, sind den Menschen allerdings extrem feindlich gesinnt; erfüllt von immenser Eifersucht verüben sie an ihnen düsteren Elfenzauber. Sie freuen sich an jedem Unglück und jeder Katastrophe in der Menschenwelt. Sie schweben als phosphoreszierende dumpfe Lichterscheinungen von Deckung zu Deckung und sind am besten in der Dämmerung zu sehen. Sie hüpfen und hopsen an den gefährlichsten Stellen herum und versuchen, Menschen damit dorthin zu locken. Sie halten sich am liebsten an düsteren Orten aller Art, in Küsten-, Moor- und Sumpfgegenden und an alten heidnischen Plätzen auf. An Beltaine (Walpurgisnacht) und Samhain (Allerseelen), den zwei alten vorchristlichen Jahresfesten (siehe Kapitel Der richtige Zeitpunkt), sind sie am aktivsten. Sie können spitze Schreie oder Geräusche erzeugen, die dem Geräusch des Blutes ähneln, wenn es im Ohr rauscht, ebenso Ohrensausen. Sie verfügen über die Macht, Menschen wahnsinnig zu machen. Wenn ein Mensch außer Kontrolle gerät, hysterisch, schreiend und verwirrt umherrennt, so bereitet ihnen dies große Freude. Um sich vor ihnen zu schützen, sollte man seinen Mantel umwenden und das Vaterunser oder andere segensreiche Gebete laut sprechen. Sie mögen auch keine Kreuze und Eisengeräte, ebenso vertreibt sie Weihwasser, doch nur für kurze Zeit.

Shpirti i keq: Albanischer böser Geist von langer Gestalt, der in Leinentüchern umhergeht. Wenn er kommt, heulen die Hunde.

Sijim: Jüdische Wüstengeister in Bocksgestalt. Sie hausen an unbewohnten und wasserlosen Plätzen in der Wüste und führen ihre Tänze auf.

Sila: Bei den Eskimos ein Luftgeist, der das ganze Universum erfüllt.

Silenos, Silen: Griechischer wilder Walddämon. Er ist ein Mischwesen aus Mensch und Pferd, Sohn von Pan und einer Nymphe. Er ist dickbäuchig und immer trunken. Wenn Silen kollektiv auftreten, stellen sie den Nymphen nach.

Silvanus: Römischer Wald- und Feldgott, Schutzgott der Gärten, Bäume, Pflanzen, Tiere von Wald und Feld.

Sirenen: Jungfräuliche Schadensdämoninnen. Sie sind eine besondere Gattung der Nixen und Nymphen, die in der griechischen Mythologie oft als Mischwesen aus Vogel- und Mädchenleibern, manchmal auch mit Fischschwanz dargestellt werden. Auffallende Schönheit ziert die Sirenen, sie locken mit ihren großen, wasserblauen Augen, ihren langen wunderschönen Haaren, ihren wohlgerundeten, appetitlichen Körperformen und den in ihrem Fischblut erstrahlenden Kräften. Nur die ab und zu grün leuchtenden Zähne künden von ihrem wahren Wesen:

Die Sirenen sind die schicksalhaften Mächte, die den Menschen auf gefährliche Irrwege führen, wenn dieser nicht aufpasst. Sie halten sich in den luftigen Gefilden vor den Küsten auf und locken die vorüberfahrenden Seeleute mit ihrem betörenden Gesang und ihren weiblichen Reizen, um sie in den Tod zu führen. Sie sind mit den Harpyien (griech. für »die Hinwegraffenden«) verwandt. Sie lassen Stürme und Strudel entstehen und bringen die Seefahrer endgültig zum Scheitern. Im deutschsprachigen Raum ist die Lorelei eine bekannte Sirene. Sie sitzt nackt auf einem Felsen am Rhein, kämmt ihr langes goldenes Haar und bringt mit ihrem sehnsuchtsvollen Singen die Schiffer von ihrem Kurs ab, wodurch diese mitsamt ihren Booten an den Felsen ihr zu Füßen zerschellen. Dies zeigt, Sirenen mögen Menschen nicht besonders, sie sind mehr auf sich bezogen. Zeitweilig mischen sie sich dennoch unter die Menschen, und zwar um Tanzveranstaltungen und anderen Vergnügungen beizuwohnen. Sie lassen sich dann z.B. an feuchten Kleidern, nassen Haarsträhnen oder tropfenden Rocksäumen erkennen. Etwas an ihnen weist immer auf ihr wässriges Element, ihre wahre Herkunft hin. Es ist gefährlich, sich mit Sirenen einzulassen, denn sie haben ihre Tükken und führen meist nichts Gutes im Schilde. Sie haben Spaß daran, Menschen vom Weg abzubringen, sie zu verführen. Sie haben keinerlei Mitleid; wenn ein Mensch dann untergeht, betrachten sie dies als Kompliment an ihre Schönheit und Macht. In der Natur verleihen die Sirenen durch ihre Gegenwart den Steil- und Felsküsten der »bewegten Wasser« (Flüsse und Meere) ihren besonderen, wilden, anziehenden Reiz. Odysseus, der Held von Troja, bestand auf seiner zehnjährigen Irrfahrt viele Abenteuer. Um die Sirenen unbeschadet überstehen zu können, verschloss er seinen Kameraden die Ohren mit Wachs. Er selbst ließ sich nur an den Mast des Schiffes binden, weil er zwar die Gesänge hören, nicht aber den Verlockungen und Liebreiz der Dämoninnen erliegen wollte. Dennoch betört riss er, während sie die Sirenenfelsen passierten, verzweifelt an seinen

Fesseln und schrie, man solle ihn losbinden, er müsse dem Ruf der Sängerinnen folgen – doch da seine Kameraden nichts hören konnten, blieb ihm der grässliche Tod erspart. Der Begriff »Sirene« mit seiner heutigen Bedeutung als Warnsignal stammt von diesen Naturwesen ab. Wer die Sirenen singen hört, sollte sich nicht betören lassen, sondern ihr Singen als Warnsignal erkennen und besonders aufpassen.

Skeaghshee: Irische Baumgeister, die einen besonderen Schößling hüten. Sogenannte Feenbäume, die in Island, Irland, Schottland und England nicht gefällt werden sollten, da dies großes Unglück bringen kann. Man findet diese Art Baumgeister überall dort, wo einsame Büsche, Sträucher und Bäume stehen. Ihre Macht ist unbegrenzt, sie können großes Glück bringen für die, welche sie achten. Sie können aber auch großes Unglück über die bringen, die sich an ihrem Baum vergreifen und/oder an der Landschaft, in der dieser Baum, Strauch oder Busch steht.

Skogsfrauen: Im skandinavischen Volksglauben bekannt. Die Skogsfrauen nähern sich Waldarbeitern, Köhlern und Wanderen, entblößen sich vor ihnen, tanzen oder helfen ihnen bei der Arbeit, um ihre Liebe zu gewinnen. Sie können die Männer bezaubern und verwirren, sodass diese sich im Wald verirren. Die Skogsfrauen sind verlockend, schön und hässlich zugleich. Sie haben oft einen hohlen Rücken und einen Schwanz. Das Beste ist, ihnen zu widerstehen und sie zu vertreiben.

Skogsra: Schwedische Feen, welche die Kräfte der Natur beherrschen. Sie leben in Berghöhlen und können sich in Bäume oder bestimmte Tiere verwandeln, um Menschen beizustehen und sie zu beschützen. Jägern und Förstern sind sie besonders wohlgesinnt, sie stehen unter ihrem Schutz.

Skrzat: Slawischer Kobold und Hausdämon, ein Mischwesen mit Katzen und Vogelmerkmalen. Ist er rot, bringt er Geld, ist er gelb oder blau, bedeutet das Getreide, ist er weiß, so bedeutet es Mehl. Er kann unheil- oder glückbringend sein, je nach der Ausrichtung seines Hausherrn.

Soyoko: Kachina-Unhold der Hopi-Indianer.

Spiriti familiarii: Hierbei handelt es sich um dienstbar gemachte Geister aller Art. Man kann sowohl Elementarwesen wie auch Naturgeister durch bestimmte magische Praktiken dienstbar machen. Der berühmte Flaschengeist ist ein Spiritus familiaris. Solch ein Geist in der Flasche oder in der Lampe, meist gebannt in Gestalt eines kleinen Männleins, einer Wolke, einer Fliege, eines Käfers oder Skorpions, bringt seinem Besitzer so allerlei, u.a. Glück, Wissen, Reichtum, Macht. Jedoch verlangen sie einen hohen Preis, nämlich die Seele des Menschen selbst oder eines anderen, dem Menschen sehr Nahestehenden: die seiner Frau, seines Kindes, seines besten Freundes. Es ist schwierig, sich der dienstbaren Geister wieder zu entledigen. Sie müssen billiger verkauft werden, als man sie erworben hat. Der Besitzer gerät auf diese Weise in die Hand der dunklen Macht. Am Ende ihrer Dienstzeit fordern sie gnadenlos ihren Preis und nehmen ihn mit in ihre Reiche, wo er gar nicht oder nur unter schwierigen Umständen wieder erlöst werden kann.

Stanna, Stanner: Art von Zwergen, die tief in der Erde leben, weitab von den Menschen, wo sie Schätze hüten und magische Gegenstände schmieden. Die frühere Bedeutung der Stanner waren die Erdmütterchen. Sie prüften den Wandersmann auf seiner Reise und stellten ihm schwere Aufgaben.

Stempe: »Die Stampfenden«, Alp- oder Druckgeister (siehe dort).

Stheno: Eine der drei Gorgonen (siehe dort).

Stollenwurm: Eine kurze dicke Schlange mit einem Katzenkopf, auf dem sie eine Krone trägt, und raubtierartigen Füßen. Sie besitzt magische Eigenschaften.

Strömkarl: Wasserwesen, das unter Wasserfällen haust. Er gehört zu den Wassergeistern.

Suyolak: Riese und Zauberer bei den Zigeunern, der an einen Felsen angekettet ist. Wenn er sich losreißen könnte, würde er die Welt zerstören. Er kennt alle Heilmittel.

Sybaris von Cirfis, Sibaris de Cirfis: Ungeheurer weiblicher Wasserdrache, der an den Hängen des Berges Cirfis nahe der Stadt Delphi in Griechenland lebte. Sie versetzte die Menschen in Angst und Schrecken. Jeden Monat forderte sie einen schönen Jünglin, der noch nicht den Nektar der Liebe gekostet haben durfte, als Opfer – und verschlang ihn. Es war die Aufgabe der Priester des Apollo, jeden Monat zu bestimmen, welcher Knabe geopfert werden musste. Eines Tages fiel die Wahl auf Acyoneus, den schönsten Jüngling der gesamten Region. Der Junge wurde mit Rosen gekrönt und wirkte wie ein junger Apoll. Eine Prozession mit jammernden, klagenden Menschen begleitete ihn zum Opferplatz. Eurybatus, ein mutiger Kämpfer, kam zufällig des Weges und verliebte sich augenblicklich in den Jungen. Er schloss sich der Prozession an, um Acyoneus zu retten und sich statt seiner dem Drachen zu opfern. Am Opferplatz kam es zu einem Kampf zwischen dem Drachen und Eurybatus, der in Liebe zu dem Jungen entbrannt war. In diesem Kampf wurde sie besiegt, und eine Quelle entsprang an jenem denkwürdigen Ort. In der Legende heißt es, dass Eurybatus eine Stadt in Italien gründete, die er zur Erinnerung an seine Heldentat Sybaris nannte.

Sylphen, Sylvestres: Elementarwesen der Luft. Sie gehören einer höheren Entwicklungsstufe an und beherrschen das Luftelement, aus dessen Verdichtung sie bestehen. Ihr feinstofflicher Körper ist feiner und leuchtet intensiver als der anderer Naturgeister. Sie sind liebliche Wesen von zarter Beschaffenheit und strahlender Schönheit. Je höher ihre Entwicklungsstufe, desto bezaubernder und anmutiger ist ihr Aussehen. Sylphen sind Dienstgeister. Sie sind immer in Bewegung, und mit einer unglaublichen Geschwindigkeit führen sie ihre Aufgaben aus. Sie lenken die ätherischen elektrischen Ströme und Schwingungen. Sie reichern die Luft mit Energie an, um das Leben mit höheren, kraftvollen Schwingungen zu versorgen, und sie reinigen die Atmosphäre. Sie dienen der Windmutter, den Herrschern der vier Winde und den höheren Hierarchien, den Feen, den Devas, den Engelwesen, die das Element Luft lenken, leiten und in seiner reinen Form hüten, und den Menschen, die ihre Geistestätigkeiten gut zu nutzen wissen. Die Sylphen leben in einem Königreich, in dem es in der Regel sehr friedlich und harmonisch zugeht. An oberster Stelle im Sylphenreich stehen die Sylphenkönigin Paralda und der Sylphenkönig Mererim, welche die Sylphen der unterschiedlichsten Ränge bei ihren Aufgaben anleiten. Ihre liebsten Aufenthaltsorte sind stille Wälder, Waldlichtungen und Haine, hohe schneebedeckte Berggipfel und Gebirge, weite Fluren und schöne Landschaften, wunderbare Parkanlagen und Gärten o.Ä. Überall dort, wo die Luft sauber, rein, klar ist, sind mit Sicherheit die Sylphen zu Hause. Sylphen verfügen über ein höheres Verständnis vom Lauf der Dinge und dienen dem Wohl und der Entwicklung des Ganzen. Sie tragen oft Duftspuren in geringen Mengen über weite Strecken von Blüten zu den gewünschten Insekten, von Tieren zu ihren Sexualpartnern oder von Menschen zu anderen Menschen, die sie miteinander in Verbindung bringen wollen. Sylphen versorgen und umgeben Kinder mit Zärtlichkeit und Fürsorge und streichen oft als zarter Wind über deren Wangen. Edel gesinnte Menschen begleiten sie treu deren Leben lang und senden ihnen Klarheit und Gedankenimpulse. Sie helfen den Menschen, schöpferische Inspiration zu empfangen. Da die Sylphen aus der ätherischen Luftsubstanz stammen, sind sie verbunden mit der Geisteskraft der Menschen und beeinflussen ihre Gedanken. Sylphen fühlen sich zu jenen hingezogen, die ihre Gedanken und Gemütskräfte besonders in den kreativen Künsten einsetzen. In der Nähe von Menschen greifen sie Gedanken und Gefühle auf und tragen sie weiter. Je nachdem, wie diese Gedanken und Gefühle beschaffen sind, beeinflussen sie Handeln und Eigenschaften der Sylphen. In unreinen und dunklen Regionen der Verstandeswelten können viele Sylphen ihren ursprünglichen Dienst nicht mehr leisten, nur noch in sehr abgewandelten und allerlei dunklen Formen. In Gegenden mit starker Luftverschmutzung können sie schadenbringend, vernebelt und verwirrt umherschwirren. Allerdings können sie durch lichte Gedanken und Gefühle und tiefes bewusstes Atmen gereinigt werden und ihre ursprüngliche Kraft zurückerlangen. Wer mit den Sylphen in Kontakt steht, der ist wetterfühlig. Er spürt die Wetterveränderungen, bevor es tatsächliche Anzeichen dafür gibt. Ihre Anwesenheit lässt sich in einem plötzlichen zarten Lufthauch spüren, in einem sich schnell bewegenden Lichtfunken, einem kurzes Bitzeln auf der Haut, meistens an den Wangen. Auch Schmetterlinge sind ein Zeichen ihrer Gegenwart.

Syqenesa: Albanische Hexe mit Augen wie eine Hündin, und davon gleich vier: je zwei vorne und zwei hinten am Kopf. Sie lockt junge Frauen, um sie im Ofen zu braten und dann zu verspeisen.

T

Tadebejos: Sibirische Geister, die sich im Wasser, in der Luft, auf und in der Erde, einfach überall aufhalten und ihre Dienste verrichten.

Tahahuna: Onkel eines Kachina-Unholdes der Hopi-Indianer (siehe Kachina).

Tama-yori-hime: Shintoistische See- und Ahnengöttin. Jüngste Tochter des Meeresgottes Wata-tsu-mi.

Tanner: Zwergenart, die tief unter der Erde lebt. Sie hat mit den Menschen kaum Kontakt und hütet die Schätze der Erde. In früheren Zeiten verstand man unter Tanner die Erdmütterchen, welche einen Wanderer auf seiner Reise mit schweren Aufgaben prüften, bevor er einen Schatz aus ihrem Reich erhielt, den er dann bei weiteren Aufgaben gut gebrauchen konnte.

Tannin: Drache, der in Babylon im Tempel des Baal hauste, wo Diener und Priester sich um seine Bedürfnisse kümmerten. Er war ein alter weiser Drache und wurde als Gott angebetet. Er wurde von dem Propheten Daniel mit einer Speise aus Pech, Schaffett und Wolle getötet, womit Daniel dem damaligen Herrscher und König Nebukadnezar beweisen wollte, dass Drachen sterblich sind und somit keine Götter.

Tapio: Finnischer Waldgeist, Herr des Waldes. Der Tisch des Tapio sind die unteren Zweige einer Fichte. Wollte man früher jagen, bat man zuvor den Tapio um Erlaubnis, und wenn man Beute gemacht hatte, so teilte man sie mit ihm, indem man ihm ein Stück auf seinen Tisch legte.

Tarasque: Ein riesenhafter blauer Wasserdrache mit stählernen Schuppen, der im Süden Frankreichs in einem See hauste. Die Einheimischen lebten in ständiger Furcht vor ihm. Von Zeit zu Zeit kam er aus dem See hervor und verschlang eine Jungfrau. Die heilige Martha überlistete den Drachen, indem sie sich an den See begab und zu singen anfing. Angelockt von ihrer Schönheit und besänftigt von den sanften Klängen ihrer Stimme, legte Tarasque sich ihr zu Füßen. Da schlang sie einen Gurt um ihn und führte ihn ins nächste Dorf, wo er von Bauern getötet wurde. Zur Erinnerung an diese Begebenheit wurde der Ort von nun an Tarascon genannt.

Tate: Indianischer Windgott und Herrscher der Jahreszeiten. Er lässt die Seelen den Geisterpfad passieren.

Tatzelwurm: Naturwesen in den Alpen. Er hat einen Echsenleib, kleine Stummelfüße, Stummelflügel und einen breiten Kopf. Mit seinem giftigen Atem setzt er seine Jäger außer Gefecht und rennt dann blitzschnell davon – sofern es einer schafft, ihn zu Gesicht zu bekommen, denn sein Blick ist scharf, sodass er möglicher

Gefahr meist vorzeitig aus dem Weg gehen kann. Manchmal kann man seine grellen Pfiffe hören. Der Tatzelwurm kennt die Eingänge zu Höhlen, in denen Schätze zu finden sind, und weiß, wo die Goldadern liegen.

Tawataho: Bei den Hopi-Indianern Sonnenschlange und Wächter der oberen Sphären.

Tawiskaron: Böser Geist und großer Zaubergott bei den Irokesen. Er hat die Macht, die gute Schöpfung zu verderben.

Ten-gu: Japanische Wald- und Bergkobolde. Sie werden mit Schnabel und langer Nase dargestellt. Sie hausen in Baumstämmen und erschrecken mit Vorliebe Kinder. Ihr Anführer ist Sojo-bo.

Terpsichore: »Die Reigenfrohe«, Muse der Chorlyrik und des Tanzes; ihr Kennzeichen ist die Lyra, die Leier (siehe Musen).

Thalia: »Die Blühende«, Muse der komischen Dichtung, ihr Kennzeichen ist die komische Maske (siehe Musen).

Thetis: Griechische Meeresnymphe und eine der bekanntesten 50 Nereiden. Als Thetis bei dem Versuch, ihren neugeborenen Sohn unsterblich zu machen, von ihrem Gatten überrascht wurde, verließ sie ihn und kehrte zu ihrem Vater ins Meer zurück.

Thökk: Germanische Riesin.

Thor und Aries: Hüter des Luftreiches.

Thunderbird: Indianischer Schutz- und Regengott. Donnervogel in Gestalt eines mächtigen Adlers. Er kann mit dem Schnabel blitzen und mit den Flügeln donnern.

Thyrsus: Gehört zur Gruppe der Riesen. Bevor er von dem Riesen Haymon erschlagen wurde, hauste er einst in der Gegend von Zirl und Seefeld. Aus dem »Thyssenblut« wird das heilkräftige Steinöl bzw. Ichtyol gewonnen.

Tieholtsodi: Indianisches Ungeheuer und Anführer der Wassermächte. Seine Mitregenten sind der Frosch, der Blaureiher und der Sturm. Er sandte die Sintflut, deren Rückgang durch den Kojoten veranlasst wurde.

Tiere der magischen Reiche: Das Kleine Volk und die magischen Reiche, die aus der oberen Lichtwelt, der mittleren Welt und der Unterwelt bestehen, bringen uns in enge Verbindung mit dem Tierreich. Die Naturwesen sind die Vermittler zwischen allem Lebendigen in der Natur. Sie behüten das Tierreich und stehen in einer für uns noch ungewöhnlichen Verbindung mit den Tieren. Wer in das Reich der Naturwesen eintaucht, kann auf Schmetterlingen reiten, die Sprache der Vögel verstehen und auf Fischrücken in die Unterwasserwelten tauchen. Er sieht kleine Feen, die auf winzig kleinen weißen Pferden reiten. Er sieht Mäuse und Käfer, welche die Schätze der Erde auf ihrem Rücken tragen und von einem Zwerg geführt werden, und er erlebt Ameisen, die sprechen. Er lernt viele Tiere kennen, die alle eine bestimmte Aufgabe haben und bestimmte Eigenschaften verkörpern. So gelten weiße Vögel, Mäuse, Kaninchen und andere weiße Tiere als Boten der Lichtreiche, stehen für Wunder. Sie sind es auch, die dem Suchenden den Weg weisen. Goldene Fische bringen Segen und Reichtum. Frösche, die Kronen tragen, verkünden Erlösung. Silberne und goldene Vögel offenbaren Geheimnisse. Schwarze Tiere verheißen Unglück, manchmal aber auch Glück. Sprechende Raben verraten alte Zauberformeln. Schildkröten und Eulen symbolisieren Alter und uraltes Wissen. Gestiefelte Kater oder Mäuse in roten Schuhen kündigen den Aufbruch an. Schlangen mit Krönchen stehen gleichzeitig für Gefahr, Verführung und für die tiefste Heilung. Pferde in Weiß, Rot und Schwarz, den Farben der dreifältigen Göttin, werden zum Begleiter durch Einweihungen. Wächter, Drachen und mächtige Ungeheuer fordern die letzte Prüfung von uns, bevor sie uns Einlass in die Anderswelt gewähren. Die Tiere der magischen Reiche übergeben dem Menschen hilfreiche Gegenstände, flüstern ihm die Lösung des Rätsels ins Ohr, tragen ihn in die Welt des Kleinen Volkes, stellen ihm Aufgaben, prüfen ihn und sind ihm dabei behilflich, unmöglich erscheinende Aufgaben in kürzester Zeit zu lösen. Tiere aus unserer alltäglichen Umgebung erscheinen uns ungewöhnlich lebendig und bedeutungsvoll, wenn wir uns den magischen Reichen öffnen. Manchmal tauchen dann auch die Wesen auf, die wir aus den Mythen und Legenden kennen: Wir sehen Einhörner grasen; Pegasus wartet auf uns, um uns in die höheren Welten zu tragen; die Sphinx stellt uns ein Lebensrätsel; wir begegnen dem Greif und erfahren seine Magie und seine Kraft, die uns beschützen oder verjagen kann; der Phönix erscheint, und wir wissen, dass uns eine tiefgreifende Wandlung bevorsteht; Zentauren, halb Pferd oder Esel und halb Mensch, erteilen uns eine Lehre und führen uns in das Reich der Energien. Tiere der oberen Welten sind meist weiß, gold- oder silberfarben, sie glänzen, strahlen, glitzern, gleißen und tragen ein Symbol der oberen Welt (z. B. Krone, Zepter, Edelsteine). Tiere der mittleren Welten zeigen meist alle Farben und wirken real; in besonderen Zeiten verleihen sie dem Menschen Kraft und Stärke und begleiten ihn; sie können magische Gegenstände bei sich haben (Zauberstab, Flugpulver, Tarnkappen, Meilenstiefel, Ringe, Amulette o.Ä.). Tiere der unteren Welten sind meist schwarz, dunkel, rot, orange, feuerfarben und lassen sich durch entsprechende Kennzeichen ausmachen (Krallen, Reißzähne, Hörner, Spieße ...); sie zeigen dem Menschen seine verborgene Kraft, seine Blockaden und Schatten. Darüber hinaus gibt es allerlei wundersame Mischtiere der Welten mit besonderen Aufgaben. Die Tiere der magischen Reiche sind Wegweiser der Seele. Sie werden auch als Seelen und Orakeltiere bezeichnet; einst wurden Botschaften der Tiere z. B. durch ein Tempelschaf übermittelt. Wer sich den Tieren öffnet, kann die Botschaften verstehen, welche sie aus der Anderswelt überbringen. Dort findet er wieder Zugang zu einem Teil seiner lebendigen angeborenen Intuition, die oft seit den Kindertagen in ihm begraben liegt. Das Kleine Volk, das über die Tierkräfte wacht, lehrt den Menschen, Tiere auf neue und zugleich alte Art zu verstehen.

Tiermes: Lappländischer Regen- und Gewittergott. Der Gewitteralte und Wolkenherrscher hat Macht über Leben und Tod von Menschen. Er fährt auf einer weißen Wolke durch die Lüfte und trägt auf dem Rücken Blitze, die er auf die Erde schleudert.

Tija: Engel der Erde. Hochentwickelte Wesenheiten, die über das Klima und die Fruchtbarkeit der Erde wachen.

Tikuiwuti: Geistmutter der Tiere bei den Hopi-Indianern.

Tinkerbells: »Als das erste Baby zum ersten Mal lachte, zerbrach das Lachen in tausend Stücke, und diese Stücke hüpften überall herum. So sind die kleinen Elfenfeen entstanden. Jedesmal, wenn ein Kind sagt: ›Ich glaube nicht an Feen‹, stürzt irgendwo eine kleine Elfenfee zu Boden.« (Sir James M. Barrier (1860–1937): »Peter Pan«) Mit diesen aus dem Babylachen entstandenen, kleinen herumhüpfenden Lichtern sind die Tinkerbells gemeint. Tinkerbell bedeutet soviel wie Klingelglöckchen und ist die Bezeichnung für winzige weibliche Mischwesen zwischen Elfen und Feen, eben Elfenfeeen, die sowohl dem Luft- als auch dem Ätherreich angehören. Tinkerbells sind lustige, fröhliche, zarte, feine, leichte, bewegliche und manchmal sehr freche Wesen. Sie sind überall dort zu finden, wo wilde Blumen und Kräuter blühen, und in üppig blühenden Feldern, auf blütengesprengkelten Waldlichtungen, an blumenübersäten Flussufern zu Hause. Sie lieben das freie Leben, das sie in munteren Flügen über Wiesen und Wälder genießen. Oft sind sie nur als ein Schimmern, als ein Lichtfunke, aus dem Augenwinkel wahrzunehmen. Wie der Name schon nahelegt, hört es sich, wenn sie sprechen, an wie ein ganz zartes Glockenläuten.

Wenn sie aufgeregt sind, wird das Geläute etwas wilder. Ist man einer Tinkerbell begegnet, fühlt es sich an, als ob einem Spinnweben auf dem Gesicht kleben, obwohl sich z. B. auf dem freien Feld kein Spinnennetz in der Höhe des Gesichtes befinden kann. Auch ein leichtes Kitzeln auf der Haut kann von der Gegenwart einer Tinkerbell künden, es ist ein liebevoller Gruß. Tinkerbells bringen die Kinder zum Lachen und Erwachsene zum Niesen. Sie stellen allerlei an: pusten Samen durch die Luft, scheuchen Insekten auf, reiten auf Schmetterlingen, wippen auf Blütenblättern und verbreiten die neusten Nachrichten. Mit Vorliebe lassen sie sich von den Boreas und Sylphen auf Seerosenblättern durch das Wasser treiben, und mit den Undinen spielen sie Fangen. Die verschiedensten Blütenblätter und Blättergewänder schmiegen sich um ihren feinen Körper, und je nachdem, welche Blätter das sind, zeigt das an, mit welcher Pflanze sie am stärksten verbunden sind. Sie sind versehen mit zarten durchscheinenden Flügeln, die in allen Regenbogenfarben schimmern, und haben stets einen kleinen Lichtzauberstab, Sternenstaub und Niespulver bei sich. Sie schlafen in Blumenkelchen, eingerollt auf den Blättern der Bäume, in kleinen Asthöhlen oder an ähnlichen Stellen. Tinkerbells sind oft kleine Helfer, die ihre Kräfte einsetzen zum Schutze der Pflanzen, die sie lieben, oder eines Menschen, den sie ins Herz geschlossen haben. Sie sammeln Neuigkeiten und tragen sie eilig weiter. So warnen sie z. B. andere Naturwesen und Tiere, wenn ein bedrohliches Ereignis bevorsteht. Manchmal besuchen sie Menschenkinder, pusten ihnen Sternpulver in die Augen und um ihr Nachtgewand und entführen sie für die Nacht in die weiten Reiche der lebendigen Fantasie, in die Reiche der Märchen und Geschichten, ins »Nimmerland«. Sie zeigen den Kindern die Wahrheit hinter der Wirklichkeit in den schönsten Farben und Formen, sodass sich diese Wahrheit für immer in Herz und Gedächtnis einprägt und zu gegebener Zeit wieder entfalten kann.

Tochii: Wächterschlange des Ostens bei den Hopi-Indianern.

Tonttu: Finnischer Hausgeist, der für das Getreide sorgt.

Trempe: Die Trampelnden, die Tretenden. Druck- oder Alptraumgeister im Frankenland (siehe Alp und Druckgeister).

Triton: Griechischer Meeresgott. Triton ist ein Mischwesen aus Fisch und Mensch. Zur Besänftigung des Meeres bläst er ein schneckenförmiges Muschelhorn. Er wurde einst von Herakles im Kampf besiegt.

Tritonen: Das Gefolge Tritons und auch das des Poseidon. In ihrer Funktion gleichen Sie den Satyrn auf dem Festland, die dem Dionysos folgen.

Trolle, Trollus, Trollius: Naturwesen, die dem Erdelement angehören. Sie wurden vorwiegend in Nordeuropa gesichtet und sind dort seit Urzeiten ein fester Bestandteil von Magie und Zauber. Trolle sind so alt wie die Natur selbst und ein nicht abzutrennender Teil von ihr. Sie leben in der tiefen mystischen Zone zwischen Vorstellung, Traum und Wirklichkeit, jenseits von Zeit und Raum. Wenn sie sich schlafen legen und wieder aufwachen, ist manchmal nur eine Minute, manchmal aber ein ganzes Jahrhundert vergangen, ohne dass sie dies bemerken würden. Die Erfahrungen mit Trollen jeglicher Art wurde zunächst mündlich und später schriftlich von Generation zu Generation weitergegeben. So wurden die Trolle schließlich zur Legende. Trolle sind wild, aber scheu, weshalb sie nur nachts hervorkommen. Sie leben mit ihresgleichen in geselligen Gemeinschaften mit einer Rangordnung, die nicht leicht durchschaubar ist. Vorzugsweise wohnen sie in Gebirgen, Steppen, einsamen Gebieten und Wäldern, wo sie sich von Tieren und Pflanzen aller Art ernähren. Sie verfügen über ein sehr gutes Seh-, Hör- und Schmeckvermögen, haben nur vier Zehen und vier Finger, sind trotz ihrer eher tierhaften Gestalt Sohlengänger und haben zum Greifen geeignete Pfoten. Ihre Haut ist von

Haarfilz bewachsen, dessen Farbe von Bläulichgrau bis Braun reicht. Sie haben große, nach oben spitz zulaufende Ohren, und aus ihrem Gesicht ragt eine große Nase steil hervor. An den Schwänzen haben sie Haarbüschel. Es gibt sie in allen Größen und Formen: Sie können bis zu drei Köpfe und neun Schwänze haben, eine Größe von mehreren Metern erreichen, aber es sind auch nur wenige Zentimeter große Exemplare gesichtet worden. Trolle können wirklich schrecklich aussehen, sie sind jedoch nicht böse, höchstens etwas schwerfällig, plump und unachtsam. Wenn sie den Menschen zeitweise schlimme Dinge antun, dann geschieht das eher unbeabsichtigt und rein zufällig. Wenn eine Trollmutter z. B. ihre Kinder in einem Bergsee badet, kann es passieren, dass als tragischer Nebeneffekt ein ganzes Dorf überschwemmt wird. Wenn ein Troll in die Enge getrieben wird oder sich in die Enge getrieben fühlt, kann er ungeheure Kräfte entwickeln und Dinge und Menschen weit von sich schleudern. Trolle können mehrere Hundert oder gar Tausende von Jahren alt werden. In Gefangenschaft sind sie jedoch nicht lebensfähig. Eine der größten Schwächen der Trolle ist Gold, das sie in unterirdischen Höhlen horten. Auch verlieben sich Trolle gerne in Mädchen mit goldblonden Haaren. Ein Troll kann vor lauter Liebe so blind werden, dass er große Fehler begeht, z. B. entführt er dann die Angebetete. Wie ein eifersüchtiger Mann sperrt er sie in den Bergen ein, um ihre Schönheit ganz allein genießen zu können. Begriffe aus der Umgangssprache wie »drollig«, »troll dich« oder »Trollo« werden vom Namen dieser Naturwesen abgeleitet und umschreiben die etwas unbeholfene, manchmal ungeschickte Art, die den Trollen eigen ist.

Troubadour: Ein französischer Drache, der sich als Prinz zeigte und sich zu bestimmten Zeiten in einen Drachen verwandelte.

Trud, Drutt, Trudd: Sie gehören zu den Alptraumgeistern. Sie sind in bayrischen und österreichischen Gebieten bekannt, ebenso im Schwabenland, in Mittelfranken und in Sachsen (siehe Alp und Druckgeister).

Tuatha de Danaan: Das Volk der großen Göttin, das Feenvolk. Die Kinder der Danu oder Danaan sind auf Irland und in manchen ehemals keltisch besiedelten Gebieten bekannt. Bevor sie nach Irland kamen, sollen sie in den nördlichen Inseln der Welt (bei Griechenland) gelebt haben. Man weiß nicht, ob sie Dämonen, Feen, Elfen oder Menschen gewesen sind. Sie konnten ihre Gestalten wandeln, beherrschten allerlei Zauber und Magie und die Kräfte der Natur. Sie zeigten sich nur jenen, die sie als dessen würdig erachteten. Sie alterten und starben nie und konnten ungehindert die Dimensionen und Ebenen wechseln. In den Sagen und Mythen der Kelten werden sie sehr oft erwähnt und ihre Fähigkeiten beschrieben. Das Volk der Göttin ging zu der Zeit des langsamen Wechsels von einer matriarchalischen (mutterorientierten) zu einer patriarchalischen (vaterorientierten) Struktur in den Untergrund und tauchte in den über die ganze grüne Insel verstreuten Hügel- oder Ganggräbern wieder auf. Es beeinflusste das Weltgeschehen und die Schicksalsläufe, indem es im Verborgenen die Visionen und das geheime Netz der Verbundenheit webte. Von Zeit zur Zeit kamen einige von ihnen als Mensch unter die Menschen, um ihren Einfluss auszuüben, aber, nachdem ihre Zeitspanne abgelaufen war und sie ihre Aufgabe erfüllt hatten, verschwanden sie wieder in den unteren Welten. In menschlicher Gestalt waren sie oft mit einer besonderen Energie und einem besonderen Licht ausgestattet, waren besonders unabhängig. Die bekanntesten ihrer Wohnstätten liegen bei New Grange, Knowth und Dowth im Bogen des Flusses Boyne. In den Überlieferungen tauchen sie später als Side wieder auf, jene Wesen der Unterwelt – das »Fairy Folk« – die im Inneren der Hügel und Höhlen wohnen.

Turisas, Tursas, Turzaz: Finnischer Wassergeist. Er schützt seine Fischschwärme vor den Netzen der Fischer. Wenn er zum Angriff übergeht, reitet er als furchterregendes Ungeheuer auf einer feurigen Stromschnelle.

Tuwachuaa: Bei den Hopi-Indianern Sandschlange und Wächter der unteren Sphäre.

Twan Deva: Engel der Natur, welcher die Evolution der Arten innerhalb des Wasserelementes überwacht.

Twilvee: Devas, die sich mit Vögeln befassen.

Tylwyth Teg: Feenvolk in Wales, Großbritannien.

U

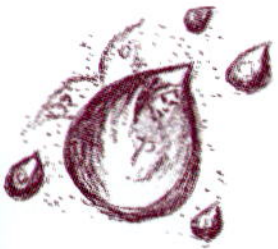

Undinen: Weibliche Wassergeister. Sie sind die Elementarwesen, Vorsteherinnen und Hüterinnen des Wasserelementes auf der Erde. Sie stehen in enger Verbindung mit der Kraft des Mondes. Die Undinen sind ausnahmslos an alle Formen des Wassers gebunden, auch an die energetische. Ob in Flüssen, Tümpeln, Teichen, in den Ozeanen, im Wasserhaushalt der Mineralien, Pflanzen, Tiere oder Menschen, ob Salz- oder Süßwasser, ja, in jeder Welle, in jeder noch so kleinen Bewegung des Wassers wohnt eine Undine. Sie reiten auf den Wellen des Ozeans und ruhen sich in Felsengrotten aus, wo Farne ranken, Blumen blühen und das Moos ihnen ein weiches Polster bietet. Man kann sie in sumpfigen Gebieten finden ebenso wie in über- und unterirdischen Flüssen und Seen. Sie sind in Regentropfen, Hagel, Eiskristallen und Schneeflocken, in Eis, Nebel, Tau und Wasserdampf, auch in eiskalten und brodelnd heißen Gewässern zu finden. Aus der feinen Äthersubstanz des Wassers erschaffen, sind die Undinen graziöse Geschöpfe. Kleine Undinen haben oft Flügel und halten sich in der Nähe von Blumen auf, die in Mooren, Sümpfen, an Seen und Bächen wachsen, lassen die Wassersäfte steigen und sinken. Undinen sehen häufig aus wie Nebelfetzen. Dieser Eindruck wird auch durch ihre Kleidung hervorgerufen, die aus einer silbrig schimmernden Substanz besteht, die wie

Wasser aussieht und in allen Farben leuchtet, vorwiegend allerdings in Grüntönen, manchmal auch in Magenta bis Violett. Wie alle Geschöpfe von Mutter Natur haben sie auch Zugang zum Wasserelement im Menschen. Sie wachen über das Fruchtwasser, in dem der Embryo im Mutterleib schwimmt, über die Tränen und andere Körpersäfte, dazu gehört auch das Blut. Undinen haben Zugang zur Gefühlswelt, zur intuitiven Kraft und zu seelischen Strömungen. Gemütsbewegungen jeder Art locken die Wassergeister in Scharen herbei, die Verwirrung, ja einen regelrechten emotionalen Sturm heraufbeschwören können. Die einzige Macht, die derlei Gefühlsstürme besänftigen kann, ist eine sich gleichmäßig und ruhig verströmende Liebe. Im Strahlenglanz der Liebe verursachen Undinen harmonische, friedvolle und sanfte Bewegungen des Wassers. Diese Wasserwesen sind durchaus gewillt, mit den Menschen zusammenzuarbeiten, erkennen ihn allerdings nur an, wenn er sie zu führen weiß. Sie können ein aufpeitschendes Temperament haben, das bei Menschen, die ihre Gefühle nicht kontrollieren können und ihren Leidenschaften freien Lauf lassen, die inneren Wogen so hochpeitscht, dass daraus Schaden, Leid und Gewalttätigkeit entstehen können. Wenn sich die Undinen ruhig in ihren Gewässern winden, werden die Wasserströme segenbringend geleitet und ein gleichmäßiges, ruhiges Gefühlsfeld erzeugt, in dem viel Gutes gedeihen kann.

Unites: Gehören zu den kleinen Feenfamilien und sind nur etwas über einen Zentimeter groß. Ihre Lebensdauer beträgt etwa ein halbes Jahr. Sie nehmen die Lebensenergie aus dem Äther auf und geben diese an die Pflanzen ab, wodurch sie die Kraftzentren der Pflanzen beleben.

Unterirdische: Bezeichnung für eine Zwergenart, die sich tief unter der Erde aufhält. Zu ihnen gehören die Stanna, Truppa und viele andere mehr. Sie leben weit ab vom Menschen und haben mit ihm so gut wie gar nichts zu tun. Sie hüten, hegen, pflegen und betreuen die unterirdischen Erdschätze wie

Metalle jeglicher Sorte, Edelsteine, Kristalle, besonderes Gestein, und das Erdinnere, zu dem die Wurzeln der Pflanzen und die Tiere gehören, die unterirdisch leben.

Upelluri: Weltriese der Churriter (verschwundenes Volk in Mesopotamien); auf ihm sind Himmel und Erde erbaut. Er dämmert unter dem Boden des Meeres dahin.

Urania: »Die Himmlische«, Muse der Sternkunde und Astrologie, ihre Kennzeichen sind Himmelsglobus und Zeigestab (siehe Musen).

Urmen: Bei den Zigeunern eine Gruppe von drei weiblichen Geistwesen. Sie bestimmen als Schicksalsfrauen das Geschick der Menschen. Zwei sind den Menschen wohl gesinnt, eine ist es weniger. Ihre Königin ist Matuya. Sie leben unter Bäumen und im Gebirge, singen und tanzen gerne.

Uthardaloki: Ein germanischer Riese, dessen Amme die Riesin Elli war. Zu ihm reiste der Donnergott Thor, um sich mit ihm im Wettkampf zu messen. Am Ende entpuppte sich Uthardaloki als Sinnestäuschung.

V

Vadataja: Lettischer Dämon in Mensch- oder Tiergestalt, der versucht, Menschen an Kreuzwegen oder im Wald in die Irre zu führen, damit sie sich verlaufen und ihr Ziel verfehlen.

Vairgin: Sibirische Gruppe von 22 Himmelsgeistern. Sie vertreten die Himmelserscheinungen (Sonne, Mond, Polarstern ...) und die Himmelsrichtungen.

Vamana (sanskr. für »Zwerg«): Im Hinduismus wird er als dickbäuchiger Zwerg dargestellt.

Vampire: Sicher wird sich so mancher fragen, was Vampire mit Naturgeistern zu tun haben. Die Antwort ist: Es gibt sie in vielerlei Formen auch in der Natur, u.a. als missgestaltete Wesen, die andere ihrer Energie berauben. Es gibt mehrere Arten von Vampiren:

1. Eine Art Vampir wird vom Menschen selbst geschaffen, und zwar erzeugt er durch Gedanken Elementale, die durch wiederholte Aufladung ein Eigenleben entwickeln. 2. Die Seelen Verstorbener können Vampire sein. Manchmal sind sie z. B. aufgrund von Süchten, Traumata oder Ängsten an die Erde gebunden und können die niedrig schwingenden Welten nicht verlassen. Ihren Mangel versuchen sie dann durch einen einzelnen Menschen zu decken, der dann Gleiches durchlebt; sie klammern sich ängstlich an ihn und seine Lebensenergie. Sie halten sich in dieser Variation meistens an Menschen, zu denen sie im Leben einen starken Bezug hatten. 3. Vampire sind auch eine Gattung der Schadensdämonen der unteren Welten, die einer Evolutionslinie neben der des Menschen entspringen. Sie können sich eines Körpers bedienen, um Menschen und Tiere anzufallen und ihnen die Lebensenergie abzusaugen, das geschieht meist durch Bisse und Verletzungen. 4. Auch lebende Menschen können Vampire sein. Manche verlassen dazu nachts ihren Körper, um zu ihren Opfern zu gehen und ihnen die Lebensenergie zu rauben. Andere haben es sich zur Gewohnheit gemacht, ihren Mitmenschen im Alltag Energie abzusaugen, z. B. indem sie ständig jammern oder alles kritisieren. Beiden gemeinsam ist, dass sie nicht in der Lage sind, sich selbst direkt an den Lebensstrom anzuschließen. 5. Dunkle Wesen, die einen Handel mit dem Menschen eingegangen sind, sind eine weitere Form der Vampire. Sie hüten den Mangel und die dunklen, düsteren und gefährlichen Geheimnisse im Menschen und fordern dafür im Gegenzug seine Lebensenergie. 6. Greys, Wesen aus dem Weltraum, sind außerirdische Vampire, welche die Lebensenergie des Menschen anzapfen. Geschichten und Erzählungen von vampirartigen Wesen gibt es rund um den Erdball. Dracula ist in unseren Breiten wohl die klassische Verkörperung dieser Art: Mit seinen spitzen Eckzähnen öffnet er seinem Opfer die Halsschlagader und saugt ihm dann das Blut ab. Blut ist Lebensenergie. Im Blut sind die Kraft und die Information der Seele enthalten. Deswegen fordern dämonische Wesen

bei einem Pakt mit dem Menschen oft eine Unterschrift mit Blut. Der Hals steht für Austausch zwischen Energien auf allen Ebenen. Vampire bedienen sich oft des Körpers eines Menschen oder nehmen eine energetische Form an, um ihrem Opfer die Lebensenergie abzusaugen. Ebenso können sie in Tiergestalten wie der Fledermaus und dem Werwolf oder als dunkle, schwarze Wolken und Nebel wahrgenommen werden. Sie verbreiten oft einen modrigen, üblen und abgestandenen Geruch. Die Luft in ihrer Umgebung kann dicht, düster, dunkel, grau und trübe wirken. Menschen, die von Vampiren besetzt sind, wirken oft erschöpft und kraftlos, ihr Blick ist verhangen und leer, ihre Haut fahl, sie wirkt etwas grau und manchmal blutleer. Ein solcher Mensch oder ein Mensch, der einen »Vampirkontakt« hatte, verletzt sich häufig unbeabsichtigt und fügt sich kleine Wunden zu, aus denen etwas Blut fließt. Erinnern wir uns: Nichts geschieht im Leben eines Menschen, ohne dass von seiner Seite eine Resonanz da wäre, eine Saite, die die Schwingung aufnehmen kann. Vampire werden oft unbewusst herbeigerufen, u.a. durch Unterdrückung des eigenen Ausdrucks, der eigenen Schwächen und durch das Gefühl des Mangels, durch einseitiges Verlangen, unerfüllte Sehnsüchte und unbefriedigte Begierden. Es ist Vorsicht geboten: Ständiger oder heftiger Energieverlust durch Energieraub kann zu Krankheit und sogar zum Tod führen.

Varuna: Indischer Herrscher des Wassers.

Vila, Vilen: Slawische Wind- und Totengeister. Je nach Aufenthaltsort gibt es Land-, Wald-, Wasser-, Wolken-Vilen. Sie erscheinen oft in Gestalt eines Schwans, eines Wolfs, eines Pferds oder eines Falken. Sie werden als wunderschöne Mädchen von großer Schönheit mit blonden Haaren beschrieben, jedoch mit Doppelnatur.

Vishap: Armenischer Drache. Er bringt Gewitter und kann sich in Gestalt eines Kamels oder Maulesels zeigen, welche die Ernte davontragen. Er spannt riesige Netze aus, um Beute zu fangen. Wer Speere in das Blut des Vishap eintaucht, macht sie dadurch unzerstörbar, das Gift wirkt augenblicklich und ist immer tödlich.

Vitore: Gutes, glückbringendes Hauswesen in Albanien. Es zeigt sich als kleine, dicke Schlange mit bunter Haut und lebt meist in der Hausmauer. Durch leises Pfeifen kündigt es traurige und freudige Ereignisse in der Familie an.

Vodjanoj: Slawischer Wassermann. Er lockt die Menschen in Gewässer, um sie zu ertränken. Seine Wohnungen sind Seen, Teiche, Flüsse. Er erscheint in Fisch- oder Menschengestalt mit langen grünen Haaren und kommt nur ans Land, um sich auszuruhen.

Vosegus: Gott der Vogesen. Er ist für alles, was dort geschieht, zuständig.

Vulkani: Vertreterinnen der oberen Klasse weiblicher Feuergeister. Sie gehören natürlich ins Feuerreich und sind verwandt mit den Salamandern. Die Feuerreiche sind am weitesten von der Menschenwelt entfernt, in ihnen verstärkt sich der teuflische Wesensanteil der Naturgeister. Vulkani werden oft in Frauen- oder Mädchengestalt, als extravagante Damen oder leichtfertige, übermütige Mädchen dargestellt. Allgemein sind sie schön im Wuchs und ansprechend in ihrem Aussehen. In ihrer Art sind sie ungeduldig, launisch, reizbar, immer in Bewegung, jederzeit kampfbereit und stellen ihre Freiheit über alles. Sie lieben das Kämpfen um des Kampfes willen und benötigen keinen besonderen Anlass, um loszuschlagen. Sie erscheinen oft in den vielfältigen Farben des Feuerelementes wie Rot, Orange, Grellgelb, aber auch Elektrischblau, wie im Inneren der Flammen, und zuweilen in Dunkelrot bis Schwarz. Sie sind ruhelos und unstet wie ihr Element. Sie hängen an keinem Ort. Dort, wo Flammen züngeln, fühlen sie sich wohl, dort sind sie zu Hause. Entsprechend leben sie in noch tätigen Kratern, glühendem Magma, heißen Öfen, geladenen Blitzen und gelegentlich in undichten Elektrizitätsquellen. In den aufsteigenden Gift- und Feuerschwaden dieser Orte messen sie ihre Kräfte aneinander. Vulkani lieben das Feuer in allen seinen Formen. So sind sie bei Wald- oder Buschbränden in ihrem Element. Ausgelassen schreiend, verzückt und von wilder Kraft beseelt, haben sie nur eins im Sinn: das Feuer noch mehr auszudehnen. Bei Feuerexplosionen brechen sie in kreischenden Jubel aus. In den Gluten tragen sie hell schimmernd und voller Begeisterung in unablässig sich verändernden Formen ihre Kämpfe aus. Hauptsache, es tut sich was. Wärme, Bewegung, Chaos, darin fühlen sie sich wohl. Sie rutschen auf Blitzen hernieder, um an deren Enden das Feuer zu entfachen. Je stärker sie die Flammen entfachen und je heller und höher diese lodern, desto mehr geraten die Vulkani in wildes Verzücken und hemmungslose Ekstase. Erlöschen die Flammen jedoch, so kehren sie zurück in die Tiefe und warten ungeduldig, bis die Feuerkraft sie wieder ruft und sie nährt. Wasser meiden und fürchten die Vulkani, weil es sie auflöst. Ruhe, Stille, Frieden und Harmonie sind ihnen ein Graus. Hochentwickelte friedliche Menschen und jede Art von Engelwesen gehen ihnen auf die Nerven und bereiten ihnen Kopfschmerzen. Sie fliehen vor diesen Energien. Die Aufgabe der Vulkani ist es, die wilde ungebändigte Kraft zu nähren und damit Bewegung und unberechenbaren Wandel zu schaffen. Materie ist für sie kein Hindernis. Menschen, die unvorsichtig mit Feuer spielen, besonders Kinder, verleiten sie dazu, Brände zu entfachen; Pyromanen (krankhafte Brandstifter) sind besetzt von ihnen. Empfinden die Vulkani jedoch Zuneigung zu einem Menschen, so sind sie bereit, ihre Wildheit zu zähmen und ihre Energie zu veredeln, auch wenn ab und zu noch ihr ursprüngliches Wesen zum Vorschein kommt. Aus Liebe können sie sehr treu und aufrichtig sein, dabei geben sie ihre Wärme gleichmäßig ab und reißen nur ab und zu mal einen kleinen »Feuerwitz«. Doch Vorsicht, wer diese Wesen enttäuscht, für den besteht Explosionsgefahr!

W

Waldriderske, Rittmeije: Ostfriesische Alp- und Druckgeister (siehe dort).

Wallotes: Sie gehören zu den Luftfeen. Unentwegt beaufsichtigen sie die Luftströmungen, die durch viele für uns nicht wahrnehmbare Luftkanäle fließen.

Wang-liang: Chinesischer Berggeist, auch Wasser- und Giftdämon. Er verursacht Krankheiten und verwirrt die Menschen durch die Nachahmung ihrer Stimmen.

Wasserelfen, Wasserelben: Schutzgeister der Binnengewässer. Sie wohnen unter Brunnen, in Teichen, Tümpeln, Bächen, in kleinen Seen, unterirdischen Wassertempeln und an ähnlichen Orten. Es gibt vielerlei Arten von ihnen, sie heißen u.a. Wasserholde, Brunnenholde, Tümpler, Murmelchen, Mümmelchen. Ihrem Gewässer entsprechend sind sie kleiner, manchmal viel kleiner als andere Wassergeister. Es gibt männliche und weibliche, sie sind zierlich, schillernd, glitzernd, beweglich und sehr anmutig. In der Morgen- und Abenddämmerung sind sie am aktivsten, außerdem zu bestimmten Tagen zu Vollmond und Neumond. Sie führen den Menschen in die Geheimnisse und die Welt ihres Gewässers ein. Sie lieben Gesang, Musikinstrumente, Klang, Spiel und Tanz. Sie schützen und behüten ihr Gewässer und pflegen es mit ihrer ganzen Liebe. Sie sorgen dafür, dass das Wasser fließt, nicht modert. Sie steigen auf in den sanften Morgennebeln und arbeiten mit den anderen Wesen der wässrigen Natur zusammen, z.B. den Undinen, Wasserdevas, Wasserfeen und anderen Wassergeistern. Sie tragen die feuchte Kühle an die Ufer um die Pflanzen zu benetzen. Sie sind an das Gewässer gebunden, das sie betreuen, und alles, was dieses Gewässer durchlebt, durchleben sie auch; sie geben dem Wasser ein fühlendes Gesicht. Da sie aus dem Licht der Engel gespeist werden, sind sie von den Menschen unabhängig. So verhalten sie sich eher scheu und zurückhaltend. Wahrnehmen kann man sie an einer feuchten, punktartigen nassen Kühle auf der Haut. Wenn das Gewässer verschmutzt wird, können sie angemessen ungehalten darauf reagieren und scheuchen z. B. stechende Insekten genau zu den Menschen, die den Schaden verursachten.

Wassergeist: Überbegriff für alle im Wasser lebenden Naturgeister jeglicher Art und aller Orte. Hierzu gehören Nixen, Meerjungfrauen, Undinen, Nickel, Nöckel, Nereiden, Strömkarl, Wasserholde, Brunnenholde, Wasserelben, Wasserdevas etc., aber auch Wasserungeheuer und -dämonen.

Wasserholde: Eine Gruppe von Wasserelben, die für ein bestimmtes Gewässer zuständig sind (siehe dort).

Wasserkoboldwinzlinge: Höhere Entwicklungsstufe der Meereströpfchen. Sie sind von äußerst geringer Größe und schillern voller Schönheit in vielen Farben. Sie lieben es, sich zwischen Blumen, Büschen und in nahezu der gesamten Pflanzenwelt zu bewegen. Manchmal kann man ihren zarten Lichtabdruck in den Schattierungen der Pflanzen erkennen.

Wassermänner: Die männlichen Bewohner der Gewässer. Sie werden je nach ihrer Aufgabe und ihrem Zuhause – Bach, Fluss, See, Meer – unterschiedlich bezeichnet. So wohnen z. B. der Meermann, der Nix und der Nöck im Meer, der Strömkarl haust unter den Wasserfällen, und sowohl der Nickelmann als auch der Neck und der Mummel leben in Flüssen und Seen. Sie alle sind oftmals für die Fließ- und Strömkraft des Wassers verantwortlich. Wassermänner werden viele hundert Jahre alt. Sie lassen sich leicht erkennen: Da sind die ewig tropfenden Haare, die Bekleidung, die stets eine tropfnasse Stelle aufweist, und oftmals haben sie Schwimmhäute zwischen den Fingern. Die Haare sind meist lang und grün, und allerlei Dinge des Wassers, kleine Schnecken, Muscheln, und so manch anderes kleines Wassergetier haben sich darin verfangen. Einige haben lange Bärte, oft schimmern auf ihrer Haut grüne und blaue Schuppen, und ihre Zähne leuchten grün. Bei den einen ist der Körper halb Mensch, halb Fisch, andere können sich an Land bewegen, doch nicht sehr weit fort von dem Gewässer, in dem sie leben. Einige Wassermannarten tragen einen roten Zweispitz oder eine purpurne Kappe, ohne die sie nicht wieder unter das Wasser tauchen können. Die Wassermänner passen sich dem Gewässer, das sie hüten und beleben, außer in Größe, Farbe, Form und Gestalt auch im Wesen an, sodass sie ganz unterschiedliche Charaktere aufweisen. So gibt es majestätische Meeresgötter, welche die strenge Oberaufsicht über die Wasserreiche führen. Sie leben in Königreichen tief am Meeresgrund, reiten mit Delfinen auf Schaumkronen über ihr Reich und sehen nach dem Rechten. Andererseits gibt es auch kleine braune froschähnliche Männlein, die den Tag auf Steinen sitzend in ihrem Gewässer verbringen. Im Volksglauben wird der männliche Nix z. B. einerseits oft als bösartiges Flussungeheuer dargestellt und mit Ehrfurcht und Angst bedacht. Man sagt ihm nach, er reiße Menschen in die Tiefe, fordere seine Opfer. Er ist sehr streng darauf bedacht, dass die Regeln und Gesetze des Wassers eingehalten werden. Andererseits kann der männliche Nix weissagen und kluge Ratschläge erteilen, wenn ein Mensch nach bestandenen Prüfungen den Weg zu ihm gefunden hat. Er hütet allerlei Wasserschätze und magische Wassergegenstände, z. B. den magischen Spiegel, wunscherfüllende Gegenstände, sprechende Muscheln etc. Er sitzt meistens an reißenden Stromschnellen und tiefen Wasserstrudeln. Andere Wassermannarten sind eher gutmütig und gesellig, leben ein glückliches, friedliches Familienleben. Sie lieben Wein, Weib, Gesang und Spiele jeder Art und sind den Menschen zugetan, suchen gar ihre Nähe. Viele sind Musiker und spielen mit ihrer Geige oder Harfe meisterhaft wilde, süße und mitreißende Tanzlieder. Manche spielen so wild, dass alles in ihrer Nähe zu tanzen anfangen muss und in ihren Sog gerät. Oftmals wird das Opfer dabei in vielen

Drehungen nach unten gezogen. Einige derbere Wassergeister zechen gerne. Sie wetten für ihr Leben gern, trinken alle möglichen Feuerwasser, haben rote Säufernasen und sind hässlich, aber gutmütig. Die Wassermänner können sich außer in Fische auch in alle anderen Wassertiere und überdies in Pferde verwandeln. Allgemein lässt sich sagen, dass die männlichen Wassergeister nicht mehr so häufig zu sehen sind wie einst. Sie sind scheu und mögen keine schwatzhaften und streitsüchtigen Menschen. Auch sogenannten gescheiten Menschen, insbesondere Naturwissenschaftlern wie Meeres- und Wasserforschern, gehen sie aus dem Weg, da diese aus ihrem Blickwinkel schlicht und ergreifend keine Ahnung haben. Manchmal machen sie sich einen Spaß und bilden kleine Strudel und Stromschnellen, um diese Menschen ein Stück des Flusses nach unten zu tragen, in der Hoffnung, dass diese das Interesse verlieren. Leider ist der Kontakt zwischen ihnen und den Menschen oftmals durch schlechte Erfahrungen beider Seiten gestört, da wir verlernt haben, ihnen zuzuhören.

Watershee: Irische Sumpfelfe, meist weiblichen Geschlechts. Sie ist klein, zierlich und hat hauchdünne Flügel. Wanderer lockt sie mit ihrem unschuldigen Aussehen, ihrem lieblichen Gesang oder ihrer Zaubermacht, z. B. Sternenlichter zu erzeugen, in Sümpfe und Moore. Kommen die Wanderer dann darin um, so verzehrt die Watershee ihre Seele. Ein geweihtes Amulett, ein Kreuz, ein Segen und dergleichen kann gegen ihre dunklen Absichten helfen.

Wechselbalg, Stocks: Wesen, das als Baby mit einem menschlichen Säugling vertauscht und einer Menschenmutter untergeschoben wurde. Ein Wechselbalg ist oft unförmig, in der Entwicklung zurückgeblieben, hässlich und kann unter Umständen Böses in einem Haushalt bewirken. Die größte Gefahr, dass ein Säugling ausgetauscht wird, besteht in seinen ersten sechs Lebenswochen, solange die Mutter Wöchnerin ist. Erzählungen und Geschichten von

Wechselbälgern findet man in vielen Geschichten und Mythen vieler Völker. Für das Kleine Volk scheint die Geburt eine schwierige Angelegenheit zu sein. Wenn sie ihre hässlichen Neugeborenen sehen, so vertauschen sie diese am liebsten mit Babys aus der Menschenwelt. Hier gab es früher viele Rituale, um Menschenbabys vor dem Tausch zu schützen, was jedoch nicht immer gelang. Sie fühlen sich aber nicht zu der Welt der Menschen hingezogen und verhalten sich in der Zeit, die ihnen bei den Menschen gegeben ist, oft absonderlich. So verschlingen sie Unmengen und verlangen unaufhörlich nach neuer Nahrung. Sie werden oft nicht alt, vielleicht 2, höchstens 12 Jahre. Ihre Auffassungsgabe ist begrenzt. Sie haben oft eine sehr gute einseitige Begabung, z. B. können sie fantastisch musizieren, tun das allerdings auf ungewöhnliche, verwunderliche und alte Weise.

Weiße Frau: Wesen aus den höheren Reichen. Sie kommt oft aus dem Land der Ahnen und bringt Kunde über das, was die Familie betrifft. Sie erscheint in Träumen oder in Zuständen, in denen sich das Bewusstsein weit über das Tagesbewusstsein hinaus ausdehnen kann. In weiße Gewänder gehüllt, sitzt sie oft still da oder kommt fast schwebend und unhörbar auf einen zu. Die Farbe Weiß steht für Reinheit und die höheren Reiche. Die Weiße Frau ist von zarter Gestalt und hat ein von Licht erfülltes blasses Antlitz. Wenn sie erscheint, ist es gut, sich ihrer Botschaft zu öffnen. Manchmal bittet sie einen Menschen, ihr zu folgen, manchmal mit einer Geste oder indem sie sich in eine Person verwandelt, die man kennt. Sie will warnen, schützen oder ein Glück oder Unglück ankündigen. Oft zeigt sie Geburt oder Tod an oder warnt, wenn es das Schicksal zulässt, vor Gefahren, damit sie abgewendet werden können. Sie ist eine Mittlerin zwischen den Reichen und gehört dem Reich der Feen an; ihre Absichten sind rein und heilig.

Weltenfisch, Celebrant, Concelebrand: Der Fisch als Weltenträger ist eine weitverbreitete und uralte Vorstellung. Sie kommt in den

Schöpfungsmythen vieler Völker vor. In der deutschen Überlieferung wird er Celebrant oder Concelebrand genannt. Wenn der Weltenträger sich bewegt, gibt es Erdbeben. Menschen, die über die Anderswelt mit ihm Kontakt aufgenommen haben, konnten ihn wie ein Orakel zu den Belangen der Erde befragen. Zeigte sich der Fisch in senkrechter Position, so war dies ein Ja, zeigte er sich in waagrechter Position, so stand ein Unglück bevor (siehe auch Fischfrau Faronika).

Wicht: Ein anderer Name für »Zwerg«, in manchen Gegenden auch für »Kobold«.

Wichtel: Die Wichtel zählen zu den kleinen Erdvölkern, zu denen auch die Gnome, Kobolde, Zwerge und Trolle gehören, und unterstehen den Gnomenkönigen und -fürsten sowie den mächtigen Hütern der Erdreiche. Die Wichtel sind für alles zuständig, was das Erdreich betrifft. Sie kümmern sich um die kleinsten Tiere, die Käfer, Ameisen, Würmer u.a. Sie helfen den Edelsteinen beim Wachsen und pflegen sie. Sie weben die Blumen in ihrer Vielfalt und bereiten den Tau. Sie kennen alle Heilpflanzen und Heilquellen und führen Menschen, die reinen Herzens sind, zu diesen. Sie verfügen über alle magischen Kräfte, die den Erdgeistern eigen sind (siehe Kapitel Erdreich), wenden diese jedoch im Guten an und können mit ihnen Wunder bewirken. Wichtel leiten die heilenden, heiligen Ströme und Kräfte der Erde. Mit ihrer Liebe erhält die Natur ihr grünes gesundes Farbenkleid. Genauso wie sie um des Menschen gesundes Farbenkleid, die Aura, bemüht sind. Die Wichtel sind die guten Erdbewohner, die dienstbaren Erdgeister, denen auch die Heinzelmännchen zugeordnet werden. Wichtel sind hauptsächlich in der Natur zu finden und verrichten dort allerlei Arbeit; Heinzelmännchen hingegen wirken eher in Häusern und anderen Gebäuden und arbeiten eng mit dem Menschen zusammen. Wichtel helfen, wo sie können, und lieben es, dem Menschen zur Hand zu gehen. Sie sind fleißig, unermüdlich, rechtschaffen und stets freudig bei der Sache. Sie arbeiten gerne in größeren Gruppen, um sich gegenseitig zu unterstützen. Sie singen und trällern fröhlich ihre Lieder bei ihren Verrichtungen, denen sie mit Sorgfalt nachgehen. Sie unterstützen die Menschen gerne bei deren alltäglichen Arbeiten, sind jedoch scheu. Sie betätigen sich äußerst vielseitig, melken die Kühe, füttern die Tiere, gießen die Pflanzen, helfen auf dem Feld. Sie wollen keinen Lohn, sind aber dankbar, wenn man ihnen Essen und Trinken hinstellt. Sie lieben Milch und Brot. Sie sind es, die dem Menschen beigebracht haben, wie z. B. Käse zubereitet wird. Sie scheuern Hausrat blank, besonders jenen aus Kupfer, Zinn und Silber. Sie spielen mit den Kindern und trösten sie, wenn die Mutter gerade zu beschäftigt ist. Am Morgen wecken sie die Menschen, und abends wiegen sie die Kinder sanft in den Schlaf, heilen die Kranken und bringen ihnen Heilkräuter. Beleidigungen, Flüche, Sittenlosigkeit und Habsucht vertreiben die Wichtel. Auch gegen sie gerichtete Hinterlist und Gemeinheit sind geeignet, sie zu verscheuchen. Da sie treu und anhänglich sind, bereitet ihnen ein solcher Abschied großen Kummer. Wichtel sind ordentlich, sauber und gepflegt gekleidet und tragen rote Zipfelmützen. Sie haben eine füllige Figur, weil sie gerne essen und trinken, sind sehr gesellig und pflegen mit vielen anderen Naturwesen Kontakt. Sie teilen sich über das Echo mit und über den sich wiederholenden Reim; nebenbei haben sie noch ihre eigene Sprache, die sie jedoch nicht gerne preisgeben. Sie leben in Wurzelgeflechten, in Höhlen, unter großen Pilzgruppen, zwischen Steinen und Felsen und in den Gärten und Häusern, die unter ihrem Schutz stehen. Bestimmte Feste der Natur sind ihnen heilig, weil diese Mensch, Naturwesen und Kosmos miteinander verbinden. Wie alle lichtvollen Wesen warten sie auf die Einladung des Menschen, bevor sie ihm zu Hilfe kommen. Es ist ein großes Glück, Wichtel im Haus zu haben, damit ist man alle irdischen Sorgen los.

Wiedergänger: Verstorbener, der wegen einer Schuld, eines unnatürlichen Todes, weil er durch einen Bann an einen Menschen gebunden ist, oder aus anderen Gründen meist als »Lebender Leichnam« oder Untoter lebend umhergehen muss. Zu den »echten« Wiedergängern gehören Tote, die den Menschen im Traum besuchen; die ihn erinnern und manchmal quälen oder ihre Erlösung aus diesem Zustand wünschen. Es sind Tote, die wie im Leben erscheinen und sich wie die Lebenden verhalten. Eine spätere Abwandlung sind die Zombies (siehe Zombie).

Wiedehopf: Eine Spechtart, die wegen ihres ungewöhnlichen Aussehens als Dämonenvogel gilt, der zu magischen Zwecken gerufen wird. In seinem Nest findet man Steine, mit denen man sich unsichtbar machen kann. Wenn man auf einem Wiedehopfstein schläft, findet man verborgene Dinge. Wenn man ihn einem anderen unter das Kopfkissen legt, verrät dieser alle Geheimnisse. Der Wiedehopf bringt auch die Springwurzel, mit der sich alles öffnen lässt, auch die Schatzhöhlen in einem Berg.

Wilde Leute: Sammelbezeichnung für Gruppen von männlichen und weiblichen Naturgeistern, die frei, gesetzlos und ungebunden umherziehen und ihr Unwesen treiben. Sie bewohnen vorzugsweise dunkle Wälder, einsame Berggegenden und die wilde Natur. Zu ihnen gehören u. a. Fäggen, Saligen, Orks, Salvan, Moosleute, Buschweiblein, Holzleute, Wildfrauen und viele weitere Gruppen, die nur in bestimmten Regionen oder Gebieten hausen. Meist gehören sie zu den Zwergen oder Elfen und sind sowohl dem Feuer- als auch dem Erdreich zugeordnet. In allen Belangen der Natur können die Wilden Leute sehr hilfreich sein, aber auch ziemlich bösartig, wenn ihre Tabus verletzt werden. Insgesamt sind sie unberechenbar, manchmal regelrecht gefährlich. Sie reagieren auf das Energiefeld, das von menschlichen Bewohnern der Orte, an denen sie leben, aufgebaut wurde. Sie trachten dem Menschen nach dem Leben und versuchen, ihn so zu schädigen, dass er für den Rest seines Lebens gezeichnet ist, wodurch sie die Wildheit der Natur hüten wollen. Einst wussten die Menschen, in welchen Regionen diese Wesen hausten, und hielten sich fern oder versuchten, sie zu besänftigen.

Wildschweinkobold: Bei den südamerikanischen Tumupasa gibt es einen Wildschweinkobold. Er sieht einem Menschen ähnlich und befiehlt über die Wildschweine.

Windin, Windsbraut, Windis prut, Concubina ventis: Ein Wesen des Luftelements. Es wird in der germanischen Mythologie als Wetterhexe sowie als ein Wesen beschrieben, das durch die Luft jagt und die Wind- und Sturmgeister hochpeitscht. Wenn ein Wirbelwind oder ein Sturm aufkommt, soll man ein geweihtes Drudenmesser hineinwerfen (siehe Drud). Wenn das Messer blutverschmiert herunterfällt, hat man die Dämonin verletzt. In einigen Sagen wird erzählt, dass anschließend eine nackte junge Frau auf den Boden fiel und die Luft sich beruhigte. Häufig kommt es vor, das derjenige, der das Messer warf, von der Windin entführt wurde.

Winterschwoagerin: (siehe Alpmutter).

Wolpertinger, Wilperting, Wimmerding: Hauptsächlich in den bayrischen Regionen bekannt. Es soll ein scheußliches Ungeheuer von der Größe eines Wolfes mit scharfen Zähnen sein, das in einsamen Gegenden sein Unwesen treibt.

Wondjina: Australische Wolken- und Regengeister. Sie beleben den Kreislauf der Natur immer wieder neu. Als die Traumzeit auf Erden begann, zogen sich die Wondjina in Höhlen zurück und wurden zu Felsenbildern, die menschenähnliche Wesen darstellen. Da, wo ihr Geist in eine Wasserstelle taucht, bleibt die lebenspendende Kraft erhalten.

Wuotanes her, Odins Heer: Bei den Germanen das Wilde Heer oder die Wilde Jagd genannt. Toten- und Windgeister, die unter den Jagdrufen von Odin in Stürmen durch die Luft reiten. Es sollen laut Mythologie 432 000 Geister aller Sorten sein, denen 24 schwarze Hunde voraus- eilen. Diese Jagd der Geister findet vor allem in den 12 Rauhnächten nach Weihnachten statt, in denen die Karten für das kommende Jahr neu gemischt werden.

X

Xhind-i, Xhinde: Albanische elfenhafte Wesen, von denen es männliche und weibliche, böse und gute gibt. Man weiß, dass sie in der Nähe sind, denn sie kündigen sich durch das Krachen einer Tür oder das Flackern des Lichtes an.

Y

Yaksha: Hinduistisches halb göttliches, halb dämonisches Wesen, Genie der Fruchtbarkeit und des Reichtums. Hüter der verborgenen Schätze, von Silber, Gold und Edelsteinen. Sie wohnen an einsamen, schattigen Plätzen und stören meditierende Mönche und Nonnen durch ihren Lärm. Sie werden dickleibig und kurzbeinig dargestellt und sind sowohl Freunde wie auch Feinde der Menschen.

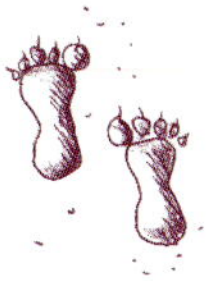

Yeti: Schneemensch, der nach der Beschreibung der Sherpas (Bergführer) in den Hochregionen des Himalaya-Gebirges sein Wesen treibt. Gehört zu den Naturgeistern des Ortes. Er wird als ein monströses, wildes und wie ein Menschenaffe behaartes Wesen von riesiger Körpergröße beschrieben. Er soll hohe Laute von sich geben und ist hauptsächlich nachtaktiv. Oft werden überdimensionale Fußspuren im Schnee entdeckt, die ihm zugeschrieben werden.

Ying-lung: Chinesischer flugunfähiger Flutdrache. Er verursacht aufsteigende Dünste, die sich zu Regenwolken verdichten. Er wohnt im Süden des Landes, deswegen regnet es dort oft.

Ymir: Riese der nordischen Sagenwelt, aus dessen Leib das Himmelsgewölbe, Erde und Meer, Flüsse und Wälder entstanden sind.

Z

Zana: Albanische Feen und Schutzpatroninnen der Helden sowie Musen der Berge. Sie sammeln Blumen, tanzen und spielen, locken die Ziegen und singen des Nachts an den Quellen.

Zar Wodjannik: Ein Wassermann, der mit seiner Frau Zarin Wodjanniza in einem Palast am Grunde des stillen, klaren Ilimersees in der Nähe von Nowgorod (Russland) haust. Er liebt die Musik über alles. Wenn der Klang russischer Lieder ertönt, dann tanzt und springt er wild umher und bringt den See zum Schäumen. Haushohe Wellen bilden sich, und die einfließenden Flüsse treten über die Ufer. Wenn man ihn besänftigt, wird der See wieder still und klar, als ob nichts gewesen wäre.

Zephir, Zephyrus, Zephyros: Griechischer Frühlingsbote und Gott des feuchten und sanften Westwindes.

Zephyre: Engel der Natur. Sie reiten auf den Winden und beeinflussen diese. Diese Wesen besitzen eine hohe Intelligenz. Ausgewachsen werden sie einen Meter groß, ihr Körper wechselt zeitweise die Farbe. Einige von ihnen erscheinen schimmernd, glitzernd, kristallartig, andere mögen saphirblau sein oder die strahlende Färbung des Morgens – Gelb, Rosa, Orange – annehmen. Sie haben eine fröhliche, spielerische Art und werden sehr alt. Sie sind Wohltäter der Gegenden, die unter ihrer Obhut stehen, laden sie auf und neutralisieren Störfelder. Sie haben keine niederen Motive, keine egoistischen Wünsche und keinen persönlichen Willen und trotzdem eine einzigartige Individualität. Der Hauptdienst ist jedoch das Lenken und Leiten der Solar- und Pranastrahlung.

Ziegenmelker (siehe Habergreis).

Zipacna: Bei den Maya ein Riese, der Erdbeben verursacht. Er ist der »Schöpfer der Berge«.

Zlatorog: Weißer Gämsbock mit goldenen Hörnern, der in den slowenischen Sagen erwähnt wird. Er ist der Anführer einer Herde weißer Gämsen, die eigentlichen Frauen sind und ihn in jeder Situation beschützen. Wird er verletzt, so wird aus seinem Blut ein Wunderkraut, Triglavrose genannt. Mit diesem Kraut heilt jede Wunde augenblicklich. Wer die goldenen Hörner erbeutet, dem gehören alle Schätze, die in einem Berg von einer vielköpfigen Schlange bewacht werden. Verärgert man ihn, so verlässt er mit seiner Herde augenblicklich den Ort, der sich dann in eine wüste Felsengegend verwandelt.

Zmora: Kaschubische Alptraumgeister (siehe Alp- und Druckgeister).

Zombie: In den südamerikanischen Ländern und auf Haiti ist die Vorstellung weit verbreitet, dass Zombies wiederbelebte Tote sind. Diese Vorstellung deckt sich mit der vom Wiedergänger, der in unseren Regionen bekannt ist. Zombies sind verunstaltete, fürchterlich aussehende Wesen, eine Art lebende Leichname, die durch einen Zauber, mittels Gift oder anderen Manipulationen geschaffen wurden und als willenlose Sklaven ihres Erschaffers benutzt werden. Ihr Gang ist meist schleppend und ihre Rede kaum verständlich. Sie sollen aus ihrem Zwischenleben erwachen, wenn man ihnen Salz zu essen gibt. Dann rächen sie sich an dem, der sie erschuf, um dann zu verfallen. Zombies gehören zur Gruppe der Elementale (siehe dort).

Zu: Akkadischer Sturmvogeldämon des Südwindes.

Zwerge: Die Zwerge gehören zum Kleinen Volk und sind in vielen Regionen bekannt. Sie sind eine große Gruppe von unterschiedlichsten Erdgeistern und Erdvölkchen, eben die Elementargeister der Erde, eines der fünf Elemente. Es gibt Waldzwerge, Wasserkobolde, Bergzwerge etc., außerdem die guten Völkchen und die bösen, listigen und tückischen Gruppen sowie Mischgattungen und Untergruppen, zu denen u. a. Heinzelmännchen, Butzelmännchen, Kräutermännchen, Däumlinge, Nachtleutlein und Feuermännlein zählen. Auch zahlreiche Spukgestalten der Nacht gehören zu der Gruppe der Zwerge, so z. B. Schreckensmännlein, Rotkappen, Klabautermänner, Pestmännlein und Rumpelstilzchen. Unter den Arten bestehen Ähnlichkeiten in der Körperhaltung und im Aussehen, ebenso in den Aufgaben oder in den Leidenschaften. Anhand dieser Ähnlichkeiten lassen sich Zwerge eindeutig erkennen. Zwerge sind kleinwüchsig, ihre Körpergröße wird z. B. als daumengroß, faustgroß, fingerlang, handhoch, eine ganze Elle lang, zwei, drei, vier Spannen lang usw. angegeben. Ihre Gestalt ist meistens etwas gedrungen und füllig. Sie haben oft eine Knubbelnase, übermäßig große Ohren, häufig gar Schlappohren, wulstige Lippen, runde kleine, lustige Gänseaugen (das heißt, die Iris füllt das Auge völlig aus) und einen Bart. Meistens werden ihre Gesichter als alt und faltig beschrieben. Die Haut ist wie Leder und meistens rau wie Krötenhaut. Die Zwergenweiblein tragen meist geflochtene Zöpfe, sind vollbusig und auch sonst üppig ausgestattet. Zwerge bevorzugen die Farben Rot, Grün, Weiß, Gelb, Blau oder erdige Farben. Sie tragen meistens Mäntelchen, Jacken und insbesondere Mützen jeglicher Form, wie Zipfelmützen, Filzhüte, graue Kappen, Schlapphüte, Strohhüte, Tarnkappen oder Nebelkappen. Durch das Drehen seiner Kopfbedeckung macht sich ein Zwerg sichtbar oder unsichtbar. Wer einem Zwerg die Mütze wegnimmt, verhindert, dass dieser zurück in das Zwergenreich gelangen kann. Zwerge sind darüber hinaus mit den verschiedensten magischen Kräften ausgestattet, z. B. mit Tarn- und Schutzkräften, der Kraft, Dinge verschwinden und auftauchen zu lassen. Als Erdgeister sind sie auf das Engste mit dem Erdreich verbunden und beherrschen damit alle Kräfte, die diesem zugeordnet sind. Auch kennen und behüten sie die Schätze in den Schatzkammern der Erde. Sie können sich an der

Erdoberfläche und tief in der Erde aufhalten und bewegen; ihre Wohnbereiche sind auch in diesen Zonen zu finden. Sie leben dort in Höhlen, entweder unter der Erde, zwischen Wurzeln, im Dickicht unter Bäumen und Sträuchern, in Bergen, Felsen und Steinen o. Ä. Sie lieben Geselligkeit, Essen und Trinken. In ihren freundlichen Erscheinungsformen sind sie u. a. rechtschaffen, ausdauernd, traditionsbewusst, zuverlässig, ordentlich, humorvoll, freundlich, hilfsbereit. In ihren bösartigen Erscheinungsformen sind sie gierig, geizig, gehässig, besessen, gemein und gar gefährlich. Sie können dem Menschen so einerseits eine große Hilfe, ja wahre Schutz-, Hilfs- und Heilgeister sein und andererseits eine dunkel drohende Gefahr, je nach ihrer Herkunft bzw. dem Ort, den sie betreuen, ihren Erfahrungen mit Menschen, ihren Neigungen, Aufgaben und Leidenschaften.

Anhang

Glossar

Akkad, Akkadien: Erstes semitisches Großreich auf mesopotamischem Boden (2350–2150 v. Chr.), im nördlichen Babylonien, genaue Lage unbekannt.

Astralwelt, Astralebene: Die Astralwelt ist die erste höhere Ebene nach der physischen Welt, auf der die Emotionen zu Hause sind. Hölle, Fegefeuer, Unterwelt sind nach den Lehren der Theosophischen Gesellschaft die Sphären der Astralwelt. Jedes Wesen, jedes materielle Objekt hat dort eine Entsprechung. Tiere und Menschen gelangen während des Schlafes teilweise in die Astralwelt, Tote sogar für längere Zeit, wenn sie sich durch Süchte, Verstrickungen, Traumata o. Ä. an die physische Welt gebunden haben. In der Astralwelt bilden sich auch die Gedankenformen (Elementale, siehe entspr. Kapitel) und werden lebendig, d.h. sie beginnen zu wirken.

Einweihung, Initiation: (lat. »initiatio« = »Einführung«, »Hineinführung«) Der Mensch wird in die übersinnliche, geistige Welt eingeführt; diese Einweihungen gehen stufenweise vor sich und beinhalten schwierige Prüfungen, die zeigen, ob der Mensch die Lebensgesetze verstanden hat und bereit ist für die nächste Stufe.

Lichtkörper: Der Lichtkörper ist derjenige Teil des Menschen, der in der Lage ist, durch die Materie hindurchzugehen und sich frei im Raum zu bewegen. Weitere Begriffe für Lichtkörper sind: Doppelkörper, zweites Gesicht, feiner Körper, Astralkörper, Scin-Laeca, Feuerkörper.

Logos: Der Geist Gottes, der sich durch den Menschen im Wort offenbart.

Medizin: In diesem Buch im indianischen Sinne verwendet: Alles, was zu einer größeren Harmonie mit sich und der Umwelt beiträgt.

Newhouse, Flower A.: (1909–94) Von Kindesbeinen an war es ihr gegeben, das Wirken des geistigen Reiches mit eigenen Augen zu schauen, und so entwickelte sie sich zu einer Engelkennerin mit ungewöhnlichen Fähigkeiten. Sie wirkte hier auf der Erde als spirituelle Lehrerin, die den Menschen das Reich der Engel wieder näher brachte und damit das ursprünglich religiöse Gefühl des Staunens, das den erfasst, der seinen Blick erhebt und die Wunder der Natur wieder empfinden kann.

Shintoismus: Bezeichnung für die vor Einführung des Buddhismus (ab 552 n. Chr.) namenlose einheimische Volks- und Nationalreligion der Japaner. Alle Naturphänomene (Berge, Flüsse, Tiere, Bäume, Pflanzen) sind danach von den göttlichen Wesen beherrscht. Die Sonnengöttin Amaterasu herrscht über den Himmel, der Mondgott Tsuks-yomi über die Nacht und der Sturmgott Susa-no-o über das Meer. Noch heute gibt es ca. 3 Mio. Anhänger des Shintoismus.

Strahlenlehre: Die Lehre der sieben Strahlen ist eine alte Lehre, die durch die theosophische Gesellschaft neu definiert wurde. Die sieben Kraftströme durchdringen das gesamte Universum und sind mit bestimmten Eigenschaften und Zuordnungen versehen. Die Hüter der fünf Elemente (Thor und Aries, Pelleur und Virgo, Neptun und Lunara, Helios und Vesta, Akasha und Devos entstammen z. B. der Strahlenlehre. Hier vermischt sich die alte Welt mit der neuen Auslegung, was zu Verwirrungen führen kann.

Theosophische Gesellschaft: Esoterisch-spirituelle Organisation, die am 17. November 1885 in New York von Helena P. Blavatsky, Henry Steel Olcott und William Quan Judge gegründet wurde. Sie definierten altes Wissen neu und machten es erstmalig einer breiten Masse zugänglich. Die Theosophische Gesellschaft ist Geburtsort vieler Lehren.

Urmatrix: Grundsubstanz des Lebens ohne innere Struktur; Blaupause, in die alles eingezeichnet werden kann.

Weiße Bruderschaft, Universelle Weiße Bruderschaft, Bruderschaft des universellen Friedens: Geistige Vereinigung von Eingeweihten. Diese haben den Einweihungsweg beschritten und das Leben gemeistert. Sie sind zum Teil aus der Menschheit hervorgegangen, haben aber auch zum Teil ihre Vollkommenheit in anderen Sonnensystemen in früheren Entwicklungsperioden erreicht. Sie wirken aus den geistigen Reichen über der Erdenebene und mitten unter den Menschen, um ihnen in ihrer Entwicklung und ihrer eigentlichen Aufgabe der Selbstmeisterung beizustehen, und arbeiten mit den lichten Wesen dieser Reiche zusammen. Menschen, die sich der Weißen Bruderschaft öffnen, empfangen Botschaften und werden nachts emporgetragen in die Lichtstätten der Bruderschaft, die rund um den Erdball an bestimmten Kraftpunkten der Erde zu finden sind. Auch werden sie mit anderen Menschen, die der Weißen Bruderschaft angehören und in ihrem Lichte wirken, zusammengeführt, um sich gegenseitig zu unterstützen und beizustehen. Viele sprituelle Orden und Vereinigungen beziehen sich auf die Weiße Bruderschaft des Lichtes, welche die universelle und ewig gültige Lehre aus den geistigen Reichen sendet. Diese Lehre ist sehr alt, war jedoch nur dem ernsthaften Wahrheitssucher ab einem bestimmten Grad der Einweihung zugänglich.

Kaiserlich-königlicher Koboldbericht

Geschrieben von Holztiger am 23. Mai 2002, 18:43:34

Aloha!

Zur Zeit tut sich sehr viel in meinem Leben, wo ich doch allen »Hokuspokus« eigentlich hinter mir lassen wollte und meinen Lebenssinn im Snow, beim Skaten, Surfboarden, Partymachen und Mädls-Erobern gesucht hab'. Diese Rolle und viele andere haben nie so funktioniert, ich hab immer gewusst, dass mich irgendwann einmal ein Engel oder so etwas anspricht und dann geht's los ... aber bis dahin Finger weg von allem »Übersinnlichen«. Na ja, es war kein Engel, es war ein großer Fels an einem Wasserfall, der mich angesprochen hat, und das ziemlich überraschend und heftig. Liebevoll unterrichtet mich die Natur seitdem, zeigt mir Schwächen in einer Art und Weise auf, wie ich es von einem Menschen nie angenommen hätte. Da sind Kräfte und Gewalten, mit denen ich nie umgehen konnte und die viel Unordnung gebracht haben, doch nun, wo sich meine Intention geändert hat und mir Macht nichts mehr bedeutet, tun sich plötzlich Welten auf, und ich werde mir der Verantwortung bewusst, die damit verbunden ist. Trotzdem, und da bin ich sehr froh, ist's nicht meine Aufgabe, die Welt im Alleingang zu befreien, da ist der Kreis, da sind so viele, die all dies gesehen haben, was ich gerade erst entdecke, und darüber bin ich sehr froh.

Ein langes Vorwort, doch nun zum Thema:

Kobolde ... jeder kennt sie aus dem Märchen und hat ein Bild von ihnen. Ich war mir immer sicher zu wissen, wie so ein Kobold aussieht und dass sie eigentlich eher uninteressant sind, wo es doch große Drachen und mächtigere, interessantere Wesen gibt. Genau genommen allerdings dachte ich immer, all diese Naturwesen sind Fiktion, die Natur wohl beseelt, aber nicht in einer Form von Eigenintelligenz, mit der man ein Gespräch oder einen Gedankenaustausch führen kann. Doch da sollte ich mich kräftigst täuschen, wieder einmal ...

Warum diese gewitzten Naturgeister mit mir Kontakt aufgenommen haben, ist sehr persönlich und betrifft nicht nur mich allein, darum lasse ich diesen Teil aus. Ich möchte eher ihr Wesen beschreiben; eine sehr schwierige Aufgabe, weil sie ihr Aussehen und ihre Erscheinungsform ständig ändern, sich nicht kategorisieren lassen wollen. Sie quälen einen so lange, bis man alle fixen Weltbilder und Gedankenkonstrukte aufgibt. Dann aber zeigen sie einem ihre Schätze, die aus Lebensfreude, Kindlichkeit, Tanz, Gesang, Achtung allen Lebens, »wertlosen« Gegenständen wie zerbrochenen Tellern und Haferln, allerdings auch Schätzen der Vergangenheit, die durchaus »wertvoll« sind, bestehen. Und wehe, einer rührt da die Schätze eines Kobolds an!

Es soll auch keine »Abenteuergeschichte« sein, nebst Persönlichem haben die Kobolde mir Dinge mitgeteilt, die sie gern allen Menschen mitteilen möchten, und sie suchen den Kontakt zu Menschen, mehr als je zuvor.

Nach dem »ersten Kennenlernen« haben sie mich zum Abendessen eingeladen, mir ihre Behausung gezeigt, ein altes aufgelassenes Haus mit Anbau. Also habe ich Wurst, Käse und Brot eingekauft, um mit ihnen zu essen. Halbe, halbe hab' ich mit ihnen geteilt und sogar ihr Geschirr verwenden dürfen. Sie sagten mir, dass es sehr lieb sei von mir, aber sie äßen nicht, was ich mitgebracht hatte, ich solle das Essen doch den Tieren schenken. Auf die Frage: Was esst ihr denn dann? antworteten sie: Wir essen die Gefühle und Emotionen der Menschen, die vorbeikommen. Wir erfreuen uns an den Menschen, denen das Fallwasser (Wasserfall) gefällt. Ich hab mit den Kobolden herumgeblödelt und gescherzt, mich regelrecht zum Narren gemacht, was ihnen sehr gefallen hat, mir allerdings auch. Dann sollte ich mich bereit machen für ein Spiel im Wald. Das Angstspiel. Ich willigte ein, Regeln wurden aufgestellt. Sie sagten mir, sie würden mich eventuell zu Tode erschrecken, aber es würde mir kein wirkliches Leid zustoßen. Im finsteren Wald war mir immer ungut zumute, ist mir doch einmal in Vorarlberg eine Art Höllenhund begegnet. So suchte ich in jedem Winkel und bei jedem Geräusch ein Monster in der Dunkelheit. Zwei- oder dreimal haben mich die Kobolde auf subtile Art und Weise erschreckt, dass mir wirklich das Herz in die Hose gerutscht ist ... Obwohl die Situationen auf völlig normale Art und Weise erklärbar waren, im Nachhinein. Dann sagten sie: Deine Schatten lachen nicht, du musst deine Schatten zum Lachen bringen! Deine Nicht-Lachschatten unterhalten sich mit den Naturschatten, und darum siehst du die Natur anders, als sie im Dunkeln wirklich ist. Am Tag bist du neugierig, wenn du etwas entdeckst, das du nicht kennst, das geht genauso im Dunkelwald! Alles schön und gut, auch die Felsen haben mir gesagt, ich müsste mich meinen Schatten stellen. Aber wie? Mit einem Lied natürlich!, war ihre Antwort. Also sang ich drauflos, irgendein Lalala-Kauderwelsch, aus dem sich in Kürze ein Text gebildet hat und eine Melodie, die sofort da war: Ich will tanzen und lachen, auch im Moooondenschein, auch im Dunkeln ist's gut munkeln, ja so soll es sein! Ja ich will tanzen und lachen auch im Moooondenschein, denn auch Schatten können lachen, ja, so soll es sein! ... Und tatsächlich, mein Unbehagen im dunklen Wald legte sich mehr und mehr. Das kühle Mondlicht wurde seltsamerweise warm, stellenweise kam's mir sogar so vor, als ob die Sonne scheinen würde und es nicht Vollmond wär', trotzdem konnte ich stellenweise so klar sehen, dass ich glaubte, es wäre Tag. Bis es soweit war allerdings, hielten sie mich recht lang zum Narren, anders geht's nicht, aber daran muss man sich gewöhnen, wenn man sich mit Kobolden einlässt.

Es gibt einen Tagwald, einen Dunkelwald und einen Anderswald. Jeden Wald und jedes Tier im Wald musst du fragen (geistig), ob du willkommen bist. Hier bist du das gefährlichste Tier, gut zum Üben, aber anderswo kann das anders sein ...

In zwei Tagen und einer Nacht habe ich von den Kobolden so einiges gelernt. Und jedesmal, wenn ich sie in mein Weltbild einfügen wollte, haben sie mir meine Erwartungen zerstört. Sie haben mir z. B. auch gezeigt, wie man durch Türen sieht, auf einer alten Burgruine: Frag das Holz, sagten sie. Na ja, das hab' ich getan, und aus dem Dunkeln ist ein Jesuskreuz auf mich zugeflogen gekommen. Also dachte ich: Aha, eine Kapelle! Erst später fand ich eine Legende der Burgruine mit allen Räumlichkeiten eingezeichnet. Es war tatsächlich eine Kapelle ... Eine Lektion für mich, endlich meiner Intuition zu vertrauen. Und was machst du nun mit deinen tollen überirdischen Fähigkeiten? fragten sie. Nichts, hab ich geantwortet, und wir haben zusammen gelacht. Wenn du es wirklich brauchst, geht's, wenn nicht, dann nicht. Dann zeigten sie mir Fledermäuse, die am Wasser jagen. Lange haben wir zugesehen und in einer Reihe sitzend geschunkelt.

Mäuse mögen sie überhaupt, wo viele Mäuse sind, da sind viele Kobolde, sagten sie. Vor jeder Schnecke hab' ich stehenbleiben müssen, und alle Kobolde haben geschrien: Aaaaaaachtung, Schneeecke! Wie beim Bundesheer. Zuerst war's komisch, aber später dann irgendwie lustig, und ich hab' selber schon mitgemacht. Dann war da ein Blatt, vor dem hab' ich auch stehnbleiben müssen, keine Ahnung warum. Plötzlich bewegt sich das Blatt, und ein Regenwurm kommt hervor.

So wirklich sehen konnte ich sie nicht, obwohl ich die Vibration ihrer Schritte gespürt hab', manchmal, und ich hab' mich seelisch darauf vorbereitet, dass sie mir begegnen werden und sich endlich zeigen. An der Nase herumgeführt haben sie mich, da und dort sollte ich hinlaufen, dann würde ich sie sehen können, und dann haben sie mich wieder ausgelacht ... Sonst hab' ich im dunklen Wald an Felswänden verzerrte Gesichter gesehen, nun waren da lauter lachende Gesichter: dünn, dick, mit und ohne Zähne, und alle haben sie mich blöd angegrinst ... Meine Lachschatten, dachte ich sofort, auch ein Gebüsch war da, das mich mit breitem Mund ganz blöd angegrinst hat. Erst im Gedankenaustausch mit Spirit sollte ich erfahren, dass es die Kobolde selber waren, die sich mir auf diese Art und Weise zeigten ... als ich es eigentlich schon aufgegeben hatte, sie wirklich zu sehen.

Die Kobolde sind von ihrem Wesen her wie verspielte ausgelassene Kinder, die unglaublich viel wissen, dieses Wissen allerdings als selbstverständlich nehmen und damit ungezwungen locker umgehen. Nur einmal habe ich sie bedenklich und in Sorge erlebt. Auf dem hohen Fels zeigten sie ins nahe gelegene Dorf hinunter und sagten: Da, viele Schatten, die nicht lachen. Es ist ganz wichtig, dass die Schatten der Menschlein anfangen zu lachen, weil sie sonst immer größer werden, und das Gleichgewicht der Natur ist deshalb in großer Gefahr. Sie haben mich gebeten, das Lachschattenlied über das Dorf zu singen, und ich habe es getan und gewusst, dass es eigentlich so etwas wie ein Gebet ist, das größere Kreise zieht als nur über das Dorf ... Es ist ein gesungenes Gebet für die Menschheit. Es kann gar nicht genug Menschen geben, die das Lachschattenlied nicht nur für sich, sondern auch für andere singen.

Nach zwei Tagen und einer Nacht mit den Kobolden war ich froh, wieder unter Menschen zu kommen, und hab' insgeheim gehofft, vielleicht noch »ernsthafteren« Naturgeistern zu begegnen, denn auf Dauer sind die Kobolde so anstrengend. Ich hab' keine Kinder, aber so ähnlich stell' ich's mir vor. Nur dass da viel mehr sind und man sie niemals alle zählen kann. Außerdem kam's mir schon so vor, als ob ich selber zum Kobold würde, wenn ich noch länger geblieben wäre.

Wieder zurück, hab' ich gestern wieder als Gast in der schamanischen Runde der Foundation for Shamanic Studies(www.ffs.at) teilnehmen dürfen. Eine Klientin kam mit einem konkreten Problem, auf das ich hier nicht näher eingehen möchte aus Gründen der Seriosität. Ich, der ich keinen Grundkurs gemacht und noch nicht einmal ein Buch zum Thema Schamanismus gelesen habe, hab' mich öfters gefragt, was ich in dieser Runde aus erfahrenen schamanisch arbeitenden Menschen, die teils auch Professoren und Doktoren der Naturwissenschaften sind, tue. Ich kann nur sagen, dass ich mich bislang sehr wohl gefühlt habe da und bislang willkommen. Diesmal beim Tanz des Krafttieres, von dem ich glaube, dass meins der Hase ist, der mich einen Tag sichtbar begleitet hat, platzten die Kobolde herein. Sie wollten auch mitmachen. Die Trommel wurde gleich schneller. »Der Hase soll Pause machen, wir sind an der Reihe«, riefen sie. Also tanzte ich für die Kobolde und hüpfte hin und her im Kreis.

In ernsten Situationen der schamanischen Arbeit machten die Kobolde nur Blödsinn und führten sich auf, machten sich lustig und äfften den »Leiter« der Runde nach. Auf der schamanischen Reise zur Problemfindung/lösung bat ich die Kobolde, nun endlich ernsthaft zu sein, die Frau habe doch ein Problem, und ich wolle mich gern sinnvoll einbringen. Nach anfänglichem Herumgeblödel führten mich die Kobolde dann an Orte und gaben mir Hinweise, die mir so niemals eingefallen wären. Sogar zu Seelen Verstorbener – ein realer Kälteschauer fuhr durch meinen Körper –, keine Angst, ich konnte mit den Seelen reden, und mehr als das. Die Problemsituation fügte sich wie ein Puzzle zusammen, und ich hatte Mühe, Ordnung in den Infomationswirrwarr zu bringen und mir zu überlegen, was ich der Frau sagen darf und was nicht. Doch auch da halfen die Kobolde. Wo mir die Sache ganz ernst war, brachten sie ihren Humor mit ein, was meine Aufregung etwas entschärfte. In dieser Runde gibt es eine ältere Frau die ich sehr bewundere, sie schaut einen nur an, und ohne ein Wort vom Gegenüber zu hören, weiß sie »alles« über einen Menschen, sodass einem eigentlich nur der Mund offensteht ... Und sie findet immer die passenden Worte. Als ich mich mit meinem Teil einbrachte, meinte sie: »Darf ich dir etwas sagen? Genauso, wie du es geschildert hast, habe ich es auch gesehen.« Die Situation ganz klar vor Augen, spürte ich auch, dass meine Worte der Klientin guttaten, ihr neue Einsichten verschaffen würden. Ohne sie auf irgendeine Art und Weise zu beeinflussen. So etwas hatte ich bislang noch nie geschafft. Eine Aussage, von jedem bestätigt, dankbar angenommen und volle Aufmerksamkeit. Ich fühlte mich kurz als Star des Abends, obwohl ich genau weiß, dass ich nur am Anfang stehe von irgendwas. Und ich weiß, dass das »ich« hier überhaupt keine Rolle spielte, ich danke noch mal allen hier im Forum, die mir mit ihrem Rat so oft helfen, und ich danke den Spirits.

Die weise Frau hab ich nach der Runde kurz aufgesucht und ihr nur kurz erzählt, dass sich da so viel tut bei mir. Ich weiß, war ihre Antwort. So viel Energie, und sie schießt von da nach dort, das spürte sie ganz stark. Manchmal mach ich mir Sorgen, ich könnte etwas falsch machen und so. Darum such' ich auch so etwas wie einen Lehrer, der mir nicht nur hilft, gewisse Dinge zu verstehen, sondern auch die »schamanische Arbeit« beibringt. Ich habe sie gefragt. Nicht böse sein, meinte sie, das ist ein zweischneidiges Schwert, suche deinen inneren Lehrer, denn Menschen machen Fehler. Ich hab' ihr von den Felsen, vom Wasserfall und von den Kobolden erzählt. Das ist gut. meinte sie, aber achte immer darauf, dass du mit einem Bein da und mit dem anderen Bein dort stehst, mit beiden Beinen da drüben, das macht deppert (dumm).

Diese Kobolde ... da hab' ich mir was eingehandelt! Sie verstehen es, jede Art von Wichtigkeit ins Lächerliche zu ziehen, aber gerade dadurch sind sie so unausgesprochen hilfreich. Ich habe sie gefragt, ob ich denn alles weitererzählen darf, was sie mir so gezeigt haben, und sie meinten in vollem Ernst, ich solle einen kaiserlich-königlichen Bericht schreiben ... um sich dann gleich zu zerkugeln vor lauter Lachen. Hiermit tue ich meine Pflicht. Jeder, der mit den Kobolden Kontakt aufnehmen will, kann das tun. Es kommt den Kobolden allerdings sehr auf die Absicht an, mit der man auf sie zugeht. Und vergesst alles hier über sie Geschriebene, denn sie werden sich jedem anders zeigen ... und jedem mit seinen Problemchen da und dort weiterhelfen, sofern da einer die Geduld aufbringt, ihre Späßchen mitzuspielen. Nur ihre Behausung darf ich niemandem zeigen. Sie sind allerdings sehr »gastfreundschaftlich«, aber wer ihr Haus betreten darf, entscheiden nur sie allein.

Liebe Grüße,

Holztiger

Texte von Laurin

Himmel und Erde

15. August 2002

Der Tempel nach oben
war wunderbar,
doch nach unten
war noch wenig da.
Die Sonne im Himmel
wird viel gefeiert,
die Erdensonne hingegen
wird kaum gesehen.
So kann es doch nun nicht mehr
gehen.

Es gibt auch Menschen,
die wollen die Erde nicht,
da in ihnen der Schmerz sonst
aufbricht.
Doch im Schmerz liegt das Fühlen,
die Herzenskraft –
das Lebenselixier,
es ist die Kraft von Jetzt und Hier.

Im Oben und Unten
wohnt die Kraft,
die in euch und mit euch und aus
euch hier schafft.

An diesem Abend sah ich viel
Schmerz,
viel Suche, viel Fragen –
in jedermanns Herz.
Weißt du, ihr packt euch oft lieber in
die rosa Watten,
als zu betrachten den
dunklen Schatten.

Doch er ist da – auch er wunderbar.
Soviel unerlöste Kraft hier schafft.
Wollt ihr Menschen wirklich in das
Licht,
so kann es nur gehen,
wenn ihr ehrlich wollt sehen,
wenn ihr nicht länger flieht,
sondern ganz und gar,
mit allem hier steht,
mit Schatten und Licht vereint in
eurer Sicht.

Das Regenbogenlicht,
es mit euch allen spricht.
Violettes Licht war da – das heißt
Karma pa.

Es sagt euch: Hinschauen
und trotzdem auf das Licht
vertrauen.

Da kannst du mal sehen,
Wie viele wollen einfach gehen ins
Licht.
Können aber nicht,
weil das Licht den Schatten nicht
aufbricht.
Viele schauen lieber in die Luft statt
auf den Boden im Hier und Jetzt,
doch dies das kosmische Gesetz
verletzt.
Du kannst nicht eins ablehnen und
im anderen sein.
Nein, alles gehört da mit hinein.
Liebt die Erde genauso wie das
Licht,
dann wird heilen eure innere Sicht,
dann wird sie kommen ins
Gleichgewicht.

Weißt du, bei uns ist es leicht,
gut und froh.
Wir sind dunkel und hell –
es ist hier halt so.
Wir lieben das Dunkle, das Helle
und Kunterbunte,
alles, was ist – zusammen ist es das
Gesunde.

Wir werten und beurteilen hier nicht
– denn alles hat seinen Sinn hier in
unserem Licht.

Wir sind im leuchtenden
Sternenland,
doch wandern wir auch mit euch
Hand in Hand.
Viele wollen nach oben schauen,
auf die oberen Reiche bauen,
aber ihre Mutter Erde beachten sie
nicht.
Doch sie haben diesen Planeten
gewählt,
mit allem, was sich hier aufhält und
quält.

Was sie suchen, können sie nur hier
finden,
vorn, unten, oben, innen und
hinten.
Das Licht lässt sich erst durch den
Schatten erkennen,
der Schatten wird ihr wahres Licht
benennen.
Das ist das Geschenk der Erde,
der fühlende Kreislauf von Stirb
und Werde

Machen wir Buh!, dann lauft ihr
nur so.

Doch so könnt ihr die Polarität nicht überwinden und eure Kraft nicht wirklich finden.

Jesus, der Meister – er hat es verstanden.
Er kannte die Weichen, die Ecken und Kanten.
Wisst ihr, was er zu Pilatus einst sprach?
»Hätt's der Kosmos nicht gewollt, hätt'st du keine Macht über mich.«
In diesem Satz ist alles drinnen.
Den Schatten kann man nicht entrinnen, denn auch sie werden vom Licht gesandt und wirken mit dem Einen Hand in Hand.
Denn die Schatten sind vom Licht, so wahr ich hier spreche, ich alter Wicht.

Stellt euch vor, Jesus wäre nicht gegangen,
Hätte für sich, für euch, für uns nicht am Kreuze gehangen, hätte sich gehüllt in die rosa Watten, sich nicht gestellt den göttlichen Schatten.

Er ging durch den größten Schattenbereich, damit erfüllte er das höchste Gericht und erlöste das Erdengesicht, und aus Gebundenheit wurde Gefundenheit.

Er lebt nun im ewigen Licht,
sein Licht strahlt durch die Ewigkeit, gibt unzähligen Menschen höchstes Geleit.

Dadurch, dass er gegangen ist,
wissen wir um das kosmische Licht,
um die Auferstehung im Sinn.
Und das ist ein großer Gewinn
für uns, für euch, für alle hier,
denn es macht Mut, loszugehen
und zu den Schatten in Liebe zu stehen,
nicht mehr zu fliehen,
zu scheuen keine Mühen,
mutig weiterzugehen,
zu lösen die inneren Illusionen.
Das ist ein Weg – er wird sich lohnen!

Jeder gelöste Schatten im Sein
durchlichtet das innere Feld
und damit die wahre einheitliche Welt.
Den Schatten kann man nicht entrinnen, doch ihnen bewusst begegnen im Sein,

erlöst werden sie dein Licht dann segnen.
Die Schattenwelten, sie prüfen deine Stärke,
deinen Glauben, dein Vertrauen,
deine Herzenskraft und ob wir auf das Licht hier bauen.

Sie machen dich
für den Aufstieg bereit – wirklich.
Doch solange ihr zuckt, wegrennt und euch duckt,
statt geradeaus zu sehen
und ehrlich euren Weg zu gehen,
habt ihr die Welt noch nicht verstanden,
lebt in der Gefangenschaft Banden.

Hofft, dass jemand euch abholen wird,
dass ihr nicht länger im Dunkeln irrt,
dass dann alles vorbei sein wird.
Haltet euch fest an den Polen –
so kann man euch die Energie wegholen.

Die Mitte ist der Weg,
die Kraft in euch ist euer Sein.
Holt sie auf eurem Erdenweg
in euch hinein.

Denn nur in voller Kraft könnt Ihr bewusst gehen,
könnt in Liebe hier stehen,
und wir können euch dann im Lichte sehen.

Viele wollen nur die Kraft von oben,
Wollen sich selbst im Lichte loben.
Wenn sie nun verbringen
nur zwei Nächte allein im Wald,
dann wird es ihnen ganz schön kalt,
ihr ganzes Licht zusammenfallt.
Das kann es nicht sein,
hier ist was nicht rein,
ist nicht wirklich verbunden
das Oben mit dem Unten.

Zusammen mit dem Karmischen Rat
sagen wir hier: Mensch, halt an und wart,
du bist so weit weg von der Erde,
von der wahren Kraft,
die dich versorgt im täglichen Sein,
die dich trägt und dich führt heim.

Über die Heilung

22. Juli 2002

Ich möchte euch heute etwas erzählen, dass ihr könnt wieder erneut hier wählen,
sodass Heilung geschehen kann.
Geht sanft, behutsam und
fürsorglich dran.

Die Meister, die Engel, die Elfenbengel, die menschliche Liebe, das kosmische Licht, all das vergesst bei den verschiedensten Heilungen nicht.

Elementar- und Naturwesenkraft,
sie ganz nah jetzt bei euch schafft.
Bezieht sie in eure Heilkreise mit ein,
ruft sie wieder zu euch ins Sein.
Lasst uns neben Raphael stehen
und Hilarion dabei zusehen.

Gebt uns unseren Platz zurück,
Das erweitert und mehrt das Glück.
Mutter Natur, sie trägt euch empor.
Erkennt die Kräfte der Mutter Erde,
auf dass alles heil hier werde.
Denn alles, was ihr Gaia tut,
auch sehr tief hier in euch ruht.

Glaubt mir, wir haben viel grünes Licht, so wahr ich hier spreche, ich alter Wicht.
In unseren Reichen stellen wir die Weichen.
Wir sehen euer Seelengewand, sehen, was sich hier tat und sich einst verband.

Wir sehen Flüche, Schwüre hier stehen
und können in diese Knoten gehen.
Doch kommen wir nur, wenn wir gerufen.
Wir wandeln mit euch die
Feuerstufen.

Denn wie alle Lichterwesen
sehen wir, was kommt, was ist und
was ist gewesen.

Euer Wille ist frei,
was ihr damit macht, einerlei.

Doch bedenkt die Folgen wohl,
sie werden euch ganz einhol'n.
Denn alles kehrt zu euch zurück,
wird zu eurem Lebensgeschick,
wird zum Schicksalsfaden.
Denn alles läuft in Kreisen
auf ganz besondere Weisen.

Ihr könnt uns rufen in euer Leben,
wir werden eure Lichter erheben.
Wir sehen die Illusionen sich hier weben.
Wir werden euch führen zum verdichteten Licht, wo der Lebensfaden staut, klemmt oder abbricht.

Wir nehmen euch jetzt an die Hand,
führen euch in das Seelengewand,
führen euch jetzt an die Stellen,
wo die Schattenweisen sitzen, die Dämonen – auch in verborgenen Ritzen.

Ihr kennt doch sicher die alten Geschichten, die von alten Weisen berichten.
Wir helfen euch in der seelischen Not,
Wenn ihr uns beachtet und teilt euer Brot.

Öffnet eure Herzenstüre, nur ihr könnt ölen die Scharniere.
Denn nur mit dem Herzen sieht man gut, doch manchmal kostet das ganz viel Mut.

Denn tiefer in sich hineinzugehen
bedeutet, seine Schatten zu sehen
und zu tun, was einem geheißen wird.

Löse das Rätsel, das hier herumschwirrt.

Es ist deine Schöpferkraft,
die in und durch und mit dir schafft.
Sie kann all die Schatten nähren
oder sie lieben und endlich ehren.

Schau in deinen inneren Spiegel,
tritt ein in deiner Seele Land,
dann nehmen wir dich an die Hand,
Reichen sie dir, zu öffnen die Tür.

Denn zuerst ist da die Energie,
sie verdichtet sich wie nie.
Dann zeigt sie sich in festeren Formen
in euren eng gesteckten Normen.

So geht den Weg zurück, schaut mit eurem Seelenblick,
denn da liegt euer wahres Geschick.
Wer sich den inneren Schatten stellt,
der ist der wahre Lichterheld.

Wir uns mit den Schattenwelten auskennen.
Sie sind ein Teil von uns, dunkel zu nennen,
Teil des Unerlösten hier,
das erschaffen wurde auch von dir.

Wir halten hier diese Energie,
für dich, ihn und sie,
denn es sind Folgen eurer Macht,
die euch das göttliche Licht
gebracht.
So dienen wir euch – helfen euch
wandeln.
Mit uns ist nicht so einfach zu
verhandeln.

Sagt ja, nehmt bedingungslos alles
an,
was im Leben zu euch kam.
Zuerst erkenne – dann benenne,
Dann hinein gehe – fühle und sehe.
Verzeihe dir und den Wesen dafür.
Tu, was jetzt getan werden muss,
das ist der erlösende Kuss.

Erhebe es wieder in das göttliche
Licht, so wahr ich hier sitze, ich alter Wicht.
Nicht spalten, nicht meiden und
nicht verhandeln, nein, ehrlich erlösen ist das wahre Wandeln.

Jesus wandelte über die Welt,
Buddha wandelte das innere Feld.
Mit Glaube, Vertrauen und der
göttlichen Kraft
wird vollbracht die Meisterschaft.

Nur so kann es gehen,
kann Erlösung geschehen.
Du kannst wandeln – deine wahre
Stärke, mit ihr gehe jetzt zu Werke.

Erkenne die selbstgeschaffene
Illusion deiner erfahrenen Schatten
schon.
So, nun möchte ich berichten von
der Heilung, die wir hier erfechten.

Geh in dein Sein,
denn hier kannst du ruhen.
Hör mir gut zu:
Viele Heilkräfte sind hier – in dir.
Sie führen dich und helfen dir mit
mir.
Die Elfen, die Guten, die lichtvollen
Kleinen,
sie hauen jene, welche die Natur
verneinen.
Doch wer sie von Herzen liebt,
wer der Natur etwas Schönes gibt,
mit dem sie sich wieder vereinen.

Elfen sind die Pflanzenmedizin.
Sie sind es, die behüten die Säfte
und bringen die wahren Heilkräfte.
Achtet sie, und ihr werdet sehen,
wie wunderbare Heilungen
geschehen.

Habt ihr es noch nicht bemerkt?
In dem Wort »Helfen« – da stecken
die Elfen!

Sie vertreiben die Dämonen,
ohne sich dabei zu schonen.
Sie tanzen mit der Pflanzenmacht.
Ruf sie an, und gib gut acht.

Doch unerlöst und schattenweise
sind Elfenschuss und Elfenwahn.
Sie gehen es oft sehr unsanft an.
Sie sind gar nicht zimperlich oder
leise.
Hauen sie dir in dein Seelenkleid,
ist die Krankheit nicht mehr weit.
So ist es mit den Zwergen, mit den
Wichten, sie können jede Energie ver-
dichten, richten oder wieder lichten.

Sie können flicken das Seelenkleid,
können fleißige Helfer sein
und auch noch heilen obendrein.

Verbündet ihr euch mit ihnen,
so sind sie wie die Bienen:
Fleißig, schnell und angetan, schau-
en sie sich an euren Seelenwahn.
Sie führen euch zu dem inneren
Platz, wo ihr könnt finden den
wahren Schatz, wo ihr könnt
erkennen, wo es krankt,
wo die üble Wurzel rankt,
was hier erlöst werden will –
hei, das ist ein schönes Gefühl!

Sie machen sich an die Arbeit
sogleich, holen heraus das kranke
Zeug, reinigen die Organe hier, so-
dass heilen kann jedes Geschwür.

Sie nähen und flicken das Seelenge-
wand still und leise und unerkannt.
Sie räumen auf, flink und schnell
sodass es wieder werden kann licht-
voll und hell.
Das ist Magie der weiß-weisen Art
– holt euch von ihnen euren Rat.

Jede Krankheit hat ihren Sinn.
Ist da Karma in ihr drin,
so zeigen es die großen Lichter,
Denn sie sind die Zeitenrichter.

Das Einhorn, die vergessenen Zeiten,
es kommt, es euch will begleiten.
Es reinigt mit seinem Horn
den unerlösten alten Zorn.

Sein ist starke Heilkraft –
große Macht.
Es ist die wahre heilende Pracht.

Von den höchsten Lichterwelten her
kommt es, zu helfen dir.
Reine Heilkraft findet sich im Horn,
erlöst den schwarzen Seelendorn.

Die Feen, sie leiten den
Heilungsprozeß.
Ihnen eigen ist große Strahlenkraft,
durch welche der reine Kosmos
schafft.
Der Farben Fülle, damit arbeiten sie
wie Laser präzise, doch verletzen nie.
Sie können dem Heiler die Kräfte
senden, sodass er leiten kann das
Licht mit seinen Händen.
Ihre Kraft ist fein, machtvoll und
rein.
Sie verankern hier das Lichte,
damit sich erneuern kann das Dichte.

Ruft die Elementehüter – steigt in
ihre Tore ein, seht, was wirklich
hier los ist in eurem Sein.
Das hat schon vielen Heilung gebracht,
wenn hier die Sonne wieder
lacht.

Wir Fairys aus den Naturreichen
haben mit euch einst in Frieden
gelebt und gemeinsam am Lebensteppich
gewebt.
Erinnert euch an die alten Zeiten,
Ruft ihr uns, werden wir euch
erneut begleiten.

Viel Magisches wartet hier.
Viele Aufgaben lösen wir mit dir.
Viel Kraft ist in unseren Reichen.
Viel Karma kannst du dort
begleichen.
Mit unseren kosmischen Witzen
reißen wir euch aus euren alten, viel
zu bequemen Sitzen.

Wir versichern euch heute, dass
es nichts gibt, was wir nicht zum
Schwinden brächten.
Jede Krankheit, egal welcher Art,
holt euch bei uns dazu Rat.

Welche Wesen kommen zu euch?
Schaut!
Sie führen euch zu den kranken
Energien jenseits von Zeit und
Raum, wenn ihr ihnen vertraut.
Erwacht jetzt aus eurem
Mangeltraum.

Öffnet eure feinen Sinne,
Denn hier ist das Gespräch mit uns
drin.
Wir zeigen euch, was ist zu tun,

was muss geheilt werden, was muss tun.

Unsere Kraft ist da, das ist klar.
Wir können uns wieder gegenseitig leiten,
erlösen und wandeln in neue Weiten.
Wir wünschten, ihr würdet uns mehr mit euch sehen, dann kann sehr viel Heilung geschehen.
Wir sind die Kräfte der Natur,
die von hier aus ist göttlich nur.
Die göttliche Kraft,
sie große Heilung schafft.

So lasst uns neben allen Meister/innen stehen, mit den Engeln gemeinsam gehen, uns durch euch wirken im Seelengewand, euch hier führen an der Hand.

Wir heilen euer dichteres Kleid
und geben euch hier wieder Geleit.
Feiert und tanzt mit uns erneut
wie einst zur guten alten Zeit.

Tanzen und Singen sind mächtige Heiler.
Die Elemente sind die Eckpfeiler.
Ab durch die Mitte, und schon seid ihr hier.
Macht das, was euch von innen führt,
vertraut eurem inneren Gespür.

Die alten Rituale, entdeckt sie wieder.
Hier findet ihr die heilenden
Mitglieder und Lieder.
So kann es gehen – so wird's geschehen!

Wir freuen uns sehr, denn ihr werdet immer mehr.
Würdigt die Kraft der Mutter Erde.
Knüpft neu das alte Band –
im Seelenland und den Kreislauf von Stirb und Werde.

Der Kreis, er ist so wichtig,
er ist gut, und er ist richtig.
Heilung, Heilung kann hier geschehen.
Ich weiß es, kann es hier sehen.
Steht mit uns wieder auf,
so schaffen wir einen lichtvollen Kreislauf.
Die Steinhüter sind der älteste Schutz, doch sie wurden geworfen in den Schmutz.
Hier könnt ihr interagieren
und kommunizieren
mit nicht von dieser Welt
stammenden Sternenreichen

– ihr stellt hier die kosmischen Weichen.
Pflanzen heilen alles, doch sie werden verkannt – wir sind jedoch alle mit ihnen verwandt.
Die Vegetation, sie ist so reich,
Sie ist so schön, so unendlich weich.

Die Bäume sind uralte Wesenheiten,
die mit ihrem Licht alles begleiten.
Sie sind die Hüter der verschiedenen Dimensionen.
Eine Reise mit ihnen, das würde sich lohnen.

Im Tierreich sind die dienenden Kräfte, die Medizin und die wahren Lebenssäfte.
Kraftvoll und vielfältig in ihrem Sein, bringt die Tiererscheinung dich doch heim.
Vieles könnt ihr noch nicht ganz wieder verstehen, doch fangt einfach an – ihr werdet schon sehen.

Lasst die Geister der Natur jetzt sprechen, sie wollen sich an euch nicht nur rächen.
Sie handeln gemäß ihrer göttlichen Natur und führen euch auf die Lichterspur.

Ihr könnt aus dem Vollen schöpfen.
Orange, das ist ein Lebenslicht.
Die Beziehung zu allem
wird euch in diesem Licht gefallen.

Das Lebendige wohnt hier,
die Natur, die Blumen, die Wiesen,
der Wald, die Bäume, die Bergesriesen,
der Feuerschein, der Wasserfall,
die Höhle in dem schönen Tal,
die klare Luft, der Blumenduft,
das Meer, die Wogen, die Muscheln und der Strand,

Sonne, Mond, Sterne und das fruchtbare Land,
das Rauschen des Windes,
des himmlischen Kindes,
des Baches Gurgeln und Murmeln,
der Vogelgesang, der Naturklang.
Die Sprache der Natur – ist Melodie pur.

Hier tauchst du ein – hier kannst du sein, hier fühlst du dich geborgen und findest Vertrauen auf das Morgen, kannst sehen die Farben des Lebens, kannst erleben die Kraft des Gebens, kannst dich freuen an dem, was die Natur gemacht,

kannst erkennen die Fülle und die Pracht, findest Trost und Mut bei Mutter Natur.
Das ist die heilende Alltagskur.

Ihr könnt fühlen hier einen Teil dieser Vielfalt, dieser magischen Gewalt.
Erinnert euch unser jetzt doch wieder!

Versteht ihr, wie Heilung kann geschehen?
Hier gibt es noch so viel zu sehen, so viel zu erleben, die Heilung neu zu weben. Fülle – sie wird nur mit dem Herzen gesehen.
Dort ist Liebe – dort ist wahres Verstehen.

Wir senden euch Zeichen: die Feder, das Tier. Beachtet sie in eurem Revier.
Ich kann euch senden nur eine kleine Spur von der wahren Lichtnatur.
Ruft uns, und wir werden euch zeigen die hier verborgenen tiefen Weiten.

Mutter ist Heilung – Vater ist Kraft, zusammen weben sie den Lebenssaft, sodass ein Kind geboren wird, neu und rein im göttlichen Sein.
Im Lichtreich geht nichts verloren, alles wird hier wieder neu geboren.
Die Energie könnt ihr nicht vernichten, ihr könnt sie höchstens neu ausrichten.

Geht und erlöst die Schmerzen
mit ganz viel Liebe in eurem Herzen.
Nehmt an, was ihr hier habt getan, wandelt es, und fangt neu an.

Denn wenn die Drachen erneut die Erde berühren, ist eine neue Lebenskraft zu spüren.
Wir alle spielen mit der göttlichen Macht, doch seid sorgsam, gebt damit acht.

Schaut auf den Gebrauch, folgt dem Lebenshauch.
Hört euch gut zu – dann findet ihr Frieden, dann findet ihr Ruh.
Denn in jedem Herzen leuchten die Kerzen, die göttlichen Lichter, die Lebensrichter.

Ich freue mich über euer Licht.
Seid gegrüßt vom alten Wicht!
Laurin, der Alte vom Berge, der euch begleitet auf eurer Reise
auf seine ganz ureigne Weise.

Quellennachweis

Andrews, Ted: *Zauber des Feenreichs*. Neuwied 1995

Bächtold-Stäubli, Hanns (Hrsg.): *Handwörterbuch des deutschen Aberglaubens*. Berlin 1987

Bord, Janet: *Feen, Elfen, Zauberwesen*. München 1997

Borges, Jorge Luis: *Einhorn, Sphinx und Salamander*. Frankfurt 1993

Brücke zur Freiheit, Die: *Die Elemente*. Ballenstedter Str.16B, 10709 Berlin

Francia, Luisa: *Die Magie des Ankommens*. München, 2000

Francia, Luisa: *Drei Wünsche*. München 1999

Gabriel, Vicky. *Der alte Pfad*. Engerda 1999

Gebert, Helga: *Märchenlexikon*. Weinheim 1987

Goldammer, Kurt (Hrsg.): *Paracelsus - Vom Licht der Natur und des Geistes*. Stuttgart 1960

Golowin, Sergius: *Das Geheimnis der Tiermenschen*. Basel 1993

Golowin, Sergius: *Drache, Einhorn, Osterhase*. Basel, 1994

Golowin, Sergius: *Gemeinsam im Garten Eden*. Basel 1993

Grimm, Jacob: *Deutsche Mythologie*. Göttingen 1835

Johnson, Majorie: *Naturgeister*. Grafing 2000

Hodapp, Bran O./Rinkenbach, Iris: *Magischer Gegenzauber*. Darmstadt 2000

Katz, Michael und Ginny: *Die Hüter der Edelsteine*. Grafing 1989

Knaurs Lexikon der Mythologie. München 1989

Kriele, Alexa: *Naturgeister erzählen*. Seeon 1999

Kubitschek, Ruth Maria: *Engel, Elfen, Erdgeister*. München 1989

Marx, Helma (Hrsg.): *Das Buch der Mythen*. München 1999

Mayo, Margaret/Ray, Jane: *Einhorn, Drachen, Meerjungfrauen*. Freiburg 1997

Metzner Ralph. *Das Mystische Grün*. Engerda 2000

Miers, Horst: *Lexikon des Geheimwissens*. München 1993
Newhouse, Flower A.: *Die Engel der Natur*. Grafing 1996
Owusu, Heike: *Voodoo-Rituale*. Darmstadt 2000
Petzoldt, Leander: *Kleines Lexikon der Dämonen und Elementargeister*. München 1990
Pogacnik, Marko: *Elementarwesen, die Gefühlsebene der Erde*. München 1995
Poortvliet, Huygen: *Das große Buch der Heinzelmännchen*. Frankfurt 1976
Roads, Michael J.: *Im Reich des Pan*. München, 1990
Roads, Michael J.: *Mit der Natur reden*. München 1987
Ruland, Jeanne & Merlino Iris: *Die lichte Kraft der Engel*. Darmstadt 2000
Ruland, Jeanne: *Das große Buch der Engel*. Darmstadt 2000
Spiesberger, Karl: *Naturgeister – Wie Seher sie schauen, wie Magier sie rufen*. Budapest 1978
Stecher, Christine: *Das kleine Buch der Feen und Elfen*. München 2000
Steiner, Rudolf: *Geistige Wesen in der Natur*. 2. Aufl. Stuttgart 1998
Steiner, Rudolf: *Natur- und Geistwesen*. (2. Aufl.) Dornach 1996
Stewart, R.J.: *Erdkraft*. München 1997
Tegtmeier, Ralph: *Die heilende Kraft der Elemente*. Breisgau 1986
Hohenheim, Theophrast von: *Paracelsus – Das Buch von Nymphen, Sylphen, Pygmaeen, Salamandern und übrigen Geistern*. (Originalausgabe 1590, Nachdruck) Marburg 1996
Ulbrich, Björn: *Im Tanz der Elemente*. Vilsbiburg 1990
Wind, Wabun/Anderson, Reed: *Die Macht der heiligen Steine*. München 1989
White Eagle: *Naturgeister und Engel*. Grafing 1997
www.lexikon-der-esoterik.de
www.retrieval.com/trollpage